JN441515

동아시아 국제관계와 영토분쟁

Contemporary International Relations and Territorial Conflicts in East Asia

동아시아 국제관계와 영토분쟁

유 철 종

우 사

■ 머리말

"국가는 영토와 국민과 법률로 구성되어 있고, 그 가운데 영속성을 지닌 유일한 부분은 오로지 영토뿐이다." 국민국가의 쇠퇴, 문명의 융합, 생활의 친환경화, 자원의 탈물질화, 정보의 네트워크화 등 미래를 향한 담론들이 분출되고 있는 탈근대 사회에서, 140여 년 전 링컨의 의회 연설 속에 담긴 언명이 새삼스레 영토의 근대성이 지닌 지속적 의미를 상기시키고 있다.

서양 사회는 오래 전 인류의 생활 속에 근대성이란 새로운 영역을 만들어냈다. 국가간 관계에도 주권과 영토와 세력균형이라는 근대적 원리를 던져 주었다. 그러나 견고할 것으로 당연시됐던 근대의 산물들이 크게 훼손되는가 싶더니, 다른 한편으로는 더욱 강고한 모습을 지켜 오기도 했다. 역사가 수많은 교활한 통로 속에서 여러 쟁점들을 만들어 열망에 가득찬 모습으로 우리에게 속삭이더니, 급기야 우리를 공허함으로 인도하고 있다는 T.S. 엘리엇의 말이 생각난다.

이미 냉전시기에 심화되어 온 국가간 상호의존으로 서서히 침식당하던 주권과 영토가 전성기를 제대로 잇지도 못한 채, 새 시대에 들어 자기 영역을 다시 구축하는 것 같다. 근대가 채 정리하지도 못했던 유산들이, 지금 동아시아 지역에 매우 강하게 남아 있다. 세계 역사에서 동아시아의 미래가 유럽의 과거가 될 것이고, 21세기 진취적 전망의 중심에 동아시아가 있을 것이라는 예측이 무색할 정도다. 동아시아의 국가들이 자신의 지역에 불쾌한 담론을 부어 넣으려 애쓰는 형상이다. 영토와 주권의 총체적 위기가 예측되는 상황으로 악화될 수 있다는 의미이다.

제2차 세계대전의 종결로 야기되어, 현재 동아시아에서 대두한 영토분쟁들이 이런 추세의 대표적 실례이다. 그러나 일본의 패전과 전쟁책임에 대한 역사적 심판에 따라 이루어진 군국주의 일본의 점령 영토에 대한 처리가, 해당 국가의 주권적 차원보다는 전승국들의 이익이 우선적으로 고려되었다는 데 분쟁의 일차적인 책임이 있다. 특히 당시 미국과 소련이 군사작전상의 편의에 따라 관련 국가들의 국경을 인위적으로 획정한 데에 그 불씨가 잉태되었던 것이다.

관련 국가들의 영토주권이 배제된 이 지역의 영토분쟁 역사는, 제2차대전 종전 60년이 지난 오늘날까지 영토주권을 회복하려는 실지회복의 고단한 운동으로 계속 전개되고 있다. 최근에는 각 국가가 스스로의 안보와 이익을 고양시키면서, 여기에 민족주의와 국가적 정체성까지 덧씌우는 등 상호간에 갈등은 더 깊어가고 있다.

이런 현상은 냉전 이후 동아시아 국가들간의 패권주의 경쟁으로 연결되고 있다. 세계화의 진전으로 국가간 경계가 느슨해지는 한편으로, 다른 국면에서는 한 · 중 · 일간의 경쟁체제와 동남아 국가들의 상승기운이 중첩되고 있다. 급변하는 세계질서 속에서 이 지역 국가들이 국가적 정체성을 민족주의로 품으면서 국제적 우위를 주도면밀하게 선점하려는 곳에 영토문제가 굳세게 자리잡고 있다. 유럽과는 다른 방식으로 근대국가를 형성한 동아시아 국가들이, 탈근대시기에 근대의 과제로 회귀하는 모습이라고 할 수 있다.

중국은 과거 변경의 역사를 자국 역사에 귀속시키려는 다단계 역사공정을 통해 영토문제를 공세적으로 제기하고 있다. 동아시아에로의 역사 이행 추세 속에서 주도권 잡기에 나서면서, 간도 · 녹둔도 · 조어대열도 · 남사군도 등 동아시아의 거의 모든 영토분쟁에 개입되어 있다. 일본은 과거사 논쟁, 역사교과서 왜곡, 신사참배 등을 통해, 독도 · 북방4도 · 조어대열도 등에서 과거 군국주의를 계승하는 소민족주의(petit nationalism)로 담금질하고 있다. 러시아는 뚜렷한 진전 없이 북방4도의 일부 반환을 시사하는 정도에서, 녹둔도 문제로 한국과의 잠재적인 영토분쟁을 대비하고 있다. 대만은 양안문제의 민감한 형세 속에서, 조어대열도 · 남사군도 영유권 경쟁에서 적극적인 행동을 늦추지 않고 있다. 여기에 동남아의 다수 국가들이 남사군도를 둘러싸고 중국과의 긴장관계를 여전히 형성하고 있다.

그야말로 각국의 새로운 역사 만들기가 진행중에 있다. 그러나 한국에서의 대처는 정부 · 민간 모두 무관심 속에서 체계적이지 못한 대응으로 일관해 온 느낌이다. 특히 이 지역의 영토분쟁에 관한 연구는 통합적 · 다각적으로 활성화되기보다는 각론적 · 개별적으로 접근했던 경향이 짙었다. 한국의 영토분쟁사가 19세기 당시 국가 주권이 완전히 배제된 상태에서, 중 · 일 · 러 등 주변 강대국들에 의한 치욕의 역사였다는 점을 감안할 때, 동북아뿐만 아니라 향후 자원안보에 절대적인 영향을 미치게 될 동남아 지역의 영토분쟁에 관한 연구와 정책 대안을 모색하는 작업은 절대적으로 중요하다.

특히 관련 국가들이 남북한 통일과 같은 지역질서의 새로운 변경 이전에 영토문제를 매듭지으려 하고 있음을 고려할 때, 그 필요성과 시급성은 더욱 커진다. 영토문제가 단순히 역사나 문헌의 문제가 아닌 당면한 현실의 문제로 재인식되는 과정에서, 그 방향은 배타적 국력 증대나 패권의 추구와 같은 팽창주의가 아닌 지역의 평화공존을 위한 인식을 공유하는 방식으로 나아가야 한다. 따라서 영토분쟁의 당사국들도 역사적 · 법률적 권원이 지닌 진정성을 중시하여, 구시대의 왜곡과 구조화에서 벗어나 진정한 몫을 찾아주는 '다물'의 정신으로 돌아갈 필요가 있다. 이럴 경우, 동아시아의 영토 이야기가 재앙담론(catastrophe discourse)에서 비껴갈 수 있다.

본서의 집필은 이러한 문제의식과 현실적 당위성에서 시작되었다. 이를 위해 첫째, 동아시아라는 '지역' 개념을 재설정해야 할 필요가 있었다. 동남아시아의 동부 지역을 동아시아에 포섭함으로써, 기존의 동북아 중심의 지역 설정 구도를 극복함과 동시에 새롭게 재편되는 지역 범주에 적합하도록 그 지리적 영역을 확장하였다. 다만 지역이라는 개념에 대한 객관적 설정, 이에 기초한 지역으로서의 동아시아 정체성 탐구, 그리고 이들을 통합적으로 인식할 수 있는 지역연구 방법론 등이 보다 체계적으로 정립되어야 하나, 이에 관한 체계적인 연구는 추후의 과제로 미루었다.

둘째, 동아시아 지역에는 다수의 문제영역들이 존재한다. 그러나 본서에서는 일차적으로 냉전적 유산이면서 과제인 하드웨어적 영토분쟁영역을 선택하여, 그 이론적 배경, 접근방법, 그리고 타 지역의 선험적 사례들을 중립적으로 검토하였다. 그러나 본서의 접근 대상도 전통적인 주제나 영역에서 크게 벗어나지 못한 한계가 있다. 즉 영토분쟁이 내포하는 경제권 · 문화권 등 보다 포괄적인 생활권(Lebensraum)으로서의 성격이나 영역을 담아내지 못하고, 기존의 고위정치(high politics) 영역에 머물렀다는 점이다. 이는 향후 보다 학제적인 접근을 통해 추구해 나아가야 할 과제라고 생각한다.

마지막으로, 동아시아 지역 내의 실제 영토분쟁을 분석하기 위해, 국가간 관계를 중심으로 6개 사례를 선정하였다. 먼저 한국을 중심으로 한 · 일 관계(독도), 한 · 중 관계(간도), 한 · 러 관계(녹둔도)를, 일본을 중심으로 일 · 러 관계(북방4도)와 일 · 중 관계(조어대열도)를, 그리고 동북아와 동남아의 다수국들이 관련된 사례로서 남중국해의 남사군도를 정치 · 군사적 중요성, 분쟁의 전개과정, 당사국들의 주장 논리, 역사적 · 법률적 권원 그리고 대응 논리를 중심으로 분석하였다. 그러나 양안문제를 비롯하여, 이미 해결되었거나 현재 계쟁(係爭)중인 동남아의 다른 도서분쟁들을 포함시키지 못하고, 또한 모든 사례들을 일관된 분석수준과 분석틀을 통해 체계적으로 관찰할 수 있는 모델을 제시하지 못한 것도 아쉽다.

이 책은 필자가 그 동안 대학의 학부 및 대학원 과정에서 강의해 온 「동북아 국제관계론」과 「한국정치외교사」의 교재와 학생들과의 토론 결과를 모아 정리한 것이다. 이를 통해 앞으로 21세기에 전개될 한반도와 동아시아 지역의 영토분쟁에 관해, 우리 학생들은 물론 국민들의 깊은 관심과 폭넓은 이해를 돕기 위한 지침서로서 출간하게 되었다. 이런 점에서, 신선한 시각과 비판을 예의 바르게 제공해 준 제자 학생들에게 일차적인 감사의 몫이 돌려져야 한다고 생각한다.

필자는 2006년 2월 말, 그간 35년에 걸쳐 봉직했던 전북대학교에서 대학 생활의 마감을 눈앞에 두고 있다. 영광스런 정년퇴임을 기념하여, 그간의 연구와 교육을 통하여 축적해 온 학문적 성과를 이 책을 통하여 하나의 의미 있는 결실로 정리해 보고 싶었다. 본인의 학문 연구가 부족한 탓으로 문제의 핵심이 잘못 인식된 부분이 발견된다면, 이는 순전히 필자의 책임이므로 언제라도 동료 및 선 · 후학들의 기탄없는 충고와 힐책을 부탁드리며, 이를 기꺼이 받아들여 시정 · 보완할 것을 약속드리는 바이다.

이 책의 출판과 관련하여 감사드려야 할 분들이 매우 많다. 먼저 오랜 기간 정치학을 연구하고 교수할 수 있는 기회를 제공해 준 전북대학교에 감사하지 않을 수 없다. 그 가운데 무엇보다도, 끊임없이 격려와 지원을 아끼지 않으셨던 전북대학교 정치외교학과의 조순구 교수를 비롯한 모든 동료 교수들께 진심어린 감사를 드리고 싶다. 특히 남다른 지혜와 경험을 통해 이 책의 출간에 필요한 지원을 체계적으로 제공해 주신 김창희 학과장과 신기현 교수에게 감사의 마음을 전한다. 그리고 많은 어려움 속에서도 불철주야 헌신적 도움을 아끼지 않은 사랑하는 제자 송기돈 교수, 김세곤 박사, 최정섭 박사, 그리고 대학원 박사과정의 김현석 조교에게도 감사의 마음을 표하지 않을 수 없다. 또한 척박한 연구풍토에서 지속적으로 영토문제를 연구해 온 일부 학자들과 연구기관에 대한 사의도 빼놓을 수 없다. 참고할 수 있는 문헌이 극도로 제한되어 있어, 이들의 연구 성과에 크게 의존하였기 때문이다.

아울러 출판계의 어려운 여건에도 불구하고 기꺼이 출판을 허락해 주신 삼우사 조병철 사장님과, 온갖 정성으로 책을 만들어 주신 직원 여러분들의 노고에 대해서도 심심한 사의를 표하는 바이다. 이 분들의 정성과 후원이 없었다면, 이 책의 출간은 더 미루어졌을지도 모른다.

끝으로 1959년 봄, 서울 신촌의 연세대학교 백양로에서 처음 만나 정치외교학과 최초의 쌍Y커플로 탄생하여, 지금까지 주님의 은총 속에서 반세기의 생애를 함께 하여온 나의 사랑하는 아내 최신자 여사와, 부모의 연세정신을 본받아 자랑스런 연세가족으로 대를 이어 성장한 사랑하는 아들 영훈과 딸 영미 내외, 그리고 손자(태호 · 민호) · 손녀(혜영)에게도 진실로 감사와 사랑의 마음으로 이 책을 봉헌하고자 한다.

2006년 2월

전주 풍원서황(豊園書幌)과
건지벌 사회과학대학 연구실에서

저자 유철종

■ 차례

제 1 장 동아시아의 지역연구와 국제관계

제 2 장 영토분쟁의 이론과 실제

제 3 장 한 · 일 관계: 독도(獨島) 영유권 확보

제 4 장 한 · 중 관계: 간도(間島) 실지 회복

제 5 장 한 · 러 관계: 녹둔도(鹿屯島) 불법 편입

제 6 장 일 · 러 관계: 북방4도(北方四島) 반환 요구

제 7 장 일 · 중 관계: 조어대열도(釣魚臺列島) 영토분쟁

제 8 장 남중국해 다자관계: 남사군도(南沙群島) 영유권 경쟁

〈표 · 그림 차례〉

제 1 장

동아시아의 지역연구와 국제관계

제 1 절 지역 및 지역연구의 개념

인문 및 사회과학에 있어서 지역 개념과 지역연구는 일차적으로 '비교' (comparison)의 방법론적 필요성에서 시작되었다고 볼 수 있다. 다시 말하면, 특정 지역을 이해하기 위한 방법으로서, 그 지역 자체에 대한 연구에만 집중했던 초기의 접근 태도에 머물지 않고, 다른 지역에 대한 연구를 통해 상호 비교적 관점에서 체계적이고 객관적으로 이해하는 방식이 보다 바람직할 것이라는 기대가 작용한 듯하다.

정치학 분야에 있어서도 이런 배경이 유사하게 작용되어 왔다고 볼 수 있다. 먼저 일반정치학 분야에서는, 초기 비교정치(comparative politics)라는 하위 분야의 범주와 연구방법이 너무 광범하고 모호했던 한계를 극복하기 위해 '지역연구' (area/regional studies)로 특화되었고, 다음으로 국제정치학 분야에서도 '비교 국제정치' 가 '국제지역연구' 로 정착된 과정을 보면 그러한 현상을 쉽게 발견할 수 있다. 여기에서 주로 취급되는 개념은 '지역', '지역주의', '지역연구' 등이 있다.[1)]

먼저 '지역' (region) 개념은 특정의 문제와 관련 있는 특징들은 선택하고 관련되지 않은 다른 특징들은 무시함으로써 창출되는 하나의 지적 구성물(intellectual construct)로서 규정될 수 있다. 따라서 사회과학에 있어서도, '지역' 을 특정의 선택된 규정 기준들에 있어 동질성을

1) '지역주의' (regionalism)도 역사학 · 정치학 · 정치학 등에 있어 중요한 학문적 연구주제이다. 일반적으로 지역주의는 지역적 의식의 총체와 관련된 개념으로서, 특정 지역 내의 일체성 또는 정체성으로부터 발전된 개념과 이념적인 상관관계를 갖는다. 본서에서는 자체의 연구 목적상 '지역주의' 를 별도로 다루지 않고 있다. 지역주의의 일반론에 관해서는 Raimondo Strassoldo, "Globalism and localism: Theoretical reflections and some evidence," in Zdravko Milnar(ed.), *Globalization and Territorial Identities*(Aldershot: Avebury, 1992), pp.35-59. 국제정치에 있어 지역주의에 관한 대표적 문헌으로는 Louise Fawcett & Andrew Hurrell(eds.), *Regionalism in World Politics*(Oxford University Press, 1995) 참조.

띠고 있는 하나의 응집력 있는 지역(cohesive area)으로서 수용하고 있으나, 이러한 기준에 따라 지역의 개념을 '지역'(region)과 또 다른 '지역'(area)을 구별하고 있다.[2)]

먼저, 'area' 로서의 지역은 대개 지구 표면상의 어떤 지리적 부분을 지칭하는 보다 광범위한 개념으로서, 이를 기준으로 한 경계(area boundaries)는 대개는 편의상 이루어진 자의적 개념이다. 이에 비해 'region' 으로서의 지역은 어떤 지리적 중심지(예: 시가지, 오지 등)에 대한 활동의 조직화에 의해 규정되는 마디[結節]나, 또는 지역 내의 특정 현상들(예: 열대 우림 등)의 동질적 분포에 의해 규정되는 통일성을 강조하는 개념이다. 즉 이 경우의 지역은 어떤 단일 또는 복합적인 특징들의 측면에서 규정되기도 하고, 특정 area에 대해 인간이 점유하는 총체적인 내용에 접근하는 측면에서 규정되기도 한다.

따라서 사회과학에서 사용되는 지역 개념은 일반적으로 후자의 경향으로 변화해 왔다고 할 수 있다. 사회과학에 있어서 지역(region)이 지니고 있는 가장 공통적인 특징들로서는, 일반적으로 인종 · 문화 · 언어(예: 프랑스 프로방스 지역), 기후 · 지형(예: 미국 테네시 벨리), 산업 · 도시화(예: 독일 루르 지역), 경제적 특화(예: 북미의 면화지대), 행정 단위(예: 영국의 표준적 통치지역), 갈등의 국제정치(예: 중동, 발칸지역) 등이 주요 대상으로 선택될 수 있다. 이런 측면세서 볼 때, region으로서의 지역 개념이 현재 국가 및 국제공공 프로그램의 분석 · 기획 · 관리에서 사용되고 있음을 알 수 있을 것이다.

지역 개념에 대한 또 다른 유형론은 학문 분야를 기준으로 구분되어 다루어지기도 한다.[3)] 먼저 지리학적 개념으로서의 지역은, 공간과 토지 자원을 중심으로 구분되어, 주로 지역간 활동의 구조, 행태, 흐름

2) *Encyclopaedia Britannica*, 1988, p.1003.
3) 최재선, 『지역경제론』(법문사, 1995), pp.52-62.

을 가진 지리적인 연속성을 강조한다. 이 경우 '지역'은 주로 region을 지칭하며, area(小지역)는 대개 region 내의 소단위 지역이라는 규모성, district(區域)은 특별 행정구역 단위와 같은 기능성, 그리고 community(지역사회)는 자연부락 또는 촌락공동체처럼 자연발생적으로 형성되는 공공성 · 사회성을 강조하는 개념 등으로 다시 분류될 수 있다. 특히 community는 공동체로서의 지역사회를 지칭하는 것으로서, 사회학에서 중시하는 개념이기도 하다. 이는 주민 · 장소 · 지리적 실체 등의 종합적 실체로서, 지역사회 주민들이 일상생활에서 욕구 충족을 위해 갖게 되는 모든 관계의 구조, 즉 지역적 구조성을 강조하는 경향과(Amos H. Hawley), 공동생활의 요인으로서 동일한 관습 · 태도 · 전통 · 언어의 형태를 가진 보다 밀집적이고 연속적인 지리적 공간 속의 가족이나 개인의 집합체, 즉 공동생활권을 강조하는 경향(R.M. MacIver) 등이 이에 속한다.

마지막으로, 지역연구(regional studies)에서의 지역 개념은 지리적 공간상의 자원 배분과 경제적 효율성에 초점을 둔 경제지리학에서 시작된 것으로, 주로 동질성을 중심으로 지역을 취급한다. 여기에서의 동질성은 자연적 동질성, 결절(結節) 지역, 그리고 계획지역으로 구분된다. 자연적 동질성(natural homogeneity)은 대개 산업구조, 소비유형, 직업 분포, 주택 보급률 등과 같이 상이하게 분리된 공간적 단위가 동질성을 갖는 경우를 의미한다. 결절 지역(nodal region)은 거점 지역(polarized region)을 가리키는 것으로서, 동질성을 지닌 지역들간의 의존관계보다는 지역내 상이한 요소들간의 상호의존 관계를 보다 강조한다. 여기에서 '결절'(node)이라 함은 비용 확보나 분배의 측면에서 전략적으로 우위성을 갖게 되어 생산의 중심지가 되는 공간을 의미한다. 계획지역(planning region)은 법률에 의한 강제력 또는 행정력에 의해 의도적으로 설정된 의사결정 지역을 가리킨다.

이러한 개념의 분화 및 발전을 가져오게 된 기원으로서의 지역연구의 필요성은, 이미 18세기 근대국가의 형성기부터 시작되어 20세기 초까지 대체로 유사한 연구경향을 보여 왔다고 할 수 있다. 당시 정치주체들의 특수한 정치적 목적을 위해 시작된 지역연구는 근대 지리학의 발전에 그 배경을 두고 있었으며, 이는 자본주의의 특수한 정책으로서의 제국주의의 확장, 非서방세계를 대상으로 하는 서방세계[서유럽]의 편향적 연구, 국제적 차원의 정치경제적 수요 창출을 위한 순수하지 못한 학문적 성향, 국가 · 정부 중심의 위로부터의 하향식 연구, 국가 하위 차원의 요인들에 대한 무시와 같은 연구상의 특성들을 보여주었다.

20세기에 들어 두 차례의 세계대전을 통해 새로 등장한 신흥국들에 대한 연구가 활성화되면서, 지역연구가 '비교정치학' 분야의 발전 토대를 형성하게 되었다. 이전 시기와 유사하게, 아시아 · 아프리카의 탈식민화에 따른 국제사회에 대한 정치적 이해의 필요성 때문에 확산된 결과였다. 특히 제2차대전 이후, 미국과 소련 간의 냉전 대립 상황 속에서 강대국들이 제3세계 국가들을 자국 진영에 편입시키려는 노력이 극대화되면서, 전세계적 차원에서 우월한 전략적 지형을 선점화하는 데 몰두했던 당시의 상황을 보면 쉽게 이해할 수 있다. 이로써 지역연구의 중심 주체도 자연스럽게 서유럽으로부터 미국으로 이동하는 특징을 보여주고 있다.[4]

지역연구가 순수학문적인 학제적 연구 분야로 발전하게 된 것은 냉전과 상호의존 현상이 복합되었던 1960년대~1980년대에서였다. 이는 국제사회의 급속한 변화에 직면하여 이에 대한 학문적 대응이 필요

4) 정치학과 지역연구의 관련성에 대한 논의에서, 지역연구가 제2차대전중에 크게 부상했으며, 정치학의 지혜(wisdom)로 수용된 많은 것들이 사실은 보편적 지식을 가장한 미국의 지역연구에서 비롯되었음을 지적하고 있음에 주목할 필요가 있다. Lucian W. Pye, "Asia Studies and the Discipline," *PS: Poitical Science & Politics*, XXXIV-4(December 2001), p.805.

했기 때문인데, 특히 상호의존 현상들이 국내 · 국제사회에 경계 없이 침투하는 것에 대해 다양한 학문분과들이 서로 접근할 필요성이 커졌기 때문이다. 따라서 이 시기에는 기존의 정치 · 경제적 필요성뿐만 아니라 보다 다양한 非정치 · 경제 문제들에도 관심이 확대되는 결과를 낳았다.[5)]

이런 배경을 바탕으로, 1990년대 이후 소위 탈냉전과 세계화 시기에는 지역연구의 범주 · 대상 · 접근방식들이 근본적인 변형을 경험하기에 이르렀다. 첫째 국가 중심적인 인식에서 탈피하게 되었고, 둘째 국가가 아닌 쟁점 중심의 '새로운 지역'으로 연구대상이 재편성되기에 이르렀으며, 셋째 민족, 종교, 문명권, 테러 등이 새로운 쟁점 지역으로 개념화되기 시작했으며, 넷째 기존의 지리적 · 기계적 개념으로부터 인지적 · 구성적 개념으로 확대되는 사회학적 성격을 담보하게 되었고, 마지막으로 자아와 타자 사이의 상호성에 대한 인식을 새롭게 하는 계기가 되었다.[6)]

종합적으로 볼 때, 현재의 지역연구는 다음과 특성을 내포하고 있다고 정리할 수 있다. 첫째, 세분화 · 전문화 · 고정화라는 지나치게 분화된 기존 학문분과의 한계를 극복하여 다양한 학문분과들 사이에 융합화 · 종합화가 무한히 확장되고 있는 추세이다. 둘째, 분화된 기존 학문분과와의 연계성도 계속 유지되고 있는데, 한 예로 사회과학 내에서 정치학의 비교정치 분야가 정책학의 영역으로 확장됨으로써, 마치 자연과학에서 '공학'의 역할을 지역연구가 사회과학 분야에서 수행하는

5) 현재의 지역연구에 관한 실상과 특성에 관한 일반적인 논의를 위해서는 이중희, "지역연구의 대상과 방법," 『국제지역연구』, 5-3(2001), pp.3-27 참조.

6) 이로 인해 지역연구는 다음과 같은 바람직한 학문적 특성을 갖추게 되었다고 한다. ① 사회과학의 성장산업, ② 다중 학제적(multi-disciplinary) 접근 가능성, ③ 안과 밖의 연계 가능성 개방, ④ 역사 · 문화 등에 대한 상대주의적 접근, ⑤ 인지적-구성적 인식의 정립 기반 제공 등.

것과 같다고 할 수 있다. 셋째, 학제간 연구를 통한 협동과 결과들이 서로 통합될 수 있도록 새로운 자극제의 역할을 할 수 있게 되었다. 넷째, 진정한 의미에서 특정 지역의 정치·경제·사회·역사·문화 등 모든 분야에서의 실제적 연구를 가능케 하였다는 점이다. 다섯째, 지역의 특수성(예: 역사·문화적 측면)과 보편성(예: 인간 소통 현상 등) 사이의 조화로운 탐구를 통해 지역의 구성요소들(예: 문명권, 종교권 등)을 새로운 분석대상으로 격상시키게 되었다.

따라서 현재의 지역연구(또는 지역학)는 '타자'(the others)를 대상으로 선정하여, 그를 구성하고 있는 '타자성'(otherness)을 설명하고 이해하려는 하나의 지적 인식 방법으로 간주해야 할 것이다. 이는 생활 주체들이 구성하는 삶의 다양한 영역에서 그들 사이의 복합적인 상호 작용을 분별하게 하는 집합적 경험에 대한 학제적 연구이기 때문에, 그들의 사회·역사·문화 등 모든 것들에 대해 상대주의적 관점을 견지하면서 특정 지역의 총체적 국면을 시·공간의 틀에서 총체적으로 파악하는 방법인 것이다.[7]

제 2 절 지역 개념으로서의 동아시아

국제지역 연구 분야에서 아시아를 연구대상으로서 취급할 경우, 일반적으로 지리적 특성에 따른 구분 범주를 따르는 경향이 있다. 본래

7) 이런 점에서 기존의 지역연구는 문화-인간론 및 포스트모던 계열로부터 비판을 받아 왔다. 주요 핵심은 국제관계의 현실주의에서 보는 바와 같이 국가에 대해 분석단위의 특권을 부여함으로써, 근대 세계에서 안정적이고 불변적인 단위들과는 동떨어진 다양한 행위자들의 정체성을 당연시하고 물화시켜 왔다는 지적이다. Peter J. Katzenstein, "Area and Regional Studies and the United States," *PS: Political Science & Politics*, XXXIV-4(December 2001), p.790.

'아시아'(Asia)라는 개념은 아시아인들 스스로가 규정한 지리적 개념이 아니라, 자신들을 세계의 중심으로 인식했던 서양인들에 의해 타의적으로 규정된 개념이다.[8] 이런 기준으로 볼 때, 대개 아시아에는 서양을 기점으로 하여 방향과 거리를 고려한 세부적인 하위 지역 개념들이 등장하는데, 근동(Near East), 중동(Middle East), 극동(Far East)이라는 초기의 구분이 대표적이다. 이후에는 더욱 세분되어 중동, 서남아시아, 중앙아시아, 동남아시아, 동북아시아, 그리고 아시아-태평양 지역 등으로 구분하는 경우가 일반적이었다.

이런 경향에 비추어 보면, '동아시아'(East Asia)는 종래 국제관계학의 지역연구에 있어서 일반적으로 채택되어 온 지역 구분이 아니었으며, 비록 채택되었을 경우에도 명확한 개념화가 이루어지지 못한 실정이었다. 이는 이 지역에 내포되어 있는 문화적 · 역사적 정체성에 대한 개념화는 물론, 가장 초보적인 지역적 구분에 있어서도 거의 혼동을 면치 못해 왔음을 의미한다. 다시 말하여, 전자의 경우와 관련한 연구는 그 정도가 더욱 심했고, 후자의 경우에도 동아시아가 동북아시아 또는 동남아시아의 어느 한 지역으로 대체되어 사용되었는가 하면, 좀 더 광의적으로 취급할 경우에도 이들 두 지역을 막연히 포괄하는 정도에 머물렀던 것이 사실이다.

즉 '동아시아'의 지리적 개념도 명확하지 않아서, 대개는 '극동'과 같은 매우 협소한 지리적 범주를 사용하여, 흔히 한국, 중국, 일본 등을 지칭하는 '동북아시아'와 동일어로 일반화된 경향이 있어 왔다. 이 경우 '동남아'는 그 범주에 속하지 않게 되었는데, 특히 한국 학계에서는 이런 경향이 농후하여, 동아시아에 있어 동남아시아의 다양한 중요성을 인식하고 있는 다른 국가들의 학계 경향과는 심각한 차이를 보

8) Mark Borthwic, *Pacific Century: The Emergence of Modern Pacific Asia*(Boulder: Westview Press, 1992), p.3. 아시아 자체 내에서는 중국처럼, 자국을 세계의 중심으로 인식하는 독특한 아시아적 지리 개념을 갖고 있는 경우도 있다.

이고 있다.[9] 현재는 동아시아의 범주가 동북아는 물론, 동남아까지를 통칭하는 보다 포괄적인 개념으로 인식하는 태도가 보다 보편적이라 할 수 있다.

동아시아의 지리적 범주는 1980년대 이후 더욱 확장되었다. 이는 1970년대 이래 심화되고 있는 경제적 상호의존의 추세를 반영한 것으로서, 기존의 전통적인 지리적 범주라는 고정적 요소에다 새로운 국제적 쟁점영역(issue-areas)을 매개로 한 초국경적 쟁점 이동이라는 역동적 요소를 가미한 결과로서, 지역적 범주 설정에 있어 새로운 변화 추세의 결과라고 할 수 있다. 즉 경제지리적 범주로서의 '아시아-태평양' (Asia-Pacific: 아태)이라는 새로운 지역 단위가 창출된 것이다.[10] 이 지역 개념은 태평양을 연안으로 하고 있는 국가들을 포괄하는 개념으로서, 태평양 연안의 동아시아뿐만 아니라, 미주 대륙과 오세아니아 대륙에 속한 국가들까지 모두 포섭하는 매우 광범한 지역을 지칭한다.[11]

최근에 '동아시아' 지역의 실질적 중요성과 지역 개념 자체가 더욱 주목받게 된 배경은 다음과 같다.[12] 첫째, 동아시아가 세계에서 점차

---

9) 현재 '동아시아학' 연구 공동체에 속하는 학자들의 동남아에 대한 인식에 관해서는 정문길 외 편, 『동아시아, 문제와 시각』(문학과지성사, 1995); 정문길, 『발견으로서 동아시아』(문학과지성사, 2000) 등 참조.

10) 아-태 지역을 '신지역주의' 관점에서 취급하고 있는 문헌으로는 Kanishka Jayasuriya, "Introduction: governing the Asia Pacific: beyond the 'new regionalism'," *Third World Quarterly*, 24-2(2003), pp.199-215; 유현석, "경제적 지역주의의 국제정치적 접근: 이론적 검토와 APEC에의 적용," 『국제정치논총』, 42-3(2002), pp.33-53 참조.

11) 배긍찬, "동아시아 정체성 창출 방안 연구," 외교안보연구원 정책연구시리즈 2001-3(2002. 1). 아태지역은 태평양 서쪽의 동아시아, 동쪽의 미주 대륙(미국, 캐나다, 멕시코, 칠레 등), 그리고 남쪽의 오세아니아 대륙(호주, 뉴질랜드, 기타 태평양 도서 국가 등)을 모두 포함한다. 따라서 동아시아 국가들만을 대상으로 하는 EAEC과, ASEAN+3 및 태평양 지역 연안국들이 포함된 APEC과는 그 범주에 있어 명확한 차이가 있다.

12) Lowell Dittmer, "East Asia in the 'New Era' in World Politics," *World Politics*,

정치적 및 경제적인 중요성을 증대시키고 있는 지역이면서, 동시에 제2차대전 이래 가장 유혈적인 2개의 재래식 전쟁이 상존하고 있는 지역이며, 세계 국민총생산(GNP) 및 무역에서 차지하는 비중이 지속적으로 증가하고 있는 거의 유일한 지역이기 때문이다.

둘째, 동아시아가 현재 르네상스를 맞고 있는 자부심 강한 고대 문명의 본산으로서, 특히 미국적 리더십에 근거한 서방세계의 '근대화'(modernization) 개념에 도전하면서 이를 의문시하고 있는 대안 지역이기 때문이다. 비록 그간의 '아시아적 가치'(Asiatic value)와 같은 토착적 인식에 바탕한 자체의 논의가, 예상보다 아시아 자체에 대한 인식 변화와 정체성 확립에 큰 기여를 하지 못한 결과로 판명되었으나, 이 지역의 잠재성에 대해서는 아직 평가하기에 이른 상황이라고 말할 수 있다.

셋째, 동아시아가 비록 지금까지는 중동이나 유럽에 비해 테러 등 여타 위협요인들에 대해 덜 민감한 지역이었으나, 특히 동남아의 경우엔 최근 들어 예기치 않은 위협요인들에 점차 노출되는 등 아프간 사태 이후 소위 '제2의 전선'(a second front)로 등장할 가능성이 커졌기 때문이다. 동남아의 일부 지역을 제외하고는 그런 위협 상황들이 아직 분명하게 표출되거나 보편화되지는 않았지만, 점차 확산될 것으로 예상되며, 또한 그러한 상황에서 이 지역이 여러 측면에서 시험대가 될 수도 있다는 점에서 역내·외의 관심을 받고 있다고 할 수 있다.

그러나 무엇보다도 의미 있는 변화는, 동아시아가 냉전시대뿐만 아니라 탈냉전시대에 있어서도 강대국들의 국제정치에 있어 매우 중요한 지역이라는 전략적 지형의 지속성을 유지하고 있기 때문이다. 그러나 냉전시기 동북아와 동남아를 구분함으로써, 그 중요성과 가치에 대한 평가가 이분화되었던 것과는 달리, 이제는 동남아 지역의 중요성이

5(Oct. 2002), p.38.

상대적으로 증대함으로써,[13] 전체로서의 동아시아를 포괄적으로 접근하려는 움직임이 일어나고 있다는 점이다.

여기에 정치적 · 이념적 · 경제적 · 군사적 · 문화적 · 역사적 측면에서 지역 국가들 사이에 다양한 수준과 성격이 혼재해 있어, 국제관계의 전체적인 힘의 분포를 형성하는 데 매우 신축적인 역동성을 보이는 지역으로 인식되고 있기도 하다. 따라서 동아시아의 힘의 증대와 서방세계에 대해 형성할 수 있는 다면적 관계 등이, 동아시아로 하여금 세계 역사의 결정적 접합점에서 하나의 '부동표' (swing vote) 또는 '결정표' (casting vote)의 가능성을 열어놓을 수 있기도 하다. 이런 측면에 볼 때, 동아시의 중요성은 탈냉전시대의 지배적인 추세인 세계화(globalization)와 지역주의(regionalism), 그리고 기존의 추세였던 세력균형(balance of power) 등의 수준에서 모두 관찰될 수 있다.[14]

그럼에도 불구하고 동아시아 지역은 역내적으로 많은 측면에서 다양성을 보이고 있어, 객관적이고 체계적인 연구대상으로서 자체의 일체성이나 지속성이 탐구되기에는 근본적인 한계를 여전히 내포하고 있다. 그러한 요인으로는 각국의 영토, 인구, 군사력, 경제력 등 하드웨어적 요소들의 격차, 정치이념 및 정치체제의 상이성, 외국 세력과의 관계에 있어 정치사적 경험과 국가 형성에 있어서의 간극, 그리고 인종, 종교, 문화적 전통과 사회화 경험의 이질성 등을 지적할 수 있다. 이런 배경으로 인해, 이 지역에서는 그간의 국제사회가 점진적으로 성취해 온 제도화의 성과들이 가장 취약하거나 아니면 아직도 극히 초보단계에 머물게 되었던 것이다.

---

13) 동남아 지역에 대한 지역연구에 관해서는, 박사명, "세계화와 동남아: 도전과 응전," 『한국정치학회보』, 34-4(2000), pp.301-319; 송은희, "ASEAN 지역주의: 소지역주의의 쟁점과 과제," 『세계지역연구논총』, 14(2000), pp.127-141; Mark Beeson, "Sovereignty under siege: globalisation and the state in South Asia," *Third World Quarterly*, 23-3(2003), pp.357-374 참조.

14) Dittmer, 앞의 책, pp.39-42.

이런 지역적 특성으로 미루어 볼 때, 동북아와 동남아 지역은 각기 공통적 요소보다는 이질적 요소들이 더 많이 발견되었고, 두 지역을 포괄하는 동아시아 지역 개념은 그 정도가 더욱 심각하다고 할 수 있다. 따라서 동아시아 지역을 단일의 분석대상으로 삼아야 하는 작업에 대하여 회의론이 상당 수준으로 제기되고 있음이 어쩌면 당연한 결과인지도 모른다. 따라서 이는 동아시아 지역을 일정 정도 '지역주의' 의 수준에서 개념화하는 데는 여러 한계가 있다는 인식으로 연결되고 있다.[15)]

이런 이유 때문에, 그간 학계에서는 동아시아의 정체성을 모색하는 일에 지속적인 관심을 경주하였다. 이 지역의 내재적 다양성으로 인해 정체성을 모색하고 정립하는 작업이 회의적이었던 배경에는, 기존의 어프로치가 국가 또는 민족 중심적 주제에 초점을 맞추어 온 추세가 지배적이었다는 데 기인하는 것 같다. 따라서 이런 접근방식보다는 이 지역 국가들의 행위주체들이 역사적으로 상호간에 교류와 소통을 전개해 온 방식이 해양을 매개로 이루어져 왔음을 주목할 필요가 있을 것이다. 이러한 해양 중심의 지리적 조건을 탐색함으로써, 동아시아를 해양 지역으로서의 정체성(maritime identity)을 구성해 온 주체로 인식하는 일이 우선적으로 필요할 것이다.[16)] 이는 본서에서 다루는 이 지역의 해양분쟁과도 직접적인 관련성이 있어 그 적합성이 더욱 클 것으로 생각된다.

이러한 관점은 동아시아에서의 지역 개념을 논의함에 있어, 국가 중심의 영속적인 단위 관념에 기초한 기존의 지역 인식이 본질적인 한계

15) 박의정 · 이현훈, "동아시아의 지역주의 경향과 한국의 선택," 『국제지역연구』, 제7권 제1호(2003), pp.271-273.

16) Takeshi Hamashita, "Regional Dynamism and the Maritime Identity of Asia: Political Space and Cultural Boundaries in Modern East Asia," *Building an East Asian Community: Conditions and Prospects*(Asiatic Research Center, Korea University, Annual International Conference, Dec. 17, 2001), p.9.

를 지니고 있음을 의미한다. 동아시아 지역의 정체성 모색을 국가 중심적 사고로 일관할 경우, 어쩌면 영원히 근본적인 해결은커녕 기본적인 방향 모색조차 불가능할지도 모른다. 따라서 이 지역의 정체성은 다양한 인간 활동의 유동성이나 복합성에 기초하여 관찰할 필요가 있다. 이러한 문제 인식에는 분과학문의 새로운 두 연구경향이 개입할 필요가 있음을 의미하기도 한다. 즉 국제관계에 대한 사회학적 분석들이 강조하는 주권국가의 안과 밖의 이분화된 구분을 초월하여 구축되고 있는 새로운 정치공간에 대한 인식을 기초로, 지역을 구성하는 지리적 장소들(즉 국가들)의 영속성보다는 이들간의 상호작용을 새로운 지리적 공간으로 관찰해야 하는 필요성일 것이다.[17]

지역 개념과 정체성과 관련한 이런 배경을 고려하는 차원에서, 본서에서 필자는 동아시아의 지리적 범주를 조작적으로 설정하고자 한다. 먼저, '아시아-태평양' 지역이라는 개념은 그 지리적 광대성이나 개념적 다양성이 매우 확산적이어서, 이 개념을 선택하지 않고자 한다. 그 이유는 동아시아 개념 자체가 이미 기존의 개념에 비해 상당히 확산되어, 이를 더 이상 확대시킬 필요성을 느끼지 못하기 때문이다. 게다가 비록 그런 개념을 선택하더라도 어느 정도 일관된 연구체계를 갖추기가 어려울 뿐만 아니라, 그 연구 성과에 대한 기대도 확신하기 어렵기 때문이기도 하다. 더욱 큰 문제점은 동아시아는 아-태 지역의 일부일 뿐만 아니라, 아시아에 속한 모든 국가들도 동아시아에 한정되지 않기 때문이다.

다음으로는, '동북아' 또는 '동남아' 중 어느 한 지역과 동일시하는

17) Bob Walker, *Inside/Outside: International Relations as Political Theory*(Cambridge University Press, 1993); Derek Gregory & Rex Walford(eds.), *Horizons in Human Geography*(London: Macmillan, 1989); 이철호, "지역의 재등장과 새로운 아시아: 동아시아 지역화 논의와 새로운 국제공간으로서의 지역에 대한 성찰," 『국제정치논총』, 41-4(2001), pp.47-48.

종래의 동아시아 개념도 피하고자 한다. 이는 주로 전자가 한반도, 중국, 일본을, 후자가 아세안(ASEAN)을 중심으로 한 국제관계로 축소되어, 굳이 '동아시아'라는 개념을 선택해서 협소한 지역 탐구를 수행해야 할 아무런 적합성도 제공해 주지 못하기 때문이다.

따라서 본서에서는 기존의 동북아와 동남아 지역을 포괄하는 최근의 '동아시아' 개념을 일차적으로 선호하는 입장이다. 그러나 이들 각각의 지역이 어느 정도의 지역적 일체성을 중심으로 수렴되기 어려운데다가, 관점 및 변수의 다양성으로 인해 일관성 있는 분석 체계를 동원하기 어렵기 때문에, 필자의 의도에 맞춰 신축적으로 조정하고자 한다. 즉 기존의 동북아 지역을 중심으로 하되, 이의 지리적 범주를 남쪽으로 보다 확장하여, 기존의 동남아 지역과 중첩되는 지역까지 포함시키고자 한다. 이는 본서에서 이 지역의 분석 초점을 영토분쟁이라는 쟁점으로 집중하고 있기 때문에 더욱 적절하다고 판단되기 때문이기도 하다.

그러한 근거로서, 이 지역의 관련 영토 쟁점들이 기존의 동북아 범주에 머물지 않고, 쟁점에 따라 북으로는 러시아가, 남으로는 동남아의 일부 국가들이 직접 관련되어 있음을 보면 쉽게 알 수 있다. 특히 이 지역과 관련한 중국의 대외관계도 단지 한국 및 일본에 국한되어 있지 않고, 대만과 관련한 양안 문제, 조어대열도, 남중국해의 남사군도 등으로, 기존의 동북아 지역을 초월하고 있음을 볼 수 있다.

제 3 절 동아시아 국제관계 및 정세

본서에서 동아시아의 지리적 범주를 기존의 동북아 지역과 동남아의 동부 지역으로 한정할 경우, 여기에 속하는 주요 국가는 동북아의 한국 · 북한 · 중국 · 일본 · 러시아 · 대만과 동남아의 인도차이나반도 · 필리핀 · 브루나이 · 인도네시아 · 말레이시아 동부 지역(보르네오) 등이라 할 수 있다. 여기에, 비록 지리적으로는 유리되어 있으나 실질적으로 이 지역의 국제관계에 직접적으로 지속적인 영향력을 행사해 온 미국도 중요한 행위자로서 포함된다.

1. 동북아시아

먼저 동아시아 지역 가운데 동북아의 국제관계는 거시적 관점에서 미국 · 중국 · 일본 등 3국간의 세력균형의 변화에 따라 역사적인 변화를 경험해 왔다고 할 수 있다. 먼저 동북아 지역의 정세와 관련하여, 이러한 국제안보 환경의 변화가 이 지역 수준에서 구체적으로 반영된 내용을 시대적으로 구분하여 살펴보면 다음과 같다.[18]

먼저 제1기(1947~1972년)는 일본에 대한 미국의 전략적 재평가, 미 · 일 군사동맹, 일본의 독자외교의 실종, 그리고 중국의 정체 변화에 따른 비대칭적 3국 관계의 특징을 보이고 있다. 이 시기는 3국간에 최초로 근대국가로서의 상호관계를 수립한 시기로서, 미국 진영이었던 중국이 1949년 사회주의 국가로 변형됨으로써 미 · 일의 자유진영과 대립 축을 형성하면서, 한국전쟁을 계기로 서로의 관계 양상이 뚜렷이 표출되었는데, 특히 미 · 일 진영에 대한 새로운 중국의 세력균형이 비대칭적이고 뚜렷한 한계를 보인 시기였다.

제2기(1972~1990년)는 냉전의 이념 대립이 데탕트(긴장 완화)로 진행되는 시기부터 냉전이 종식되는 1980년대까지의 시기이다. 특히 1970년대는 기존의 국제정치가 보여주었던 일반화된 도식들이 더 이상 일관성을 보이지 못한 시기이기도 하다. 즉 자유주의 진영과 사회

18) 박인휘, "동북아 국제관계와 한국의 국가이익: 미 · 중 · 일 세력관계를 중심으로," 『국가전략』, 11-3(세종연구소, 2005), pp.9-12.

주의 진영 간의 대립 완화, 중국 · 소련간 갈등과 자유진영 내부의 경쟁 확대, 제3세계 진영의 세력 확대와 이에 대한 강대국들의 경쟁, 유럽 통합의 진전 이라는 특징을 보였다. 동북아에서 미 · 중 · 일간의 세력관계에서 발생한 가장 유의미한 변화는, 미국이 중국의 전략적 가치를 인정함으로써 3국간에 부분적인 균형 회복이 이루어졌다는 점이다. 물론 이러한 회복 현상이 여전히 냉전의 거시 틀 속에서 한계를 극복하지는 못한 상태였다. 즉 일본은 아직 대중 관계에 있어 독자성을 확보하지 못한 채, 미국의 안보 우산에 의존하지 않을 수 없는 상황이었다. 그럼에도 불구하고, 오키나와의 일본 반환이나 중 · 일 국교관계 수립 등이 지역내 안보질서에서 갖는 의미는 매우 큰 것으로 볼 수 있다.[19)]

제3기(1990~1997년)는 냉전 종식에 따라, 일극적 강대국의 지위를 갖게 된 미국이 새로운 동북아 국제질서를 구축하기 위한 조정 시기로 볼 수 있다. 이런 배경에서 미국은 자국의 동맹 동반자로서의 일본이 지닌 전략적 가치를 재평가하고, 소위 '중국 기회론'과 '중국 위협론'과 관련된 논쟁이 주류를 이루었다. 미국의 세계전략은 민주주의와 시장경제의 확산을 통해 자국의 패권 기반을 새롭게 구축하는 것으로서, 탈냉전시기임에도 불구하고 3국간 관계는 냉전의 속성을 크게 벗어나지 못한 상태였다. 즉 동북아에서 일방적인 영향력을 유지하려는 미국의 의도 속에서, 미 · 일은 1970년대의 군사협력 관계를 새로운 시대에 적합하도록 조정함으로써, 이 지역에서 일 · 중간의 경쟁적인 지역적 세력구도를 강화시켰다. 여기에 새로운 행위자로서 북한이 핵개발 프로그램을 통해 강대국들에 대한 새로운 역학 구도를 창출하기도 했다.

제4기(1997~현재)는 미국이 미 · 일 군사동맹의 변화 및 강화를 바

19) James Lilley, *China Hands: Nine Decades of Adventure, Espionage and Diplomacy in Asia*(New York: Public Affairs, 2004), 제3-4부 참조.

탕으로 중국의 경제성장에 대해 구체적인 대응전략을 모색하는 시기로 규정할 수 있다. 즉 미국이 21세기를 자국 중심의 탈근대 국제체제로 안정화시키기 위한 세계전략을 동북아 지역으로 연계시키는 작업이 구체화되는 시기라고 할 수 있다.[20] 이러한 실례로서 대테러 대응책으로서의 특정 국가들에 대한 압박, 북한 핵에 대한 강경한 입장과 6자 회담의 활용, 그리고 일본의 군사 강대국화에 대한 용인 등을 들 수 있다. 결국 동북아는 현재나 앞으로도 미국에게는 매우 중요한 이해관계가 연계된 지역으로서의 전략적 대상이 될 것이며, 이 점에 있어서는 중 · 일간의 경쟁에서 보듯이 이들 양국에게 있어서도 결코 양보하기 어려운 중요성을 갖고 있다.

이러한 전개과정을 거쳐 온 동북아 지역의 정세는 2006년 현재 다음과 같은 동향을 보여주고 있다.[21] 동북아에 있어 2극 구조가 선명하게 구축되어 그 구도가 더욱 강화되고 있는 추세이다.[22] 이는 미 · 일과 중 · 러간의 경쟁 및 견제 관계가 심화되고 있음을 의미하는데, 전자는 미 · 일 동맹관계의 강화를 통해 지역의 군사안보와 힘의 우위를 도모하고 있고, 후자는 중 · 러 동반자관계를 형성함으로써 미국의 독주와 일본의 강성화를 견제하려는 의도를 갖고 있다. 여기에 한국과 같은 경우는, 대미 동맹관계의 신축적인 수정을 희망하는 등 상대적으로 보다 자주적인 외교를 위해 기존 동맹국들과 부분적인 마찰을 보이고 있다.

둘째, 과거 역사와 영토 문제를 둘러싼 역내 국가들간의 인식 차이와 갈등이 고조되고, 여기에 각국의 민족주의적 성향이 개입됨으로써,

20) 전재성, "탈냉전 이후 미국의 동맹전략의 변화와 전망," 한국국제정치학회 하계학술회의 발표논문, 2004.

21) 외교안보연구원, 『2006년 국제정세전망』, 2005, pp.27-53의 내용을 재구성 · 보충한 것임.

22) 그러나 외교안보연구원의 2005년도 전망에서는 동북아 세력구도를 "미 · 중 · 일 新3각관계"로 표현하였다. 외교안보연구원, 『2005년 국제정세전망』, 2004, p.26.

주요 국가들간에 다소 불안정한 상호관계를 표출하고 있다. 대표적인 사례는 과거 역사와 신사참배 등을 둘러싼 한·중과 일본간의 갈등, 그리고 고구려사를 중심으로 한 동북공정을 둘러싸고 일어난 한·중 간의 갈등이다. 이러한 구도는 대립적인 국가들이 분명히 이분화되어 있지 않은 채, 3국이 서로 엇갈려 있는 형상이다. 여기에 각자의 민족주의적 성향이 각국의 국내정치적 요인들과 연계되어 서로의 대외관계에서 부정적 측면들을 초래하는 악순환이 되고 있는 추세이다.

셋째, 신자유주의적 세계경제의 질서 속에서, 자원 및 에너지 확보 등 경제성장을 위한 국가간 경쟁이 첨예화되고 있다. 특히 새롭게 떠오르는 4대 신흥 경제대국(BRICs) 가운데 2개가 아시아 지역 국가인데, 그 중에서도 특히 중국의 시장경제체제로의 전환을 통한 고속 성장과 산업화로 인해 세계경제는 물론 동아시아 지역의 경제질서도 큰 영향을 받고 있다. 여기에 국제 유가가 이미 60달러 수준을 넘는 등, 부정적 요인들이 거세게 중첩되어 있는 상황이다. 그러나 자원 및 에너지 안보 쟁점이 갖는 중요성은, 무엇보다도 이것이 국제정치·군사적 영향력으로 전환되어 국가간 힘의 분포와도 의미있는 상관성을 갖게 된다는 점이다.

넷째, 북한이 안고 있는 현안들이 단기간 내에 해결될 가능성이 적다는 점이다. 북한은 현재 정치·군사적으로는 핵개발 문제를 취급하고 있는 6자회담 등을 통한 제도적 관리, 경제적으로는 빈곤과 경제안정을 위한 자국 체제의 유지와 국제사회의 원조, 사회적·인도적 차원에서는 탈북자 문제, 인권 문제, 기타 불법행위(예: 마약, 위폐, 부정 물품의 유통 등)를 둘러싼 관련국들과의 갈등 등 다양한 영역에서 복잡한 난제들을 안고 있다. 이들 문제는 단순히 북한 또는 한반도 차원이 아닌 세계적 문제로서의 성격을 지니고 있으며, 당분간 동아시아 지역 질서에도 부정적인 갈등 상황으로 남아 있을 가능성이 크다.

결론적으로 과거 역사에 대한 인식 차이, 냉전시대부터 지속적으로 작용해 온 정치 · 이념 구도의 잔존성, 현재의 여러 제도 및 관행상의 이질화, 세계적 차원에서도 매우 민감하게 작동하는 현실적인 갈등적 쟁점들, 그리고 어느 지역에서나 국가들간에 보편적으로 존재하는 갈등과 대립 현상 등이 복잡하게 중복되어 있는 성격을 보이고 있어, 지역적 관심사들에 대처하고 해결해 나아감에 있어 근본적인 어려움이 상존하고 있다고 평가할 수 있다.

2. 동남아시아

그러나 동아시아 지역 중에서도 동남아 지역은, 지역연구의 대상으로서는 동북아 지역과는 다소 다른 특성을 보여 왔다. 즉 동북아와는 달리 국제정치학의 연구 관심 대상으로서는 상대적으로 비중이 낮았으며, 관심의 시작도 시기적으로 뒤늦게 출발했다고 볼 수 있다. 인도차이나반도의 공산화와 관련된 진영간 대립이 있었고 심지어는 월남전을 경험했음에도 불구하고, 1980년대까지는 대체로 언어 · 문학 · 경제적 측면에 대해서만 관심이 상대적으로 높았을 뿐이다. 이는 동남아를 국제관계의 주체로서보다는 종속변수로 취급해 온 경향이 있었음을 의미한다.

이 지역에 대한 1980년대의 정치적 관심도 그들의 국제관계보다는, 내부의 정치구조 · 민주화 · 군부통치 · 개혁 · 개방 등 정치발전 및 정치변동에 대해 상대적으로 높은 관심을 보였을 뿐이다. 1990년대 들어서는, 동남아의 부상이 제2차대전 이후 아시아에서 가장 경이적인 변화 양상으로 언급될 만큼 큰 관심을 불러일으키고 있다.[23] 더욱 중

23) 1996년 싱가포르 외상의 발언; 2000년 2월 코피 아난 유엔 사무총장은 "ASEAN은 이 지역에서 잘 기능하고 있는 매우 필요한 현실일 뿐만 아니라, 지역 밖에 있어서도 주요하게 고려해야 할 실질적 세력으로서, 유엔의 믿을 만한 동반자"라고 언급한 바가 있다.

요한 사실은, 동남아 국가들의 강대국 관계가 아직 분명히 정립되지 않은 가운데, 미국과 중국 등이 이 지역 국가들과의 긴밀한 관계를 선점하려는 외교적 노력이 매우 경쟁적인 양상을 보여 왔다는 점이다. 여기에 일본의 접근까지 겹치면서 그 양상은 더욱 복잡해져 있는 상황이다.

최근 동남아시아의 지역 정세는, 적어도 역내 국가들 차원에서는 정치 · 군사 · 사회적 측면에서 비교적 안정 국면을, 그리고 경제적 측면에서는 불안정한 회복 가능성을 보이고 있는 것 같다.[24)]

먼저 정치 · 군사 · 사회적 측면에서의 역내 안정성은, 주로 테러 대처를 위한 협력을 중심으로 확대되어 왔다. 정치적으로는 대테러 공조를 위한 역내 국가들의 노력을 가져와 '아세안(ASEAN) 안보공동체' 구상을 실현하기 위한 협력의 방향으로 전개될 기대를 갖게 하고 있다. 군사적으로는 대테러 공조를 위한 안보협력이 부분적으로 이루어지고 있는데, 이는 역내 국가들과 역외의 특정 강대국들간의 연계 형태로 나타났다. 대표적으로 미국과는 합동군사훈련의 실시와 '전략안보협력 기본협정' 의 체결로, 일본과는 대량살상무기 확산방지구상 훈련, 그리고 호주와는 해양 공동순찰 활동 등이 이루어졌다. 이런 분위기는 전체적으로 지역 내의 사회적 안정으로 연결될 가능성이 있어 긍정적 효과가 기대되고 있다.

경제적으로는 최근 수년간 급속한 경제회복과 함께 경제성장을 기록하였으나, 2005년 지진해일과 한발, 그리고 국제 고유가 등으로 인해 경기침체가 지속되었다. 성장률의 경우 역내 국가에 따라 차이가 있고, 전년도와 비교할 때 베트남만을 제외하고는 전체적으로 하락하였다. 그러나 향후 전망은 전년도에 비해 보나 나아질 것으로 보이지만 부분적인 불안정성을 완전히 극복하지는 못할 것으로 예상되고 있

24) 외교안보연구원, 앞의 글, pp.110-116.

다. 다만 경제 이외의 다른 측면에서의 안정성이 경제에 미칠 수 있는 긍정적 효과가 발생한다면, 현재의 예상보다는 성장 정도가 보다 개선될 수도 있을 것이다.

마지막으로, 지역 수준의 전체적인 협력 수준은 보다 긍정적으로 평가될 수 있다. 그러한 근거는 2005년의 아세안 정상회의에서 발견할 수 있다. 우선 아세안의 법적 · 제도적 기초를 마련하기 위해 아세안 헌장을 수립하기 위한 선언이 채택됨으로써, 역내 국가들간의 완만한 협조체제를 보다 법률적인 기반을 갖춘 제도적 장치로 상승시킬 수 있는 계기가 마련되었다. 또한, 한 · 중 · 일과 함께하는 '동아시아공동체' 형성을 위한 기본적인 인식을 공유하는 기회도 제공하게 되었다는 점이 보다 긍정적 전망을 갖게 하고 있다.[25]

제 4 절 주요 국가별 동아시아 정책

1. 미국

미국의 동아시아 정책은 단순히 동아시아라는 특정 지역의 수준에 머물지 않는, 즉 세계적 차원의 정책과 직접적으로 연계되는 특수성을 지닌다. 다시 말하면, 냉전시기의 핵심이 미국의 대소관계에 있었다면, 현재의 핵심은 새롭게 부상하고 있는 중국과의 경쟁관계가 이미 최대의 정책 쟁점이 된 상태이며, 여기에 한반도 · 일본과 동남아를 포함한 동아시아가 지닌 특수한 글로벌 성격이 같이 얽혀 있기 때문이다.

따라서 이 지역에서의 미국의 장기적 목표는, 냉전시기에는 구소련

25) 배긍찬, "제1차 동아시아 정상회의(EAS) 결과 분석: ASEAN+3 정상회의와의 관계설정을 중심으로," 미래전략연구원 개인칼럼(2006. 1. 3) 참조.

과 중국이라는 사회주의 진영에 대하여 자유주의 진영을 안정화시키면서 상대적인 우위를 유지하려는 분명한 입장을 견지하는 데 있었다. 그러나 1970년대 소·중간의 이념 및 국경분쟁으로 인해 생긴 사회주의권의 갈등 속에서 중국과의 관계가 개선되는 변화 상황도 있었다. 그러나 냉전 이후의 장기적 목표는 특히 중국을 중심으로 한 동아시아에 있어 미국을 위협할 정도의 새로운 패권 세력의 등장을 예방하는 데 있다. 이런 차원에서 예상되는 모든 위협요인들에 효과적으로 대응하고자, 기존 동맹 국가들과의 실질적 유대를 강화하고 새로운 시스템 구축을 중시하고 있다.[26]

이런 점에서 보면, 미국의 실질적이고 일차적인 관심사는 중국의 경제적·군사적 급성장이 초래하게 될 역학관계의 불확실성, 한국과 일본 등 기존 동맹국과의 군사협력 강화, 그리고 북한의 핵개발로 인한 지역안보의 불안정화와 같은 문제일 것이다. 이를 기초로 거시적 지역안정에 영향을 미칠 요인들로서는, 중국과 일본 관계의 조정 및 활용, 한국과의 새로운 협력관계 강화, 양안 문제에 대한 효과적 관리, 동남아시아의 안정화와 친미 세력화 등이 될 것이다. 이런 문제들에 대처하기 위한 논리적 근거로서는 민주주의와 시장경제 원칙의 확산, 테러 등 새로운 위협요인을 통한 국가간 공조체제의 창출, 그리고 인권 등 다양한 사회적 문제들의 지렛대 활용 등이 다양한 방식으로 동원될 가능성이 크다.

미국은 우선적으로 중국과의 관계를 안정적으로 유지하는 데 일차적인 관심을 갖게 될 것이다. 기본적인 대중관계는 '하나의 중국' 원칙을 일차적으로 인정한다는 원칙하에 협력과 상호의존 관계를 유지하면서, 양안 문제 등 제반 측면에서 중국의 군사적 확대를 저지하기

26) 이에 관한 전반적인 논의에 관해서는 Kurt M. Campbell, "The Cusp of Strategic Change in Asia," *Orbis*(Summer 2001), pp.371-385 참조.

위한 그물망을 효과적으로 구축함으로써, 협력과 경쟁 사이에서 균형과 조정의 옵션을 선택할 것으로 보인다. 그러나 보다 실질적인 네트워크는 대중 관계가 부정적으로 전환될 수 있는 상황에 대비하여, 일종의 중국 '포위전략' 이라는 기조하에, 한 · 일과의 동맹관계 강화, 중앙아시아에서의 미군 역할 확대, 그리고 동남아시아 국가들과의 공조체제 확립이라는 다면적 체제 구축에 노력을 집중할 것으로 보인다.

이는 새로운 국제환경에 적합한 미국 주도의 신(新)동맹 체제를 구체화하려는 최근의 거시적 구조조정 작업과도 직접 관련된다. 미국은 서유럽 중심의 전통적 동맹체제로부터 중유럽 · 동유럽 · 중동 · 중앙아시아 · 동아시아 등 여타 지역을 중심으로 한 새로운 체제 구축을 의도하고 있다. 여기에는 두 개의 안보 개념에 대한 대응이 포함된다. 즉 하나는 21세기적 유형인 '포괄적 안보' (comprehensive security)로서, 테러 · 인권 · 환경 등 새로운 안보 위협요인들에 신속히 대처하는 것이고, 다른 하나는 20세기적 유형인 '전통적 안보' 로서, 아직도 잔존해 있는 냉전적 속성에 효과적으로 대처하는 것이다. 동아시아에 있어서, 전자는 여타 지역과 같이 현재의 일반적 유형으로서 계속 강화되는 추세이며, 후자는 중국의 급성장과 이에 따른 주변국들의 세력재편성이 미국의 국익과 선호에 대해 미칠 영향 등을 고려한 것이다. 동아시아에 있어 미국이 취해야 할 정책의 어려움은 바로 이런 양면성에 기인하는 것이다.

현재 동아시아와 관련한 미국 대외관계의 핵심 축은 일본과의 관계이다. 미국은 일본과의 동맹관계를 세계화한다는 구상으로 일본을 글로벌 동반자로 인식하고 있을 정도이다. 따라서 양국은 아 · 태 지역에서의 미군의 전진 배치 전략, 분쟁예방과 평화유지활동의 효과적 수행을 위한 유엔의 개혁, 일본의 집단안보 수행능력의 제고, 대중국 관여 및 견제, 한반도의 비핵화, 아 · 태 지역주의에 기초한 지역적 협력 강화라는 문제영역에서 전략적 이해관계를 공유하고 있다. 이를 바탕으로 미사일방어(MD)체제 등 군사협력과 현재 테러 및 국제범죄 등 포괄적 안보 위협에 공동 대처하고 있다. 이를 바탕으로 미·일동맹에 미국·호주동맹을 합쳐, '확대된 양자주의'를 강조하는 3자 전략대화 체제로 발전시키며, 궁극적으로는 이를 강화된 지역안보공동체로 전환시킬 것이란 예측도 있다.[27] 이렇게 될 경우 미국은 중국의 동부를 견고한 안보체제로 압박할 수 있게 될 것이다.

중앙아시아의 경우, 이는 중국의 서부에 해당하는 지역으로서 특히 탈냉전 이후 미국의 새로운 전략지역으로 상승한 지역이다. 그러나 이 지역은 미국과 러시아 사이에 민감한 역학관계가 존재하고 있다. 9.11 테러 이후 미국이 이 지역에 군사·경제적으로 진출을 증대시키면서, 러시아는 자국의 입지와 영향력이 상대적으로 약화되는 위기감을 느끼고 있어, 이 지역을 외교정책상 우선순위로 설정하고 제반 협력을 강화해 나가는 추세에 있다.

동남아시아의 경우 아직 강대국 관계가 완전히 정립되지 않은 상태이지만, 미국은 현재 필리핀·싱가포르와의 군사협력을 강화하고, 테러 대응이라는 명분으로 베트남·인도와의 관계를 확립해 나가고 있다. 전체적으로는 이 지역의 안보 파트너 국가들을 네트워크화 해서 보다 제도화된 안보협력 체제를 이끌어낼 목표를 추진하고 있는 중이다. 그러나 중국 등 다른 강대국들도 이 지역 국가들에 대한 접근을 계속하고 있어 향후의 구도가 매우 관심거리이다. 그러나 분명한 것은 이 지역에 대한 미국의 접근태도가 일본 중심의 체제를 근간으로 조정될 것이라는 점이다. 따라서 이 지역의 영토문제 등 현안들에 대해서, 미국은 일본과 중국의 입장을 일차적으로 중시하는 차원에서 분명한 의견을 표출하지 않은 채, 선택적으로 고려하고 있다고 볼 수 있다.

27) 외교안보연구원, 앞의 글, pp.62-63.

2. 중국

1949년 건국과 함께 1970년대 중반까지의 사회주의 중국에게 있어, 동아시아는 중국적 사회주의의 모색과 번영을 위한 새로운 진영 구축 과정에서 중시된 제3세계의 한 중요한 지역으로서 인식되었다. 그러나 이후 1970년대 후반 문호개방과 상호의존적 세계관이 대외관계에 반영되면서, 미·일 등 서방세계와의 국교가 정상화된 반면, 오히려 구(舊)소련과의 관계는 악화되었다. 그러나 1980년대에는 미국과의 전면적 협력과 소련과의 관계 개선 등 독립자주의 외교를 전개하면서, 특정 지역 중심의 외교보다는 거시적 차원의 국제관계를 중시하는 경향으로 인해, 동아시아 지역 외교가 대외적 의제로서는 상대적으로 약화된 인상을 심어 주었다.

냉전이 종식되고 중국의 개혁·개방이 심화되는 추세 속에서, 패권이 더욱 강화된 미국의 일방주의에 대한 견제로서 평화와 발전을 강조하는 반(反)패권주의를 강조하는 경향으로 전환하였다. 이 과정에서 한국과의 수교가 이루어지고, 대미 견제 축을 형성하기 위해 러시아 및 유럽의 국가들과도 공조를 모색하는 등 소위 전방위 외교정책이 확산되었다. 동아시아 지역도 이런 차원에서 중국의 새로운 연대 세력권으로서의 중요성이 중국에서 더욱 고양되었다.

현재 중국은 새로운 세기에 있어 중국적 패권을 지향하고 있다는 것이 일반적 관측인 것 같다. 대외적으로는 이미 '도광양회'(韜光養晦)를 지나 '화평굴기'(和平崛起)로 진전하고 있으며, 국내사회적으로는 '소강사회'(小康社會)의 건설을 위해 박차를 가하고 있다.[28] 전자는

28) '韜光養晦'는 "빛을 감추고 힘을 기른다"를, '和平崛起'는 "평화롭게 떨쳐 일어난다"를 의미한다. 여기에는 중국이 보다 개방적이고 적극적으로 중국적 능력을 외부적으로 발휘한다는 의도가 내포되어 있다. '小康社會'는 '據亂世'와 '太平世'(대동사회)의 중간 단계로서, 음울했던 과거보다는 상승했지만 아직은 최종 목표에는 도

대외적으로 미국에 맞서거나 또는 이를 능가할 수 있는, 그러나 미국과는 상이한 새로운 패권을 추구하는 '책임 있는 강대국'으로 발돋움함을 의미하며,[29] 후자는 이를 뒷받침할 수 있는 하부구조로서의 경제·사회의 진취적 발전을 의미하는 것으로 해석될 수 있다.

따라서 중국의 대외정책 기조는 탈냉전 이후 새로운 국제체제를 다극체제화하고, 공정하고 합리적인 새로운 국제질서의 수립을 위해 국제사회와 협력하는 것으로 되어 있다. 이를 위해 미국과의 직접적인 대립을 피하고, 주변국들과의 관계를 개선함으로써, 중국의 경제발전에 유리한 국제환경을 조성하는 데 일차적인 관심을 갖는다. 따라서 동아시아 지역은 미국과의 관계에 있어서나, 향후 중국의 더 높은 도약을 위한 동반자로서 관계에 있어서도, 그 중요성이 가장 절실하게 인식되는 지역으로 인식되고 있다.

이런 기조를 바탕으로, 중국은 미·일·러의 관계를 일차적으로 중시한다. 미국과는 궁극적으로 갈등관계가 지속될 것이지만, 현재로서는 갈등과 대립보다는 협력과 갈등 완화를 위한 정책을 추구하고 있다. 일본은 지역 패권을 향한 경쟁 관계에 있으나, 현재는 미·일 관계의 특수성과 중국의 경제발전을 위한 협력 파트너로서의 중요성을 무시할 수 없기 때문에 부분적 협력이 일차적으로 강조될 것으로 본다. 러시아는 중국의 전략적 협력에 있어 가장 중요한 국가로서, 특히 미국 주도의 질서와 관련해서 공통의 이해관계를 갖고 있다.

이를 실현하기 위해 중국은 제4세대 후진타오(胡錦濤) 지도부의 등장과 함께 보다 적극적이고 공세적인 대외관계를 보이고 있다. 즉 중국적 민족주의 성향의 부상,[30] 역사공정(서북공정·동북공정 등), 영

달하지 못한 상태를 가리킨다. 소강사회의 목표 시점은 대개 GDP 규모가 현재보다 4배가 되어 미국에 버금가는 경제대국이 되는 2020년이다. 이태환, "중국의 외교전략과 한반도," 『정세와 정책』, 2004. 6, pp.20-21.

29) 김재철, "중국의 강대국 대외정책," 『국가전략』, 11-3(2005), pp.113-140.

토 · 주권 · 안보 인식의 강화, 안정적 경제발전을 위한 국제환경의 조성, '신군사전략'을 통한 군사능력의 신축적 조정, 주변국들과의 협력강화(상해협력기구, ASEAN) 등이다. 현재 중국이 국제사회와 비교적 협력적 공조를 보이고 있는 문제는 테러 및 대량살상무기 비확산, 북핵 문제, 평화유지활동, 그리고 경제협력 등이며, 갈등을 보이는 문제는 대만문제, 미사일방어체제, 인권, 소수민족, 일본의 역사 및 신사참배, 조어대 및 남사군도 영유권 등 다양하다.

중국과 동아시아의 새로운 관계는, 중국 주도의 '권위주의 체제하의 시장경제 발전'이라는 소위 '북경 합의'(Beijing Consensus)가 개도국들을 중심으로 신속하게 확산되고 있다는 점에서 관찰될 수 있을 것이다. 중국은 최근의 경제성장을 바탕으로, 주로 아시아 등 개도국들에게 이 모델을 제시함으로써, 미국과는 다른 중국 스타일의 새로운 소프트파워로 부상하고 있다.[31] '북경 합의'는 서방세계의 이념에 따라 개혁을 요구하는 서방세계의 압력에 대해 개도국들이 거부하도록 호소하는 이념적 효력을 지니고 있다.[32] 최근 중국의 소프트파워가 확산되는 사례는 특히 문화 · 예술 · 문학 · 스포츠 등 분야에서 현저하게 목격되고 있다.[33] 이런 현상들이 과거와는 다른 중국 특유의 신식 외교 양식들을 통해 대외정책에도 연계되고 있음이 특이하다.

그럼에도 불구하고, 현재 중국의 상승기조에도 불확실한 영향요인

30) 조영남, "중국 '제4세대' 지도부의 등장과 정책 변화: 현황과 전망," 『미래전략연구원 논단』, 2004. 10. 7 참조.

31) Joseph S. Nye, Jr., *Wall Street Journal*(29 December 2005). 다른 강대국들과 차별화될 수 있는 강대국으로서의 중국의 국가 정체성에 관한 논의로는, Gilbert Rozman, "China's Quest for Great Power Identity," *Orbis*, 43-3(Summer 1999), pp.383-403.

32) Drew Thompson, "China's Soft Power in Africa: From the 'Beijing Consensus' to Health Diplomacy," *China Brief*, V-21(October 2005), pp.1-3.

33) 전세계 26곳에 공자 아카데미의 설립, 중국적 영화산업의 팽창, 가오싱젠의 2000년 노벨 문학상 수상, China Radio International의 보급, 2008년 북경 올림픽 개최, 중국 내 외국 유학생 및 관광객들의 급증 현상 등 다양하다.

들이 여전히 작용하고 있다. 중국의 현상적 파워 증대가 국제사회에서 실질적인 영향력으로 전환될 지는 아직도 어려움이 많다는 의미이다. 즉 중국 정치제도 및 이념의 안정성, 민주주의와 시장경제의 중국적 적용의 지속성, 중국 사회의 효율적이고 투명한 관리 능력, 민족 갈등과 사회 통합, 비공식적인 민간 차원의 정치 참여, 빈부격차와 관련한 경제적 평등성 등 해결하기 어려운 난제들이 산적해 있다. 따라서 적어도 국제관계에서 발휘될 수 있는 영향력이 중국 자체의 통합된 힘으로 연결되는 데는 커다란 제약이 따르고 있으므로, 중국이 동아시아의 국제적 현안들에 대해 분명한 견해를 일관적으로 지속시키기에는 아직 한계가 있다.

3. 일본

일본의 대외정책은 다른 강대국들에 비해 매우 특수한 역사를 갖고 있다. 지속적인 특성으로는 제2차대전 이후 현재까지 미국의 강력한 영향력하에 계속 위치해 왔다는 점이고, 변화요인으로는 탈냉전을 계기로 특히 군사적 측면에서 보다 자율적인 환경 속에서 정상국가화되고 있는 과정에 있다는 점이다.

일본은 1940년대 제정된 '평화헌법' 의 전쟁 · 군대 · 교전권 조항에 묶여 군사적 활동에 관한 한 자율성을 구속당한 채, 적어도 현재까지 법률적으로는 정상국가의 행동양식을 전개할 수 없었다. 그 대신 미국과의 안보조약에 의해 안전을 보장받으면서, 자주국방 5원칙(1970. 3)과 전수(專守)방위(1970. 10)의 개념을 철저히 준수해야 하는 입장에 있었다. 1970년대 중반 이후 새로운 국제환경에 효과적으로 대응하고자, 미 · 일간에 기존의 안보조약을 조정하여, '방위계획대강' 과 '방위협력지침' 으로 구체화했을 뿐이다.[34]

그러다가 일본의 대외적 군사활동이 실질적으로 확대될 수 있는 계기는 탈냉전과 함께 도래했다. 1990년 걸프전쟁에서 비전투 부문 참여와 경제지원을 필두로, 국내에서는 '유엔 PKO 활동 협력법' 이 마련되었고, 탈냉전시대에 적합한 새로운 미 · 일 군사협력체제를 구축하기 위해 1970년대의 '방위계획대강' 과 '방위협력지침' 이 개정되면서, 일본의 군사전략은 '전수' 에서 '전방위' 개념으로 전환되었다.[35] 이는 1999년의 '주변사태법' 으로 더욱 확대되었으며, 9.11테러 이후 미 · 일 동맹관계가 중심축으로 작동하면서 2003년 이후 계속적으로 수정되었다.[36] 그 결과 현재는 이미 '테러대책 특별조치법' 과 유사 관련 3대 입법(무력공격사태 대처법, 자위대법의 개정, 국가안보회의 설치법) 및 유사 관련 7개 법안이 마련된 상태이며,[37] 급기야 이런 실제적 변화 양상들을 법률적 · 공식적으로 정비하기 위한 '평화헌법' 개정 작업이 거의 막바지에 다가와 있는 상황이다.

이러한 일련의 상황 변화는 냉전기 일본의 군사적 대외관계에 제약을 가했던 미국이, 21세기 새로운 국제질서의 수립에 있어 일본의 중요성에 대해 새롭게 인식하여 일본의 증강을 일정 정도 용인함으로써 가능했다. 일본은 이제 그간 정치적 · 군사적 보통국가 또는 정상국가에 대한 희망을 보다 구조적으로 실천할 수 있는 기회를 맞게 되었다.[38] 게다가 2001년 집권한 고이즈미(小泉純一郎)는 일관되게 일본의

34) 가장 중요한 변화는 '전수방위' 의 실행 요건으로서 기존의 '전시' (戰時)가 '유사' (有事)로 대체되어, 일본 자위대의 활동 개시 조건과 범위가 상대적으로 확대되었을 뿐이다.

35) 배정호, "미 · 일 신 '방위협력지침' 의 내용 및 영향분석," 『통일정세분석』(민족통일연구원), 97-09(1997).

36) 박철희, "일본 신방위계획대강의 평가," 『주요국제문제분석』(외교안보연구원), 2005. 1. 26; 조성렬, "일 '신방위대강' , 무엇을 노리나," 『신동아』, 2005. 2, pp.172-186. 2005년 이후의 일본의 향후 방위계획대강에 관한 일본 안전보장회의 결정을 참조. "2005년 이후에 관한 방위계획대강," 『국가전략』(세종연구소), 11-1(2005) 번역본.

37) 국민보호법, 미군지원법, 자위대 행동원활화법, 미군 군용품 해상수송규제법, 국제인도법 위반행위 처벌법, 포로취급법, 특정 공공시설이용법. 세종연구소, "일본의 유사법제 논의: 내용, 논의 현황 및 전망," 『정책보고서』, 44(2004. 4).

민족주의 성향을 기초로 철저하게 대미 중심 외교를 유지함으로써, 이런 일련의 전개과정이 국내적으로도 더욱 탄력을 강하게 받고 있다. 여기에, 우정 민영화 문제로 인해 의회를 해산하고 실시한 2005년의 9.11총선에서 압도적으로 승리함으로써, 일본의 우경화와 대미 중심 외교는 현재 더욱 견고한 상태를 유지하기에 이르렀다.[39]

이런 상황을 반영하고 있는 일본의 대외정책은 유엔 안보리 상임이사국 진출을 통한 국제적 지위 향상과 대미 관계를 주축으로 한 매우 적극적인 민족주의 외교로 나타나고 있다.[40] 안보리 상임이사국 진출은 미국의 긍정적 태도에도 불구하고 현재 이루어지지 않고 있으나, 미국 관계는 세계정치의 핵심을 관찰할 수 있는 가늠자로서의 기능을 충분히 수행하고 있다. 미 · 일 관계는 현재 전통적 안보 위협과 관련해서는 중국의 성장에 대한 공동 견제와 MD를 중심으로 한 미래의 군사기술 협력의 성격을 띠고 있으며, 비전통적 안보 위협(테러, 불량국가, 국제범죄 등)과 관련해서는 세계적 차원의 공동 대응에 적극 참여하는 모습을 보이고 있다. 여기에 오세아니아(호주 · 뉴질랜드) 및 동남아(필리핀 · 싱가포르 · 태국)와의 포괄적 안보 연대 네트워크를 주도하는 미국의 정책에 적극 참여하고 있다.

일본의 중국 관계는 가장 민감하고 잠재적인 위험 요인으로 평가할 수 있다. 일본은 이미 2005년 '신방위계획대강' 에서 중국을 잠재적 위협으로 명시한 바 있을 정도이다. 현재 고이즈미가 갖고 있는 역사 인식과 신사참배의 강행 등으로 미루어, 일본의 대중 관계 개선을 위

38) 일본의 보통국가론에 대한 전체적인 논의에 관해서는 다음 문헌을 참조. 박철희, "일본 보수세력의 보통국가론과 한국의 대응방안," 「정책연구시리즈」(외교안보연구원), 2004-8(2005. 3).

39) 김기석, "일본 우정 민영화 문제의 이해," 『정세와 정책』(세종연구소), 2005. 6, pp.11-14; 박철희, "일본 9.11 총선의 의미와 한일관계 전망," 『주요국제문제분석』(외교안보연구원), 2005. 9. 29.

40) 진창수, "2004년 일본 정세," 『정세와 정책』(세종연구소), 2004. 1, pp.18-20.

한 노력은 보이지 않으며, 이로써 양국간의 갈등은 물론 동아시아의 지역 질서도 당분간 크게 변화될 것으로 기대하기는 어렵다. 그러나 기타 경제 · 사회 · 문화 부문 등에서의 교류 및 협력은 지속 또는 강화되고 있어, 양국 관계는 부분적으로 안정과 갈등이 혼재된 상태로 지속될 것으로 예상된다. 다만 일본 국내에서의 정당간 이견이나 시민사회의 견해 등 변화 추이에 따라 정도의 변화는 있을 수도 있으나, 아직 그런 조짐은 크게 일어나지 않고 있다.

일본과 러시아의 정치적 관계는 현재로서 북방4도의 영토 반환 문제를 제외하고는 크게 민감한 현안이 없는 상황이다. 도서 반환 문제는 지금까지 교섭에 있어 의미 있는 진전이 이루어지지 않고 있어, 당분간 이 문제를 제외한 다른 문제영역에서의 협력에 주력을 하고 있는 느낌이다. 그러나 에너지 문제 등을 둘러싼 협력과 호의적 관계는 상대적으로 높은 편이다. 러시아와 시베리아 지역의 천연가스 개발과 에너지 수급과 관련해서는 협력의 정도가 높은 편이다.

일본의 동남아에 대한 접근은 동아시아 지역공동체 구축이라는 다자적 관점보다는 아세안과 일본의 연계를 강화하려는 양자적 관점을 상대적으로 중시한다. 여기에는 한국과 중국이 적극적으로 아세안에 접근하여 영향력을 제고하려는 상황을 견제하려는 목적이 개입되어 있다. 그러나 한편으로는 아세안지역포럼(ARF)과 같은 안보협력 장치에 적극적으로 동참하려는 의지를 갖고 있다. 경제적 관점에서는 일본도 이 지역을 원유의 안정적 수송 등과 관련해 중시하고 있는데, 이 점에서는 한국의 입장과 동일하다고 할 수 있다.[41]

41) 외교안보연구원, 『2006년 국제정세전망』, pp.71-74 참조. 최근의 전체적인 일본의 외교안보정책에 관해서는, 김성철, "일본의 외교안보정책: 미일동맹과 동북아외교," 이승철 외, 『21세기 동북아 국제관계와 한국』(나남출판, 2004), pp.133-170 참조.

4. 러시아

역사적으로 냉전 초기까지, 동아시아 지역은 러시아 외교에 있어서 상대적으로 큰 비중을 차지하지 못한 상태였다. 이는 이 지역이 러시아의 서부 중심지역으로부터 지리적으로 격리되어 있었으며, 러일전쟁의 패배 등이 작용했고, 또한 제2차대전 후에는 미 · 소간에 냉전 대결의 중심 지역이 주로 유럽이었으며, 여기에 러시아가 유럽 국가라는 국가 정체성(identity)이 전통적인 러시아 외교정책의 목표와 전략에 영향을 미친 결과로 보인다.[42]

냉전시기 러시아의 동아시아 정책은 크게 보아 미국 및 중국과 분점 상태였다고 볼 수 있다. 즉 한반도에서는 초기 미국과의 분할을 통해 일정 부분 영향력을 행사하다가, 이후 북한의 양면 외교에 따라 상대적으로 일정 지분이 중국에게도 넘어갔고, 동남아시아에서는 중국과 대리전쟁을 치루는 등 그 정도는 더욱 심하였다. 이는 러 · 중간의 사회주의 진영 내부의 대립이 작용했으며, 또한 제3세계를 대상으로 한 양국간의 경쟁도 작용했다고 볼 수 있다.

1960년대 말에는 이 지역에 대한 미국의 영향력이 증대되고 중국의 팽창주의가 확대되자, 러시아의 브레즈네프(L.I. Brezhnev)는 아시아 집단안보체제의 창설을 제안하는 것으로써 견제하려 했으나, 성과를 이루지 못했다. 그러다가 1980년대 중반 고르바초프(M.S. Gorbachev)의 '신사고' 외교정책에 의해, '블라디보스톡 회담'과 크라스노야르스크에서의 '전(全)아시아 안보회의'를 통해 지역의 다자안보 협력을 모색하기도 하였다. 이로써 중 · 소 분쟁의 종식은 물론, 한국과 일본, 그리고 아세안 국가들과의 우호 · 협력 관계가 개선되었으나, 오히려

42) 고재남, "러시아의 동아 · 태 정책 동향," 『주요국제문제분석』(외교안보연구원), 2005. 10. 20.

북한 · 베트남 등 기존의 우호국들과는 관계가 악화되기도 하였다.

이에 따라 냉전 이후에는, 러시아의 동아시아에 대한 인식과 정책이 더욱 집중적으로 강조되고 있다. 탈냉전 초기의 정책 중심은 친서방 외교정책을 중시하는 대서양주의를 기조로 하였다. 그러나 서방세계의 대러 투자 및 재정 지원이 기대 이하로 낮았고, 국제사회에서의 러시아의 위상 및 역할이 저하되었으며, 국내적으로는 1993년 의회선거 이후 러시아 내 민족주의 및 공산주의 세력이 확대되는 등 국내정치 구도의 변화에 기인하여, 러시아의 외교 중심이 유라시아주의로 전환하면서 동아시아의 중요성이 상승하였다.

전체적인 외교정책 기조도 1999년의 '신(新) 국가안보 개념'을 통해 국가주의, 애국주의, 반(反)서방주의 정서가 강화되면서, 미국 견제와 다극적 국제체제, 그리고 핵무기 사용 가능성 등을 강조하는 등 보다 적극적인 외교로 전환하였다. 2000년의 '신외교정책 개념'에서는, 미국 견제와 다극질서에 대한 우선적 강조는 그대로 반영되고 있으나, 대서방 협력과 강성 외교의 병행, 경제적 이익 우선주의, 대서양과 유라시아주의의 균형화, 핵무기 사용 가능성 후퇴 등 많은 변화를 보이기도 하였다. 그럼에도 불구하고 독립국가연합(CIS), 즉 구소련 연방국들을 중심으로 한 유라시아 및 중앙아시아(특히 코카서스 지역) 외교를 강조하고, 그 외곽 지역인 동아시아 및 동남아시아 지역에 대한 중요성도 함께 고려하는 등, 국제사회에 있어서 러시아의 위상 제고 및 강대국으로서의 지위 회복을 위해 노력하고 있다.

현재 러시아의 동아시아 외교정책의 목표는, 첫째 역내에서 미국의 주도적인 영향력을 견제하면서 주요 국가행위자들간의 세력균형 유지, 둘째 접경국들과의 우호 · 협력 관계의 구축을 통한 지역의 안정 유지와 포괄적인 양자 협력의 강화, 셋째 극동 · 시베리아 지역의 발전을 위한 협력 추진, 다섯째 반테러 및 대량살상무기 비확산을 위한 양자 · 다자간 협력체제의 강화 등으로 요약될 수 있다.

러시아의 미국 관계는 2002년 '신 전략적 동반자 관계'로 전환되면서 반테러 등에서 협력을 유지하고 있으나, 국제 쟁점으로는 중앙아시아 및 코카서스 지역에서의 양국간 경쟁, 중국과의 군사적 협력과 이란과의 핵 협력, 그리고 대내적 쟁점으로는 푸틴의 비민주적 국내정치, 체첸 문제, 언론 자유의 제한, 인권 등으로 인해 마찰과 갈등이 잠재해 있는 실정이다. 일본과는 1998년 '창조적 동반자 관계'를 발전시킴으로써, 정경분리 원칙에 따른 북방4도의 반환 교섭을 제외하고는 여타 분야에서의 협력이 양호한 상태이다. 중국과는 1990년대 중반부터 발전시켜 온 '전략적 동반자 관계'를 기초로 다양한 분야에서 포괄적인 협력 확대를 진행해 오고 있으며, 특히 대미 견제를 위한 공조를 강조하고 있다. 현재 러시아는 중국의 동아시아 정책에 있어 최우선 국가로 인식되고 있다.

동남아시아 관계는 주로 아세안을 대상으로 진행되고 있는데, 냉전 종식 후 최초의 공식적인 관심은 1993년 당시 외무장관 코지레프(Andrei Kozirev)가 아세안 외무장관회의에 참석하면서부터 시작되었다. 1996년에는 아세안의 '정식 대화 상대자' 자격을 획득했다. 푸틴 정부에서는 아세안의 ARF에 적극 참여하면서 지역의 정치 · 안보 분야에서의 협력을 강화하고 있고, 2004년에는 아세안과 '우호 · 협력조약'을 체결했으며, 교역 증대를 위한 구체적인 협력 방안에 관한 협정도 완성단계에 와 있다. 전체적으로 러시아는 아세안을 둘러싼 중 · 일간의 세력 경쟁에 직접 개입되는 것을 자제하는 범위 내에서 상호관계를 증진시키고 있으나, 현재 일부 국가 및 쟁점을 제외하고는, 미 · 일 · 중에 비해 상대적으로 취약한 상태에 있다고 볼 수 있다.

5. 동남아 지역 국가

동남아시아는 역사적으로 근대 이전에는 봉건성, 식민지성, 민족주의의 특징을 보여 왔고, 근대 이후에는 반식민 운동과 독립, 그리고 자율적인 민족국가의 형성을 위한 특징으로 전개되어 왔다. 이런 역사적 배경과 함께, 동남아 지역에는 다수 국가들이 각기 다양한 역사적 · 문화적 · 사회적 특성들을 내포하고 있어 이들을 하나의 의미 있는 지역 단위로 취급하여 일반화된 논의를 하는 데에는 많은 한계가 노출되고 있다.

먼저 경성(硬性)의 특성으로서는, 주로 지리적 요인과 관련된 것으로서, 대륙국가와 도서국가들로 혼재된 모습을 보여주고 있다. 그러나 전체적으로는 문명과 교통의 결절점으로서의 중요성이 대체로 인정되어 왔다. 이런 이유로 국제관계의 전통적 주제인 정치 · 군사적 측면에서의 지정학적 중요성이 인식됨으로써, 열강의 주요 관심 지역이 되어 온 것이다. 다음으로 연성(軟性)의 특성으로서는, 주로 역사적 · 문화적 · 사회적 · 경제지리적 요인들과 관련된 것으로서, 매우 다양하고 상이한 특성들이 작용해 왔음을 알 수 있다.

따라서 1980년대 이전까지는 주로 제국주의 국가들의 정책적 필요성에 따른 관심과 여타 정치적으로 덜 민감한 영역에 관한 지역연구의 대상으로 취급되어 왔다. 냉전 초기 1950년대 중반 SEATO(동남아시아 조약기구)에서 보듯이 국제정치적 관심이 부여되었으나 이내 실패하고, 1960년대의 아세안을 중심으로 한 경제 · 사회적 협력의 대상으로 그 관심이 전환되기도 하였다. 그러나 이 또한 회원국들간의 다양성과 이질성으로 인해 뚜렷할 정도의 일관된 성과를 보이지 못하다가, 냉전 종식 후 새로운 지역주의의 등장과 함께 주목의 대상이 되어 왔다. 여기에는 탈냉전시기의 국제정치적 필요에 의한 강대국들의 경쟁 목표로서 뿐만 아니라, 이 지역의 정치 · 사회적 변동과 이행, 지역 경제(권)의 부상 등이 지닌 가능성 있는 효과가 작용한 듯하다.

현재 동남아 국가들은 그동안 지역 차원의 경제협력은 물론, 지역내 정치적 현안 및 인류 공통의 관심사들에 대한 입장과 공조를 위해 노력하면서 정치적 성과도 이룩해 왔다. 이러한 성과를 바탕으로, 특히 지역안보와 관련하여 그간의 ARF 등을 바탕으로 해서, 2020년을 목표로 아세안 안보공동체 설립을 위한 구상을 실천하기 위해 그 기반을 마련 중에 있다. 이는 현재 안보공동체를 결여하고 있는 아시아의 현실에서 볼 때, 매우 의미있는 제도화 노력으로 평가될 수 있다. 특히 EU의 삼주(三柱)체제와[43] 유사하게 정치 · 안보, 경제, 그리고 사회 · 문화(인구 · 실업 · 교육 · 질병 · 환경 등 분야) 분야에서의 통합을 진전시킴으로써, 기존의 느슨한 체제로부터 내부 결속을 강화하여 대외적 위상을 제고하는 방향으로 나아가고 있다.

이를 위해 그동안 주변의 관련국들, 특히 한 · 중 · 일을 중심으로 이들을 대화 상대자로 하여 지속적으로 공식적인 대화채널을 가동하고 있으며, 지역적으로는 이미 유럽연합(EU)과 ASEM(아세안-유럽연합회의)을 개최하여 개방적이고 상생적인 열린 지역주의 실험을 계속 진행해 오고 있는 중이다. 국제사회에서 차지하는 이 지역의 전체적인 실질적 능력이 아직은 다른 지역이나 국가들에 비해 상대적으로 미약한 수준이지만, 현재 이 지역의 경제성장 추세나 여타 분야에서의 중요성을 감안할 때, 그 지역적 위상이 계속적으로 증대될 것은 분명하다. 현재 주요 강대국들이 국제정치 · 군사 · 경제적 측면에서 이 지역이 내포하고 있는 중요성을 인식하여 그들의 주요 전략지역으로 선택하고 있는 점이 이를 입증하고 있다.

그러나 이 지역 내부에서는 아직도 해결해야 할 문제들이 산적해 있다. 한편으로는 지역내 협력 및 통합의 요소들이 강화되면서, 다른

43) 유럽의 3주체제는 1992년 EU조약(마스트리히트조약)에서 정립된 유럽연합의 3개 기둥(Three Pillars System), 즉 경제의 유럽공동체(EC), 외교의 공동외교안보정책(CFSP), 그리고 사회의 법률 · 내정(JHA)으로 구성되었으며, 이는 유럽에 있어서의 다층통치(multi-level governance)의 출현을 의미한다. 박홍규, "EU의 확대에 따른 정체성 변화에 관한 연구," 「정책연구시리즈」(외교안보연구원), 2003-13(2004. 12), pp.10-16.

한편으로는 국가별로 다양한 입장 차이가 있기 때문이다. 여기에 강대국들의 접근 또한 다양하게 일어나면서 그 복잡성이 증대되고 있기도 하다.

미국과 중국은 서로 이 지역에 대한 상대국의 영향력 확대를 견제하면서 자국 주도의 접촉을 경쟁적으로 시도하고 있다. 미국은 이 지역 일부 국가들과 합동 군사훈련을 실시하여 양자간 동맹관계를 강화시키는가 하면, 경제적으로는 FTA(자유무역협정)을 통해 일부 성과를 올리고 있다.[44] 중국 또한 미국이 상대하고 있는 국가들과 중복되게 접근하면서 동남아 우호 · 협력조약에 가입하고 FTA에 대한 노력도 실행하고 있다. 일본 또한 주로 FTA와 개발 등 경제적 측면에서 이 지역에 대한 영향력 제고에 열중해 오고 있다.

지역 자체 내의 문제로서는 우선 정치발전의 민주화 문제를 들 수 있다. 이 지역은 현재 국가마다 상이한 정치체제와 문화로 인해 통합을 위한 공유 영역을 창출하는 데 어려움을 겪고 있다. 이를 해결하기 위한 공식적인 노력은 거의 없는 상태이나, 최근에 미얀마의 민주화와 관련하여, 향후 역내 국가들의 내정에 부분적으로 간섭할 수 있는 가능성을 보이기도 한 적이 있다. 그리고 9.11테러 이후 역내의 안보위협에 대처하고 자주국방을 위한 군비증강의 추세도 목격되고 있는데, 이런 추세가 역내 국가간 갈등보다는 보다 거시적인 지역 차원에서 긍정적으로 활용되어야 할 필요가 있다. 그리고 가장 갈등적인 현안으로서는 영유권 분쟁이 지속되고 있는데, 현재 관련국들간의 의견 차이로 해결의 실마리가 아직은 나타나고 있지 않다.[45]

44) 외교안보연구원, 『2004 국제정세 전망』, 2003. 12. 26.

45) 2002년 12월, 시판단-리키탄섬(인도네시아-말레이시아간) 문제는 ICJ에서 해결되었으나, 바투푸티섬(말레이시아-싱가포르간), 시바주(말레이시아-싱가포르), 그리고 남사군도(중국 포함 동남아 5~6개국간) 영유권 문제는 아직도 분쟁상태에 있다.

제 2 장

영토분쟁의 이론과 실제

제 1 절 영토분쟁과 도서(島嶼)의 법적 지위

국제정치체제의 구성원으로서의 다수 국가들의 이해가 착종된 상황하에서는 국가 간의 갈등 및 분쟁이 존재하기 마련이다. 근래에 와서 국가들간의 접촉이 증대되면서 '쟁점영역'(issue-areas)도 더욱 복잡해지고 추구하는 국가이익들간의 상충도 또한 심각하여, 국제분쟁의 해결을 위한 접근 노력이 더욱 어려워지고 있는 실정이다.

일반적으로 분쟁이란 개념은 "양립할 수 없는 이해관계에 대해 어느 한 집단(종족·인종적·종교적·정치적·사회경제적 등)과 다른 집단(들)간의 상호 대립상태"라고 정의된다.[1] 이 개념 중 '양립될 수 없는 이해관계'(incompatible goals) 부분에 대하여 코저(Lewis A. Coser)는 "상대방의 기득권 상실을 초래하는 것들로서, 부족한 자원·현상·세력·가치 등을 둘러싼 주장 또는 대립"[2]으로 규정하기도 하였는데, 이러한 유한한 가치를 둘러싼 분쟁의 대표적 유형이 영토분쟁이다.[3]

영토분쟁은 국제분쟁의 일부를 구성하는 문제로서, 특정 영토에 대해 2개 이상의 국가간에 영유권에 관한 주장이 경합될 경우 발생한다. 영토문제는 국제정치적 수준에서의 가치의 권위적 분배행위를 유발시키는 쟁점영역의 하나로 이미 지적된 바 있으며,[4] 제20차 유엔 총회에

1) James E. Dougherty and Robert L. Pfaltzgraff, *Contending Theories of International Relations*(New York: Harper & Row, 1990), p.87.

2) Lewis A. Coser, *The Function of Social Conflict*(New York: The Free Press, 1956), p.3.

3) 영토(territory)와 국경(boundary)은 개념상 차이가 있는데, 통상 영토는 어느 특정 국가의 주권과 관할권이 행사되는 지역을 뜻하며, 국경은 영토 개념의 일부로서 영토의 외곽 경계지역만을 의미한다. 국경과 변경(frontier)도 엄밀한 의미에서 구별이 되는데, 국경은 선(線), 일차원적, 인공적, 정치적, 법적 개념인 반면, 변경은 면적, 2차원적, 자연적, 지리적 개념이라 할 수 있다.

4) James N. Rosenau, "Pre-theories and Theories of Foreign Policy," in R. Barry

서 제기된 분쟁 문제의 범주에도 포함되어 있다.

영토분쟁은 크게 '내륙 영토분쟁'과 '해양 영토분쟁'으로 대별되고, 각각은 다시 '영유권 분쟁'(territorial dispute)과 '국경경계 분쟁'(boundary dispute)으로 구분될 수 있다. 영유권 분쟁은 영토의 귀속과 배분에 관한 정치적 결정을 둘러싼 분쟁을 말하며, 국경경계 분쟁은 이미 정치적 결정이 이루어진 국경 지역의 경계선 획정을 둘러싼 분쟁을 의미하는데, 해양영토 분쟁의 경우는 '도서 영유권 분쟁'과 '해양경계선획정 분쟁'이 이에 해당한다.

일반적으로 해양의 경계획정에는 영해(territorial sea), 배타적 경제수

〈표 2-1〉 국제재판에 의하여 해결된 도서 영유권 분쟁 사례

분쟁도서명	당사국(승소/패소)	기간	재판소	물적 관할내용
Clipperton Island	프랑스/멕시코	1909-1932	중재	영유권
Palmas Island	네덜란드/미국	1925-1928	PCA	영유권
Eastern Greenland	덴마크/노르웨이	1931-1933	PCIJ	영유권
Minquiers & Ecrehos	영국/프랑스	1951-1953	ICJ	영유권
PLN Group Island	칠레/아르헨티나	1971-1977	중재	영유권
① Meanguera ② Meanguerita ③ El Tigre	① 엘살바도르/온두라스 ② 엘살바도르/온두라스 ③ 온두라스/엘살바도르	1986-1992	ICJ	영유권
① Hawar and Qit' at Jaradah ② Jubarah, Janan Island	① 바레인/카타르 ② 카타르/바레인	1991-2001	ICJ	영유권 · 해양경계
Hanish Island	예멘/에리트레아	1996-1999	PCA	영유권 · 해양경계
Kisikili/Sedudu Island	보츠와나/나미비아	1996-1999	ICJ	영유권 · 해양경계
Sipadan & Ligitan Island	말레이시아/인도네시아	1998-2002	ICJ	영유권
Providencia, San Andres, Santa Catalina	니카라과/콜롬비아	2001-계류중	ICJ	영유권 · 해양경계

출처: 최종화, 『현대국제해양법』(두남, 2004), p.434.

Farrell(ed.), *Approach to Comperative and International Politics*(Evanston, Ill.: Northwestern University Press, 1966), p.82.

〈표 2-2〉 국제재판에 의한 주요 해양경계 획정 사례

사건명	당사국	판결일	재판기관	판결내용
그리스바다르나 사건	스웨덴 : 노르웨이	1909. 10. 23	PCA	영해경계획정
북해대륙붕 사건	서독 : 네덜란드덴마크	1969. 2. 20	ICJ	대륙붕경계획정법칙 제시
비글해협 사건	아르헨티나 : 칠레	1977. 2. 18	중재재판소	도서귀속, 영해경계 획정
영불해협대륙붕 사건	영국 : 프랑스	1977. 6. 30	중재재판소	대륙붕경계획정
에게해대륙붕 사건	그리스 : 터키	1978. 12. 19	ICJ	대륙붕관할권 부인
튀니지 · 리비아 대륙붕 사건	튀니지 : 리비아	1982. 2. 24	ICJ	대륙붕경계획정 법칙적용방식 제시
메인만 경계획정 사건	캐나다 : 미국	1984. 10. 12	ICJ	대륙붕/어업수역 경계획정
기니 · 기니비사우 해양경계 사건	기니 : 기니비사우	1985. 2. 14	중재재판소	영해/경제수역/ 대륙붕 경계획정
리비아 · 몰타 대륙붕 사건	리비아 : 몰타	1985. 6. 3	ICJ	대륙붕경계획정법칙 적용방식 제시
기니비사우 · 세네갈 해양경계 사건	기니비사우 : 세네갈	1989. 7. 31	중재재판소	영해/경제수역/ 대륙붕 경계획정
산피엘 · 미크론 해양중재 사건	프랑스 : 캐나다	1992. 6. 10	중재재판소	영해/경제수역/ 대륙붕 경계획정
엘살바도르 · 온두라스 해양경계 사건	엘살바도르 : 온두라스	1992. 9. 11	ICJ	도서귀속, 내수/영해/ 경제수역 경계획정
얀메엔도 사건	덴마크 : 노르웨이	1993. 6. 14	ICJ	어업수역 경계획정

출처: 최종화, 『현대국제해양법』(두남, 2004), p.126.

역(exclusive economic zone: EEZ), 대륙붕(continental shelf) 등의 경계선이 포함되지만, 엄밀한 의미에서는 영해의 경계선을 제외한 나머지 대륙붕과 배타적 경제수역 설정 등은 영토분쟁이라기보다는 관할권 문제와 관련된 것으로 볼 수 있다.[5)]

섬(島嶼: island)이란 물로 둘러싸여 있으며, 밀물일 때에도 수면 위

5) 배진수, "동북아시아 지역에서의 해양영토 분쟁의 배경 및 현황," 이춘근 편, 『동아시아의 해양 분쟁과 해군력 증강 현황』(한국해양전략연구소, 1998), pp.6-17.

에 있는 자연적으로 형성된 육지 지역을 말한다(유엔해양법협약 제121조 제1항). 섬이 그 자체의 영해를 가진다는 것은 섬의 크기나 민간인의 거주 여부를 불문하고 인정되는데, 이것은 해양법 이전에 이미 관습법으로 확립된 사실이다. 「유엔 해양법협약」 제121조에 있어서 섬은 원칙적으로 영해(領海) 이외에도(제3항 경우만 제외하고) 접속수역, 경제수역 및 대륙붕을 갖는 것으로 전제되고 있다. 섬은 접속수역(接續水域: contiguous zone), 배타적 경제수역, 대륙붕의 경계획정에 있어 그 기점이 된다. 그러나 인간이 거주할 수 없거나 독자적인 경제활동을 유지할 수 없는 암석은 배타적 경제수역이나 대륙붕을 갖지 아니한다(동조 제3항).[6] 제3항의 경우를 제외하고는 섬의 영해, 접속수역, 배타적 경제수역 및 대륙붕은 다른 영토에 적용 가능한 이 협약의 규정에 따라 결정한다(동조 제2항). 그러나 이 규정에 대하여 다음과 같은 문제점이 지적되기도 한다.[7]

---

6) 20세기에는, 특히 연안 수역의 상층수역(上層水域)은 물론, 해저와 하층토의 자원들에 대해서 연안국이 주도적 권한을 보유한다는 것이 수용되었다. 이는 아마도 1945년의 트루먼 선언, 즉 "인접 국가가 그 자원에 대한 관할권을 행사하는 것이 타당하고 합리적이다" 라는 데서 시작한다고 볼 수 있다. 이 아이디어는 1970년대 제3차 유엔해양법회의 협상과정으로 이어져, 연안국의 인접 수역에 대한 관할권 주장은 적어도 자원에 관한 한 수용되었다. 해양법협약 전문에서도 "해양 자원의 형평에 맞는 효율적인 이용"을 강조하고 있으며, "인류 전체의 이익과 필요성"을 그 목적의 하나로 명시하고 있다. 인접 해양자원에 대한 연안 주민들의 우월적 지위는 섬 주민의 경우에도 인정되어야 하며, 오히려 그 이해관계와 수요는 더욱 절실한 것이라고 강조된 바 있다. 그리고 이러한 논리의 반대 명제로서 무인고도(無人孤島)의 경우에는 대륙붕이나 경제수역을 인정할 필요가 없다는 결론이 도출된다. 이 외에도 '인류 공동유산'(common heritage of mankind) 개념과 관련된 중요한 논거는, 만일 섬의 특성과 관계 없이 모든 섬들이 자동적으로 동일한 자격을 인정받아 원해(遠海) 고도의 암석으로부터 200해리 EEZ를 모두 인정한다면, 이는 육지 연안국들의 경제수역 범위보다 훨씬 클 것이며, 결국 연안국과 내륙국들이 공통의 이해관계를 갖는 국제해저지역(seabed area)의 범위가 축소될 것이다. 그러므로 이 개념을 유지하려면 경제수역을 가질 수 있는 섬의 범위를 제한하는 일정한 기준을 갖추어야 하며, 인간이 거주할 수 없는 섬은 해양 관할수역을 발생시키는 권원(權原)을 갖지 않는다고 구별해야 한다.

7) 최종화, 『현대 국제해양법』(두남, 2004), pp.84-85.

첫째, 이 조문에서 '암석' (rock)이라는 용어가 정확히 정의되지 않은 채 사용되기 때문에, 지극히 자의적인 해석이 가능한 모호한 표현이다. 즉, 암석(岩石) 또는 암도(岩島)를 섬 중에서 가장 작은 규모의 것이라고 할 경우 이는 일반적으로 연안에 인접해 있기 마련이고, 일반적인 직선기선 또는 군도기선의 기점이 될 수 있으므로 큰 문제가 없다. 그러나 외양(外洋)에 고립되어 있는 무인 암도에 대하여 그것의 경제수역이나 대륙붕을 주장한다면 이는 관련국과의 분쟁의 원인이 될 것이다.

둘째, '인간 거주' (human habitation) 요건은 구체적으로 몇 명 또는 몇 세대를 표준으로 할 것인가가 분명하지 않을 뿐만 아니라, 거주의 형태나 기간도 정의되어 있지 않다. 따라서 이 규정의 목적에 비추어 협약의 문언(文言)에 부여된 통상적인 의미로 성실하게 해석한다면, 인간 거주란 상당 기간 동안 사람이 거주할 수 있는 필요한 시설을 용이하게 즉시 설치할 수 있는 조건을 의미한다. 이 조건에는 거주 · 상하수도 · 전기 · 통신 · 선박 · 접안시설 등이 최소한 필요하다는 견해가 일반적이다.

셋째, '독자적인 경제생활 지속' (economic life of their own) 요건은 그 해석의 기준을 어떻게 설정할 것인지가 문제이다. 독자적 경제생활의 지속이란 식수 · 식량과 같은 생존을 위한 기본적인 소요자원을 섬 자체에서 상당 기간 충족시킬 수 있는 상태를 의미하는 것으로 해석된다. 따라서 식수를 공수하거나 도관을 설치하여 해안으로부터 공급받아야 하는 등의 불모 상태의 암석에 대해서는, 경제수역과 대륙붕을 인정하지 않는 것으로 해석해야 한다.

그리고 섬의 요건과 관련하여 "자연적으로 형성된 육지"라는 규정은 과학의 발달에 기인하는 인공섬의 법적 지위 여부를 판가름 하는 중요한 조건이다. 인공섬은 원칙적으로 국제법상 도서에서 배제된다. 협약 제11조에 "…근해시설과 인공섬은 영구적인 항만시설로 보지 아니한다"고 명시하고 있다. 그리고 인공섬을 근거로 주장할지 모르는 경계획정 문제에 관해서는 제60조("배타적 경제수역에서의 인공섬, 시설 및 구조물") 제8항, 제80조("대륙붕상의 인공섬, 시설 및 구조물")의 "제60조의 규정은 대륙붕상의 인공섬 · 시설 및 구조물에 준용한다"는 명시 내용과 같이 인공섬과 그 시설물은 그 자체의 영해를 가질 수 없을 뿐만 아니라, 영해 · 접속수역 · 배타적 경제수역 · 대륙붕의 경계획정에 아무런 영향을 줄 수 없다고 규정하였다.

유엔 해양법협약 제60조(배타적 경제수역에서의 인공섬, 시설 및 구조물)

1. 배타적 경제수역에서 연안국은 다음을 건설하고, 이에 관한 건설 · 운용 및 사용을 허가하고 규제하는 배타적 권리를 가진다.
   ⓐ 인공섬
   ⓑ 제56조에 규정된 목적과 그 밖의 경제적 목적을 위한 시설과 구조물
   ⓒ 배타적 경제수역에서 연안국의 권리행사를 방해할 수 있는 시설과 구조물
2. 연안국은 이러한 인공섬, 시설 및 구조물에 대하여 관세 · 재정 · 위생 · 안전 및 출입국관리 법령에 관한 관할권을 포함한 배타적 관할권을 가진다.
3. 이러한 인공섬 · 시설 또는 구조물의 건설은 적절히 공시하고, 이러한 것이 있다는 사실을 경고하기 위한 영구적 수단을 유지한다. 버려졌거나 사용되지 아니하는 시설이나 구조물은 항행의 안전을 보장하기 위하여 제거하며, 이 경우 이와 관련하여 권한 있는 국제기구에 의하여 수립되어 일반적으로 수락된 국제기준을 고려한다. 이러한 제거작업을 수행함에 있어서 어로 · 해양환경 보호 및 다른 국가의 권리와 의무를 적절히 고려한다. 완전히 제거되지 아니한 시설 또는 구조물의 깊이, 위치 및 규모는 적절히 공표한다.
4. 연안국은 필요한 경우 항행의 안전과 인공섬 · 시설 및 구조물의 안전을 보장하기 위하여 이러한 인공섬 · 시설 및 구조물의 주위에 적절한

조치를 취할 수 있는 합리적인 안전수역을 설치할 수 있다.

5. 연안국은 적용 가능한 국제기준을 고려하여 안전수역의 폭을 결정한다. 이러한 수역은 인공섬 · 시설 또는 구조물의 성격 및 기능과 합리적으로 연관되도록 설정되고, 일반적으로 수락된 국제기준에 의하여 허용되거나 권한 있는 국제기구가 권고한 경우를 제외하고는 그 바깥쪽 끝의 각 점으로부터 측정하여 500미터를 넘을 수 없다. 안전수역의 범위는 적절히 공시한다.
6. 모든 선박은 이러한 안전수역을 존중하며 인공섬 · 시설 · 구조물 및 안전수역 주변에서 일반적으로 수락된 항행에 관한 국제기준을 준수한다.
7. 인공섬 · 시설 · 구조물 및 그 주위의 안전수역은 승인된 국제항행에 필수적인 항로대 이용을 방해할 수 있는 곳에 설치할 수 없다.
8. 인공섬 · 시설 및 구조물은 섬의 지위를 가지지 아니한다. 이들은 자체의 영해를 가지지 아니하며 이들의 존재가 영해, 배타적 경제수역 또는 대륙붕의 경계획정에 영향을 미치지 아니한다.

섬의 영해는 기선(基線)에 관한 일반원칙에 따라 확정된다. 즉, 섬의 저조선(低潮線)이 기선이 된다. 이 기선은 만일 섬이 그 영해를 가질 뿐만 아니라, 경제수역이나 대륙붕 등 독자적인 기타 해양관할 수역을 갖는다면 이런 모든 관할수역 획정상의 기선도 되는 것이다. 유엔 해양법협약은 "섬의 영해, 접속수역, 배타적 경제수역과 대륙붕은 다른 육지영토에 적용하는 본 협약의 규정에 따라 획정된다"라고 규정함으로써, 영해기선이 섬의 다른 해양 관할수역의 기선이 됨을 명시하였다(동 협약 제121조 제2항). 영해의 폭과 관련하여 유엔 해양법협약 제3조는 "모든 국가는 이 협약에 따라 결정된 기선으로부터 12해리를 넘지 아니하는 범위에서 영해의 폭을 설정할 권리를 가진다"고 규정하고 있다. 그리고 접속수역을 가질 수 있는데, 접속수역이라 함은 표현 그대로 영해에 접속되어 있는 일정 바다 지역에서 연안국이 관세 · 위생

등의 일정하게 제한된 목적을 위해 관할권을 행사할 수 있는 수역을 말한다. 접속수역은 영해기선으로부터 24해리까지 인정되고 있다.

유엔 해양법협약 제33조(접속수역)

1. 연안국은 영해에 접속해 있는 수역으로서 접속수역이라고 불리는 수역에서 다음을 위하여 필요한 통제를 할 수 있다.
   (a) 연안국의 영토나 영해에서의 관세 · 재정 · 출입국관리 또는 위생에 관한 법령의 위반방지
   (b) 연안국의 영토나 영해에서 발생한 위의 법령 위반에 대한 처벌
2. 접속수역은 영해기선으로부터 24해리 밖으로 확장할 수 없다.

배타적 경제수역이라 함은 영해 기선으로부터 수평 방향 200해리까지의 범위 중에서 영해를 제외한 해양을 말하는데, 이것의 법적 효력은 수면과 수역은 물론이고 해저와 하층토까지 미친다. 연안국은 자국 경제수역 내의 생물자원과 광물자원에 대하여 주권적 권리를 행사하고, 인공섬 등의 시설물을 설치 · 사용하거나 해양 과학조사 또는 해양 환경 보전 등에 관하여 관할권을 행사한다. 연안국이 자국의 경제수역에서 천연자원에 대한 경제적 이용권을 행사함에 있어서 타국의 간섭이 배제된다는 점에서 배타적이기 때문에 경제수역은 영해와 유사한 법적 성격을 갖는 한편, 타국 선박 및 항공기의 항해나 상공 비행의 자유와 해저전선 및 관선 부설과 사용의 자유가 인정된다는 점에서 공해의 성격도 갖는다. 즉, 경제수역은 영해와 공해의 성격을 공유하고 기능적 포괄성을 갖는 특수수역(multifunctional special zone)이다.[8)]

유엔 해양법협약(배타적 경제수역 관련 일부 조항)

제55조(배타적 경제수역의 특별한 법제도) 배타적 경제수역은 영해 밖에

8) 최종화, 앞의 책, p.92.

인접한 수역으로서, 연안국의 권리와 관할권 및 다른 국가의 권리와 자유가 이 협약의 관련규정에 의하여 규율되도록 이 부에서 수립된 특별한 법제도에 따른다.

제56조(배타적 경제수역에서의 연안국의 권리, 관할권 및 의무)

1. 배타적 경제수역에서 연안국은 다음의 권리와 의무를 갖는다.
   ⓐ 해저의 상부수역, 해저 및 그 하층토의 생물이나 무생물 등 천연자원의 탐사, 개발, 보존 및 관리를 목적으로 하는 주권적 권리와, 해수 · 해류 및 해풍을 이용한 에너지 생산과 같은 이 수역의 경제적 개발과 탐사를 위한 그 밖의 활동에 관한 주권적 권리
   ⓑ 이 협약의 관련규정에 규정된 다음 사항에 관한 관할권
      ① 인공섬, 시설 및 구조물의 설치와 사용
      ② 해양과학조사
      ③ 해양환경의 보호와 보전
   ⓒ 이 협약에 규정된 그 밖의 권리와 의무
2. 이 협약상 배타적 경제수역에서의 권리행사와 의무이행에 있어서, 연안국은 다른 국가의 권리와 의무를 적절히 고려하고, 이 협약의 규정에 따르는 방식으로 행동한다.
3. 해저와 하층토에 관하여 이 조에 규정된 권리는 제6부에 따라 행사된다.

제57조(배타적 경제수역의 폭) 배타적 경제수역은 영해기선으로부터 200해리를 넘을 수 없다.

제58조(배타적 경제수역에서의 다른 국가의 권리와 의무)

1. 연안국이거나 내륙국이거나 관계없이, 모든 국가는, 이 협약의 관련규정에 따를 것을 조건으로, 배타적 경제수역에서 제87조에 규정된 항행 · 상공비행의 자유, 해저전선 · 관선부설의 자유 및 선박 · 항공기 · 해저전선 · 관선의 운용 등과 같이 이러한 자유와 관련되는 것으로서 이 협약의 다른 규정과 양립하는 그 밖의 국제적으로 적법한 해양 이용의 자유를 향유한다.

2. 第88조부터 제115조까지의 규정과 그 밖의 국제법의 적절한 규칙은 이 부에 배치되지 아니하는 한 배타적 경제수역에 적용된다.
3. 이 협약상 배타적 경제수역에서 권리행사와 의무를 이행함에 있어서, 각국은 연안국의 권리와 의무를 적절하게 고려하고, 이 부의 규정과 배치되지 아니하는 한 이 협약의 규정과 그 밖의 국제법 규칙에 따라 연안국이 채택한 법령을 준수한다.

대륙붕은 지질학적 개념으로는 연안에 연접해 있는 수심 200m까지의 해저를 칭하는 말이었다.[9] 대륙붕에 대한 정의는 해양법협약 제76조 제1항에 "연안국의 대륙붕은 영해 밖으로 영토의 자연적 연장에 따라 대륙변계의 바깥 끝까지, 또는 대륙변계(大陸邊界)의 바깥 끝이 200해리에 미치지 아니하는 경우, 영해기선으로부터 200해리까지의 해저지역의 해저와 하층토로 이루어진다"고 명시하고 있다. 접속수역이나 EEZ의 경우에도 그러하지만, 여기서 200마일이라 함은 "영해측정기선으로부터" 측정함을 전제로 한 것이다. 따라서 어떤 연안국이 대륙붕의 최소범위 200해리를 가진다고 하더라도, 법적 의미에서의 대륙붕은 당해 연안국의 영해의 폭을 제외한 나머지 부분이다. 영해의 해저지대는 법률상 연안국의 주권 자체가 미치는 곳이므로, 만일 이곳이 지질학적 의미에서는 대륙붕이라 하더라도 법적 의미에서의 대륙붕 개념에서는 당연히 제외되어야 하는 것이다.[10]

유엔 해양법협약 제76조(대륙붕의 정의)

1. 연안국의 대륙붕은 영해 밖으로 영토의 자연적 연장에 따라 대륙변계

9) 1862년 영국의 지질학자 밀(Hugh Robert Mill)이 저서 *The Realm of Nature*에서 최초로 '대륙붕'이라는 용어를 사용하였는데, 그 개념을 "육지에 연접하고 수심 100패돔(약 183m)까지의 경사가 완만한 연안 해저"라고 규정하였다. 최종화, 앞의 책, p.118 재인용.

10) 김대순, 『국제법론』(삼영사, 2005), p.745.

의 바깥 끝까지, 또는 대륙변계의 바깥 끝이 200해리에 미치지 아니하는 경우, 영해기선으로부터 200해리까지의 해저지역의 해저와 하층토로 이루어진다.

2. 연안국의 대륙붕은 제4항부터 제6항까지 규정한 한계 밖으로 확장될 수 없다.
3. 대륙변계는 연안국 육지의 해면 아래쪽 연장으로서, 대륙붕 · 대륙사면 · 대륙융기의 해저와 하층토로 이루어진다. 대륙변계는 해양산맥을 포함한 심해대양저나 그 하층토를 포함하지 아니한다.
4. ⓐ 이 협약의 목적상 연안국은 대륙변계가 영해기선으로부터 200해리 밖까지 확장되는 곳에서는 아래의 선 중 어느 하나로 대륙변계의 바깥 끝을 정한다.
   ① 퇴적암의 두께가 그 가장 바깥 고정점으로부터 대륙사면의 끝까지를 연결한 가장 가까운 거리의 최소한 1퍼센트인 가장 바깥 고정점을 제7항에 따라 연결한 선
   ② 대륙사면의 끝으로부터 60해리를 넘지 아니하는 고정점을 제7항에 따라 연결한 선

   ⓑ 반대의 증거가 없는 경우, 대륙사면의 끝은 그 기저에서 경사도의 최대 변경점으로 결정된다.
5. 제4항 ⓐ ①과 ②의 규정에 따라 그은 해저에 있는 대륙붕의 바깥 한계선을 이루는 고정점은 영해기선으로부터 350해리를 넘거나 2,500m 수심을 연결하는 선인 2,500m 등심선으로부터 100해리를 넘을 수 없다.
6. 제5항의 규정에도 불구하고 해저산맥에서는 대륙붕의 바깥 한계는 영해기선으로부터 350해리를 넘을 수 없다. 이 항은 해양고원 · 융기 · 캡 · 해퇴 및 해저 돌출부와 같은 대륙변계의 자연적 구성요소인 해저고지에는 적용하지 아니한다.
7. 대륙붕이 영해기선으로부터 200해리 밖으로 확장되는 경우, 연안국은 경도와 위도 좌표로 표시된 고정점을 연결하여 그 길이가 60해리를 넘지 아니하는 직선으로 대륙붕의 바깥 한계를 그어야 한다.

8. 연안국은 영해기선으로부터 200해리를 넘는 대륙붕의 한계에 관한 정보를 공평한 지리적 배분의 원칙에 입각하여 제2부속서에 따라 설립된 대륙붕한계위원회에 제출한다. 위원회는 대륙붕의 바깥 한계 설정에 관련된 사항에 관하여 연안국에 권고를 행한다. 이러한 권고를 기초로 연안국이 확정한 대륙붕의 한계는 최종적이며 구속력을 가진다.
9. 연안국은 측지 자료를 비롯하여 항구적으로 자국 대륙붕의 바깥 한계를 표시하는 해도와 관련 정보를 국제연합 사무총장에게 기탁한다. 국제연합 사무총장은 이를 적절히 공표한다.
10. 이 조의 규정은 서로 마주보고 있거나 이웃한 연안국의 대륙붕경계 획정문제에 영향을 미치지 아니한다.

대륙붕에 접한 연안국은 대륙붕을 탐사하고 그 천연자원을 개발할 수 있는 주권적 권리를 가진다. 대륙붕에 대한 연안국의 권리는 유엔해양법협약 제77조에 명시되었다. 대륙붕이 중첩되는 경우 경계획정에 관해서는 "서로 마주보고 있거나 인접한 연안국간의 대륙붕 경계획정은 공평한 해결에 이르기 위하여, 국제사법재판소 규정 제38조에 언급된 국제법을 기초로 하여 합의에 의하여 이루어진다"고 규정하고 있다.

유엔 해양법협약(대륙붕 관련 국가의 권리)

제77조(대륙붕에 대한 연안국의 권리)

1. 연안국은 대륙붕을 탐사하고 그 천연자원을 개발할 수 있는 대륙붕에 대한 주권적 권리를 행사한다.
2. 제1항에 언급된 권리는 연안국이 대륙붕을 탐사하지 아니하거나 그 천연자원을 개발하지 아니하더라도 다른 국가는 연안국의 명시적인 동의 없이는 이러한 활동을 할 수 없다는 의미에서 배타적 권리이다.
3. 대륙붕에 대한 연안국의 권리는 실효적이거나 관념적인 점유 또는 명시적 선언에 의존하지 아니한다.

4. 이 부에서 규정한 천연자원은 해저와 하층토의 광물, 그 밖의 무생물자원 및 정착성 어종에 속하는 생물체, 즉 수확가능단계에서 해저표면 또는 그 아래에서 움직이지 아니하거나 또는 해저나 하층토에 항상 밀착하지 아니하고는 움직일 수 없는 생물체로 구성된다.

제78조(상부수역과 상공의 법적 지위 및 다른 국가의 권리와 자유)

1. 대륙붕에 대한 연안국의 권리는 그 상부수역이나 수역 상공의 법적 지위에 영향을 미치지 아니한다.
2. 대륙붕에 대한 연안국의 권리행사는 다른 국가의 항행의 권리 및 이 협약에 규정한 다른 권리와 자유를 침해하거나 부당한 방해를 초래하지 아니한다.

제 2 절 영토분쟁의 성격과 해결방식

영토분쟁에는 배타적인 국민감정이 개입되어 사실판단이나 사법적 해결을 초월 또는 경시하는 비합리적 요소가 내재되어 있다. 따라서 국민감정과 결부된 국가이익의 측면에서 어떤 돌파구가 마련되지 않는 한, 모든 영토분쟁은 비록 사법적 판결단계까지 성숙되었다 하더라도 그 해결은 어려운 것이다. 또한 여기에는 현상유지(*status quo*)라는 국제정치의 기본적 추세까지 작용하고 있어, 결국 영토에 대한 실효적 지배가 법적 정당성을 주장하는 명분으로까지 발전될 수 있다

영토분쟁 문제를 국제평화 및 안전과 관련시켜 볼 때, 그것은 국제적으로 상당히 중요한 문제로 평가된다. 영토분쟁에 관한 해결방식과 관련하여, 이를 원인분석과 사실에 대한 인식 등의 측면에서 보면, 다음과 같이 4가지 성격으로 나누어 볼 수 있다.[11)]

11) 오기평, 『현대국제기구정치론: 국제정치의 과업체계』(법문사, 1990), p.256.

첫째, 일반적 영역에 속하는 것으로, 국가간에 어떤 분쟁이 실제 존재하느냐 않느냐의 여부를 둘러싼 실질적이고 객관적인 판단의 문제들이다.

둘째, 어떤 사실에 대한 이견에 의해서 일어나는 분쟁으로서, 국제기구가 상반되는 두 개의 증거를 놓고 사실을 가려내야 하는 경우이다. 이런 경우 유엔은 사실의 정확한 발견을 위해 조사단을 구성하는 등의 방법으로 문제해결을 모색하고 있다.

셋째, 법률적 영역에 속하는 경우로서, 국가간에 어떤 사실에 대한 법률의 적용 문제를 둘러싸고 일어나는 분쟁이다. 이는 원칙적으로 국제사법재판소(ICJ)에의 제소나 중재법원의 중재를 통한 사법적 해결방식에 의존하나, 그 실효성의 확보에 있어 많은 어려움을 갖고 있다.

넷째, 정치적 영역인 '국가이익'과 관련된 분쟁으로서 가장 어려운 분쟁영역이라 할 수 있다. 분쟁당사국이 각각 추구하는 본질적인 국익이 구체적으로 어떤 내용인가를 규명하는 일이 매우 어렵고, 비록 그 작업이 이루어졌다 하더라도 원초적인 이익을 흥정 대상으로 삼아 협상할 수 없는 것이 국제정치사회의 생리이므로, 정치적 분쟁의 경우 그 해결이 더욱 어려워진다. 현안의 문제점을 발견하고 그 해결을 위한 법률적 기초가 마련되었더라도 국익이 상충될 경우 상호간의 요구를 감소 내지 양보하지 않는 한 문제 해결은 불가능해진다.

영토분쟁이 발생하게 되면 당사국들간에는 이를 자국에게 유리하도록 해결하는 방법을 다각도로 모색하게 된다. 이는 크게 강제적 해결방법과 평화적 해결방법으로 구분될 수 있다. 타국에 대한 합법적 권리 주장을 실현시킬 수 있는 제3자의 중심적 권위가 없는 상황하에서, 분쟁의 평화적 해결이 실패할 경우 부득이 강제적 방법에 호소하게 되고, 이는 곧 자력구제(self-help)에 의존함을 의미한다. 그 중에는 보복(retortion)과 복구(reprisal), 그리고 극단적인 경우 전쟁(war)도 포함된다. 법률적 자료에 의한 사법적 해결도 중요하나, 국제정치의 특수한 역학관계로 인하여 포괄적이며 신축성 있는 정치적 해결방법을 고려하는 것이 보다 타당하다.

영토분쟁에 있어 강제적 해결방법으로는 군사력에 의한 점령(혹은 방어)을 들 수 있다. 새로운 영토를 취득하거나 상대방의 시도를 막아내는 가장 현실적인 방법이다. 평화적인 방식은 외교적인 방식과 사법적인 방식으로 나누어 살펴보기로 하겠다.

1. 강제적 해결방법: 군사적 점령과 방어

오늘날의 국제사회에서는 군사력의 주요 기능이 공격력보다는 방위력에 주안점을 두고 있기 때문에, 적대 국가에 대하여 적극적으로 자신의 의지를 관철시키기 위한 보다 공격적 의미의 전투력이라는 의미는 상대적으로 약화되었다. 그러나 방어작전의 경우에도 공격적 전술 혹은 공격적 방어작전을 수행할 수 있기 때문에, 전투력을 다시 방어전투력과 공격전투력으로 구분할 필요는 없을 것이다. 현대 국가의 '억지' 전략은 가상 적에 대한 선제공격의 전략 개념을 거의 포함하고 있지 않고, 단지 상대국의 선제공격이 수행될 수 없도록 하기 위한 최소한의 보복 능력으로서의 억지력을 확보하는 데 주안점을 두고 있는 것이다. 그러나 일단 적의 군사적 공격이 가해져 오는 경우, 이를 순수 방어적으로 대항할 것인가 아니면 과감하게 공격적으로 대처할 것인가 하는 운용상의 문제가 남아 있을 뿐이다.[12]

군사력의 본질적 기능은 자국의 의지를 상대에 강제하는 정치적 목적 달성을 위한 물리적 강제력임과 동시에, 자국의 안전을 보장하기 위해서 타국의 이기적인 정치목적 달성 노력에 저항하는 기능도 있다. 이렇게 군사력은 분쟁을 억지하는 기능과 억지가 무너지는 경우에 대

12) 이혁섭, "군사력과 국가안보," 육군사관학교, 『국가안보론』(박영사, 2001), p.44.

처하는 저항 기능의 양면성을 가진다. 군사력의 기능을 살펴보면 첫째, 강제 기능이다. 강제 기능은 군사력의 직접 사용, 즉 '위하적(威嚇的) 사용'에 의해서 자국의 의지를 타국에 강제하여 국가이익에 연관된 정치목적과 경제목적 등을 힘으로 달성하는 기능이다. 둘째, 거부 기능이다. 타국이 정치목적을 달성하려고 압력과 공갈, 그리고 무력공격을 일으키는 경우 이에 대항하는 군사적 기능을 거부 기능으로 정의한다. 셋째, 억지 기능이다. 자신의 전력을 상대에게 과시하는 것으로서, 공격을 받았을 때 그에 대한 보복에 의해서 공격측도 심대한 파괴를 당하게 된다는 것을 투명하게 함으로써, 역으로 그러한 군사적 행위를 자제시키는 기능이다. 넷째, 외교정책 지원 기능이다. 자신의 의지를 상대국에게 명확하기 인식시키기 위하여, 군사력을 전개하는 압력을 통해서 해결을 촉구하는 경우이다. 이런 경우의 군사력은 국가정책을 강력하게 추진하는 도구로서 효율성이 높으며, 이러한 기능을 국책지원 기능이라고도 한다.[13]

해양분쟁과 관련하여 해군력을 살펴보면, '해군력'은 해양을 전장으로 전투기능을 구사하는 전투부대를 중핵으로 한 군사력이고, 보다 확대된 개념인 '해상전력'은 해군 외에도 해병대, 양륙(揚陸) 작전부대, 해상의 고공정찰 부대가 구사하는 기능과 힘을 포함한 개념이다. 해상전력은 평시의 경우에도 미묘한 위기관리의 단계에서 핵전쟁 단계에까지, 공해(상공을 포함)는 물론 필요한 경우 타국의 영해(영공 포함)를 포함한 해역에서도 사용될 수 있다. 해군력은 평시와 전시, 그리고 필요한 경우에 필요한 해역에 필요한 병력을 집중 · 분산시킬 수 있는 고도의 기동성을 갖는다. 따라서 대개는 수상 전투함정과 잠수정은 필요한 물자를 휴대한 상태에서 해상에서 연료와 탄약을 보급하기 때문에, 장기 작전을 수행할 수도 있는 '지구성'(持久性) 있는 전력이다.

13) 위의 책, pp.54-58.

즉, 해군력은 전시에는 적 해군력을 격파하는 것을 목적으로 하지만, 평시에는 타국의 영해 근방에 함대를 의도적으로 전개하여 상대국을 자극하는 정치적 목적, 해저자원을 확보하기 위해 필요한 행동을 취할 수 있도록 하는 경제적 목적, 마약 · 무기의 반입을 저지하는 등 광범위한 다목적성을 지니고 있다. 해상전력의 주요 임무는 자국의 권익 보호, 해군력의 전개, 시위, 지상에의 전력 투입, 해양의 관제, 해상교통의 안전 확보, 국토방위 등이 포함된다.[14]

이러한 군사력을 활용한 영토분쟁의 강제적 해결 방법과 관련한 영토의 취득방식에 '정복'(conquest)이 있다. 정복이란 무력에 의한 영토 취득을 말한다. 전통국제법은 전쟁에 호소할 수 있는 국가의 권리에 제한을 가하지 않음으로써, 그 결과 국가가 정복을 통하여 타국의 영토를 취득하는 것을 허용할 수밖에 없었다. 다만 정복이 성립하기 위해서는 두 가지 요건이 충족될 것을 요구하고 있다. 첫째, (동맹국을 포함하여) 적국의 모든 저항세력들이 소멸하여 전쟁이 종식되어야 한다. 둘째, 공식적인 병합 또는 편입 조치에 대한 공포 등으로 정복의 의사가 표시되어야 한다. 전통국제법하에서 정복에 의한 영토취득이 유효하기 위해서는, 타국의 승인을 받아야 했는가? 즉, 승인은 영토취득의 창설적 효과를 가졌는가? 하는 것이었지만, 그렇지 않았다. 무력사용이 합법으로 인정되는 체제하에서 그 같은 규칙이 도입될 여지는 없었다.

그러나 오늘날 침략, 즉 유엔 헌장 제2조 제4항에 위배되는 무력사용에 의한 정복은 불법이며 또한 무효이다. 그러면 유엔 헌장에 의하여 금지되지 않는 무력사용에 의한 정복은 여전히 허용되는가? 이 문제에 관한 해답은 1970년의 우호관계선언에서 다음과 같이 제시되고 있다.

14) 위의 책, pp.70-75.

> "국가의 영토는 '헌장에 위배되는' 무력사용으로부터 초래되는 군사적 점령의 대상이 되지 않는다. 국가의 영토는 무력의 위협 또는 사용으로부터 초래되는 타국에 의한 취득의 대상이 되지 아니한다. 무력의 위협 또는 사용으로부터 초래되는 어떠한 영토취득도 합법으로 승인되어서는 안된다."

이 선언으로부터 몇 가지 결론을 도출해 낼 수 있다. 첫째, 군사점령, 즉 전시점령은 유엔 헌장에 위배되는 무력사용에 의해 초래되는 경우에만 불법이다. 따라서 유엔 헌장에 위배되지 아니하는 무력사용에 의한 군사점령은 여전히 합법이다. 둘째, 유엔 헌장에 위배되는지의 여부에 관계없이, 즉 비록 합법적인 무력의 위협 또는 사용이라고 하더라도, 일체의 무력 위협 또는 사용은 취득을 무효로 만든다. 셋째, 아마도 희생국을 포함해서 어떠한 국가도 일체 무력의 위협 또는 사용에 의한 영토취득을 합법으로 승인하지 않을 '법적 의무'를 부담한다. 따라서 이 의무를 위반하는 것은 그 자체가 불법이며, 승인국은 정복국의 공모자의 위치에 놓이게 된다. 이것은 1대1의 문제가 아니라 1대 전체의 문제이기 때문이다.[15]

군사적인 점령 즉 정복이 성립되기 위해서는 첫째, 정복국은 피정복국 영역의 일부 또는 전부를 실효적 및 영속적으로 점령해야 한다. 따라서 피정복국과 그의 동맹국에 의한 일체의 저항이 소멸된 상태여야 한다. 둘째, 정복국은 정복지를 자국의 영역으로 간주한다는 병합의 의사를 가지고 있어야 한다. 역사적으로 정복에 해당하는 실례는 드문 편인데, 그 이유는 전쟁 종료 후에 영토를 병합하는 것이 비록 정복에 의한 권원을 확인하는 경우라도 일반적으로 할양(割讓)조약에 의해서 이루어지기 때문이다. 또 20세기에 들어와 국제연맹 규약과 부전조약(Kellog-Briand Treaty)을 거쳐 유엔 헌장에 이르러서 전쟁은 그 합법적

15) 김대순, 앞의 책, pp.573-575.

성격이 전적으로 부정되게 되었다. 그러나 현실적인 문제로서 유엔 헌장상 무력사용 여부에 대한 판단은 안전보장이사회가 독점하고 있으므로, 실질적인 침략행위가 발생해도 안전보장이사회가 그 본래의 임무를 나태하지 않는 한 침략자는 정복의 효과를 달성할 수 없을 것이다.[16)]

2. 외교적 해결방법

유엔 헌장은 제2조 제3항에 "모든 회원국은 그들의 국제분쟁을 국제평화와 안전 그리고 정의를 위태롭게 하지 아니하는 방식으로 평화적 수단에 의하여 해결한다"고 규정함으로써 분쟁의 평화적인 해결을 주문하고 있다. 현재의 유엔 헌장하에서는 개별적 또는 집단적 자위권의 행사와 집단적 강제조치의 경우를 제외하고는, 분쟁해결 수단으로서 국가가 개별적으로 무력을 사용하는 것은 일체 허용하지 않는다. 헌장 제33조 제1항은 다음과 같다.

> "어떠한 분쟁도 그의 계속이 국제평화와 안전의 유지를 위태롭게 할 우려가 있는 것일 경우, 그 분쟁의 당사자는 우선 교섭, 심사, 중개, 조정, 중재재판, 사법적 해결, 지역적 기관 또는 지역적 약정의 이용 또는 당사자가 선택하는 다른 평화적 수단에 의한 해결을 구한다."

헌장 제33조 제1항에 따라 분쟁의 해결수단들을 살펴보면, 양자간에 이루어지는 교섭, 제3자의 개입을 통해 이루어지는 심사, 중개, 조정, 지역적 기관 등이 있다.

교섭(negotiation)이란 분쟁당사국이 분쟁의 평화적 해결을 위하여 제3자의 도움 없이 직접 접촉하는 것을 말한다. 교섭은 전통적인 외교

16) 김정건, 『국제법』(박영사, 1990), pp.168-170.

채널을 경유하는 것이 보통이지만, 때로는 국가원수의 단계에서 직접 이루어지는 수도 있다. 근래에 와서는 정상외교(summit diplomacy)가 빈번해짐에 따라 국가원수의 단계에서 이루어지는 경우가 많아졌다. 교섭은 당사국들이 직접 상대하여 해결책을 모색하므로 신속하고 융통성 있는 해결책이 가능하다는 것, 정치적 · 법률적 문제 등 제반 분쟁이 교섭의 대상이 될 수 있다는 것, 제3자에게 특별한 입장이나 태도를 취하도록 요구하지 않아 부담을 주지 않는다는 것, 분쟁의 해결과 동시에 그 해결책이 당사국 상호간의 장래 관계의 기준이 되고 또한 이를 정립하는 계기가 된다는 등의 장점을 가질 수 있다. 반면에 해결의 객관성 · 공평성이란 면에서 특히 강대국과 약소국의 교섭인 경우 문제가 있다. 또한 제3국의 개입이 없어 때로는 제3국이 행사할 수 있는 분쟁당사자의 자제 역할을 기대할 수 없기 때문에, 일방적인 과장된 주장을 방지할 수 없다는 것도 단점으로 지적될 수 있다.[17]

심사(inquiry)는 제3자가 분쟁의 원인이 된 사실을 명확히 함으로써 분쟁의 해결이 용이하게 하는 것이다. 국가간의 분쟁은 그 원인이 된 사실을 분명히 알지 못하기 때문에 야기되거나 또는 그 긴장도가 더욱 고조된다. 사실심사의 필요성은 바로 여기에 있다. 심사를 위하여 통상 심사위원회가 구성되는데 심사위원은 분쟁당사국의 합의에 의하여 선정된다. 심사위원회의 심사보고서는 당사국에 대하여 구속력을 갖지 못하지만, 분쟁 당사국은 보고서의 객관적 공평성을 일방적으로 배척하기는 어려울 것이다. 특히 국경선의 경계확정에 관한 분쟁은 정확한 사실심사를 통해서만 그 해결이 가능하다. 사실심사기관은 국제사실심사위원회(ICI)이다.[18]

중개(mediation)는 제3자가 주선의 임무[19]를 능가하여 직접 분쟁당

17) 위의 책, pp.575-576.

18) 이 위원회는 상설기관이 아니고, 분쟁이 발생한 경우에 당사국간의 사실심사조약에 의하여 설치되는데, 그 법적 근거는 1907년 헤이그협약 제10조 제1항이다.

사국간의 교섭에 개입하고 심지어는 해결책을 제시하는 것을 말한다. 어떤 종류의 중개자이든 간에 분쟁이 해결되거나 또는 분쟁의 일방 당사자가 중개자의 해결책을 거절하면 중개의 임무는 종료된다. 그리고 중개자의 의사표시는 어디까지나 권고적 성격을 지니므로 분쟁당사국에 대해 어떤 구속력을 갖는 것이 아니다.

조정(conciliation)은 독립적 지위에 있는 제3자(조정위원회, 1인의 조정위원 또는 유엔과 같은 국제기구)가 분쟁을 심사하여 분쟁 당사국에 대하여 해결 조건을 제시하는 것이다. 그러므로 조정은 심사와 중개의 결합 형태이다. 분쟁 당사국은 조정인의 해결 조건을 수락할 의무는 반드시 없다. 오늘날 당사국들이 조정위원회의 최종보고서를 수락할 의무가 없다는 조정이 갖는 약점 때문에, 중재재판이나 사법적 해결에 더 의존하는 경향이 있기도 하다.

3. 사법적 해결방법

영토분쟁의 사법적 해결은 일반적으로 20세기 이후의 현상이다. 과거에 전쟁을 수단으로 자국의 영토를 확장하거나 세력균형 또는 보상이라는 형태로 서로 영토를 분배하던 관행이, 이제는 원칙적으로 국제법상 금지되었다. 원칙적으로는 확립되지 않은 영유권 또는 경계선의 분쟁에 있어서는 평화적인 해결방법이 요구된다. 영토분쟁의 평화적인 해결을 위한 외교적 시도가 불가능해지면, 국제재판(국제사법재판소 · 해양법재판소[20] · 중재법원)에 부탁하는 사례가 증가하고 있다. 국

19) 주선(good offices)은 분쟁의 평화적 해결을 위하여 제3자가 분쟁 당사국간의 교섭에 편의를 제공하는 것이다. 주선은 제3자가 분쟁당사국을 설득하여 교섭에 임하게 하는 것을 말하며, 분쟁당사국간의 교섭이 개시되면 주선의 임무는 종료된다.

20) 도서 영유권과 같은 영토문제는 해양법의 직접적인 규율대상이 아닌 일반국제법에 의하여 해결되어야 한다. 그러나 그 섬이 해양법상의 섬으로서의 지위 여부, 인근 국가들간의 해양경계의 획정에 있어 발휘할 수 있는 효과 등은 해양법의 규율대상이

제재판은 중재재판과 사법재판으로 구분할 수 있는데 중재재판의 발전된 형태가 사법재판이다.[21] 즉, 중재재판은 분쟁이 발생할 때마다 당사국의 합의에 의하여 선출되는 재판관에 의한 재판으로서, 재판의 기준과 절차도 당사국의 합의에 의하여 결정되지 않으면 안 된다. 이와 같이 중재재판이 '당사자 자율성의 원칙'에 기초하고 있음에 반하여, 사법재판은 재판의 기준과 절차가 이미 결정되어 있고 재판관이 이미 선임되어 있는 상설재판소에서 행하는 재판을 말한다.[22]

특히 전문적인 해양법상의 분쟁해결을 위하여 특별히 신설되는 법률적 분쟁해결기관인 국제해양법재판소(International Tribunal for Law of the Sea: ITLOS)를 두고 있다.[23] 이는 유엔 헌장 92조에 의거하여 헤이그에 설립되어 있는 국제사법재판소와 쌍벽을 이루는 국제사회의 사법적 분쟁해결 기관이다.[24] 해양문제의 분쟁당사국들은 그 분쟁의 사법적 해결을 위해 분쟁해결의 절차와 수단을 선택할 수 있게 되었다(협약 제280조). 이러한 선택에 있어서 기존의 국제사법재판소[25]와 새

된다.

21) 상설중재원(Permanent Court of Arbitration: PCA)은 국제분쟁의 재판을 위해 1899년의 '국제분쟁의 평화적 해결을 위한 헤이그협약'에 의거하여 1900년에 헤이그에 설치되어, 1902년부터 활동을 시작했다. 그러나 1920년에 상설국제사법재판소(PCIJ)가 설치된 후로는 그 기능이 사실상 정지된 상태이다. 그간 1928년 팔마스섬 사건 등 25개 주요 사건들을 처리하였다.

22) 김정건, 앞의 책, pp.579-580.

23) 유엔 해양법협약 제15조와 제6부속서인 「국제해양법재판소 규정」에 의거 설치되었다. 1996년 10월 1일 독일 함부르크에서 정식업무를 시작하였다.

24) 국제해양분쟁에 대한 사법재판을 담당하는 상설기관으로는 ICJ와 ITLOS가 있으며, ICJ는 일반적인 국제분쟁은 물론이고 해양분쟁의 재판도 담당한다. ITLOS는 해양법상의 분쟁해결을 위해 특별히 신설된, 법률적인 해양분쟁 해결기관으로서 주로 국제심해저 개발과 관련하여 발생될 것으로 예산되는 분쟁을 다루는 특별사법기관이다. 그리고 ITLOS의 적용법규로서 '본 협약 및 본 협약과 충돌하지 않는 타국제법 규칙'으로 한정하고 있는 점(협약 제293조)은 ICJ의 관련 규정인 제38조 제1항(적용법규의 범위를 조약, 관습국제법, 문명국이 인정하는 법의 일반원칙으로 하고 있다)과 상이한 점이다. 즉 ITLOS의 재판규범은 원칙적으로 유엔 해양법협약이다.

25) PCIJ의 규정을 대체로 승계하여 제정된 ICJ는 1947년 5월 22일 코르푸 해협사건

로 생긴 해양법재판소는 동등한 자격으로 선택되는 사법적 수단이 된다(협약 287조).

따라서 사법재판소나 중재재판소의 판례들을 통해 영토분쟁에 있어서 '해결의 원칙'이 무엇인지를 살펴보는 것이 중요하다.[26] 판례들을 통해 나타난 '영토권원'이 어떻게 다루어지고 있는지를 살펴보는 것이 영유권 분쟁에 있어 예측가능성을 높이는 데 도움이 될 것이다. 영토분쟁이 사법적인 판단에 맡겨졌을 경우를 대비하여, 영토분쟁에 관련되어 있는 각 국가들은 분쟁지역에 '해결의 원칙'을 확보하기 위한 각종 시도들을 하고 있거나 하려고 한다.

(1) 영토분쟁의 소송기술

국제사법재판소나 중재재판소에서 영토분쟁을 사법적으로 판단할 때, 일반적으로 고려되는 요소로서 시제법(時際法, intertemporal law)의 원칙[27]과 결정적 기일(critical date)의 원칙이 있다. 이는 영토권원이라기보다는 소송의 기술로서 법원에 제출되는 증거능력의 평가 및 과거에 이루어진 행위들의 법적 성격을 판단하기 위한 것이다.[28]

영토취득에 관한 규칙은 여러 세기를 거쳐 변경되어 왔다. 그렇다면 영토에 대한 권원의 유효 여부를 결정하기 위해서는 어느 시기의 법을

(Corfu Channel Case)을 다루기 시작하면서 본격적인 사법업무를 시작하였다.

26) 국제재판의 특성상 선례구속성원칙의 적용이 배제됨으로써(ICJ 규정 제9조), 직접적인 구속력은 갖지 않는다 하더라도 참고가 될 수 있다.

27) 시제법 원칙은 사실상 영토분쟁과 관련된 국제법뿐만 아니라 일반적으로 국제관습법의 여러 분야에서 적용되는 것이다. 1969년 조약법에 관한 비엔나협약 제28조는 다음과 같이 규정하고 있다. "별도의 의사가 조약으로부터 나타나지 아니하거나 또는 달리 확정되지 아니하는 한, 그 조약 규정은 그 발표 이전에 당사국과 관련하여 발생한 행위나 사실 또는 종료된 상황과 관련하여 그 당사국을 구속하지 아니한다." 따라서 이 원칙은 비엔나협약에 규정되기 이전부터 국제관습법으로서 ICJ 및 중재법원에 의해 원용되어 왔다.

28) 이유정, "영토분쟁에 관한 최근 판례분석," 이석우 엮음, 『독도분쟁의 국제법적 이해』(학영사, 2004), p.78.

적용해야 하는가? 이것이 시제법의 문제이다. 일반적으로 수락된 견해에 의하면, 법은 소급 적용될 수 없으며, 따라서 영토획득의 유효성은 분쟁이 제기되었을 때의 법에 의해 결정되는 것이 아니라, 그 영토의 획득 당시의 법에 따라 판단해야 한다는 것이다.[29] 그러나 경우에 따라서는, 특히 과거 무력사용이 합법인 시절에 정복에 의하여 영토를 취득한 국가와 그것을 상실한 국가간에 있어서는, 영토분쟁의 시제법의 일반원칙에 따라 합법적으로 해결될 것을 기대하기는 심리적으로 어려운 측면도 없지 않다.[30]

소송기술로서의 결정적 기일이라 함은 ICJ의 망끼에 · 에크레오 사건(The Minquiers and Echrehos Case)에서 다루어졌다.[31] 이 사건에서 결정적 기일을 "주권에 대한 분쟁이 처음으로 발생한 일자 및 분쟁이 결정화된 일자"라고 정의내리고 있다. 분쟁과 관련하여 그 기일 이후의 당사자들의 행동은 영유권 주장에 더 이상 영향을 줄 수 없는 날로 정의된다. 그러나 ICJ는 결정적 기일 이후에 이루어진 양 당사국의 행위라 할지라도, 당사국의 법적 지위를 개선할 목적으로 이루어진 것이 아니라면, 그 후속행위들도 검토될 것임을 명시하고 있다.

결정적 기일의 존재는 특정 시점 이후 영토권원을 주장하는 분쟁 당사국의 증거를 배제한다는 점에서 그 중요성이 있다. 그러나 문제는 모든 분쟁에서 결정적 기일을 언제로 정하느냐는 것이 명확하지 못하다는 것이다. 그 일자가 언제이냐에 따라 분쟁 당사국이 각각의 이해에 맞게 주장할 수 있는 사실들이 달라지기 때문에 결정적 기일의 선택은 중요한 이슈가 된다. 일반적으로 다음의 경우에 결정적 기일로

---

29) 시제법은 중남미 및 아프리카의 영토분쟁 등에서 적용이 되는 *uti possidetis* 원칙('점유의 상태에 따라' 또는 '사실상의 상태에 따라')의 인정 근거가 된다고 할 수 있다. 이는 과거 식민지 시대의 국경을 독립 후에도 국제법상 인정하는 것을 의미한다.

30) 김대순, 앞의 책, pp.576-577.

31) 이러한 용어는 미국과 네덜란드간 팔마스(Plamas)섬 사건에 대한 중재에서 후버(Max Huber)에 의해 처음으로 사용되었다.

정해질 가능성이 높다고 한다.

- 분쟁이 개시된 일자
- 원고국 또는 분쟁당사국이 분쟁 영토에 대해 명확한 주권적 요구를 행한 일자
- 영토주권에 관하여 당사국간의 분쟁이 명확한 쟁점으로 결정된 일자
- 당사자 일방이 가능한 협상, 알선, 조정, 국제기구에의 부탁 또는 국제중재나 사법적 해결에 이르지 않는 여타 분쟁해결 절차를 시작하는 적극적 조치를 취한 일자
- 상기 조치 중 어느 하나가 실제로 취해지고 또 행해진 일자
- 분쟁이 국제중재 또는 사법적 해결로 제안되거나 부탁된 일자

그러나 결정적 기일의 설정은 명확한 선택이 아닌 조심스러운 결정의 문제이며, 분쟁 당사국 사이의 주장에 관한 문제일 수도 있다. 즉 결정적 기일이 모든 분쟁에 있어서 명확하게 설정되는 것은 아니며, 그 설정도 국제분쟁에서 법원 및 재판부가 반드시 의무적으로 고려해야 하는 법 원칙이 아닌 임의적 사항이다.

(2) 영토의 취득

전통적인 견해에 의하면 영토취득의 형태에는 대체로 다섯 가지 즉, 선점(occupation), 첨부(accretion), 할양(voluntary cession), 정복(conquest) 그리고 시효(acquisitive prescription) 등의 방법이 있다. 그러나 이러한 5개의 권원은 실제의 분쟁에서는 완전히 구분되지 않고 서로 혼합되는 성격을 지니고 있다.

'선점' 이란 무주지(*terra nullius*)의 취득을 말한다. 무주지역이란 지금까지 어느 국가에도 속하지 않았던 지역과 기존국가에 의하여 포기

된 지역을 말한다. 현대 국제법에 있어서 선점의 요건으로서, 그 대상이 되는 목적물이 '무주의 지역' 이어야 한다.[32] 무주지에는 처음부터 어떤 국가에도 귀속되어 본 일이 없는 땅도 있을 수 있고, 반대로 어떤 국가가 버린 땅도 있을 수 있다. 그런데 후자의 경우, 즉 어떤 땅이 국가에 의해 버려진 것으로 인정되기 위해서는, 당해 지역에 대해 국가가 주권을 행사하지 않는다는 객관적 요건 이외에 당해 지역을 버린다는 심리적 · 주관적 요건이 추가로 요구된다. 이것은 국내법상 물건을 단지 잃어버린 것과 물건을 던져버리는 것이 다른 것과도 같다.[33] 선점은 '국가의 행위' 에 의하여 이루어져야 한다.[34] 선점이 성립되기 위해서는 국가의 '영유의사' (*animus occupandi*)가 있어야 한다. 그리고 선점은 선점지역에 대한 국가권위의 실효적 · 계속적 표시가 있어야 한다.[35] 실효적 지배의 요건은 국제정치 환경의 변화에 따라 점차 엄격해지고 있다. 그러나 현대에 있어서도 실효적 지배는 상황에 따라 요구되는 정도가 다를 수 있다. 이 외에, 선점을 위한 제3의 요건으로서 '이해 관계국에 대한 통고' 가 요구되는가의 문제가 제기되기도 하지만, 일반국제법상 확립된 요건으로 보기는 어렵다.[36]

최근 분쟁들의 경우를 살펴보면, 오로지 선점과 관련된 문제는 없다. 왜냐하면 선점이라 할 경우에는 그 기본적 전제조건이 선점하는

32) 종래의 유럽적 무주지 개념에 의하면 비록 그 지역에 원주민이 살고 있다고 하더라도 그 문명 정도가 그 당시 유럽의 문명기준에 비추어 보아 열등한 경우에는 무주지에 해당되었다. 그러나 ICJ가 1975년에 내린 西사하라(Western Sahara)에 관한 권고적 의견에서 유효한 선점이 되기 위해서는 무주지역이어야 하며, 국제관행상 정치적 · 사회적 제도를 갖춘 종족이나 인민이 거주하는 지역은 무주지역으로 간주할 수 없다고 하였다.

33) 김대순, 앞의 책, p.565.

34) 개인에 의한 무주지역 점유라 할지라도 그가 자국을 위해서라는 의사를 가지고 점유를 행하고 이어서 본국에 의한 승인이 있으면 실효적인 선점으로서 유효하게 된다.

35) 김정건, 앞의 책, pp.160-165.

36) 박관숙, "독도의 법적 지위에 관한 연구," 연세대학교 대학원 박사학위논문, 1968, pp.47-48.

대상이 무주지일 것을 요구하나, 실제 분쟁에서는 당시에 그 영토가 무주지인지 아닌지가 문제가 되는 경우가 많고, 분쟁당사국들이 서로 권원을 주장하는 경우가 대부분이기 때문이다. 이러한 이유로 사실상 점유와 시효를 구별하는 것이 쉽지 않은 문제가 발생하며, 따라서 대부분의 중재 결정 및 판결은 그 판결에서 이에 한정되지 않고 누가 더 강한 권리를 가지고 있는지를 판결하는 방식으로 문제를 해결하고 있다. 결국 현실 분쟁에 있어서 중요한 것은 고전적 의미의 선점보다는 '실효적 점유' 라는 개념이다.[37]

'첨부' 는 인공적 또는 자연적 사실에 의한 국가영역의 증가이다. 자연현상에 의한 첨부에는 충적(沖積, alluvion)으로 이것은 해수에 의하여 토사가 쌓임으로써 새로운 지형이 생기는 것이고, 해수면 후퇴(dereliction)는 해수면이 통상의 접점보다 후퇴함으로써 새로 육지가 생기는 것을 말한다.

'할양' 이란 한 국가로부터 타국가의 합의에 의한 영역의 일부 또는 전부의 이전을 말한다. 할양은 전쟁의 결과 평화조약에 의하여 이루어지거나 또는 기타의 압력, 매매, 교환, 증여 등에 의하여서도 이루어질 수 있다. 과거의 역사를 돌이켜 보면, 약소국이 강대국의 무력위협에 의하여 혹은 전쟁이 끝난 후 패전국이 전승국의 군사적 압력에 의하여 할양조약을 체결하는 경우들이 있었는데, 이것은 겉으로는 국가간의 합의에 기초한 영토이전이었으나 그 실제내용은 '위장된 정복' (disguised conquest)에 지나지 않는다. 그러나 오늘날 무력의 위협 또는 사용에 기초한 영토할양조약은 당연히 무효이다.

'시효' [38]로 인한 영토의 취득이란 원래 다른 국가에 속하는 지역을

37) 이유정, 앞의 글, p.92.

38) 시효는 우선 소멸시효와 취득시효로 구분된다. 소멸시효는 타국의 권리주장에 대한 묵인으로 자신의 권리를 포기하는 것이다. 취득시효에 내재하는 개념은 역적(逆的; adverse) 시효와 超기억적(immemorial) 시효의 두 개념을 생각해 볼 수 있다. 역적

그 묵인하에 어느 국가가 그 선의 · 악의를 불문하고 계속하여 중단됨이 없이 평화적인 방법으로 상당히 충분한 기간 동안 권위를 행사함으로써 그 지역에 대한 권원을 법적으로 인정하는 것이다. 이때 묵인(acquiescence)은 영역국이 적절한 기간 내에 국제기구나 국제재판소, 그것이 불가능하다면 외교경로를 통해서 그들의 항의를 명시적으로 표명하지 않았을 때 추정될 수 있다. 따라서 항의가 있게 되면 시효는 중단되게 된다. 시효는 무주지에 대한 권원이 아니라 다른 국가의 주권하에 있는 영토를 일정한 시간의 경과 및 그 원래 주권국의 묵인에 의해 취득되는 것이라 할 수 있으므로, 시효의 본질은 타국 주권의 탈취에서 비롯된 추정적 권원의 하자를 타국의 동의와 묵인에 의해 치유하는데 있다. 시효에 대하여 일반적으로 합의된 요건을 살펴보면, 첫째, 시효를 주장하는 국가는 주권자로서 점유하여야 한다. 둘째, 점유는 평화적이고 중단이 없어야 한다. 셋째, 점유는 공연(公然)하여야 한다. 넷째, 점유는 상당한 기간 지속되어야 한다. 시효제도에 있어서 가장 큰 문제가 되는 것은 바로 시효의 완성기간을 정하는 것인데, 이 점에 대해 일반적으로 합의된 기준은 존재하지 않는다.[39]

영토분쟁에서 주로 다루어지는 영토취득은 선점 혹은 시효이다. 첨부 혹은 점령은 분쟁에서 잘 다루어지지 않고, 할양은 그 할양지에 대하여 다른 국가가 그 권리를 동시에 주장하는 경우 결국 쟁점이 선점 혹은 시효의 문제로 되기 때문이다. 영토분쟁에서 시효와 선점이 문제가 되는 것은 분쟁 영토가 무주지인지 아닌지에 대한 당사자의 주장이 다르기 때문이다. 즉 어떤 영토가 다른 국가의 주권하에 있었다 하더라도 그 국가행위가 오랜 기간 존재하지 않은 경우에, 선점과 시효의 기본적인 차이점이 되는 대상지의 법적 성격에 대한 관점이 서로 다른

시효는 분명히 점유 당시 그 영토의 법적 지위가 다른 국가의 주권하에 있는 것을 의미하며. 초기억적 시효의 경우에는 그러한 판단이 어려운 경우로 생각해 볼 수 있다.

39) 김정건, 앞의 책, pp.170-172.

경우를 살펴볼 수 있다. 이러한 경우에 있어서 법원은 그 후의 국가들의 실효적 점유 행위 및 여러 주장들을 비교·형량하여 상대적 증거력에 의하여 주권을 결정하게 된다. 따라서 선점과 시효 모두 실효적 점유라는 요건을 공통적으로 필요로 하게 된다. 또한 최근의 판례에서 볼 수 있듯이, 선점 또는 시효 그 자체에 대한 중요성보다 실효적 점유 또는 이해관계국의 태도에 더 많은 중점이 놓여진다.[40]

(3) 최근 판례의 고려사항

첫째, 현상유지의 원칙(*uti possidetis juris*)이다. 이 원칙은 일반적으로 중남미 대륙에 있어 과거 식민지 시대의 국경을 독립 후에도 국제법상 인정하는 것을 의미한다.[41] 이는 사실상의 상황에 대한 응고의 원칙(principle of consideration of the de facto situation)으로서, 무력사용에 의한 결과로써 경계가 설정이 된 경우라 하더라도 그 현상유지를 보존하는 데 기여하기 위하여 등장하였다. 이러한 원칙을 인정하는 가장 큰 이유는 안정성에 대한 요구이다.[42]

둘째, 협약상 권원, 조약에 의한 기타 처분, 그리고 제3국의 결정에 관한 것이다. 신생독립 국가들간의 영토 및 경계획정과 관련된 사례에 있어, 관련 제국주의 국가간에 체결된 협약은 당시의 협약체결 국가가 해당 지역의 영토 및 경계획정 문제에 대한 충분한 지식을 갖고 있었다는 사실 때문에, 근거로서 지니고 있는 증빙력은 상당하다고 판단된다.[43]

---

40) 이유정, 앞의 글, p.97.

41) uti possidetis 원칙은 로마법 용어로 본래 "*uti possidetes, ita possidtes*" (as you possess, so you may possess)를 의미한다. 이 원칙은 역사적으로 *uti possidetis juris* 및 *uti possidetis de facto*로 발전해 왔다. 전자는 현대에 사용되고 있는 의미로서의 *uti possidetes juris*이고, 후자는 중세에 기원하는 것이다. 즉 그 당시 영토의 분할은 사유재산의 분할과 유사한 방식으로 진행되었다.

42) 이유정, 앞의 글, pp.98-104.

셋째, 실효적 점유에 관한 것으로, 이에 관해 확립된 규칙은 없으나, 이는 당해 지역에서 지속적이고 평화적인 국가기능을 수행하는 것을 의미한다.[44] 그러므로 실효적 점유를 달성하는 데 필요한 조치는 경우에 따라 달라진다. 실효성 있는 권한 행사는 영토권원의 획득에 있어서 매우 중요한 요소이다. '발견'은 잠정적이며 불완전한 권원일 뿐이며, 이후 합리적 기간 내에 실효적 지배행위가 있어야 비로소 완전한 영토주권으로 확립된다. 그렇다면 사법적 판단시 실효적인 지배행위로 인정되는 국가행위들에 해당하는 것들은 다음과 같다.

실효적인 지배행위와 관련하여 첫 번째로 살펴볼 것은 실효성의 정도이다. 기존의 판결들을 살펴보면 실효성의 요건은 분쟁이 되고 있는 지역의 특성에 따라 다양하다고 할 수 있다. 즉 실효적 점유의 정도는 접근 가능성 및 거주 가능성에 따라 상대적 기준에 근거하여 설정된다. 수로표지의 설치, 분수 우물의 작업 지시, 석유시추 작업의 허가, 그리고 어로작업의 허가 등이 이에 해당한다.[45] 두 번째, 실효적 지배의 행사방식이다. 국가권한 행사의 구체적 형태로 국가유형을 섬에 대한 활동을 규율하는 입법행위, 바다에 관련된 행위(섬 주변 해역에 있어서의 행위에 대한 허가, 어선나포, 여타 행정허가행위, 해난구조행위, 순찰행위, 해양환경보호행위, 개인의 어로행위), 섬에 관련된 행위(군사초소의 설치, 섬에서의 행위에 대한 인가행위, 섬에서 일어난 행위에 대한 형사 및 민사재판관할권의 행사, 등대의 설치 및 유지행위, 석유시추작업에 대한 인허가행위, 섬에서의 거주제한), 일반적 행위(상공 비행, 기타 행위)로 구

43) 위의 글, pp.104-114.

44) 실효성 요건은 무주지의 발견 후 불완전한 권원을 확립하기 위하여, 시효의 완성을 위하여, *uti possidetis* 원칙에 따른 권원을 확립하기 위하여, 상대국이 서로의 주권을 주장하는 경우(즉 일방은 조약에 따른 승계를 주장하고 타방은 발견 등에 따른 주권을 주장하는 경우) 어느 쪽이 더 실효성 있는 권한 행사를 했느냐를 살펴보기 위하여 검토된다.

45) 카타르-바레인간 Qit'at Jaradah섬의 영유권 분쟁 판결.

분한다.[46] 세 번째 실효적 지배행위의 법적 성격이다. 실효적 지배가 그 자체로 영토권원으로 인정되는가 혹은 다른 권원과 충돌되는 경우 어느 것이 우위에 있는가의 문제이다. ICJ는 대부분의 분쟁에서 불명확한 권원들에 보충하여 실효적 권한행사의 존재를 요구하고 있으며, 동시에 이러한 권한행사의 증거는 가능한 한 고대 또는 중세의 것보다는 근세의 증거들에 많은 관심을 두고 있는 것으로 보인다.[47]

제 3 절 도서분쟁의 해결 사례

도서분쟁을 해결함에 있어 강제적 해결방식과 국제재판에 의한 사례들을 찾아 볼 수 있었다. 이러한 역사적 사례들은 도서분쟁에 있어 우리가 무엇을 준비해야 하는 것인가를 일깨워 준다. 무력에 의한 사례들은 필요한 군사력의 확충을 말해주고 있으며 국제재판에 의한 사례들은 비록 선례구속의 원칙이 배제된다 할지라도 재판의 절차나 판단의 근거가 무엇이었는가를 알려주고 있다.

1. 강제적 해결 사례: 포클랜드군도

포클랜드군도(Falkland Islands: Islas Malvinas)는 마젤란해협 동쪽 남대서양에 있는 제도이다. 면적은 1만 2,173㎢이고, 인구는 2,000명(2000년 기준)이 거주하고 있다. 섬 이름은 영국인 포클랜드경(卿)에서 유래한다. 영국령으로 東포클랜드섬과 西포클랜드섬의 2개 중심 섬과

46) 에리트레아-예멘 중재판결의 첫 번째 판결문. 이 같은 국가권력행위의 목록은 분쟁지역에 있어서 당사국들이 자국의 실효성을 주장하기 위하여 국가권한 행사에 관한 목록을 적성하는 데 있어 그 기준이 될 수 있다.

47) 이유정, 앞의 글, pp.114-120.

200여 개의 크고 작은 섬들로 이루어졌다. 행정수도는 동포클랜드섬에 있는 스탠리(Port Stanley)이다.

포클랜드분쟁은 영국과 아르헨티나 사이에 포클랜드 제도에 대한 주권행사를 둘러싸고 1982년 벌어진 제한적 전쟁이다. 분쟁의 원인은 아르헨티나가 스페인으로부터 독립한 후 1820년 말비나스(포클랜드) 제도의 영유권을 선포하고 1826년 자국민을 정착시켰으나, 1832년 영국이 동 제도에 해군기지를 건설하기 위해 아르헨티나 정착민을 추방하고 1833년 식민지화한 데 기인한다. 이후 아르헨티나는 포클랜드 제도를 '말비나스' 로 호칭하며 주권을 지속적으로 주장하였다. 아르헨티나의 지속적인 주권주장에 대해 영국은 계속 무시하는 정책을 구사해 오다가, 1966년 처음으로 회담을 시작하였으나 성과를 거두지 못하였다. 이에 대해 아르헨티나는 1973년 유엔에 포클랜드제도에 대한 영유권 문제를 제기하였다.

갈티에리(Galtieri) 장군을 지도자로 하는 아르헨티나 군부정권은 1982년 포클랜드 분쟁의 해결을 위해 군사수단 사용가능성을 암시하였다. 이후 1982년 4월 2일 아르헨티나는 2천명의 병력을 동원하여 포클랜드 등 3개 제도를 침공하고, 18,000명의 병력을 증원하여 점령하였다. 이에 대해 영국은 4월 2일 기동부대의 파견을 결정하고, 4월 26일 남부조지아(South Georgia)섬 탈환을 시작으로 5월 2일 아르헨티나 전투함 헤네랄 벨그라노(General Belgrano)를 격침시키는 한편, 5월 21일 카를로스(San Carlos)섬에 상륙하였다. 영국은 6월 14일 스탠리항(Port Stanley)을 탈환하고 포클랜드 주둔 아르헨티나 사령관인 메넨데즈(Mario Menendez) 장군의 항복을 받아냈다.

2. 사법적 해결 사례

(1) 클리퍼톤섬 중재사건(Cliperton Island Arbitration Case)[48]

프랑스와 멕시코 사이에 일어난 사건으로서, 영토분쟁에 있어 실효적 점유의 조건을 부각시킨 대표적 사례에 속한다.

멕시코 남서방 670해리 태평양상의 무인도인 클리퍼톤섬 영유권에 관하여 19세기말 양국간에 분쟁이 발생한 이후, 양국은 1897년부터 오랜 외교교섭 끝에 1909년 3월 2일 중재부탁계약을 체결하여, 이탈리아 국왕 엠마뉴엘 3세(Victor Emmanuel Ⅲ세)에게 중재재판을 의뢰했다.

프랑스는 1858년 11월 17일, 프랑스 정부 대리인으로서 해군 대위 케흐위귀엥(Kerweguen)은 클리퍼톤섬 근해를 항해중, 상선 라드미랄(L'Admiral)호 선상에서 해군대신의 명령에 따라 클리퍼톤섬의 주권은 이 날부터 영구히 황제 나폴레옹 Ⅲ세와 그 후계자에 속함을 선포하고, 상세한 지리좌표 목록을 작성하였으며, 수명의 승무원을 상륙시켜 선점하였다는 것이다. 그리고 케흐위귀엥 대위는 호놀룰루 주재 프랑스 영사에게 임무의 완료를 정식으로 통보하였으며, 영사는 하와이 정부에 동일한 내용을 통보하고, 12월 8일 호놀룰루의 일간신문 『폴리네시안』(*The Polynesian*)지에 클리퍼톤섬에 대한 프랑스의 주권이 이미 선포되었음을 공표하였다. 1897년 3명의 미국인이 이 섬에 미국기를 게양하자 프랑스가 항의하였고, 이듬해인 1898년 미국은 모든 권리를 포기하였다. 멕시코의 논점은 프랑스가 클리퍼톤섬에 대하여 주권을 포고하기 전에, 이 섬은 본래 멕시코에 귀속되어 있었기 때문에 프랑

---

48) France v. Mexico(1931) 2 R.I.A.A. 1105; 26 AJIL 390; 김대순, 『국제법론』(삼영사, 2005), pp.650-651; 김정건 외, 『국제법 주요 판례집』(연세대출판부, 2004), pp.141-142; 장신 편, 『국제법판례 요약집』(전남대출판부, 2004), pp.151-153; 최종화, 앞의 책, pp.433-435 참조.

스의 선점은 위법이라는 것이었다. 멕시코는 클리퍼톤섬이 18세기 초 이곳에 피항했던 영국 탐험가의 이름을 붙인 섬으로서 '메나노'(Menano) 또는 '메다노'(Medano)로도 불리고 있었으며, 스페인 해군이 발견하고 법왕 알렉산더 Ⅲ세의 교서에 근거하여 스페인에 귀속된 후 1836년부터 스페인 승계국으로서의 멕시코에 속하였다는 것이다.

이 사례에서 법적 쟁점은 무주지에 대한 선점의 요건에 있다. 재판부는 무주지에 대한 주권의 취득에는 실효적 선점이 필요한데, 프랑스가 선점의 의지로서 필요한 선점요건을 충족하고, 다른 나라에 대한 공시의 노력을 기울였다는 근거를 중시해, 프랑스에 주권이 귀속함을 인정하였다.

재판소는 멕시코의 주장에 대하여, 섬의 명칭 여하에 불문하고 실제로 스페인 해군이 발견했다는 사실은 입증되지 않을 뿐만 아니라, 프랑스 선박 라프랭세스(La Princess)와 라드쿠베흐트(La Decouverte)의 1711년의 항해일지가 섬을 확인했다고 기술하기 전에 스페인 해군이 클리퍼톤섬을 알고 있었다는 것은, 단순히 추측에 불과하기 때문에 결정적 증거로서 불충분하다고 하였다. 그리고 스페인이 이 섬을 자국의 영토에 편입시킬 권리를 갖고 그것을 실효적으로 행사했음을 입증할 필요가 있지만, 멕시코 지리통계협회회보에서 복사하여 제출한 지도는 공적 자료로서의 성격을 확인할 수 없다고 보았다. 더욱이 멕시코가 주장하는 바와 같은 클리퍼톤섬에 대한 역사적 권원은 주권의 표시에 의해 지지되지 않았으며, 그 주권은 1897년에 군함을 파견할 때까지 행사된 사실이 없기 때문에 이 섬이 멕시코에 속하는 영토라는 막연한 믿음만으로는 불충분하였다. 따라서 1858년 11월에 프랑스가 클리퍼톤섬에 대하여 주권을 포고한 시점에 이 섬의 법적 지위는 무주지였으며, 선점이 가능했다는 주장은 근거가 있다는 것이었다. 그러므로 클리퍼톤섬은 1858년 11월 17일 프랑스가 합법적으로 취득하였으며, 그 후에 프랑스가 그 권리를 상실했다고 인정할 만한 증거가 없으므로, 이에 대한 주권은 1858년 11월 17일부터 프랑스에 귀속된 것으로 결정하였다.

(2) **팔마스섬 사건**(Island of Palmas Case)[49]

네덜란드와 미국간에 발생한 사건으로, 영토분쟁에 있어 실효적 지배의 원칙을 규명한 사례에 속한다.

사건의 발단은 지역 관할관인 미국의 관리가 1906년 1월 21일 미국 통치하의 필리핀 민다나오섬과 네덜란드령 동인도제도에 속한 나마사 군도의 중간에 위치한 이 섬을 방문한 것에서 시작되었다. 그는 자국령으로 믿고 있던 섬에 네덜란드 국기가 게양되어 있는 것에 놀라 그 사정을 정부에 보고하였고, 3월 31일부터 양국간에 외교교섭이 개시되었다. 1925년 1월 23일 이 문제를 중재재판에 부탁하는 합의가 성립되었다.

미국은 동 섬이 필리핀군도에 속하는 것이고 이 군도가 1898년 파리조약에 의해 스페인으로부터 미국에 할양되었기 때문에, 이 섬에 대해서도 주권을 갖는다고 주장하였다. 네덜란드는 이 섬이 종래부터 네덜란드령 동인도제도의 일부라고 하여 영유권을 주장하였다.

법적 쟁점은 합법적인 소유권자가 타방의 주권행사 행위를 저지하지 않는 경우에 외국영토에 대한 유효한 권원취득을 인정할 수 있는가였다. 재판부는 부탁합의의 규정에 기초하여 PCIJ 재판관 가운데 양국에 의해 지명된 스위스의 후버(Max Huber) 재판관에 의해 구성되었다. 심리는 서면절차만으로 행해지며 1928년 4월 4일에 판결이 내려졌다. 중재재판관은 이 섬을 네덜란드령의 일부로 판정하였다.

판결에서 "법적 사실은 그것과 동시대의 법에 비추어 평가되어야

49) U.S. v. Netherlands 1928 Permanent Court of Arbitration. Sole Arbitrator: Huber, 2 R.I.A.A. 829; ; 김대순, 위의 책. pp.655-656; 김정건 외, 위의 책, pp.139-140; 장신 편, 위의 책, pp.211-215; 최종화, 위의 책, p.436 참조.

한다"고 전제하면서도, 이른바 시제법 이론에 따르면 "권리의 존재, 즉 권리의 계속적 표현은 법의 발전에 의하여 요구되는 조건을 따를 것이 요구된다"고 언급하였다. 그런데 "19세기 이후 지배적인 견해에 따르면, 발견은 불완전한 권원으로서 합리적인 기간 내에 실효적인 점유에 의하여 완성되어야 하는데, 스페인은 팔마스를 실제로 점유하거나 그곳에서 주권을 행사한 적이 없었다." 그리고 "비록 이 섬에 대한 스페인의 권원이 1898년에 불완전한 것으로서 존재했었고, 따라서 평화조약에 의하여 할양대상에 포함된 것으로 간주되어야 함을 인정한다 하더라도, 불완전한 권원은 타국의 계속적이고 평온한 권능행사에 우선할 수 없다. 왜냐하면 그러한 권능의 행사는 타국에 의하여 제시되는 그 이전의 확정적 권원에 대해서까지 우선할 수 있기 때문이다.

(3) **東그린랜드 사건**(Eastern Greenland Case)[50]

덴마크와 노르웨이 간에 발생한 사건으로서, 실효적 점유가 불가능한 극지에 대한 관심을 야기한 영유권 분쟁 사례에 속한다.

노르웨이는 동그린랜드를 몇 차례 탐험하고 그곳에 라디오 방송국을 설립한 뒤, 1931년 7월 10일 이 지역이 무주지라는 이유로 선점을 선언하는 국왕칙령을 공포하고 덴마크에 구두로 통보하였다. 이에 덴마크는 주권선언을 한 노르웨이의 법령이 무효임을 확인하여 줄 것을 PCIJ에 부탁하였다.

1380년 이래 덴마크와 노르웨이는 국가연합 형태를 유지해 왔으나, 나폴레옹 전쟁의 결과로서 1814년 「키엘(Kiel)조약」으로 노르웨이가 스웨덴에 할양되면서 분리되었는데, 이때 그린랜드가 그 대상에서 제외되었다. 노르웨이는 1905년에 독립하였다. 덴마크는 그린랜드 전역

50) Denmark v. Norway, PCIJ(1933), Serirs A/B, No.53; 김대순, 위의 책. pp.656-657; 김정건 외, 위의 책, pp.142-144; 장신 편, 위의 책, pp.153-156; 최종화, 위의 책, pp.436-437 참조.

에 대하여 장기간 계속적이며 평온하게 주권행사를 해왔고, 이에 대하여 타국과의 분쟁이 없었다고 주장하였다. 특히 노르웨이와 관련해서는 1919년 7월 14일 노르웨이를 방문한 덴마크 수상은 노르웨이 외무장관 이렌(M. Ihlen)을 예방한 자리에서, 파리평화회담에서 노르웨이가 그린랜드 전역에 대한 덴마크의 소유권을 인정한다면 덴마크는 에게해에 대한 노르웨이의 소유권을 인정할 것이라고 하였으며, 이에 이렌 장관은 그 문제에 대해 고려하겠다는 답변을 했다고 주장하였다. 그리고 덴마크는 1919년 7월 22일 이렌 장관이 덴마크 수상에게 "노르웨이 정부는 이 문제의 해결에 협조할 것"임을 공표하였다며, 이 약속이 노르웨이에 대해 구속력을 갖는다고 주장하였다. 그리고 1921년 5월 10일의 덴마크 법령은 그린랜드 전역에 대한 주권을 재확인한 것이라고 주장하였다.

여기에서 법적 쟁점은 결정적 시점으로 평가되는 1931년 7월 10일 당시 덴마크가 그린랜드 전역에 대하여 주권을 갖는가 하는 점이었다. 이에 PCIJ는 12 대 2의 표결로 동그린랜드가 덴마크의 영토임을 확인하였다. 판결 이유는 첫째, 덴마크의 행동이 실효적인 지배에 의하여 권원을 취득하는데 필요한 요소로 "주권자로서 행동하려는 의사와 의지 그리고 그러한 권능의 실제적인 행사 또는 표현"을 나타내는 것이라고 인정하였다. 둘째, "다른 국가가 더 우월한 주장을 입증할 수 없는 한" 인구가 별로 없거나 거주하지 않는 지역의 경우에는 주권적 권리의 실제적 행사가 거의 요구되지 않는다고 언급하면서, 분쟁지역은 극지로서 원격지이므로 상징적 지배 상태를 인정해야 한다고 보았다. 셋째, 덴마크가 외국과 체결한 조약이나 기타 어느 곳에서도 그린랜드에 대한 주권을 주장한 나라가 없었다는 것을 인정하였다. 넷째, 덴마크의 분쟁지역 전역에 대한 여러 조치들을 노르웨이는 사실상 묵시적으로 인정해 왔다는 점을 지적하였다.

(4) **망끼에 · 에크레오 사건**(The Minquiers and Ecrehos Case)[51)]

영국과 프랑스 사이에 발생한 사건으로서, 국제법상 영역취득 권원으로서의 실효적 점유의 중요성을 명시한 사례에 속한다.

영국해협의 영국령 저지(Jersey)섬과 프랑스령 쇼지(Chausey)섬 사이에 위치하고, 채널군도(Channel islands)의 일부인 민간인 거주가 불가능한 두 섬인 망끼에 및 에크레오의 영유권을 둘러싼 분쟁은 1886년부터 1938년까지,[52)] 그리고 1945년부터 1950년까지의 두 단계에 걸쳐 발생하였다. 양국은 1950년 12월 29일, 특별협정에서 이 문제를 재판으로 해결할 것에 합의하고, 1951년 12월 5일 ICJ에 제소하였다.

양 당사국 모두 원시적 권원에 근거하여, 영국은 1066년 노르망디공 윌리엄(William I)에 의한 영국 정벌로부터, 프랑스는 1204년 노르망디 정벌로부터 각각 자국의 권원을 주장하였다. 이에 프랑스는 영국 왕은 프랑스의 가신인 노르망디공의 자격으로 프랑스 왕의 봉토를 보유하고 있었고, 1202년 프랑스 법원의 판결에 의하여 영국 왕이 보유하는 모든 봉토가 몰수되었다고 주장했다. 이에 영국은 노르망디에 관한 프랑스 왕의 봉건적 권원은 명목적인 것에 지나지 않는다고 주장하였다. 증거판단을 위한 결정적 기일에 대해서 영국은 분쟁이 구체화된 1950년 특별협정의 체결일을, 프랑스는 1838년 영국어업조약의 체결일을 주장하였다. 실효적 점유의 증거로 망끼에섬에 대하여, 영국 정부는 1692년 망끼에섬의 암초에 난파한 선박의 물자에 관련된 소송을 저지 지방의 재판소가 판결하였던 것과 망끼에섬에서 발견된 사체에 대한 수사 관할권을 행사하였던 자료를 제출하였다. 프랑스는 망끼에 암초

51) France/UK, ICJ Reports(1953), p.47; 김대순, 위의 책. pp.657-658; 김정건 외, 위의 책, pp.146-147; 장 신 편, 위의 책, pp.201-203; 최종화, 위의 책, pp.437-438 참조.

52) 1839년 8월 2일 영불어업협약을 체결하여 두 나라 어민이 공동으로 굴을 채취할 수 있도록 공동어업수역을 설정하였다. 이 협약은 영해의 범위를 3해리로 명문 규정한 최초의 국제조약이다.

외측의 부표 설치를 포함하여 19세기에서 20세기에 걸친 행위를 제시하였다. 에크레오섬에 대하여 영국은 13세기 초 영국왕 소유의 봉토인 채널군도의 구성 부분으로 다루어졌으며, 14세기 초에 영국왕이 재판권과 과세권을 행사한 기록과 19세기 초부터 저지 당국의 여러 조치에 관련된 자료 등을 제시하였다.

이 사례에서 법적 쟁점은 영토 점유의 증거에 관한 것으로서, 점유의 증거가 영토귀속 문제에 있어 결정적인 요소인데, 재판소가 부탁받은 임무는 반대되는 주장들의 상대적인 힘을 평가하는 것이었다. 따라서 재판소는 영국의 점유가 우월하다고 보아 전원일치로 이 도서에 대한 영국의 주권을 인정하였다.

그 이유는 첫째, 재판소는 우선 1066년 정복자 윌리엄까지 올라가는 프랑스의 옛 중세시대의 권원에 기초한 주장을 배척하였다. 왜냐하면 시제법 이론에 따라, "이러한 권원은 대체시의 법에 따라 다른 유효한 권원으로 대체되지 않는 한 지금에 와서는 아무런 효력이 없기 때문이다." 그러므로 "결정적 중요성을 갖는 것은 중세에 있었던 사건으로부터 추출되는 간접적 추정이 아니고, 이 섬들의 점유에 직접 관계되는 증거이다." 둘째, 어떤 증거가 관련이 있는지를 알기 위해서 재판소는 결정적 시점을 결정지어야 하는데, 재판소는 1886년 이전에는 실제적인 영토분쟁이 발생하지 않은 것으로 보고 이것을 결정적 일자로 잡았다. 그리고 셋째, 실효적 점유의 증거로 영국이 제출한 증거는 유효한 권원으로 인정받았음에 반하여, 망끼에섬에 대한 프랑스 자료는 주권자로서 행동하는 프랑스 의사의 충분한 증거가 될 수 없으며, 또한 국가적 기능의 발현을 포함하는 표시로 인정받지 못하였다. 에크레오섬에 대하여 프랑스는 1886년 주권을 주장할 때까지 유효한 권원을 보유하고 있었다는 것을 나타내는 증거를 제출하지 못하였다.

제 3 장

한 · 일 관계:
독도(獨島) 영유권 확보

제 1 절 독도의 중요성

국제관계를 조망하는 데 있어 일반적으로 도서가 지니는 문제는 해양 문제와 결코 분리하여 생각할 수 없다. 이러한 배경에는 해양이 부여하는 가치들, 즉 식량 및 자원 공급원으로서의 가치, 과학적 탐사 및 개발 대상으로서의 이용 가능성, 해양 환경에 대한 관심의 증대, 그리고 해양의 군사적 이용 증대에 따른 새로운 국제해양레짐(international ocean regime)의 필요성이 결정적으로 작용하고 있다. 이런 측면에서 독도의 지위와 가치는 매우 크다고 할 수 있다.

한국에서 가장 동단(東端)에 위치한 독도는 동경 131°52′22″, 북위 37°14′18″에 자리잡고 있으며, 비교적 큰 동 · 서 두 개의 섬과 작은 바위섬들로 형성된 화산도로서,[1] 행정구역상 2000년 4월 7일 기준으로 경상북도 울릉군 울릉읍 독도리 산 42번지에 속한다.[2] 우리나라 동해안 울진군 죽변에서 215km, 일본 시마네현(島根縣) 사카이미나토(境港)에서 220km 지점으로 양국 본토로부터는 대체로 같은 거리만큼 떨어져 동해의 한가운데 위치하고 있다. 그러나 울릉도에서는 92km, 일본령 도서로서 가장 가까운 시마네현의 오키시마(隱岐島)로부터는 160km 떨어져 있다. 날씨가 맑은 날에 울릉도로부터 독도는 바라다 볼 수 있으나 오키시마에서는 전혀 볼 수가 없다.[3] 독도의 총면적은 186,121㎡(56,301평 8홉)이고, 산꼭대기까지의 높이는 서도(西島)가 174m, 동도(東島)가 99.4m이다.[4]

1) 삼건조상 바위, 부채 바위, 삼형제 바위, 김 바위, 가제 바위, 보살 바위, 넙적 바위 등 33개의 섬으로 구성되어 있다. 김명기, 『독도연구』(법률출판사, 1997), p.39.
2) 울릉군, 『개척백년 울릉도』(삼신출판사, 1984), p.21.
3) 독도의 지리적 상황은 김명기, 앞의 책 참조.
4) 신용하, 『독도, 보배로운 한국영토』(지식산업사, 1996), p.18.

독도의 기후는 해풍이 심한 해양성 기후로 겨울철인 1월의 평균기온은 1℃, 여름철인 8월의 평균기온은 23℃이다. 연평균 강우량은 1,400mm로 육지보다 약간 높으며 겨울철에 강우량이 많은 것이 특징이다. 연중 맑은 날은 47일, 흐린 날은 168일, 비오는 날은 86일, 안개일수는 60일 정도이고 눈이 내리는 날은 64일이며, 폭풍일수는 연중 180일 이상으로 선박의 왕래가 매우 어렵다. 특히 선박 계류가 가능한 일수는 30일 미만으로 알려져 있다.[5]

일본이 독도의 영유권 문제를 한국에 지속적으로 제기하고 있는 것은 독도가 지닌 정치지리적 · 군사적 가치 때문이라고 할 수 있다. 독도의 경제적 중요성은 우선 주변의 풍성한 황금어장을 들 수 있다. 즉 독도 주위의 수역은 한류와 난류의 교차수역이기 때문에 플랑크톤이

〈그림 3-1〉 독도의 지리적 위치

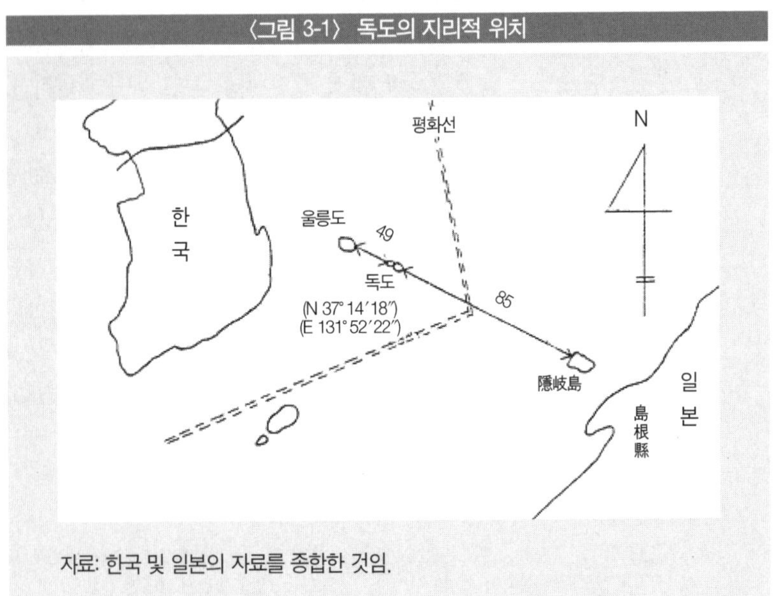

자료: 한국 및 일본의 자료를 종합한 것임.

5) 동아일보 브리태니커, 『브리태니커 대백과사전 5』(웅진출판사, 1993), p.150.

〈그림 3-2〉 독도의 지리적 위치 및 시설

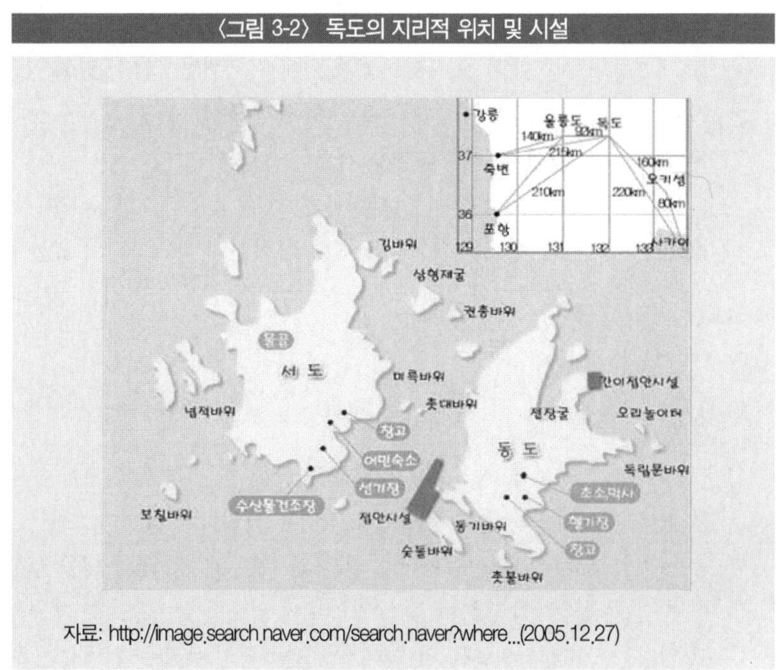

자료: http://image.search.naver.com/search.naver?where...(2005.12.27)

풍부하며, 해저 암초에는 주로 다시마 · 미역 · 소라 · 구싱이 · 전복 등이 번식하고 있고, 부근의 바닷속에는 회유성(回遊性) 어족인 연어 · 송어 · 대구를 비롯한 명태 · 꽁치 · 오징어 · 상어 · 고래가 주종을 이루고 있다. 독도에는 이외에도 현재 멸종단계에 있는 해구(海狗)가 대표적인 특유 동물이며, 아직 개발은 되지 않았으나 조분(鳥糞)의 퇴적으로 생긴 인광(燐鑛) 매장량이 약 160,000톤으로 추산되는데, 비록 양질은 아니지만 장차 개발의 필요성이 상당히 크다고 본다. 독도의 경제적 가치는 이와 같이 그 부근에 형성되고 있는 황금어장과 인(燐), 그리고 천연 가스층의 매장량 등에 기인하고 있다.

독도의 군사적 가치 또한 이미 1905년 러일전쟁의 최후를 장식한 이른바 '동해의 대해전' 에서 과시된 바 있다.[6] 당시 일본 정부는 2월

22일「시마네현 고시 제40호」를 통해, 한국령 독도를 일본명인 '竹島'로 개명하여 시마네현 오키시마(隱岐島)에 강제편입시킨 후였고, 8월 19일에는 이곳에 이미 해군 기지로서 망루와 통신시설을 설치한 상태에서[7] 러시아 함대를 맞아 대승을 거둘 수 있었던 것이다. 그 결과 일본 국민들도 자연히 독도에 큰 관심을 갖게 되었고 그러한 상황이 현재까지 이어지게 된 것이다. 최근 현대식 최신예 첨단무기의 발달로 인하여 러일전쟁 당시와 비교될 수 있을 정도의 군사적 가치는 상당히 감소한 것이 사실이나, 독도는 동해 수역의 중앙부에 위치하고 있어 향후 동해의 지배에 필요한 발판의 역할을 충분히 담당할 수 있는 위치에 있는 것도 부정하기 어렵다.[8]

현재 한국 정부에서는 방공 식별구역 안에 있는 독도에 고성능 방공 레이더 기지를 구축하여 전략적 기지로 관리하고 있으며, 이곳 관측소에서 러시아의 태평양함대와 일본 및 북한 해·공군의 이동 상황을 손쉽게 파악하여 동북아 및 국가안보에 필요한 군사정보를 제공하고 있다. 또 러시아의 태평양 함대가 대한해협의 통과를 위해서는 사실상 독도 주변을 통과하지 않을 수 없게 되어 있어, 독도는 마치 영국의 지브롤터섬(Gibraltar Island)과 같은 세력선(勢力線, power line)의 역할도 맡고 있다. 그러므로 독도의 전략적 전진방공기지는 한국뿐만 아니라 동북아의 진정한 평화와 안전보장에 중요한 일익을 담당하고 있으며, 아무도 독도의 군사 전략적 가치를 결코 과소평가할 수 없는 상황에 있는 것이다.

또한 독도는 이와 같은 경제적·군사적 가치 이외에도 교통과 무역의 기능을 겸비하고 있으며, 정치지리학자들이 말하는 '해로의 결절점(結節點, nodal point)' 이면서, 동시에 '동해의 중심지' 라는 역할도

6) 日本歷史大辭典編纂委員會, 『日本史年表』(東京: 河出書房新社, 1973), p.350.
7) 極秘 明治 37-38年 海戰史.
8) 임덕순, 『정치지리학원론』(일지사, 1977), pp.61-63.

아울러 수행하고 있다. 즉 독도의 주변을 통과하는 주요 항로로서 대마해협을 거쳐 러시아의 연해주와 북한의 원산 · 청진 · 나진항에 이르는 항로가 있고, 일본의 북해도 방면에 도달하는 항로들이 교차하고 있다. 독도는 이와 같이 한국 · 북한 · 일본 · 러시아 어느 국가에게나 매우 가치 있는 중요한 섬으로서, 북한도 "독도는 조선민주주의 인민공화국의 신성한 영토"라고[9] 그들 나름대로 영토권 주장을 확실히 하고 있음이 일본 및 북한자료에서도 나타나고 있다.

어느 국가나 자국 정치세력의 확대 근거지로서 주변도서의 영유 문제가 발생하면 자국민의 여론과 관심을 야기시키기 마련인데, 한 · 일 양국도 예외는 아니다.

만일 독도와 같은 동해를 지배함에 있어 매우 중요한 영해수역과 접속수역의 근거인 변경(邊境)의 영유에 있어서 영유권 문제가 생길 경우, 국가위엄이나 국민감정은 극도의 분노를 유발하고 이에 대한 책임은 당시 위정자에게 귀속되리라고 예상된다. 이와 같은 맥락에서 살펴볼 때 일본의 독도(竹島) 영유권 주장도 "일본의 영토라는 주장을 수호하기 위한 차원이라기보다는 시마네현(島根縣) · 돗토리현(鳥取縣) · 규슈(九州)지방 · 시코쿠(四國)지방의 5백만 연안 어민들의 어업권을 둘러싼 실리추구라는 명분으로서 정치 상징적인 가치에 더 많은 비중을 두고 있다"고 보아야 할 것이다. 더욱이 모든 일본 교과서와 지도에는 현안의 북방4도와 함께 竹島(독도) 및 尖閣列島(조어대열도)를 모두 일본 영토로 표기하고 있는데,[10] 이와 같은 일본 정부의 급변한 문교정책은 정치적 배경에 따른 조치의 일환으로서, 일본 국민들에게 실지회복을 위한 원대한 장기적 역사교육과 정치교육의 목적에 초점을 맞춘 것으로 간주할 수 있다.

9) 旗田巍, 『日本と朝鮮』(東京: 勁草書房, 1966), p.114; 『內外通信』, 1996년 7월 1일~9월 30일, pp.143-144.

10) 田中薰(監修), 『世界地圖帳』(東京: 平凡社, 1963), pp.90-91, 111-112 참조.

그러나 독도의 경제적 가치를 일단 긍정적으로 전제할 경우, 보다 중요한 문제는 다른 데에 있다. 즉 천연자원의 매장량이라는 형식상의 인식을 현실화시키는 문제가 독도의 본원적인 중요성을 부여해 줄 것으로 생각된다. 현재는 독도의 해양법적 지위가 유인도(有人島)로서 확립되지 않은 상태에서 영토로서의 위상을 둘러싸고 한 · 일 양국간에 논란의 가능성이 있으나, 향후 한국 정부가 독도 주변 수역의 광대한 어업 및 광물 자원도 아울러 개발함과 동시에 유인도로서의 독도의 위상 정립을 위해 노력할 경우, 기선 획정의 준거점과 같은 측면에서 독도의 진정한 경제성을 찾을 수 있을 것이다.

제 2 절 일본의 독도 강제편입 과정

신라시대 이래 독도는 울릉도와 함께 우산국(于山國)을 형성해 왔는데, 우산국은 512년 신라 지증왕 13년에 하슬나주(何瑟羅州)의 군주였던 이사부(異斯夫) 장군에 의해 정복되어 신라 영토가 되었다.[11] 이후 독도는 '가지도'(可支島), '우산도'(于山島), '삼봉도'(三峯島), '석도'(石島), '옹도'(甕島) 등 여러 명칭으로 불리어 오다가, 조선 시대에는 울릉도와 더불어 강원도 울진현(蔚珍縣)에 소속되었다.

당시 조정에서는 독도와 울릉도에 대해 공도정책(空島政策)을 계속 실시하면서도, 간헐적으로는 감세관(監稅官)과 수토관(搜討官)을 파견하여 적절하게 관리해 왔다. 그러나 명치유신 이후 일본이 이 지역에 불법으로 잠입하여 벌목 또는 출어 활동을 시작하자, 조선 정부는 1881년(고종 18년) 일본 외무경대리(上野景範)에게 항의서를 전달하고, 공도정책을 「울릉도개척령」(鬱陵島開拓令)으로 변경하여 관리하고자

11) 『三國史記』 卷44, 「列傳」第4 '異斯夫' 篇.

하였다. 독도의 경우 부득이 일시적으로 공도의 상태에 있었으나, 울릉도에는 4개 도(道)로부터 16세대 54명이 이주한 바 있다.[12)]

일본 외무성은 이미 1870년(明治 3년) 1월 7일, 對조선 외교업무의 접수에 앞서, 사전 정보 및 지식을 얻을 목적으로 부산 왜관에 쓰시마(對馬島) 사람으로 위장한 3인(出仕 佐田素一郎, 少錄 森山茂, 齊藤榮)으로 구성된 특별조사관을 파견하였는데, 그 보고서 가운데는 '松島와 竹島의 조선 부속에 관한 항목' 도 들어 있었다.[13)] 그 조사 결과로 나타난 귀국 보고서인 『조선국교제시말내탐서』(朝鮮國交際始末內探書)에서는 "조선은 서계(書契)를 거부함으로써 황국을 멸시하였으므로 군대를 보내어 조선을 정벌해야 한다"는 격렬한 어조의 정한론(征韓論) 주장이 포함되어 있었다. 그러나 송도(松島)와 죽도(竹島)가 조선의 부속도서가 된 경위에 대해서는 "두 섬이 서로 인접한 도서로서 조선 영토임이 분명하다"는 기록을 남겼다.[14)]

또한 「송도개척원」(松島開拓願) 및 「죽도도해지원」(竹島渡海之願)과 같은 「울릉도개척원」(鬱陵島開拓願)에 대해서도, 일본 외무성의 공신국장(公信局長) 다나베 다이치(田辺太一)는 "송도(松島: 당시 독도의 일본식 명칭)가 일본의 명명이지만, 사실은 조선의 울릉도에 속해 있는 우산도"라고 답변하면서, 「송도개척원」을 불허하였던 일본측의 역사 기록이 존재한다.[15)] 명치 초기의 일본 제국헌법에서도 헌법의 시행영역, 즉 일본 영토를 혼슈(本州), 규슈(九州), 시코쿠(四國), 아와지노쿠니(淡路國)로 한정시키고 있음을 볼 때 독도가 한국 영토임을 분명히 입증하고 있다.

1875년 영국의 지원을 받은 명치 정부는 기존의 '해외웅비론' (海外

12) 황상기, 『독도영유권해설』(근로학생사, 1965), pp.32-33.
13) 信夫淸三郎 篇, 『日本外交史(I): 1853-1972』(東京: 每日新聞社, 1974), p.81.
14) 旗田巍, 『日本と朝鮮』(東京: 勁草書房, 1966), pp.15-17.
15) 위의 책, p.114.

雄飛論)과 '조선침략론'이 성숙단계에 왔다고 판단하여 정한론의 시험 단계에 돌입하였다. 즉 같은 해 강화도 초지진에 운양호를 파견하여 영종진을 포격한 강화도 사건을 통하여 일본은 대륙 침략정책에 착수할 수 있었다. 이에 따라 독도에 대한 일본인들의 진출이 급증하자, 1882년 4월 조선 정부(고종)는 이규원(李奎遠) 감찰사를 파견하여 그의 보고서에 따라, 동년 6월 「울릉도개척령」을 발표하여 4개 도 지방민의 이주정책을 실시하기에 이르렀다. 그 보고서의 내용은 "최근 일본인들의 침범으로 인해 두 개 섬에서 도벌(盜伐)의 피해가 극심하므로 조속히 국가의 기본정책을 공도정책에서 이민정책으로 전환할 필요가 있다"는 내용이었다.[16]

20세기 들어 일본은 영·일동맹과 러·일전쟁을 통해 독도 문제에 대해 적극적인 개입을 시도하였는데, 그 공식적 절차는 1904년의 한일의정서와 한일협정서를 통해서였다. 전자는 "한국 내의 전략적 요충지를 일본이 필요로 할 경우 임의로 수용할 수 있다"는 정치적·군사적 간섭을 합리화시키는 내용이었고, 후자는 일본인 고문정치를 통하여 한일합방의 기초를 충실하게 다지는 내용이었다. 이로써 1905년 2월 15일, 일본 외무성은 일부 부처의 반대에도 불구하고 러시아와의 전쟁 수행 목적상, 단독으로 「리앙쿠르島(Liancourt Rocks)의 영토 편입 및 대하원(貸下願)」을 내각회의에 상정하였다. 2월 22일에는 국제법상의 선점이론에 근거하여, 이것이 일개 지방자치단체장의 고시인 「島根縣 告示 第40號」로 연결되기에 이르렀다.

〈리앙쿠르島(Liancourt Rocks)의 영토 편입 및 貸下願〉

심사하건대, 島根縣 東伯郡 小鴨村에 거주하는 中井養三郎이 1903년 9월 29일 이래 어선을 艤裝하여 일본인 수명과 함께 리앙쿠르도에 이주하여

16) 李丙燾, 『新修國史大觀』(普門閣, 1960), pp.518-523.

可之를 포획한 사실이 이미 제출된 관계 서류에 의해서 자명하므로, 이것은 국제법상 선점의 사실이 있는 것으로 인정된다. 따라서 리앙쿠르도를 本邦 소속으로 한다.

〈島根縣 告示 第40號〉
북위 37도 9분 30초, 동경 131도 55분, 隱岐島로부터의 거리 서북 85里에 위치하고 있는 도서를 竹島라 하고, 지금부터 本縣 소속 隱岐島司의 소관으로 정한다.

明治 38년 2월 22일 島根縣 知事 松永茂吉

일본이 러 · 일전쟁을 유리하게 수행하기 위한 전략적 필요에 따라 독도를 강제 편입한 사실을 입증한 근거는 많다. 동경 한국연구원의 최서면(崔書勉) 원장이 발견한 시마네현 마츠에시(松江市) 소재 현립도서관 사료에 의하면, 다음과 같이 기술하고 있다.

러 · 일전쟁 중에 한국의 영토라는 의심이 있는 1개의 암초를 손에 넣을 경우, 모든 외국이 관심을 갖고 보고 있는데 일본이 한국 병합의 야심이 있다는 의심을 크게 하여, 일본에 대한 이익이 극히 적고 또한 결코 쉬운 일도 아니다.

그러나 이에 대해 나카이 요사브로(中井養三郎)는 다음과 같이 주장하여 이를 성사시켰던 것이다.

러 · 일전쟁 중에 일본이 리앙쿠르도를 일본 영토로 편입하여 여기에 해군 관측용 망루를 세우고 통신시설을 설치한다면, 적함을 감시함에 있어 절대 유리하고, 더욱이 외교나 내치에 있어서도 아무런 염려가 없기 때문에 조속히 자신의 출원서를 각의에 부의(附議)시켜야 한다.

일본은 자국의 이러한 불법 약취 행위를 사후 추인 받을 목적으로, 1905년 오키시마 도사(隱岐島司) 아즈마(東文輔) 등의 관리들이 독도를 순시한 바 있었고, 1906년 3월 28일에 간다(神田) 부장을 파견하여 울릉군수 심흥택(沈興澤)에게 일방적으로 통고를 하였다. 이에 대한 심흥택 군수의 긴급보고서는 일본측 주장과는 전혀 상이하여 양국간의 견해가 상반되고 있음을 쉽게 알 수 있다. 당시 대한제국은 「한 · 일신협약」으로 외교권이 박탈된 통감정치의 관리하에 있었고, 외교고문 스티븐스(D.W. Stevens) 또한 이에 대해 고종에게 보고조차 하지 않았기 때문에 일본의 영토확장 노력은 용이하게 이루어졌다.

특히 일본은 한일합방의 기초 정지작업의 일환으로서, 러시아와의 강화조약인 「포츠머스조약」 제2조에 일본의 배타적인 주권선(主權線) 보장 규정을 다음과 같이 의도적으로 삽입하였다.

> 러시아 정부는 일본국이 한국에 있어 정치적, 군사적, 경제적으로 탁월한 이익을 소유함을 승인하고, 일본 제국 정부가 한국에 있어 필요하다고 인정하는 지도, 보호 및 감독의 조치를 취함에 있어서 이를 저해하지 않음은 물론 이에 간섭하지도 않을 것을 약속한다.[17]

일본 외무성 고문인 미국인 데니슨(Henry W. Denison)이 기초한 이 문서에서 '감독' (control)이란 용어를 의도적으로 사용한 것은, 이것이 "일본군을 한국 全土에 배치하여 치안을 확보하고 내정을 감독하는 것"까지도 포함할 수 있는 매우 함축성이 큰 용어이기 때문이다. 즉 이는 시마네현 고시에서 독도를 일본명인 '마쓰시마(松島)' 라 하지 않고 울릉도의 일본명인 '다케시마(竹島)' 라고 개명한 저의와 유사한 것이다.

17) "The Imperial Russian Government acknowledged that Japan possessed in Korea paramount political, military and economic interests, engaged neither to obstruct not interfere with the measures of guidance, protection and *control* which the Imperial Government of Japan may find it necessary to take in Korea." 五百旗頭眞, 『政治史 II』(東京: 放送大學教育振興會, 1985), p.39.

제 3 절 독도 관련 국제적 선언 및 조약

1943년의 「카이로선언」에 의하면, 미 · 영 · 중 3대국은 한국을 일본 제국주의 통치로부터 독립시킬 것을 약속하면서, 일본의 독도 강점에 대해서도 "일본국 시마네현으로부터의 영토 편입조치는 일개 지방 관청의 고시로서, 자의로 이루어진 '폭력과 탐욕에 의한 약취 행위' 임"을 명시한 바 있다. 이와 관련하여 1945년 「포츠담선언」 제8항에서도 「카이로선언」의 이행을 재확인 바 있다. 즉 "일본국의 주권은 本州, 北海道, 九州, 四國 및 연합국이 정하는 제 소도(小島)에 국한된다"고 하여, 독도는 두 선언을 통해 일본으로부터 분리되어 영토주권이 공식적으로 회복된 것이다.

국제법상의 논리로 보아도 청일전쟁 이후 일본이 약취한 모든 지역 중에는 독도의 강제점령도 포함되므로, 독도는 1945년 8월 일본 천황의 무조건 항복과 항복문서에의 서명, 그리고 위 두 선언에 따라 한국 영토로 환원된 것으로 볼 수 있다.

미국은 1945년 9월, 초기 대일 방침의 일환으로써, "일본의 4개 영토와 「카이로선언」에 미국이 이미 참가하였고, 또한 장차 참가하게 되는 기타 협정에 의해 결정된 주변의 제 소도에 국한된다"고 하여, 「포츠담선언」의 영토에 관한 규정과 비슷한 내용을 제시한 바 있다. 여기에서 독도의 지리적 위치를 고려할 때, 한국의 울릉도로부터는 불과 49리인 데 비해서, 일본의 오키시마로부터는 85리의 먼 거리에 위치하는 원근의 차가 있으며, 또한 전술한 바와 같이 독도가 삼국시대 이래 한국의 고유 영토였던 점에서 미국이 제시한 '주변의 제 소도' 에서 독도는 당연히 제외되고 있는 것이다.

이 외에도 미국은 여러 문서를 통하여 일본의 통치권이 수행될 수 있는 지역과 제외되는 지역을 명백하게 구분한 바 있다. 즉 같은 해

10월의 「맥아더라인」(MacArthur Line), 11월의 「점령을 위한 기본 지령」, 12월의 맥아더 사령관 훈령, 1946년 1월의 「연합국 최고사령부 각서(SCAPIN 제677호)」 등이 그것이다. 여기에서 일본의 통치권이 적용되는 지역은 일본의 4개 본도, 대마도, 이두제도(伊豆諸島)이고, 제외되는 지역은 한국의 울릉도, 독도, 제주도, 그리고 북위 30도 이남의 유구(琉球) 남서제도(南西諸島)와 쿠릴열도, 치무군도(齒舞群島), 수정도(水晶島), 색단도(色丹島) 등이었다.[18)]

또한 1946년 6월 「일본의 어업 및 포경 허가 구역에 관한 각서」인 「SCAPIN 제1033호」의 제3항에 의하면, "일본의 선박 및 승무원은 북위 37도 15분, 동경 131도 53분에 있는 독도의 12리 이내에 접근해서는 안 되며, 여기에 상륙하는 것을 일체 엄금한다"고 발표하였다. 1947년 6월의 「일본의 항복 후 기본정책」에서는, "일본의 영토는 4개 본도 및 앞으로 결정될 인접 도서로만 국한된다"고 규정하기도 하였다. 또한 1949년 9월 19일자 연합국 최고사령부 각서에서는 "일본의 행정구역이 아닌 독도의 3리 이내에는 한국의 허가 없이 접근하지 못한다"고 발표했음에도 불구하고, 일본은 이에 대해 전혀 이의를 제기하지 않았었다.

또한 1951년 9월의 「상해(桑港)강화조약」 제2조에도 "일본국은 한국의 독립을 승인하고, 제주도 · 거문도 · 울릉도를 포함한 한국에 대

18) SCAPIN은 'Supreme Command Allied Powers Instruction'의 약칭으로서, 연합국 최고 사령관이 항복문서의 시행을 위해 일본 정부에 보낸 각서이다. 위 내용에 해당되는 원문은 다음과 같다. "Japan is defined to include the four main islands of Japan(Hokkaido, Honshu, Kyushu and Shikoku) and the approximately 1,000 smaller adjacent islands, including the Tsushima islands and the Ryukyu(Nansei) islands north of 30° north latitude(excluding Kuchinoschima island): and excluding (a) Utsuryo(Ulneung) island, Liancourt Rocks(Take island) and Quelpart(Saishu or Cheju island), (b) the Ryukyu(Nansei) island south of 30° north latitude(including Kuchinoshima island), the Isu etc." 川上建三, 『竹島の歷史地理學的 考察』(東京: 古今書院, 1966), pp.249-252.

한 모든 권리 · 권원 및 청구권을 포기한다"고 규정되어 있다. 여기에서 단지 3개의 섬만을 규정하고 있는 것은 한국의 수많은 섬들을 모두 열거하는 것이 불가능할 뿐만 아니라 그럴 필요도 없었기 때문에, 그 가운데 대표적인 섬만을 예시하고 있을 뿐이며, 나머지 섬들이 한국 영토로부터 제외되는 것을 의미한 것은 아니었다.[19] 특히 문제가 되는 독도는 당연히 이에 포함되는 것이므로, 여기에 열거되지 아니한 한국의 모든 부속 도서 역시 본토와 마찬가지로 당연히 일본과는 분리됨을 확실한 증거로서 제시할 수 있다.

특히 1945년 9월 연합국 최고사령부 각서에 의해 맥아더라인이 설치되고, 같은 해 11월 「일본 점령 및 관리를 위한 연합군 최고사령관의 기본적 지시」에서 일본의 지역 범위는 4개 본도 이외에 대마도를 포함한 약 1,000여 개의 인접도서(smaller adjacent islands)로 국한하고 있어, 독도는 자연히 일본 영토에서 제외되고 있었다. 그리고 「상해강화조약」의 어느 조항에도 독도의 일본 귀속과 관련된 특별한 규정이 없으며,[20] 일단 일본으로부터의 해방과 더불어 한국에 확정 · 귀속된 독도의 영토상 지위에는 아무런 변화가 발생할 근거가 없었던 것이다.

19) 원문은 다음과 같다. "Japan recognizing the independence of Korea, renounces all rights, title and claim to Korea, including the islands of Quelpart, Port Hamilton and Dagelet."

20) 日本外務省 戰後外交史硏究會 編, 『日本外交30年』(東京: 世界の動き社, 1982), pp.46-47.

제 4 절 영유권 분쟁의 경위

1. 1950년대의 분쟁 과정

한국 정부는 1952년 1월 18일에 「대한민국 인접해양의 주권에 대한 대통령 선언」(일명 '平和線 宣言' 또는 '이승만 라인')을 선포하여 독도에 대한 한국의 영토권을 확립하였다. 이에 대해 일본 정부는 1952년 1월, 외무성 정보문화국장의 구상서(口上書)를 통해서 "일본 정부는 「상해평화조약」(桑港平和條約)의 해석상 분명히 일본의 영토로 인정된 시마네현(島根縣) 소속의 다케시마(竹島)를 대한민국 정부가 '이승만 라인' 안에 포함시킨 것은, 한국 정부가 독자적으로 지난 1905년 2월에 한 · 일 쌍방의 합의하에 일본 영토로 편입시킨 죽도에 대한 한국의 주권을 주장하고 있는 것이 아닌가 의심되는 바이다. 이와 같은 한국의 일본 영역 침범 사태에 대하여 일본 정부는 한국의 죽도에 대한 어떠한 가정 및 청구도 인정하지 않을 것이다"라고 매우 강경한 항의를 제기하였다. 또한 동년 1월 28일에 주일 한국 대표부를 통해 "일방적으로 공해에 일선을 확정하여 타국의 어선과 어부에 대해 강권을 발동하는 것은, 국제사회에 확립된 해양자유의 원칙에 비추어 볼 때 엄연한 국제법상의 불법행위이고 국제어업협력의 관점에서 보아도 분명 받아들일 수 없다"라고 주장하는 내용의 일본 외무성 항의각서를 한국 정부에 전달하였다. 이를 계기로 한 · 일 양국간에 현안의 독도 영유권 분쟁이 야기된 것이다.[21)]

1952년 7월, 「미 · 일 안보조약」의 실시를 위한 미 · 일 합동위원회가 독도를 미국 공군의 폭격 연습 지역으로 지정한 데에 대하여 한국

21) 五味俊樹 外(編), 『日本外交と對外紛爭』(東京: れん人か書房新社, 1984), p.194.

정부가 강력한 항의서를 보냈고, 동년 10월 한국 정부가 새로이 「해양침범취체령」(海洋侵犯取締令)과 「나포심판소령」(拿捕審判所令)을 선포 · 시행함으로써, 독도 부근의 어장에서 많은 일본 어선들이 불법어로 작업중에 나포되었다. 이에 1953년 1월 미군 사령관은, "독도는 한국 정부의 이의 제기에 따라 폭격 연습 기지로 선정된 것에서 제외되었다"는 회답을 보내왔다. 이와 같이 독도에 대한 실효적 점유를 계속하고 있는 상황하에서, 한국 정부는 동년 2월에 독도에 대한 영유권 주장을 일본측에 대해서 다시 천명하였다. 이에 대해 일본 정부도 전략 수단으로써 이용 가치가 큰 독도의 영유권 시비를 대한 외교각서를 통해 3월 5일자로 표명하였던 것이다.

이후 일본 정부는 일본 해상보안청 순시선에 미국 국기를 게양하고 일본 관리 30여명을 탑승시켜 한국령 독도에 침입 · 상륙시킴으로써, 당시 이곳에서 어로중이던 한국인 어부 6명을 강제로 추방하였다. 또한 1951년 6월 8일 한국이 건립한 「대한민국 독도 조난민 위령비」(大韓民國 獨島 遭難民 慰靈碑)를 파괴하는 한편, "日本國 島根縣 竹島"라는 일본의 영토표주(領土標柱)를 건립하여 한국에 대한 영토주권 침해 사건을 야기하였다.[22]

이에 분노한 한국 국회에서는 7월 8일, "앞으로 한국 정부는 해양주권선의 침해를 방지하기 위해 독도에 출어중인 어민의 보호 특별 대책과, 독도에 건립된 일본영토 표식을 조속히 제거하여 이후 이와 같은 불법적인 주권침해 사건이 재발되지 않도록 일본 정부에 엄중히 항의해야 한다"라고 결의하였다.[23] 또한 7월 10일 경상북도 의회에서도 다음과 같은 건의문을 채택하였다.[24]

---

22) 김기수, 『국제법연구』(수도문화사, 1958), p.198.
23) 황상기, 앞의 책, pp.38-39.
24) 下田武三, 『戰後日本外交の證言(下)』(東京: 行政問題硏究所, 1960년), p.197.

"지난 6월에 일본이 외람되게도 미국기(旗)를 도용하면서 독도에 침입하여 어로 작업중이던 한국 어부들을 추방하고, 심지어는 한국의 영토 표식과 위령비를 파괴하였으며, 그들의 게시판을 건립하는 등의 야만적 행위는 한국을 무시한 행위인 동시에, 지난 날 일제 침략 근성의 재현이라고 생각할 수밖에 없으므로, 본 의회는 우리 영토인 독도를 수호한다는 일념에서 독도가 한국의 영토임을 내외에 선포하여 일제의 침략행위에 대해 강력한 조치를 취해야 할 것이다."

동년 8월 일본 중의원 외무위원회에서 일본 외무부 조약국장 시모다 다케조(下田武三)는, 현재 죽도에 타 국민들이 들어와 어로작업을 하고 있는 것은 불법 입국죄에 해당되므로 일본 경찰에서 처리해야 하나, 이와 같은 외교교섭에 실력행사란 위협을 가하는 행위는 일본 헌법 제97조에 금지하고 있어 문제가 있다고 증언하였다. 11월 일본 중의원 외무위원회에서 공산당 가와카미 칸이치(川上貫一) 의원의 질문에 대하여 시모다 국장은 또다시 "죽도는 일본영토"라고 단언하였으며,[25] 외무성은 1954년 2월에 「죽도에 관한 1953년 9월 9일자 대한민국 정부의 견해에 대한 일본국 정부의 반박문」을 다음과 같은 요지로 한국 정부에 보내왔다.

① 일본 정부는 한국측이 죽도의 영유권에 대한 근거로 제시한 문헌과 사실의 인용이 부정확하며, 그것에 대한 해석도 오해로 가득 차 있어 한국측의 주장이 입증될 수 없다고 본다.
② 죽도는 국제법상 일본 영토로 취급되어 일본인에 의해 어업과 항해에 이용되어 왔고, 한국에 의해서 이의가 전혀 제기되지 않았다.
③ 최근에서야 한국측이 죽도의 영유권에 대해 문제시하고 있으나, 역사

25) 旗田巍, 앞의 책, p.116.

적 사실로 보거나 국제법상의 영토 취득의 요건으로 보아도 죽도는 일본 고유의 영토임이 틀림없다.

이와 같은 일본 정부의 반박에 대하여 한국 정부는 전혀 근거 없는 이론의 비약이라고 일축하였다. 왜냐하면 독도는 역사상 울릉도의 부속 도서로서 비록 조선 당국에 의해 일시적으로 공도정책의 대상이 되었던 사실은 있으나, 이는 영토의 방기(放棄)와는 다르며 따라서 일본은 독도에 대한 영유권 주장을 할 수 있는 역사적 · 법적 근거가 전혀 없기 때문이다. 이에 따라 대한민국 정부는 1954년 3월 독도에 「대한민국 경상북도 울릉군 독도」라는 청동비를 건립하였고, 암벽에는 '獨島'라는 각자(刻字)를 하여 독도가 대한민국의 영토임을 명확히 표시하였다. 또한 8월 10일에는 등대를 설치하고, 독도 무장화의 결의에 따라 9월 2일부터는 독도 의용수비대(대장 홍순칠) 18명을 파견 · 주둔시켜 독도에 대한 대한민국의 관할권을 확립하였다.[26]

일본 정부는 동년 9월 24일 독도 문제를 영유권에 관한 법적 분쟁으로 간주하여 국제사법재판소에 제소할 것을 결정한 후, 주일 한국대표부를 통해 다음과 같은 요지의 「竹島에 관한 口上書」를 전달하였다.[27]

첫째, 일본국 정부는 죽도가 대한민국 영토라는 대한민국 정부의 주장을 1954년 2월 10일 「일본외무성 구상서」 亞2 · 제12호로써 반박해 왔고, 죽도가 일본국 영토의 불가분의 일부임을 우리는 확신하는 바이다. 그러나 대한민국 정부는 일본국 정부의 견해를 완전 무시하였을 뿐만 아니라 일본국 정부의 도량 있는 신청 및 엄중한 항의에도 불구하고, 대한민국 관리의 죽도에의 침범, 죽도 주변 일본국 영해상에서의 어로작업 및 죽도에의 경비병 상주, 대한민국 영토의 표식 및 등대의 설치, 또한 시험 식수의

26) 川上健三, 앞의 책』, pp.266-267.
27) 유철종, 『독도의 영유권론』(문우당, 1967), pp.55-56.

실시 등 불법행위가 자행되고 있고, 또한 최근에는 죽도의 현황 조사를 위하여 파견됐던 일본국 해상보안청 소속 순시선이 죽도에 있는 대한민국 경비대로부터 돌연한 총격을 받고 막대한 손해를 보기에 이르렀다.

둘째, 본 건은 국제법의 기본원칙에 저촉되는 영토권 분쟁으로서, 유일하고 공정한 해결방법은 본건의 분쟁을 유엔의 사법기관인 국제사법재판소의 재판에 부탁하여 판결을 받는 데 있다고 인정된다. 일본국 정부는 분쟁의 평화적 해결을 열망하고 본 건의 분쟁을 일본국 정부 및 대한민국 정부의 쌍방 합의하에 국제사법재판소에 부탁해야 한다는 것을 이에 제의한다.

셋째, 일본국 정부는 대한민국 정부가 이 분쟁의 최종적 해결을 가장 공정하고 권위 있는 사법기관, 즉 국제사법재판소에 부탁하는 데에 동의하여야 함을 확신하고 조속히 호의 있는 회담을 해 줄 것을 기대한다.

넷째, 국제사법재판소의 판결이 있을 때까지의 기간 동안 양국간에 이 사건으로 인하여 더 이상의 분규가 발생하지 않도록 하기 위하여 모든 노력과 수단을 다함이 물론 현명한 일로 생각된다.

따라서 일본 외무성은 일본국 정부가 죽도 및 그 주변에 있어 곤란한 사건의 발생을 미연에 방지하기 위한 공동의 잠정적 조치에 대하여, 대한민국 정부와 협의할 용의가 있음을 주일 대한민국 대표부에 통보하는 바이다. 아울러 일본 외무성은 주일 대한민국 대표부가 전기(前記)의 제현안(諸懸案)을 대한민국 정부에 전달하여 동 제안에 대한 대한민국 정부의 공식견해를 일본국 외무성에 통보하여 줄 것을 요구하는 바이다.

일본 정부의 이와 같은 입장에 대하여 한국 정부는 즉각 반박하고, 일본 정부의 일방적 제의를 일축하는 항의서를 보냈다.

"…독도 분쟁을 국제사법재판소에 제소하자는 일본 정부의 제의는 사법적 절차를 가장한 또 다른 허위의 시도에 불과하다. 한국은 어떤 국제사법재판에 의해서도 그의 권리를 증명해야 할 하등의 이유가 없는 것이다. …일본국은 소위 독도의 영유권 분쟁에 대하여 한국과의 관계에서 자국을 동등한 위치에 올려놓으려고 시도하고 있는 것이다."

그 후 1956년 9월 20일 일본 외무성은 "대한민국이 일본국 영토인 죽도를 불법점거하고 있음에 대하여 엄중하게 항의하는 동시에, 대한민국 관헌의 죽도에서의 즉시 퇴거와 죽도에 있는 모든 건축물의 즉시 철거, 그리고 죽도 주변 일본 영해에서의 대한민국 어민의 불법 어업을 즉시 중지할 것을 강력히 요구한다"는 항의구상서(抗議 口上書)를 다시 보내 왔다. 이에 대해 한국 정부도 같은 날 「독도에 관한 일본 정부의 견해를 반박하는 대한민국의 견해」를 다음과 같은 요지로 발표하였다.[28]

대한민국 정부는 일본국 정부의 견해가 그 인용한 고대 문헌과 역사적 사실에 대한 인식에 있어 오히려 공정성을 잃었고, 또 그 견해가 명백히 부당한 이론분식(理論粉飾)으로 위장되고 있음을 유감으로 생각하는 바이다. 따라서 대한민국 정부는 일본국 정부가 독도 영유에 관한 대한민국 정부의 견해를 부인할 하등의 근거도 제시할 수 없었다는 점을 재천명하지 않을 수 없다. 이에 대한민국 정부는 본 건에 관한 1956년 9월 20일자 일본국 정부의 견해를 반박하는 동시에, 독도 영유에 관한 대한민국 정부의 견해가 명백히 공정한 것임에 틀림이 없다고 단언하는 바이다. (중략) 상술한 바와 같이 제반 권위 있는 고대 문헌과 역사적 사실이 입증하듯, 독도는 역사상 · 지리상 또는 부인할 수 없는 법 이론에 의하여 대한민국의 엄연한 영토의 일부임에도 불구하고, 일본국 정부가 불법적으로 독도의 영유권을 주장함은 그 진실한 의도가 내변(奈邊)에 있는지 의심하지 않을 수 없다. 대한민국 정부는 일본국 정부의 이러한 주장이 하등의 정당한 근거도 갖고 있지 못한 것이며, 따라서 대한민국이 예로부터 인지하여 왔고,

28) 위의 책, pp.55-56.

또한 울릉도의 불가분의 속도(屬島)로서 분명 그 영역의 일부로 간주하여 왔으며, 대한민국의 주권 확립과 더불어 그 관할권을 회복한 독도의 지위에 하등의 영향도 미칠 수 없다는 것을 지적하고자 한다. 그러므로 대한민국 정부는 1956년 9월 20일자 「일본국외무성구상서」의 부첨에 표명된 일본 정부의 견해를 추호도 용인할 수 없는 것이다. 독도는 대한민국 영토의 불가분의 일부임을 재삼 선언하는 바이다.

이상과 같은 한국 정부의 반박문을 통해 분석해 보면, 독도가 삼국시대 이래 한국의 고유영토였음이 사료를 통하여 입증될 수 있었고, 일본 정부가 모순된 법 이론을 내세워 국제사법재판소에의 제소를 운운하고 있으나 그들이 주장하는 선점이론(先占理論)은 전혀 근거 없는 이론의 비약임을 쉽게 알 수 있다.

1959년 12월 1일, 일본 참의원 내각위원회에서 스치 마시노부(辻政信) 의원의 독도문제에 대한 질의에 대해 당시 기시 노부스케(岸信介) 수상은 "죽도가 명치 38년 2월 22일 「시마네현 고시 제40호」로써 일본 영토로 편입된 것은 분명하나 국제법상 필요한 국제조약이 한 · 일 양국 사이에 체결된 적이 없고, 전후 이래 대한민국이 죽도를 불법점거하고 있어, 사실상 시마네현의 행정 관할하에 있으면서도 일본국의 시정권(施政權)을 전혀 행사하지 못하고 있는 실정이다"라고 답변한 바 있다.[29)]

그 후에도 일본 정부는 「양국 정부의 합의에 의한 조정기관 설치안」,[30)] 「한 · 일 양국 공유안」[31)] 등을 한국 정부에 제의하였으나, 한국

29) 朝日新聞, 1959년 12월 1일자.

30) 이 방안은 1982년 12월에 일본 정부가 구상한 「국제사법재판소 제소안」과 한국이 구상한 「제3국에 의한 조정안」을 절충하여 새로이 구상한 방안이다. 일본 정부는 만 1년간 만을 유효기간으로 하여 국제조정위원회의 조정에 따라 죽도의 영유권 분쟁을 평화적으로 해결하려는 방안으로 제시하였으나, 한국 정부의 「제3국에 의한 조정안」의 주장으로 인해 중도에 각하되었다.

정부는 「제3국 조정안」[32]과 「독도폭파론」[33]을 고집하였으므로 그 어느 방안도 한 · 일 양국을 동시에 만족시킬 수 없는 제안들이었다.

2. 1960년대 이후의 분쟁 과정

1960년 2월, 기시 일본 수상은 지난 1956년 9월 20일자 항의구상서를 재확인하고 "한국 해양경비대의 죽도 파견 및 주둔은 일본국 영토에 대한 명백한 무력침략이다"라는 망언을 하였으며,[34] 3월 9일 참의원 예산위원회에서 방위청 장관도 "대한민국이 죽도를 침략하여 불법적으로 점유하고 있다"고 답변하였다. 뿐만 아니라 일본은 3월 16일에 미 국무장관 덜레스(John F. Dulles)로 하여금 주미 한국대사 양유찬(梁裕燦)에게 각서를 보내도록 공작하여, "한국 정부가 공해상에서 일본어선과 어부를 나포하여 어선을 억류하고 어부들을 금고형에 처하는 행위는 한 · 일 관계를 손상시키는 것이다"라는 내용의 외교문서를 통고하기도 하였다.[35] 또한 동년 3월 21일, 참의원 예산위원회에서 당시 후지야마(藤山) 외상은 "죽도는 「미 · 일 신안보조약」 제5조에 따라 일본국의 시정권하에 있는 영역이다"라는 엉뚱한 망언을 또다시 반복하였으며,[36] 3월 26일 참의원 예산위원회 제2분과위원회에서 스치 의원은 "죽도문제를 조속히 해결하기 위해서는 이 문제를 국제사법재판

31) 이 방안은 1963년 1월 일본자민당 부총재였던 오노 반보쿠(大野伴睦)가 선거 유세중에 분쟁의 섬 죽도를 미국의 조정으로 한 · 일 양국이 공동관리하는 공유 영토로 하자는 현대판 일본 제국주의자들의 유상론이었다.

32) 이 방안은 1962년 11월, 「김종필-大平(오히라) 제2차 회담」에서 한국 정부측이 일본에 제시한 방안이다. 그러나 미국과 같은 한 · 일 양국 모두의 공동 우방국가가 적극적으로 개입하여 조정해 주지 않는 한 사실상 유명무실한 방안 중의 하나였다.

33) 독도폭파론은 한일회담에서 김종필이 주장한 것으로서, 한 · 일간에 분쟁의 대상이 되고 있는 독도를 폭파해 버리자는 내용의 실현 불가능한 억지 이론이었다.

34) 朝日新聞, 1960년 3월 27일자.

35) 旗田巍, 앞의 책, p.107.

36) 朝日新聞, 1960년 3월 22일자.

소에 제소해야 한다"고 주장하였다.

1961년 10월, 당시 고사카 젠타로(小坂善太郞) 외상도 "한국의 죽도 영유는 온당치 못한 처사이므로 한 · 일 국교정상화가 이루어지면 제네바의 국제사법재판소에 죽도문제를 제소하겠다"는 동일내용의 망언을 반복하였다. 또한 12월에도 일본은 "죽도는 일본국의 영토이므로 현재 죽도에 거주하는 한국인 및 시설의 즉각적인 철거를 강력히 요구한다"라는 상투적인 항의구상서를 한국 정부에 보내 왔다. 1962년 1월, 당시 이케다(池田) 수상도 중의원에서 독도의 영유권을 주장하였고, 동년 12월에는 자민당 부총재인 오노 반보쿠(大野伴睦)가 당시 박정희 대통령을 방문하고 일본 정부가 죽도 문제를 국제사법재판소에 제소함에 있어 한국 정부가 동의해 줄 것을 요청하였다. 그러나 한국 정부는 독도문제 그 자체를 처음부터 한 · 일 회담의 의제로 상정하는 것조차 반대하고 있었다.[37]

대한민국 정부는 1963년 12월 27일 "일본국 정부가 구상서를 통해 독도로부터 인원 및 시설을 철거해 줄 것을 수차에 걸쳐 반복 · 요구하는 것은 엄연한 대한민국에 대한 내정간섭"이라는 엄중한 항의문을 일본 정부에 발송하였다. 그럼에도 불구하고, 일본 정부는 1964년 3월 중의원 본회의에서 당시 오히라(大平) 외상을 통해 독도문제에 대한 한 · 일간 교섭의 중간보고를 실시하였으며,[38] 4월에는 외무성을 통해 소위 「죽도보고서」라는 것을 작성하여 일본 국회에 제출하였다. 이 보고서에서 일본 정부는 독도의 역사적 배경과 법적 근거를 구체적으로 제시하면서 국제사법재판소에의 제소를 요구하였다.[39] 당시 일본 외무성이 작성한 「죽도보고서」의 주요 요지는 다음과 같다.

---

37) 日本國際政治學會 編, 『日韓關係の發展』(東京: 有斐閣, 1963), p.124.

38) 旗田巍, 앞의 책, p.124.

39) 김원식, 『독도논문집』(일심사, 1970), pp.19-20; 入江啓四郎, 『現代國際問題要論』(東京: 弘文堂, 1958), pp.150-152.

(1) 역사적 배경

① 백기국(伯耆國) 미자(米子)의 오오타니(大谷甚吉), 무라가와(村川市兵衛) 등은 1618년(원화 4년) 죽도를 근거지로 하여 울릉도에서 고기를 잡아도 좋다는 강호막부의 허가를 받은 사실이 있다.

② 1969년(원록 9년) 1월 28일 오오타니와 무라가와 양가에 대하여 울릉도 죽도도항금제봉서가 내려졌으나, 죽도도항금제봉서는 일본 역사상 한 번도 내려진 적이 없다.

③ 1905년(명치 38년) 1월 28일 일본의 고유 영토인 죽도가 일본 각의의 결의에 의하여 2월 22일 시마네현 고시 제40호로써 그 소속이 오키시마의 소관으로 되었음을 선포한 바 있다.

(2) 법적 근거

① 1946년 1월 29일자와 3월 22일자 2회의 「SCAPIN 제677호」는 단지 일본이 피점유국 상태하에서 취한 임시조치일 뿐, 영토권의 상실과는 전혀 무관하므로 죽도가 독도로 복귀된 것이 아니다.

② 상해 대일강화조약의 본문 중에도 한 · 일합방 이전에 일본에 부속되었던 섬을 한국에 환원하여야 한다는 규정은 없다.

③ 한 · 일합방 이전에는 죽도문제에 대하여 단 한 번의 쟁의일지라도 양국간에 제기된 바 없었다.

④ 일본이 항복 후에도 어떤 이유로든지 죽도의 영유권을 상실한 사실이 없다.

⑤ 죽도 문제의 해결을 위하여 1954년 9월 24일에 일본국은 죽도 문제의 국제사법재판소에의 제소를 대한민국 정부에 요구하였으나, 동년 10월 28일이래 지금까지 응소(應訴)를 거부당하고 있다.

⑥ 현재 일본국의 행정권이 일시 정지되어 대한민국이 죽도를 점령 · 관리하는 조치가 하등의 영토적 귀속을 결정하지는 않는 것이다.

1964년 10월 일본 농상(農相) 아카기 무네노리(赤城宗德)가 각의 보고를 통해 한국 정부가 죽도 근해의 평화선 내에서 공해자유의 원칙을 무시하고 일본 어선을 계속 나포하고 있으므로, 이를 중지하지 않으면 한·일회담은 있을 수 없다고 단호한 결의를 표명하였다. 11월에는 일본인 나포 어부를 석방하는 조건으로 한·일회담을 연내에 개최하자는 의사를 한국 정부에 통고하자, 한국은 12월 일본 어선 3척과 어부 16명을 석방하고 제7차 한·일회담을 제기한 바 있다.

이와 같은 상황에서, 한·일 양국은 1965년 6월 22일 동경에서 「한·일 기본조약」을 정식으로 조인하였으며, 아울러 한·일간 분쟁해결의 교환공문(交換公文)인 「기본관계에 대한 조약」도 교환하였는데,[40] 당시 일본 외상인 시나 에스사부로(椎名悅三郞)는 "한·일 국교 정상화를 맞이하여 미해결로 남아 있는 죽도의 귀속문제 처리 타협안을 교환공문으로 제시할 수 있게 되었다"고 발표한 바 있다.[41] 또한 동년 8월 중의원 예산위원회에서도 시나 외상은 "한·일간에 있어 미해결의 현안이라고 하면 죽도 문제뿐이므로 공문을 통해 '죽도 문제는 제외한다' 라고 언급하지 않는 이상, 한·일 양국간에 남겨져 있는 영토분쟁이 당연히 죽도 문제를 가리킴은 명백하다"고 답변한 바 있다.

그러나 독도 문제에 관해서는 일본이 사실상 현상유지를 인정하였기 때문에, 12월 18일 한·일 국교가 정상화되자 독도의 영유권 문제는 일시 교착상태에 접어들게 되었으며, 「한·일협정」에 의거하여 독도 주변에 12해리 어업전관수역(漁業專管水域)이 설정되었다. 그 결과 당시 일본 외무성 조약국장 사토(佐藤)가 의회의 증언에서 "죽도는 사실상 대한민국 정부의 실질적인 관할하에서 평화롭게 존재한다"고 답변한 것과 같이, 1977년 2월 후쿠다 다케오(福田赳夫) 전 일본 수상이

40) 이재오, 『한·일 관계사의 인식(I)』(학면사, 1984), pp.329-330.
41) 信夫清三郎, 『日本外交史(II): 1853-1972』(東京: 每日新聞社, 1974), p.81.

"죽도는 한치도 의심할 바 없는 일본 고유의 영토"라는 망언을 하기 전까지는, 독도가 대한민국의 영토로서 대한민국 정부에 의해 단 한 번도 방기(放棄)된 적이 전혀 없었던 고유의 한국 영토였으며, 지금도 한국 정부가 잘 관리 · 영유하고 있기 때문에 일본의 독도에 대한 잔존주권(殘存主權)은 전혀 성립된 적이 없다. 더욱이 1977년 10월 초에는 경상북도 울릉도민 최종덕씨 일가 3명이 독도로 호적과 주민등록을 이적하여 무인도였던 독도가 유인도로 바뀌게 되었다.

그러나 전술한 바와 같이, 지금도 일본 국내의 국수주의적 극우파 세력을 중심으로 「죽도무력탈환론」(竹島武力奪還論)이 다시 등장하여 일본 국민의 감정을 자극하고 있으므로, 대한민국 정부는 이에 대한 충분한 대책을 세워야 할 것으로 생각된다. 더욱이 독도에 잔존주권이 전혀 설립되지 않은 일본 정부가 모든 사실을 통하여 독도가 대한민국의 영토임을 주지하고 있으면서도, 연례적으로 독도가 역사적 사실로나 국제법상으로 일본의 고유 영토라는 정략적인 '죽도 발언'과, 매년 가을 독도 근해에 해상보안청 순시선을 주기적으로 파견한 것은, 장차 기회가 오면 독도 영유권 주장의 자료로 제시하려는 데에 그 목적이 있는 것이다. 일본 야당들도 한 · 일 양국간에 공식 · 비공식 회담이 진행될 때마다, 독도 문제에 대한 대정부 질의를 전개하여 일본 정부의 입장을 지원하고 있음은 주지의 사실이다.

1977년 6월 14일, 일본 각의가 독도의 일본 고유 영토론에 의거하여, 12해리 영해 확장안과 200해리 전관수역안(專管水域案)을 일괄적으로 승인하여, 7월 12일자로 12해리 영해법과 어업전관수역 설정시행을 선포함에 따라 독도의 영유권 분쟁이 재연되었고, 1978년 5월과 1979년 8월에는 독도 근해에서 일본 어선과 해상보안청의 순시선이 한국 영해를 침범하자, 한국 정부는 강력하게 그 퇴거를 요구한 바 있다. 1986년 9월 10일 개최된 제1차 정례 한 · 일 외무장관회의에서 구라나리(倉成正) 일본 외상은 후지오(藤尾) 문부상의 망언에 따른 열세를 모면하기 위해, 교묘한 기습책을 이용하여 만성적인 '죽도 영유권 주장의 카드' 를 거론하여 한 · 일 양국간에 또 다른 정치적 파문을 야기시킨 바 있다.

이와 같이 독도에 관한 역사적 증거, 지리적 위치, 그리고 국제법상의 이론적 논리 등의 측면에서 고찰해 볼 때, 독도는 분명히 대한민국의 영토임이 명백한 것이다. 그러므로 현재 일본 정부의 죽도반환론(竹島返還論)은 곧 북방4도의 일괄반환론과는 상반되는 논리 전개로서, 독도의 정치사적 배경과 국제법을 자국에 유리하도록 해석 · 적용하려는 불합리한 주장이라고 볼 수 있다. 따라서 이처럼 독도 문제의 본질은 한 · 일 양국간의 주권문제이며 양국 국민의 민족감정까지 개입되어 있는 매우 심각하고도 중요한 난제임에 틀림없다.

제 5 절 일본의 영유권 주장 논리

일본이 독도에 대해 자신들의 영유권을 일방적으로 주장하는 데 있어, 어떠한 논리적 근거를 내세우고 있는지 상세히 살펴보기로 하자.

일본은 독도가 자국의 영토라는 주장의 근거로서 다음의 몇 가지를 들고 있다.[42]

첫째, 일본은 일찍부터 독도를 발견하였고, 1618년 이를 막부의 공인하에 중간 기항지와 어장으로 전용함으로써 원시적(原始的) 권원(權原)을 취득하였다. 반면 한국의 독도 영유 주장은 대부분 간접적 추정에 근거하고 있으며, 독도에 대한 실효적인 증거는 제시하지 못하고 있다. 그러기에 비록 일본의 원시적 권원에 불완전한 점이 있다 할지

42) 정인섭, "일본의 독도 영유권 주장의 논리구조—국제법 측면을 중심으로," 독도학회, 『독도영유의 역사와 국제관계』(독도학회 제3회 학술심포지엄 발표자료, 1997. 5), pp.89-90.

라도, 타국의 보다 강한 권원이 존재하지 않는 이상 그 영유권은 상실되지 않고 유지되어 왔다.

둘째, 일본은 1905년 2월 22일 「시마네현 고시 제40호」를 통해, 한국령 독도를 일본명 '竹島'로 개명하여 영토 편입 조치를 취하여 竹島 영유권을 근대 국제법에 의한 확정적 권원으로 확립시켰다. 그 이후 일본은 죽도에 관하여 일련의 국가 기능을 구체적으로 발현함으로써 이에 대한 지배를 계속하였다.

셋째, 제2차대전 후 연합국에 의하여 취해졌던 竹島에 대한 일시적 행정권의 배제는 영유권 문제와는 관계가 없으며, 竹島는 「샌프란시스코 조약」 제2조 a항에 의한 일본의 영토주권 포기 대상이 아니었다.

이러한 이유로 일본은 독도에 대한 영유권을 주장하고 있으나, 이러한 주장의 논리를 보다 구체적으로 살펴본다면 대략 다음과 같은 내용이다.

일본의 울릉도와 독도에 대한 인지(認知)를 밝힌 문헌 중 가장 오래된 것이 1667년 이즈모(出雲)의 번사(藩士)[43] 사이토 도요히토(齊藤豊仙)가 저술한 『은주시청합기』(隱州視聽合記)이다. 일종의 풍토기(風土記)인 이 책에서는 독도와 울릉도에 대하여 "은주(隱州, 오키시마)의 서북으로 이틀 낮과 하루 밤을 가는 곳에 松島가 있고, 이곳에서 다시 하루 낮을 가면 竹島가 있는데, 이 두 섬은 사람이 살지 않는 곳이며, 이 섬에서 高麗를 바라보는 것이 일본의 이즈모 지방에서 隱州를 바라보는 것과 같다. 그런 즉 일본의 건지(乾地), 즉 영역은 隱州를 한계로 한다."고 하였다. 이에 따르면 오키시마에서 서북으로 2일 하룻밤 떨어진 곳에 있는 松島는 독도를, 그 곳에서 1일 범위에 있는 竹島는 울릉도를 지칭하는 것임을 알 수 있다.

『隱州視聽合記』 이외에 몇 가지 풍토기를 들 수 있다. 1751년부터

43) 번사(藩士)는 번주(藩主)의 봉록을 받는 무사계급(사무라이)을 의미함.

1763년 사이에 저술된 것으로 알려진 『죽도도설』(竹島圖說)이라든가, 1801년에 저술된 『장생죽도기』(長生竹島記), 1809년에 서양식 측지법에 따라 제작된 『일본변계약도』(日本邊界略圖)에는 동해의 명칭이 '조선해'(朝鮮海)로, 독도는 '우산도'(于山島), 울릉도는 현재의 이름대로 표기되어 있어 에도(江戶) 막부 시대의 일본인 스스로도 오늘의 독도를 울릉도의 속도(屬島)로 간주한 좋은 자료가 된다.[44] 1823년에 제작된 것으로 알려진 『은기고기집』(隱岐古記集) 및 1828년에 편술된 『죽도고』(竹島考) 등도 20세기 이전에 만들어진 울릉도와 독도를 소개한 일본측 지리서이다. 그런데 이들 자료에는 한결같이 울릉도를 '竹島', 독도를 '松島'로 기술하고 있음에 우리들은 주목할 필요가 있다.

이같이 울릉도=竹島, 독도=松島로 인식하던 시기는 적어도 독도가 프랑스 포경선에 발견되어 '리앙쿠르'(Liancourt: リヤンコ島)라고 명명되던 1849년까지 계속된다.[45] 1849년부터 1905년 「시마네현 고시 제40호」가 발표되는 50여 년간, 독도는 프랑스 포경선의 이름을 따서 리앙쿠르도라고 불려왔다. 이 시기에 있어 특기할 만한 점은 울릉도에 대한 일본의 불법적인 진출과 끊임없는 침탈사건이 발생한 것인데, 특히 일본인에 의해 울릉도의 불법적 삼림벌채와 불법적 어로가 대규모로 이루어진 불행한 시기였다는 것이다.

독도가 일본의 고유 영토라는 역사적 자료를 통한 주장이 무리임을 인식한 대다수 일본인 학자들은, 독도의 시마네현 편입에 편승하여 국제법상의 선점이론에 결정적 의미를 부여하려고 온갖 노력을 경주해 오고 있다. 일본의 이런 불합리한 이론 전개는, "영토분쟁 해결의 결정적 요소가 되는 것이 역사적 사실(事實) 자체가 아닌 '실효적 점유'라는 국제판례의 추세를 고려한 것으로 간주된다.

44) 한국일보, 1996년 2월 4일자.

45) 林英正, "日本의 독도 호칭의 변화와 그 성격," 竹堂李炫熙敎授華甲紀念韓國史學論叢刊行委員會, 『韓國史學論叢』(東方圖書株式會社, 1997), p.628.

독도는 1904년(명치 37년) 9월 26일 시마네현 사람인 나카이 요사브로(中井養三郎)가 제출한 「리앙쿠르도(島) 영토편입 및 대하원」에 의해서 1905년 1월 28일 각의에 상정되었다가, 동년 2월 22일 시네마현 현청(縣廳)의 공고를 통해 '竹島'라는 일본 명칭으로 개명되어 시마네현에 강제로 편입되었음은 전술한 바 있다.

문제의 나카이라는 사람은 울릉도와 독도 근해에서 불법으로 조업했던 일본 어부 중의 한 사람이었다. 러 · 일전쟁을 앞두고 가죽과 기름의 수요가 증가하자, 독도 근해에 서식하는 물개에 주목하여 1903년 이래로 이곳에서 본격적으로 물개 포획에 나섰고, 이 지역에서의 어업권을 독점하려는 욕심 때문에 이른바 영토편입 및 대하원을 제출한 것이다. 시마네현지(島根縣誌)에 수록된 '竹島' 항목을 보면 "1903년 이래 각 방면에서 경쟁적으로 물개의 남획이 이루어져 큰 폐단이 생겨났다. 이에 나카이가 이 섬이 조선의 영토인 것으로 판단하고, 상경하여 농상무성을 설득하여 대하(貸下)해 줄 것을 청원하였다"고 기술하고 있다.[46]

이러한 시마네현 고시에 대하여, 한국 정부 내지 관련 전공 학자들이 원천적으로 무효임을 제반 문제점을 제시 · 열거하여 지적하자, 일본측은 다음과 같은 모순 투성이의 일방적인 반박 논리를 일관성 있게 제시하고 있다.[47]

첫째, 비록 일본의 시마네현으로의 편입 조치가 선점 행위와 같은 형식을 취하고 있었다 할지라도, 독도가 당시까지 일본 영토가 아님을 의미하는 것은 아니라고 주장한다. 즉 시마네현의 편입조치가 나오게

46) 일본 외무성 아주국 제2과에서 작성된 『竹島漁業の變遷』이란 참고자료를 보면, 中井養三郎 등 隱岐島 어민 4隊가 1904년에 잡은 물개의 수가 牡 850頭에 塩皮 6,000貫, 牝 900頭에 塩皮 1,400貫, 새끼 1,000頭에 塩皮 250貫에 달하였다. 그리고 이러한 남획은 島根縣 告示가 발하여진 후 竹島漁獵合資會社를 설립한 中井養三郎 등에 의해 매년 되풀이되어 왔다. 林英正, 위의 글, p.634.

47) 정인섭, 앞의 글, pp.82-84에서 재인용.

된 배경에는 독도를 일본인이 일찍부터 이를 발견하고 이용한 실적은 있지만, 이는 여타의 일본 영토로부터 멀리 떨어진 무인소도(無人小島)로서 접촉의 정도가 낮았다는 사실이 고려되어야 한다는 것이다.[48] 따라서 시마네현 편입조치는 그 이전 독도에 관한 일본의 권원(權原)이 일종의 불완전한 권원에 해당하여 시마네현 고시가 이를 근대 국제법상의 확정적 권원으로 강화시키는 역할을 한 것으로 보거나,[49] 또는 일본이 근대 국가로서 독도 영유의 의사를 재차 명확히 표시한 것에 불과하다고 주장한다. 여하간 시마네현의 편입조치 당시 독도가 한국령이었다는 증거는 전혀 없으므로, 한국측이 그 같은 증거를 제시하지 않는 한, 시마네현의 편입조치의 합법성은 다툼의 대상이 되지 않는다고 본다는 주장이다.

둘째, 시마네현 고시의 내용이 관계국인 한국에 통고되지 않았다는 점에서 법적 하자가 있다는 한국측의 주장 역시 일본측은 동의할 수 없다고 주장한다. 국제법상 선점 등에 의한 영토의 편입조치를 타국에 통고할 의무가 있다는 주장은 소수설에 불과하다고 본다. 1885년 「베를린 의정서」(Berlin Protocol)가 선점의 요건으로서 '통고'를 의무화하고 있는 것은 사실이나, 이 의정서는 지역적으로 열강의 식민지 다툼이 치열하였던 아프리카 연안에 한정된 것이었고, 그 후 「상제르망 조약」(Saint-Germain Treaty)은 통고 의무를 배제한 바 있다. 또한 다수의 학설이지만 국제 선례도 통고의 의무를 인정하고 있지 않는 상황이다. 결론적으로 통고가 국가의 영유 의사를 명확히 한다는 점에서 바람직하기는 하나, 조약상의 특별의무가 적용되지 않는 한 관습국제법상 요구되는 것은 아니라고 주장한다. 과거부터 일본이 인식하여 왔고 이를 유효하게 경영하여 왔으며, 이 사실이 타국에 의하여 시비된 적이 없

---

48) 太壽堂鼎, "竹島紛爭,"『國際法外交雜誌』, 64卷 4・5號(1966. 3), p.124.

49) 皆川洸, "竹島紛爭と國際判例," 前原光雄敎授還曆記念,『國際法學の諸問題』(1963), p.367.

는 지역의 편입조치에 관하여는, 국제법상의 대항력을 취득하기 위한 통고 의무가 일본에게는 더욱 없다고 보고 있다.

셋째, 시마네현 고시가 일본의 일반 국민조차 제대로 알지 못할 정도로 비밀리에 진행되었다는 한국의 주장도 사실과 다르다고 반박한다. 이 고시 자체가 공시(公示) 또는 공표(公表)에 해당하며, 그 내용은 1905년 2월 22일자 시마네현 현보(縣報)에 게재되었으며, 이는 동년 2월 24일자 산등신문(山鄧新聞)에도 보도되었다. 한국 정부가 이같이 일본 행정기관의 공개된 행위는 외면하고, 단지 외국에 대한 통보가 없었다는 점만을 근거로 시마네현 편입조치가 비밀리에 진행되었다고 주장하는 것은 사실에 대한 부당한 왜곡으로 본다고 주장하고 있다.

넷째, 오가사와라섬(小笠原島: オガサワラ)을 편입할 당시 일본이 취했던 통고 행위를 독도를 편입할 당시에는 취하지 않았기 때문에 하자가 있다는 지적에 대하여 일본측은 다음과 같이 반박한다. 오가사와라섬 편입시 이 사실을 동경에 주재하는 각국의 외교사절에 통고하였던 것은, 당시 이 섬에 외국인이 거주하는 등 미국과 영국 등이 이 섬의 귀속 문제에 관심을 표명한 바 있었기 때문이었다. 반면 독도의 경우, 이 섬의 귀속에 관하여 별달리 관심을 표명하는 국가들이 없었고 또한 무인도에 불과하였으므로, 정책적 견지에서 볼 때에도 통고가 필요하였다고 단정할 수는 없다고 주장한다.

다섯째, 시마네현의 편입조치는 지방정부의 조치이므로 국가의 의사표시라고 볼 수 없다는 한국측의 주장에 대하여 일본은 다음과 같이 반박한다. 1905년 2월 22일자 시마네현 고시는 같은 해 1월 28일 일본 정부의 각의 결정에 근거한 조치였으며, 시마네현 역시 국가기관이므로 이는 곧 국가의사의 표시였다고 본다. 국제법은 국가의 의사표시를 구체적으로 어떻게 하여야 된다고 요구하고 있지 않으므로, 시마네현의 고시가 갖는 국제법적 효력에는 아무런 문제가 없다고 본다. 명치정부에서의 일본 열도 주변 소도의 편입 행위는 반드시 중앙정부의 명의로만 시행되지 않았으며, 1898년의 마나미토리시마(南鳥島)의 편입도 동경부 고시(東京府 告示)의 형식으로 실시되었는데, 이에 대한 타국의 어떠한 이의 신청도 없었다고 지적하고 있다.

이러한 편입조치 이후 일본 정부는 아래와 같이 독도에 대한 실효적 점유를 통한 지배권을 행사해 왔다고 일관성 있게 주장한다.[50)]

독도는 오키시마 도사(島司)의 상신(上申)에 기하여 1905년 5월 17일 관유지(官有地)로서 시마네현의 토지대장에 등재되었다. 1905년 8월에는 마쓰나가(松永茂吉) 시마네현 지사 일행이 해군 선박을 이용하여 독도를 시찰하였고, 1906년 3월에는 시마네현 제3부장 가미니시 유타로(神西由太郎)를 단장으로 하는 대규모 조사단이 파견되어 독도의 실태를 조사하였으며, 4월 8일에는 오키시마 도사인 아즈마(東文輔)와 관리 10여 명을 울릉도에 파견하였다.

한편 시마네현은 1905년 6월 5일, 나카이 요사브로 등 4인에게 공동으로 독도 관유지 임차 허가를 내주어 사실상 독점적 어업활동을 보장하였다. 이들은 나카이를 대표로 하는 합자회사를 설립하고, 독도에 창고 등을 건설하는 등 바로 어업활동을 개시하였다. 한편 시마네현은 1908년 '어업취체규칙'(漁業取締規則)을 제정하였고, 이는 1911년 12월 '시마네현 어업취체규칙'으로 대체되어 허가된 강치[海驢] 어업 외에 독도 인근 해역을 어업 금지 구역으로 설정하였다. 독도에서의 강치어업은 경제성의 면에서 그다지 순조롭지 못하여 1929~1933년간에는 중단되었다가, 어업권도 야하타(八幡長西郎)에게 이양되었다. 그 후 1940년 8월 독도는 마이쓰루(舞鶴) 진수부(鎭守府) 해군기지로 인계되었다. 해군은 야하타에게 계속 어업권을 인정하였으나, 1941년 12월 7일 태평양전쟁이 발발하자 독도에서의 어업은 금지되었다. 전쟁이 끝난 1945년 11월 일본 국유재산법 시행령 제2조에 의하여 독도 관

50) 정인섭, 앞의 글, p.84.

리권은 다시 대장성(大藏省)으로 이관되었다.

제2차 세계대전 이후 독도 처리문제와 관련해서는 일본은 다음과 같이 궤변을 주장하고 있다.[51]

1946년 1월 29일자 「SCAPIN 제677호」는 제6항에서 "이 지령의 어떠한 것도 「포츠담선언」 제8항에서 지적된 제 소도의 최종 결정에 관한 연합국의 정책을 표시하는 것으로 해석되지 않는다"는 점을 명기하고 있고, 1946년 6월 22일자 「SCAPIN 제1033호」 역시 제5항에서 "위의 허가는 당해 구역 또는 기타 어떠한 구역에 관하여도 국가의 통치권, 국경선 또는 어업권에 대한 최종결정에 관한 연합국의 정책을 표시하는 것으로 해석되지 않는다"고 명기하고 있다. 따라서 총사령부 각서에서 일본의 관할로부터 배제된 것으로 지적된 지역이 일본 영토로부터 최종적으로 배제되는 것으로 해석될 수 없다고 본다.

실제로 「SCAPIN 제677호」에 의하여 일본 정부의 정치, 행정상의 권리행사가 정지되었던 북위 30° 이남의 남서의 제도(諸島) 가운데, 북위 29° 이북 지역에 관하여는 1951년 일본 정부에 행정권이 반환되었고, 구미대도(廐美大島)도 일본의 행정 관리 아래로 이양되었다. 기타 오가사와라 등에 대해서도 일본의 잔존 주권이 인정되었고, 최종적으로는 일본의 관할권 아래로 복귀하였으며 이른바 '맥아더라인' 역시 1952년 4월 25일부로 완전 철폐되었다.

이상과 같은 사실 경과에 비추어 볼 때, 연합국 점령시기의 총사령부 각서 내용은 일본의 독도 영유권 귀속과 아무런 직접적 관계가 없다고 일본측은 주장한다.

또한 「샌프란시스코 조약」 제2조 a항은 "일본은 한국의 독립을 승인하고 제주도, 거문도 및 울릉도를 포함한 한국에 대한 모든 권리, 권원, 청구권을 포기한다"고 규정하고 있는데, 이 조항에 의하여 일본으

51) 위의 글, pp.85-87.

로부터 분리되는 한국은 1910년 한일합병 당시의 한국만을 지칭하고, 그 이전부터 일본에 포함되고 있던 영역은 해당하지 않으므로, 1905년 시마네현 편입조치 이래 일본 정부에 의하여 평화적으로 관리되어 오던 독도는 분리 대상에서 제외된다고 해석한다. 특히 「SCAPIN 제677호」는 "독도, 울릉도, 제주도"를 일본의 주권 영역 정의에서 배제시킨데 반하여, 「샌프란시스코 조약」 제2조 a항은 일본의 영역에서 제외되는 지역으로 그 가운데 제주도, 거문도, 울릉도 등만을 명기하고 독도에 대한 언급을 삭제하였다는 사실은, 독도가 최종적으로는 일본의 영토로 잔류되었음을 의미한다고 해석한다. 즉 울릉도는 동해에서 한국 영역의 외곽 한계를 구성한다는 의미라고 본다. 한국 정부가 독도가 울릉도의 부속 도서이므로 조약상 명기되지 않았어도 울릉도와 그 귀속을 같이 한다는 주장은 지리적으로나 역사적으로 납득할 수 없으며, 그러한 주장에 대해 입증해야 할 책임은 한국측에 있다고 본다.

또한 「샌프란시스코 조약」 체결의 실질적 주도국이었던 미국 역시 일본의 로비 결과, 동 조약에 독도가 일본 영토인 것을 전제로 하여 처리하게 된 것이라고 지적한다.[52] 그 실례로서 「미 · 일 행정협정」 제2조에 따라 설치된 미 · 일 합동위원회는 1952년 3월 19일, 동 위원회 산하 소위원회에서 독도를 미군 훈련구역에서 제외시킨다고 결정한 예이다. 이상의 조치는 독도가 곧 일본 영토라는 점이 전제된 결정이었기에 독도가 주일 미군의 관할에서 제외되자, 시마네현은 1953년 6월 19일자 고시와 공고를 통하여 오키시마(隱岐島) 어업협동조합 연합회 및 3명의 일본인에게 다시 독도 부근에서의 어업 허가를 내주었다.

이러한 내용을 중심으로 일본은 독도에 대한 자국의 영유권을 주장

52) Michael A. Launius, "A Perspective of Korea's Position on Island Disputes in the Pacific: the Tokdo/Takeshima Issue," Prepared for Delivery at the XVIIth World Congress, IPSA, Seoul, Korea, Auguest 17-21, 1997.

하고 있으며, 이를 해결하기 위해서 일본은 국제기구를 이용하자고도 하고 있다.

일본 정부는 1954년 9월 25일자로 한국 정부에 송부한 「죽도에 대한 구상서」(No.158/A5)에서, 독도 문제는 국제법의 기본원칙에 관한 해석과 관련된 영유권 분쟁이므로 이를 국제재판에 회부하는 것이 유일하고도 공정한 해결방안이라고 전제하고, 한 · 일 양국의 합의하에 가장 공정하고 권위 있는 사법기관이라고 할 수 있는 국제사법재판소(ICJ)에 이 사건을 회부하자고 제의하였다. 그러면 일본 정부로서는 어떠한 판결이 내려지든 이에 승복할 것이라고 약속하였으며, 이 같은 일본 정부의 입장은 1954년 10월 21일자 구상서(No.185/A5)에서도 재차 강조되었다.

그리고 독도 문제를 사법적으로 해결하고자 할 경우, 양측 주장의 허용 기일에 관해서는 이 문제가 한 · 일 양국간 상반되는 주장의 대상으로 부상된 1952년 1월로 확정하여야 한다고 주장한다. 이는 곧 1905년 시마네현 고시 이후 1945년까지 일본 정부가 독도를 지배한 실적이 일본의 영유권 주장의 법적 근거로 활용될 수 있음을 의미하는 교활한 주장인 것이다.

제 6 절 일본의 선점이론 허구성

독도가 일본의 고유 영토라는 역사적 자료를 통한 주장이 무리임을 인식한 대다수 일본인 학자들은, 독도의 시마네현의 편입에 편승하여 국제법상의 선점이론(先占理論)에 결정적 의미를 부여하려고 온갖 노력을 경주하였다. 물론 일본의 이런 불합리한 이론 전개는, "영토분쟁의 해결에 있어 결정적 요소가 되는 것은 사적 사실 자체가 아닌 실효적 점유"라는 국제판례의 태도를 고려한 것으로 간주된다.

일본 정부는 독도의 강제 편입을 정당화하는 「리앙쿠르도 영토편입 및 대하원」을 자칭 역사적 문헌이라고 주장하고 있다. 그러나 나카이는 독도에 대한 식견이 불확실하였기 때문에, 이 문헌에서조차 일본 명칭이 아닌 불어 명칭으로 독도를 표기하고 있으며, 출원 자체도 또한 내무대신과 농상무대신(農商務大臣)에게만 한 것이 아니라 외무대신에게도 제출한 이유를 충분히 알 수 있다. 이는 독도가 일본의 고유 영토가 아니라 외국의 영토라고 믿었기 때문이었다.

나카이의 이러한 청원에 의하여 당시 내무대신은 1905년 1월 각의에서, "어로업자인 나카이가 1903년 9월 29일 이래 무인도인 리앙쿠르도에서 물개를 잡은 사실을 이미 제출한 「리앙쿠르도 영토편입 및 대하원」의 첨부 서류에 명백히 나타나 있으므로, 이 무인도는 타국이 지금까지 점령했다고 인정할 만한 흔적이 전혀 없다"고 설명했는데, 이것이 독도의 선점을 정당화하는 이유였다. 이처럼 나카이란 자가 사람이 전혀 거주할 수 없는 독도에 가서 일시 어업을 했다는 사실만으로 실효적 점유라는 실정 국제법상의 권원을 대체하고 있으나, 이러한 일시적 점유는 실정 국제법이 요구하는 근대적 권원이라고 볼 수 없는 것이다.

국제법상 '선점'(occupation)은 "어떤 국가가 타국에 속하지 않은 어떤 지역인 소위 무주물(無主物: *terra nullius*)에 대하여 실효적인 점유를 함"을 의미한다. 선점의 3대 구비 요건은 첫째, 선점의 주체는 국가로서 영토 취득의 의사(*animus occupandi*)를 갖고 있어야 하며, 둘째, 선점의 객체인 무주의 지역을 타국보다 먼저 실력으로 지배해야 하며, 셋째, 영토 취득의 국가 의사를 대외적으로 공표해야 하는 것으로서, 이들을 충족시킬 경우 실효적인 점유로 간주된다.

일본 정부가 독도를 일방적으로 시마네현에 편입한 조치에서는, 다음에 열거하는 몇 가지 사실에서 선점의 구비 요건에 비추어 볼 때 근본적인 문제점들이 발견되고 있다.[53]

① 독도는 신라 지증왕 13년(A.D. 512년) 이래 울릉도의 부속 도서로서 1906년 4월 8일까지 무주지가 아닌 대한제국의 영토이며, 그 역사적 권원이 대한제국에 있음이 63종의 고문헌에 의해 명백히 증명되었다.
② 1900년 10월 27일자 관보에 등재된 칙령 제41호 제2조에 '울릉도 전도(全圖) 및 독도' 등으로 표기되어 있고, 1901년에는 울릉도장(鬱陵島長)을 군수로 승격시켜 독도를 개척하였으며, 1904년경에는 하절기에 수십 명의 울릉도 어부들이 독도에 출어하여 독도를 한민족의 생활공간, 즉 어로 근거지로서 영유한 사실이 있다.
③ 1903년 9월 29일 시마네현 사람인 나카이(中井養三郞)가 독도가 해구(海狗)의 집단 서식처임을 알고서 「리앙쿠르도의 영토편입 및 대하원」을 제출할 때까지, 독도가 일본국 정부에 의해서 대한민국의 영토로 인정된 사실이 시마네현 현지(縣誌) 및 해군 수로부(水路府)의 해도(海圖)상에 기록되어 있다.

첫째, 국제법상 무주(無主)의 지역이란 주민이 없는 토지라는 뜻이 아니고, 기존 국가에 의하여 포기된 지역과 어느 국가의 영역에도 속하지 않는 지역을 의미한다. 그러나 1906년 4월 일본국 오키시마 도사(隱岐島司) 아즈마(東文輔)가 울릉군수인 심흥택에게 독도의 시마네현 편입조치를 통보할 때까지는 독도는 비록 무인도였으나, 한국령 울릉도로부터 49해리의 위치에 자리잡고 있는 부속 도서로서 한국의 실효적 점유 영토였음이 명백한 것이다. 그럼에도 불구하고 일본 각의가 1905년 「시마네현 고시 제40호」로써 독도를 오키시마에 편입조치한

53) 合同通信社 調査部, 『얄타 秘密協定: 美國務省 發表論文』(合同通信社, 1956), pp.587-588.

것은, 「카이로선언」에서 규정된 바와 같이 탐욕에 의한 대한민국 영토의 약취행위(略取行爲)라고 밖에 단정할 수 없다.[54)]

둘째, 국제법상 유효한 선점은 국가의 영유의사(領有意思)인 주권적 요소가 필요한 것이다. 그러나 일본국 정부는 1905년 1월 28일자 일본 각의의 결정이 곧 영토취득의 의사였고, 「시마네현 고시 제40호」가 바로 선점에 필요한 고시(告示) 방법이었다고 주장하고 있으나, 이는 국가가 아닌 일개 지방관청의 은밀한 고시였으므로 무효인 것이다.

특히 이 점에 대하여는 일본 아이치대학(愛知大學) 고마(胡麻本) 교수가 논평하기를, "단순한 각의 결정만으로는 국제법상 국가의 대외적 의사표시로 볼 수 없으며, 더욱이 영토의 취득시에는 반드시 외무대신이나 정부 기관에서 상대국에 문장 또는 구두를 통해 정식으로 통고를 해야만 국제법상 국가의 외교적 의사표시라고 할 수 있다. 그리고 지방 고시는 국제법상 효력이 전무한 것이며, 오직 일개 지방자치단체의 결정을 지방민에게 알리는 것에 불과하다. 만일 지방고시가 곧 대외적 국가의사 표시로서 인정된다면, 앞으로의 국제문제는 지방자치법에 의거하여 해결하자는 새로운 학설이 탄생하게 되므로 국제법학회의 조소거리밖에 되지 않을 것이다"라고 국제법학자로서의 정론을 피력하고 있다.[55)] 사실상 1888년 이래 국제법학회에서는 선점에 관한 요건으로서 은밀한 고시가 아닌 외국에 대한 정부간의 통고를 요구하고 있기 때문에, 일본의 「시마네현 고시 제40호」는 국가 고시가 아닌 일개 지방행정 관청의 독자적인 고시이므로 불법행위인 것이다.[56)]

셋째, 무주 지역을 획득하기 위해서는 이른바 객관적 요소인 선점 실효성의 원칙이 필요한데, 이것은 개인 또는 회사에 의한 실효적인

54) 임덕순, "독도의 정치지리학적 고찰: 그의 소속과 기능에 대하여," 『부산교육대학논문집』, 8-1(1972), p.48.

55) 이한기, 『국제법강의』(박영사, 1977), pp.224-225.

56) 중앙일보, 1983년 12월 3일자.

점유가 아닌 국가 기관에 의한 점유를 말한다. 그러므로 일본 정부가 1905년 6월부터 태평양전쟁으로 인하여 해구엽업(海驅獵業)이 중지될 때까지, 나카이(中井養三郎)와 야하타(八幡長四郎)와 같은 어부에게 해구보호면허제(海驅保護免許制)를 실시한 행위를 국제법상의 실효적인 점유로 확대 해석하는 것은 무리이다.[57] 대한제국 정부는 1900년(광무 4년) 10월 27일 칙령 제41호로서 일본에 비해 5년이나 앞서 독도를 울릉군수의 행정 관할하에 두었기 때문에, 나카이와 같은 어부의 점유는 실효적 점유 요건을 구성하지 못하는 것이다.

넷째, 당시 경쟁적 주권자인 대한제국 정부에 일본제국 정부가 통지의 의무를 다하지 못한 것은 선점의 요건을 충족시키지 못하고 있다. 일본 정부는 선점의 의사를 타국에 통지함이 의무적인가에 관하여 자신의 주장을 정당화시키고자 국제적 선례로서 클리퍼톤島(Island of Clipperton, 1931, 프랑스-멕시코간)와 팔마스島(Island of Palmas, 1928, 미국-네덜란드간) 사례를 예시하고 있는데,[58] 여기에서 "통고 여부를 고려할 필요 없다"는 취지의 판결은, 주민이 거주하고 있는 동 지역에서의 은밀한 주권 행사가 불가능하다는 사정에 기인한 것이었다. 따라서 독도의 편입 조치의 경우와 같이 외딴 무인 소도에 대한 편입의 사례에 있어서는, 당연히 대한제국 정부에 고지할 의무가 있었으므로 명확히 법적인 하자가 존재한다.

다섯째, 일본 정부는 1905년 2월 22일 독도의 시마네현 강제 편입 당시, 한국을 포함한 어느 외국에 의해서도 이와 같은 일본의 선점이 문제시된 적이 없음을, 마치 한국 정부가 독도의 편입 조치를 인정한 것처럼 당시의 정치사적 배경을 은폐 · 날조하여 선전하고 있으나, 이는 일본의 조선 침략에 대한 이론화를 조작하기 위한 것인 동시에, 역

57) 朴庚來, 『獨島』(東京: 硏究資料社, 1963), pp.48-50.

58) 柳炳華, 『國際法總論』(一潮閣, 1981), pp.278-279; 金楨鍵(공편), 『判例中心 國際法』(慶南大 出版局, 1982), pp.193-201.

사적 제 사실을 완전히 왜곡하고 있음은 전술한 바와 같다. 1904년의 「한일 의정서」와 「제1차 한일협약」을 통해 일본이 이미 대한제국의 외교권을 실질적으로 장악하고 있던 정치적 상황하에서 이루어진 일방적 강요였으므로 이에 대한 항의를 전혀 기대할 수 없었다. 오히려 한국 전체에 대한 식민지화의 과정에서 자행된 독도의 편입 조치는 1969년의 「조약법에 관한 비엔나협약」 제52조를 유추해 보고,[59] 국가의 대표 기관과 강제로 체결한 조약은 무효라는 당시의 국제 관습법에 따르면 한국에 대해서도 무효인 것이 확실하다.

1965년에 고다무로 세이자부로(田村淸三郞)가 쓰고 시마네현청(島根縣廳)에서 발행한 『죽도 연구』(竹島の硏究)라는 문헌에서는, "일본은 마치 대한제국 정부가 독도의 시마네현 편입을 묵인하였으므로 이 같은 일본의 선점이 전혀 문제시된 일이 없다"는 억측을 나열하고 있다.[60] 이 책은 당시의 정치사적 배경을 전혀 고려하지 않은 채 저술되었기 때문에, 학문적 공정성을 결여한 무의미한 저술임에 틀림없다. 이상에서 고찰한 바와 같이, 일본 정부의 독도에 대한 선점이론은 선점의 3대 요건을 전혀 충족시키지 못하고 있음을 발견할 수 있기 때문에, 독도의 일본 편입이 내포한다는 유효성은 재검토되어야 할 필요성이 당연히 제기되는 것이다.

그러므로 일본 정부에 의한 독도의 강제 편입 조치는, 「카이로선언」에서의 이른바 '폭력 및 탐욕에 의해 약취한 기타의 지역'에 해당되며, 이는 「포츠담선언」에 흡수되고 일본은 연합국에게 이 선언을 무조건 수락하고 항복하였기 때문에, 「카이로선언」에서처럼 "일본국은 의당 이들 지역으로부터 구축되고 독도는 한국에 반환되어야 한다"는 결론에 이를 수 있게 된다. 더욱이 실정 국제법상 영토분쟁 해결의 결

59) 金楨鍵(編著), 『國際條約集』(博英社, 1981), p.183.

60) 崔書勉, "地圖로 본 獨島," 『領土問題硏究』(高麗大 民族文化硏究所), 창간호(1983. 10), p.165.

정적 요소는 역사적 사실 자체가 아니고 주권의 발현에 있기 때문에, 실효적 점유가 중요한 요소인 것이다. 다행히 제2차 세계대전 이후 한국이 일본으로부터 독립한 이래 독도를 한국의 주권하에 실효적으로 점유 · 관리해 오고 있음이, 한 · 일 간의 독도 분쟁을 해결함에 있어 매우 유리한 관건을 구성하고 있는 것으로 판단된다.

물론 독도 영유권 문제의 본질은 한 · 일 양국민의 민족감정까지 관련되어 있는 매우 복잡한 정치적 문제임에 틀림없다. 그러나 정치사적 배경에 대한 고찰과 국제법의 법리에 따르면, 독도에 대한 원초적 · 역사적 · 근대적 권원이 한국에 있음을 알 수 있다. 그럼에도 불구하고 일본국 정부가 독도에 대한 영유권 주장을 간헐적으로 반복하고 있는 것은, 아직도 과거의 일시 강점에 따른 정한론이 부활할 가능성이 있는 것으로 예측할 수 있다. 그러므로 한국 정부는 독도에 대한 역사적 · 법적 권한만을 내세워 "독도는 한국고유의 영토"라는 내용의 연례적인 각서만으로 일본 정부를 반박하지 말고, 독도를 국가권력에 의하여 현재보다도 더욱 실효적으로 관리 · 지배하여 보다 확고한 관할권을 확보하여야 할 것이다. 한국 정부는 일본의 연례적인 구상서를 통한 관성적(慣性的)인 독도 영유권 주장에 일본 정부와 타협이나 대화를 추진할 필요가 없는 것이며, 한 · 일 양국 사이에 독도의 영유권 문제로 인한 영토분쟁의 존재 사실 또한 인정할 수 없다.[61] 따라서 독도의 한국 영유 사실에 대한 인식 및 상황을 더욱 공고히 하기 위한 적극적이고 합리적인 방안 모색 및 실행이 한국 정부에 의해서 취해져야 할 것이다.

61) 조선일보, 1983년 2월 25일자.

제 7 절 한국의 영유권 주장 논리

일본측의 독도에 대한 영유권 주장 논리는 자국측에 불리한 기록이나 자료는 사인(私人)의 것에 불과하다거나 제작자의 착각에 의한 실수라며 그 가치를 평가절하하고, 자국측에 유리한 기록과 한국측의 기록에 나타난 약점에만 일방적으로 근거하여 영유권 주장의 논리를 전개하고 있다는 문제점을 쉽게 발견할 수 있다. 특히 일본이 확정적 권원의 확립을 위한 중요한 근거로 제시하고 있는 1905년 1월 22일자 시마네현 편입조치는, 러·일전쟁과 일본의 조선 침략 기도라는 일련의 일본 제국주의 확장욕이라는 정치사적 배경을 무시할 경우, 이에 대한 객관적이고 논리적인 해석과 평가가 도출될 수 없을 것이다.[62]

1. 독도의 역사적 권원(權原)

우선 독도가 한국의 고유 영토가 된 것은 문헌상으로는 서기 512년, 즉 신라 지증왕 13년에 독도는 울릉도와 더불어 신라에 복속되었다고 삼국사기(三國史記)에 기록되어 있다. 1808년 조선 왕조가 편찬한 『만기요람』(萬機要覽) 군정편(軍政篇)에는 "여지지(輿地志)에 이르기를 울릉도와 우산도(于山島)는 모두 우산국(于山國)의 땅이며, 우산도는 왜인들이 말하는 마쓰시마(松島)이다(輿地志云 鬱陵 于山皆于山國地. 于山則倭所謂松島也)"라는 구절이 담겨 있다. 따라서 우산국의 정벌을 통해 독도는 서기 512년부터 신라의 영토로 복속되어 온 것이다.[63]

고려 시대에는 태조 때 우산국이 고려에 복속되어 조공을 바쳤고,

62) 정인섭, 앞의 글, p.90.

63) 독도의 명칭과 역사적 문헌에 대해서는 金榮柱, "독도의 명칭과 지리," 金明基 編著, 『독도연구』(법률출판사, 1997), pp.8-29에 원문과 역문이 수록되어 있음.

11세기 초 현종 9년에는 중앙정부에서 우산국에 관원들을 파견하여 통치권을 행사한 바 있었다.[64)]

조선 태종 시대(1417년)에 이르러 한때 울릉도 거주민을 본토로 이주시키고 울릉도를 비우는 이른바 '쇄환 · 공도정책'(刷還 · 空島政策)을 실시하였다. 이 정책은 고려 말기 왜구가 크게 발호하여 조선의 해안에 대한 노략질이 격심해지자, 울릉도 주민들도 여러 차례 노략질을 당하였던 것이기에 이를 방지하기 위한 조치였다. 그러나 이러한 공도정책이 결코 영토를 포기한 것을 의미하는 것은 아니었다.[65)] 이후 독도의 명칭은 많은 변화를 보여주고 있다. '우산도'(于山島), '삼봉도'(三峯島), '가지도'(可支島), '석도'(石島), 그리고 문헌상에는 1906년에 처음 나타난 '독도'(獨島) 등으로 불려졌다.[66)]

조선 왕조가 일시적으로 울릉도에 대한 공도정책을 채택하는 데 착안한 일본은, 17세기에 쓰시마 번주(藩主)를 중심으로 울릉도에서 삼

---

64) 우산국이 고려 시대에도 고려에 복속되어 통치를 받았던 사실이 『고려사』 권1~권4에 명기되어 있다. 국방군사연구소, "독도에 대한 역사적 고찰,"(국방군사연구소, 1996.3), p.7. 여기서 주목할 점은 일본의 독도와 관련된 최초의 문헌인 『隱州視聽合記』가 당시 일본인들이 松島(독도)와 竹島(鬱陵島)를 고려의 땅으로 인정하고 있음을 보여주고 있다는 것임.

65) 이후 독도가 우리의 영토로 나타나는 대표적인 문헌으로 『世宗實錄地理志』, 『新增東國輿地勝覽』등이 있다. 그리고 많은 지리서 등이 있지만 그 중에서도 「東國地圖」, 「海左全圖」, 「朝鮮全圖」 등은 鬱陵島의 오른쪽, 즉 정확히 지금의 독도 위치에 또 하나의 작은 섬을 그려 넣고 '于山島'라고 기록하여 鬱陵島와 독도 두 섬이 모두 조선의 영토임을 나타내고 있다. 신용하, 『독도의 민족영토사 연구』(지식산업사, 1996), pp.27-29.

66) 이외에도 이상의 모든 이름의 異字 誤寫(예를 들면 子山島와 天山島) 등도 있었다. '독도'의 어원에 대해서는 여러 가지 설이 있었지만 바위를 의미하는 '돌'의 경상도 방언 '독'에서 온 것이라는 설이 주목할 만하다. 즉 외형적 특징 때문에 '돌섬' 내지 '독섬'이라고 불리던 속칭에 근거하여, '石島'도 '독도'도 모두 이 속칭을 한자화한 것이라는 설이 가장 유력하며 또한 타당한 것 같다. 신용하, "역사적 측면에서 본 독도문제," 『독도문제 학술회의 논문집』(정신문화연구원, 1996.4), pp.167-169. 일본측은 '독도'를 제외하고는 오늘날의 '竹島', 즉 독도를 가리키는 것이라고 인정하지 않으려는 경향이 있다.

림 벌목과 불법 어로작업을 통해 각종 침탈행위를 시도하였다. 그러나 이 때의 일본의 침탈 시도는 당시 동래(東萊) 수군으로 있던 안용복(安龍福)의 영토권 수호 활동으로 인하여, 1693년 관백(關白)이 백기주(伯耆州) 태수(太守)를 동원하여 울릉도와 우산도 두 도서를 조선지계(朝鮮之界)로 정한다는 서계(書契)를 작성하게 하였고, 일본인의 울릉도 출입금지령을 발표하도록 하였다.[67]

이후 1876년 조선이 일본의 강요에 의해 개항하자, 일본인이 울릉도에 본격적으로 들어와 불법적으로 어로와 벌목을 자행하게 됨에 따라, 1881년 조선 정부는 일본 정부에 강력한 내용의 항의서를 전달하였고, 조선인도 본토로부터 울릉도에 들어가 거주하기 시작하였다. 이어 조선 정부는 1882년 4월 이규원을 검찰사로 파견하여 실태조사를 시켰다. 그 조사에 따르면,[68] 1882년 4월 현재 조선인 140명이 울릉도에 이미 들어와 있었고 일본인도 78명이나 있었다는 것이다. 조선 왕조는 1882년 6월부터 일본 외무성에 일본인들의 울릉도 무단 침입과 삼림 벌채 금지를 강력하게 요청함과 동시에, 「울릉도개척령」(鬱陵島開拓令)을 발표하였고, 독도를 현재의 명칭으로 바꾸고 도장(島長)을 설치하였으며, 四道(충청 · 전라 · 경상 · 강원)로부터 이 지역에 거주하는 지방민들을 이주시켰다. 이어 1883년 3월 개화파의 영수(領袖)였던 김옥균(金玉均)을 '동남제도 개척사 겸 관포선사'(東南諸島開拓使兼管捕鯨事)에 임명하여, 종래의 공도정책을 폐기하고 울릉도 독도의 재(再)개척을 본격적으로 시작하였다.[69]

1897년 조선 왕조의 국호가 '대한제국'(大韓帝國)으로 개칭된 후,

67) 安龍福 사건은 1696년 간행된 『肅宗實錄』 권 30과 1908년 간행된 『增補文獻備考』 권 31에 잘 나타나고 있다. 이 사건에 대한 내용은 신용하, 『독도의 민족영토사 연구』, pp.97-112; 李根澤, "安龍福의 영토수호활동," 독도학회, 『독도영유의 역사와 국제관계』(독도학회 제3회 학술심포지엄, 1997. 5.), pp.17-39에 잘 정리되어 있다.

68) 李奎遠, 『鬱陵島檢察日記』.

69) 신용하, 『독도의 민족영토사 연구』, pp.40-42 참조.

대한제국 정부는 1899년 10월 우용정(禹用鼎)을 책임자로 한 조사단을 울릉도에 파견하여 일본인 무단 침입 문제에 대한 조사와[70] 대책을 수립하기도 했다. 이후 대한제국 정부는 적극적인 대책의 일환으로, 1900년 10월 25일 「칙령 제41호」를 발하여 울릉도를 '울도'(鬱島)로 개칭하고 도감(島監)을 군수(郡守)로 개칭 · 승격시켰으며, 강원도 울진현(蔚珍縣)에서 강원도에 부속시키고, 구역은 울릉전도와 죽도(竹島) 및 석도(石島)를 관할한다고 규정하였다.[71] 여기에서 竹島 · 石島는 독도의 두 섬을 말하는 것이다.

이상과 같은 역사적 사실은 독도가 우리의 영토라는 것을 증명하고 있다. 이를 증명하는 일본측 자료들도 다수 존재하고 있다. 심지어 일찍이 동해를 조사한 러시아의 19세기 자료들도 독도를 한국영토로 인정하고 있다. 예컨대 1898년에 편찬하여 1900년에 간행된 『한국지』(韓國誌)가 그 대표적인 예이다.[72]

2. 시마네현 고시의 불법성과 선점이론 적용의 문제점

한국이 역사적으로나, 그리고 1876년 개항 이후에도 독도에 대한 영유권을 행사하여 왔음에도 불구하고, 일본에 국권을 찬탈당하면서 독도 문제가 본격적으로 발생하게 되었다. 일본이 독도를 자국의 영토라고 주장하는 가장 강력한 근거는 「시마네현 고시 제40호」(1905년 2월 22일)인데, 이 고시가 나오게 된 당시의 조선의 정치사적 사정을 우선 검토해 볼 필요가 있다.

조선이 개항함과 동시에 한반도에서는 열강의 이권 쟁탈전이 경쟁적으로 전개되었다.[73] 이러한 이권 쟁탈전에서 결국 일본이 열강들을

70) 禹用鼎, 『鬱島記』.
71) 김명기, 『독도와 국제법』(화학사, 1987), pp.138-139 참조.
72) 러시아 재무부 편, 崔璇 · 金炳璘 譯, 『國譯韓國誌』(한국정신문화연구원), p.118.

물리치고 한반도에서 이권을 독점하게 되는 과정에서 대한제국은 주권을 상실하게 된다.

1902년 영·일동맹을 통해 영국의 승인을 받는 한편, 1904년 2월 「한·일의정서」 조인, 8월 22일 「제1차 한·일협약」 체결,[74] 1905년 7월 27일 「가쓰라 테프트 밀약」을 통해 미국의 승인을 받게 되었다. 이후 1905년 발발한 러일전쟁이 일본의 승리로 종결되자,[75] 9월 5일 「포츠머스조약」의 체결을 통해 일본은 한국에서의 모든 행동에 대한 특권 인정을 러시아로부터 일단 확보한 다음, 군사력을 동원하여 대한제국의 궁궐을 포위하고 1905년 11월 17일 불법적인 을사늑약의 체결을 강요하였다. 일제는 그들이 초안해 온 을사늑약에 조약 체결권자인 고종 황제의 승인, 서명 날인 그리고 비준 등 그 어느 것도 받지 못하자, 외무대신의 서명 날인만을 받은 상태에서도 조약이 체결된 것처럼 공포함으로써 강제로 집행하였다.[76] 이로 인해 대한제국 외무부는 1906년 1월 17일 완전히 폐지되었고, 일제의 통감부(統監部)가 1906년 1월에 서울에 설치되어 2월 1일부터 사무를 시작하였다. 이로써 대한제국은 외교권 및 외교 사무를 완전히 박탈당하게 되었다.[77] 1907년 7월 19일에는 고종이 통감의 강요에 의하여 퇴위하기에 이르렀다.

일본은 1904년 8월 22일, 「제1차 한·일협약」을 통하여 한국에서

---

73) 한국정치외교사학회 편, "한반도에서의 열강의 이권획득 외교," 『한국외교사 Ⅰ』(집문당, 1993), pp.287-324 참조.

74) 이 협약으로 인해, 외교와 관련해서는 한국 정부는 일본 정부가 추천한 외국인 1명을 외교고문으로 임명하여 그 의견에 따라야 하고, 조약체결·외교안건에 대해서는 사전에 일본 정부와 협의를 해야 한다는 내용이 포함된다. 이 협약에 따라 외교고문에 스티븐스(Stevens)가 임명된다. 스티븐스는 미국에서 일본의 통감정치를 찬양하고 다니다가 1908년 미국 샌프란시스코에서 전명운(田明雲)·장인환(張仁煥)에게 암살되었다.

75) 이것은 한국에서 일본이 최후의 적대세력을 축출하는 데 성공했다는 것을 의미한다.

76) 을사보호조약[을사늑약]으로 통감부가 설치되고, 한국의 외교권이 완전 박탈당하게 되었다.

77) 신용하, 『독도의 민족영토사 연구』, p.48.

외교고문정치를 실시하고, 이후 1905년 2월 22일「시마네현 고시 제40호」가 이루어졌음을 주목할 필요가 있다. 7월에 일본은 독도에 해군 망루를 설치했다가 러일전쟁 종결 후(10월 24일) 철거하기도 했다.[78] 11월 17일에 한국은 외교권을 완전히 상실했고, 다음 해인 1906년 1월 17일에는 외교기관인 외무부가 폐지되고, 2월 1일부터는 내정까지 일본 통감부의 지배를 받게 되었다는 일련의 정치사적 배경에 주목할 필요가 있다.

이러한 흐름 속에 일본이 독도를 침탈하여 소위 '영토편입' 한 사실을 한국 정부가 알게 된 것은, 시마네현 고시가 시마네 현청에 공시된 지 1년 후인 1906년 3월 28일이었다. 시마네현의 오키시마 도사인 오즈마(東文輔)와 사무관인 가미니시(神西由太郞) 일행이 독도를 시찰하고 돌아가는 도중에 울릉도에 들러 울릉군수 심흥택을 방문하여 독도를 일본 영토로 '편입' 한 것을 말해 주었던 것이다.[79] 이로 미루어 볼 때, 한국이 이러한 사실을 알았을 때는 이미 외교권이 박탈당했고 내정마저도 일본이 완전 장악하게 되어 항의조차 할 수 없는 상황을 만든 다음에 독도 침탈 사실을 알려 주었던 것이다. 그것도 국가기관으로 볼 수 없는 울릉군수라는 지방 관리에게 알려 주었던 것이다.

이렇듯 철저하게 사전 준비된 시마네현 고시에 대하여 한국 정부와 학자들은 다음과 같은 문제점들을 지적하고 있다.[80]

첫째, 일본 정부가 1905년 독도를 편입 조치한 것은, 곧 그 이전까지는 독도가 일본 영토가 아니었음을 자인한 조치라고 해석된다. 특히 국제법상 선점에 의한 영유권 획득이 확립되기 위해서는 대상 지역이

78) 『極秘明治三十七八年海戰史』 第4部 第4卷, p.276. 한일의정서의 내용에 일본군은 전략상 필요한 지점을 자유로이 사용할 수 있도록 한다는 조항이 있다. 일본의 망루 설치에 대해서는 위의 책, pp.203-210, 220-223 참조.

79) 위의 책, p.224.

80) 정인섭, 앞의 글, p.81 참조.

무주 지역이어야 하는데,[81] 독도는 한국 영토인 울릉도의 부속 도서로서 당시 이미 한국 영토였기 때문에, 일본의 영유권 취득은 본래부터 잘못된 조치였음이 확실하다.[82]

국제법상 선점이라고 하는 것은 국가가 영토 취득의 의사를 가지고 무주의 지역(*terra nullius*)을 타국보다 먼저 실력으로서 지배하는 것을 의미한다.[83] 독도가 무주지가 아니고 한국의 영토라는 사실은 한국의 자료뿐만 아니라 일본측의 자료에 분명히 나타나 있다. 심지어 명치정부의 1870년 외무성 자료와 1877년 내무성 및 태정관(太政館)의 공문서 등에도 잘 나타나 있다.[84] 그리고 일본이 독도를 영토 편입한 것은 사실상 한국 영토를 침탈한 것이므로, 8.15 해방과 동시에 독도가 한국 영토에 복귀된 것은 지극히 정당한 결과인 것이다. 따라서 일본이 주장하는 선점의 논리는 이치에도 적합하지 않을 뿐만 아니라, "일본은 폭력과 탐욕에 의하여 약취한 모든 다른 지역으로부터도 축출된다(Japan will also be expelled from all other territories which she has taken by violence and greed)"는 「카이로선언」에 의해서도 당연히 독도는 우리의 영토로 반환된 것으로 인정되어야 한다.

둘째, 일본은 시마네현 편입조치를 이해 관계국인 한국에 통고하지 않고 비밀리에 처리하였으므로, 정상적인 국가 의사의 공표라고 인정할 수 없는 것으로 간주되어야 한다. 시마네현 고시는 일개 지방정부의 고시에 불과하므로, 국가의 대외적 의사 표시로 인정될 수 없다. 만

81) 과거 서구 제국이 비유럽 지역을 주민이 살고 있어도 무주지로 취급하여 서구 제국의 실효적 지배에 의한 선점의 대상으로 삼았다. 그러므로 오늘날 아시아 · 아프리카 국가들은 선점의 법이론을 부인하는 입장이다.

82) 국가가 영역을 취득하기 위한 법적 근거를 권원(title)이라고 하는데, 국제법 분야에서는 이와 같은 권원으로서 ① 선점(先占), ② 시효(時效), ③ 첨부(添附), ④ 할양(割讓), 그리고 ⑤ 정복(征服)을 인정해 온 추세이다.

83) 李漢基, 『國際法講義』(博英社, 1983), p.223.

84) 『日本外交文書』 제3권 문서번호 87호(1938년 간행), 『公文錄』 內務省之部의 표제로 현재 日本國立公文書館에 보관되어 있다.

약 이러한 지방고시가 곧 대외적 국가 의사표시로 인정된다면, 앞으로 국제문제는 지방자치법에 의거하여 해결할 수도 있다는 새로운 학설이 탄생될 수 있어, 일본의 주장은 모순과 하자로 이루어졌다고 규정할 수 있다.

더구나 1905년 당시 한국의 외교권을 다른 나라가 아닌 일본이 박탈하였으므로, 일본의 독도 편입에 대하여 한국으로부터 정식 항의가 없었음을 원용할 입장에 있지도 않았다고 본다. 그러므로 당시 조선의 정치사적 배경을 은폐 · 날조하여 선점 요건에 불합리하게 이용한 일본의 독도 편입조치는 근본적으로 원인 무효임이 자명한 사실이다.

이 문제에 대하여 일본은 선점의 구비 조건에 있어서 영토 취득의 국가의사를 대외적으로 공표해야 하는 통고 조건이 필요조건은 아니라고 주장한다. 그러나 독도에 관한 시마네현 고시가 선점의 효력을 발휘하기 위해서는, 일본 정부가 조선 정부에 대해 국가의 영유 의사인 주관적 요소로서 문장 또는 구두를 통해 정식으로 통고해야 하는 행위만은 반드시 필요한 것이다.

비록 통고의 요건을 필요요건으로 요구하지 않는 것으로 잘못 인식하고 있는 일부 판례가 존재하긴 하지만, 그러한 판례들도 엄밀히 분석해 보면 통고를 선점의 요건으로 간주하고 있으며, 다수의 학자들도 통고의 의무를 규정한 1885년의 「베를린 의정서」와 같은 특별한 협약이 없는 경우도 통고를 선점의 요건으로 보고 있다. 통고가 의무로 규정된 협약이 있는 경우는 물론이고, 그러한 의무 규정이 없더라도 반드시 통고가 따라야 하며, 이 경우 통고는 국가간의 통고이므로 국내적 통고만으로 부족하다고 할 수 있다. 따라서 시마네현이라는 지방정부의 고시는 정당한 통고라고 할 수 없다. 또한 영토 취득의 효과가 처음 일방적 행위에서 점차적으로 당사국간의 동의 또는 제3국에 의한 승인으로 완성되어 가는 현대적 경향에 비추어 볼 때, 통고의 문제를 서구의 학자들과 같은 해석에만 의존할 수는 없고, 통고와 공표는

〈표 3-1〉 독도 문제에 대한 한 · 일 양국의 주장

한국측 주장	일본측 반박
(1) 지리적 근거 독도는 울릉도에서 49리의 거리에 위치하고 있는 울릉도의 속도(屬島)로서 고래로부터 울릉도의 어민이 독도의 어장에서 출어(出漁)를 하였고 기항지로도 사용하였음.	(1) 지리적 근거 독도는 한국 본토보다 거리상으로 일본 본토에 가까우므로, 옛날부터 일본 어부들이 항해상, 어업상으로 울릉도 항해 시에 독도를 중계기지로 사용하였음.
(2) 역사적 근거 ① 삼국사기(三國史記)에 의하면 본래 독도와 울릉도가 우산국(于山國)에 포함되어 있었는데, 512년 신라 22대 지증왕 13년 6월에 하금주(何琴州, 현재의 강릉)의 군주였던 이창(伊滄) 이사부(異斯夫)가 목우사자(木偶獅子)를 많이 만들어 이로써 우산국 사람들을 위협하여 항복을 받았다는 기록이 있음. ② 고려와 조선 초기에 걸쳐서 오늘날의 독도가 우산도(于山島) · 삼봉도(三捧島) · 가지도(可支島)등으로 명명되었으며, 그 때부터 지금까지 한국이 관리하여 왔음. ③ 숙종실록(肅宗實錄)에 의하면 1693년에 대마도 도주가 울릉도를 일본의 영토인 '다케시마(竹島)' 라 하고 어렵(漁獵)과 벌목을 자행하므로, 동래 수군으로 일본어를 잘하던 안용복(安龍福)이 울릉도에 건너가 일본인들을 모두 내쫓았고, 1696년에는 단독으로 일본의 에도에 가서 울릉도 · 우산도의 감세관이라 자칭하여 일본 정부에 어렵과 벌목을 엄중 항의하고, 울릉도가 한국의 영토임을 승인한 도쿠가와 막부의 문서를 받아온 기록과 같은 해 도쿠가와 막부에서 일본 어부의 울릉도 출어 금지가 발표된 기록이 있는 바, 당시 울릉도의 속도인 독도도 마땅히 한국의 영토임.	(2) 역사적 근거 ① 한국측의 고전문헌이나 사실의 인용은 부정확한 것이며 이에 대한 해석도 오해가 충만하므로, 한국측의 주장을 신빙하기 어렵고 또한 신라시대의 우산국은 오직 울릉도 하나만을 말하고 있음. ② 안용복 사건의 기사는 그가 귀국 후 비변사(備邊司)에서 취조를 받을 때의 공술(供述)인 바, 그 내용에는 허위가 많았으며 또한 그는 불법출국 및 부단국제문제야기죄(不斷國際問惹起罪)로 처벌을 받았음. ③ 지도의 간행자나 보고서의 작성자는 원문을 망각하여 단순히 전문(專門)에 의하여 기록한 것으로서 편자(編者)의 불찰이었고, 군함 대마호를 보고 원문 '울릉도의 주민' 이라고 쓰여 있지 않으며, 이 자들은 당시 일본 어부들이 고용하였던 울릉도민임에 불과함.
(3) 일본의 독도 편입 조치(措置)의 합법성 문제 ① 일본이 국제법상의 선점 이론을 적용하여 독도를 주인이 없는 지역으로 취급하고 1905년 2월 22일자 '시마네현 고시 제40호' 에 독도를 일본의 영토로 편입 조치한 것은, 일본이 그 당시까지 독도를 일본의 영토로 생각하지 않고 있었다는 유력한 반증이 되며, 또한 이와 같은 영토 편입 조치를 취한 후 곧 대외에 공포하여야 함에도 불구하고 비밀리에 행하여졌으므로, 1907년 일본에서 간행된 다부치 도모히코(田淵友彦)의 〈한국신지리〉와 1933년 일본	(3) 일본의 독도 편입조치의 합법성 문제 ① '시마네현 고시 제40호' 를 통해 독도를 시마네현에 편입 조치한 것은, 당시 일본이 자국의 영토를 편입 조치할 때 관행한 고시 방법이었으며, 동 편입 조치 후에 간행된 좌기(左記)의 간행물은 일본 정부가 동 편입 조치를 비밀리에 취한 결과가 아니고 오직 간행물 필

해군 수로부에서 발행한 〈조선연안수로지〉등에 여전히 독도가 한국의 영토로 표기되어 있었음.	자의 인식이 부족하였기 때문임.
(4) 전후 연합국의 제반 조치 ① 1943년 '카이로선언' 에서 "일본은 폭력 및 빈욕(貪慾)에 의하여 약취한 일체의 지역에서 구축된다"라고 규정되었고, '포츠담선언' 에서도 이 규정이 재인식되었음을 고려할 때, 일본이 약취(略取)한 독도를 한국에 반환하여야 함. ② 1947년 연합군 극동위원회는 "일본의 주권은 4개 본도(本島) 및 앞으로 결정될 제 인접 소도에 국한한다" 고 하였고, 'SCAPIN' 제677호에 의하여 非인접 도서로 규정된 독도는 당연히 일본으로부터 분리됨.	(4) 전후 연합국의 제반 조치 ① 독도를 약취한 것이 아니고, 당시 일본의 국내 관례에 의하여 자국의 영토를 편입한 것이므로 한국에 반환할 의무가 없음. ② 'SCAPIN' 제677호에 의하여 행정권이 정지되었던 하보마이도(齒舞群島)에 대해서도, 일본이 '상해 평화조약' 에 포함된 권리 · 권원 · 청구권을 방기해야 할 치시마열도(千島列島) 중에는 포함되지 않았듯이, 독도도 동일한 경우임.

서로 밀접한 관계가 있는 것이며 실효적 점유에 있어서도 통고의 의무는 본질적 요소라고 할 수 있을 것이다.[85)]

셋째, 내각회의의 결정이나 시마네현 지사 명의로 된 공고만으로 대외적인 법률행위가 효력이 있다고 인정할 수 없다. 왜냐하면 시마네현과 같은 지방행정기관이 국제법상 주체가 될 수 없는 것은, 시마네현이 일본의 국내법상 행정행위를 할 수 있는 행정기관에 불과할 뿐이지 대외적인 국가 대표기관은 아니기 때문이다.

그리고 시마네현 고시는 일본 내의 불특정 다수에게 특정 사실을 통고하는 행정법상의 '통지행위' 에 불과한 것이기 때문에, 국제법상 효력을 발생하지는 못하는 것으로 해석된다.[86)]

독도 문제와 관련된 한국과 일본의 이러한 주장을 쟁점에 따라 비교하면 〈표 3-1〉과 같이 정리될 수 있을 것이다.

---

85) 이한기, 『한국의 영토』(서울대학교 출판부, 1996); 배선희, "독도와 선점이론," 김명기, 『독도연구』(법률출판사, 1997), pp.99-132 참조.

86) 이렇듯 일본이 독도의 편입을 비밀스럽게 단행한 이유는 대한제국의 반발, 러시아와의 전쟁 준비, 그리고 열강의 반발 등을 염두에 두었기 때문으로 해석된다.

제 8 절 영토분쟁의 실질적 결과

1. 제2차 세계대전 후 독도 반환

1943년 11월, 미국 · 영국 · 중국의 정상들은 이집트의 수도 카이로에서 회담을 가졌다. 이 카이로회담에서 제2차 세계대전을 빠른 시일내에 종식시킬 것을 결의하고, 전후 국제질서의 방향에 대한 철학과 구상을 발표하였다. 11월 27일에 발표된 이 선언을 흔히 「카이로선언」이라고 부르는데, 이 선언에 의해 한민족의 독립이 약속되었다. 그리고 일본이 1895년 청 · 일전쟁의 종결 이후 제국주의적 방법으로 획득한 모든 지역들을 그 이전의 상태로 환원시키기로 결정됐다. 그리고 한국의 영토는 "일본이 폭력과 탐욕에 의해 약취한 기타 모든 다른 지역들"의 범주에 포함되며, 일본이 대한제국으로부터 1905년에 은밀히 빼앗은 독도도 여기에 포함되는 것은 당연하다.[87]

1945년 7월 16일부터 8월 2일까지 미국과 영국 및 소련은 연합국이 점령한 지역인 독일 베를린 근교의 포츠담에서 정상회담을 가졌다. 이 회담은 그 회담이 진행중인 중간 기간인 7월 26일에 이른바 「포츠담선언」을 발표했다. 이 「포츠담선언」에는 중국도 참가함으로써 이 선언은 4대국의 선언이 됐다. 이 선언은 제8항에서 우선 「카이로선언」을 흡수했다("The terms of the Cairo Declaration shall be carried out.").

1945년 8월 15일 일본은 이 선언을 무조건 수락하였다. 이어 같은 해 9월 2일에는 미주리(Missouri) 함상에서 일본 점령군 최고 사령관이면서 동시에 태평양지역 연합국최고사령부(SCAP)의 사령관인 맥아더 원수 앞에서 무조건 수락을 성문화한 항복문서에 조인함으로써, 「포

87) 신용하, 『독도, 보배로운 한국영토』(지식산업사, 1996), p.182.

츠담선언」과 「카이로선언」 모두를 준수해야 할 의무를 부담하게 되고, 이에 따라 독도의 원상회복도 당연히 이루어지게 되었다.

일본의 무조건 수락으로 인해, 한국과 일본은 주권을 회복하기 전까지 미군정이 실시되었는데, 이때 독도의 한국 영유권은 회복되었다. 미군정 시절인 1946년 1월 29일 연합국 최고사령부는 「SCAPIN 제677호」인 '약간의 주변 지역을 통치 행정상 일본으로부터 분리하는 데에 관한 각서'를 일본 정부에 보냈는데,[88] 이 각서에 울릉도, 리앙쿠르(독도), 그리고 제주도가 일본에서 제외되는 것으로 명시되었다.

또한 1949년 6월 22일자 「SCAPIN 제1033호」인 '일본의 어업 및 포경업 허가 구역에 관한 각서' (이른바 '맥아더라인'의 설정) 제3항 b호는, 일본의 선박과 선원이 독도의 12해리 이내로 접근함을 금지시키는 내용을 공시하였다.[89]

이후 1951년 9월 8일 서명되어 1952년 4월 28일 발효한 「샌프란시스코 대일 평화조약」[90] 제2조 제1항은 "제주도, 거문도, 울릉도"를 포함한 한국에 관하여 일본은 모든 권리 · 권원 · 청구권을 포기한다고 규정하였다. 이 규정에 독도가 빠져 있다는 것을 지적하면서 독도가

88) 이 각서의 의미와 중요성은 첫째, 이 문서는 「포츠담선언」 및 항복문서의 규정을 실시하기 위해 연합국 최고사령관이 일본 정부에 보낸 문서로서, '일본제국 정부'에 대해 직접적으로 법적 구속력을 지니고 있으며, 둘째 이 문서는 제3항에서 "일본의 정의(the definition of Japan)"라는 표현 아래, 일본에 포함되는 지역들을 명시했고 일본에서 제외되는 지역들을 각각 그 이전의 문서들보다 훨씬 더 구체적으로 명시하였고, 셋째 이 문서는 제4항에서 한국이 "일본제국 정부의 통치상 행정상 관할"로부터 제외된다고 명시적으로 밝혔다는 데 있다. 김학준, "독도를 한국의 영토로 원상 복구시킨 연합국의 결정과정," 독도학회, 『독도영유의 역사와 국제관계』(제3회 학술심포지엄, 1997), pp.101-108 참조.

89) "12해리 이내" 부분이 1949년 9월 19일에 "3해리 이내"로 변경된다. 이후 '맥아더라인'은 1954년 4월 25일 폐지되었다. 이때 미국은 12해리까지 관할권 행사를 하고 있었고, 3해리의 영해를 인정하고 있었다. 김정건, 『국제법』(박영사, 1988), pp.200-230 참조.

90) 동시에 「SCAPIN 제677호」는 실효(失效)됐다.

한국의 영토로부터 제외된 것으로 간주한다는 일본측 주장(川上健三)에 대해서는 이한기 교수가 대략 다음과 같이 반박하고 있다.

이 규정에 의해 한국의 독립은 최종적 공식적으로 확인됐고, 1905년에 강탈당했던 독도도 한국으로의 귀속이 확인됐다고 볼 수 있다. 다시 말하면, 한국이 독도와 더불어 이 조약 규정에 의해 비로소 일본으로부터 분리 독립된 것이 아니라, 일본이 「포츠담선언」을 수락함과 동시에 일본으로부터 분리된 것이고, 그 후 연합국의 점령 기간을 경과하여 마침내 1948년 8월 15일에 정식으로 독립을 달성한 것이다.

그리고 이 조약의 어느 곳에도 독도를 일본 영토로 한다는 적극적 규정은 존재하지 않는다. 따라서 「SCAPIN 제677호」에 의해 일본으로부터 분리된 독도가 대일 평화조약에 의해 또다시 일본 영토로 귀속되었다고 믿을 만한 증거가 전혀 존재하지 않는다.[91]

제주도와 거문도 및 울릉도는 일본 학자들의 주장처럼 '한국 근해에 있어서의 대표적인 도서' 인 것이 분명하지만, 절대로 '한반도의 최외측(最外側)' 에 있는 도서가 아니며 또한 일본보다 한국에 더욱 가깝게 위치한 섬들이다. 만약 제주도, 거문도, 울릉도의 외측에 있는 도서들이 대일 평화조약에서 한국 영토로 명기되지 않았다고 하여 그것이 한국 영토가 아니라는 논리가 통용될 경우, 울릉도의 외측에 있는 독도와 제주도의 외측에 있는 마라도(馬羅島)는 동일한 이유로 일본 영토가 되어야 마땅하다는 묘한 결론이 나온다. 그러므로 대일평화조약에 열거된 도서들은 문자 그대로 '대표적인 도서' 에 국한된 것이고, 독도나 마라도와 같이 작은 섬들의 명칭까지 낱낱이 열거하는 방식을 채택하지 않았다고 보는 것이 정당한 견해일 것이다.[92]

이상의 사실을 통해 제2차 세계대전 후 한국이 독립을 쟁취하면서,

---

91) 이한기, 앞의 책(1996), pp.267-268.
92) 위의 책, p.269.

그 부속도서인 독도가 자연스럽게 한국령 울릉도의 부속도서로 복귀되었던 것이다. 사실상 「샌프란시스코 대일 평화조약」의 어느 조항을 보더라도 독도를 일본에 다시 귀속시켜야 한다는 특별규정이 없었고, 일단 일본으로부터 해방과 더불어 한국에 확정 귀속된 독도의 지위에는 어떤 변화를 초래할 이유나 근거가 존재할 수 없었던 것이다.[93]

2. 독도의 실효적 소유 및 점유

해방이 되면서 그간 일본에 의해 상실되었던 독도를 다시 찾은 한국의 어민들은 자연스럽게 독도에 출어하게 되었고, 미 군정 시절인 1947년 8월 학술조사단을 파견해 독도에 대한 실황 연구도 시도하였다. 그 대표적인 실례가 미 군정청 민정장관 안재홍(安在鴻)의 권유와 지원에 따른 한국산악회의 독도 학술조사였다. 한국산악회는 1947년 8월 16일부터 2주일 동안 독도를 방문하여 다양한 방식을 통해 조사가 이루어진 바 있다. 학술조사단은 독도를 실측한 뒤 "울릉도 남면 소속 독도"라는 표주(標柱)를 설치하기도 하였고,[94] 이때부터 한국은 점차 단계적으로 독도에 대한 영유권을 행사하게 되었다.

그러한 가운데 1948년 6월 30일에 독도에 출어하고 있던 어민 30여 명 중 미군의 폭격연습으로 16명이 사망하고 6명이 중경상을 입은 사건이 발생하였다. 이에 대해 미국 제5공군은 독도를 폭격 연습장으로 공시하지 않은 점을 인정하고 사과하기도 하였다.

1948년 8월 15일에 대한민국 정부의 수립이 선포되면서, 이와 동시

93) 「샌프란시스코 평화조약」에 한국이 참가하지 못한 내역에 대해서는 Chong-sik Lee, *Japan and Korea: The Political Dimention*(Stanford: Hoover Institution Press, 1985); 鄭城和, "샌프란시스코 平和條約과 韓國 · 美國 · 日本의 外交政策의 考察," 明知大學校 人文科學硏究所, 『人文科學硏究論叢』, 7(1990), pp.143-157 참조.

94) 독도에 대한 학술조사는 1976년, 1977년, 1981년, 1995년에도 실시되었다.

에 한국 정부는 독도에 경상북도 울릉군 남면 도동 1번지의 지번(地番)을 부여하는 행정적인 조치를 취했다.

그러나 1950년 한국전쟁이 발발하면서, 일본 어선들의 이른바 '맥아더라인' 침범사건이 격증하게 되었다.[95] 이에 한국 정부는 1952년 1월 18일 「대한민국 인접해양의 주권에 대한 대통령 선언」(일명 '평화선 선언' 또는 '이승만 라인')을 선포하는 것으로서 대응하였다.[96]

1953년 2월 27일 미국은 한국 정부의 요청을 받아들여 독도를 미 공군 연습구역으로부터 제외시켰다.[97] 7월에는 국회가 독도를 일본의 침공으로부터 보전할 것을 결의하고 경비대를 상주시키기로 하였다. 1951년 독도 조난 위령비를 설치하였으나, 한국전쟁을 틈타 일본인이 독도에 수차 상륙하여 위령비를 파괴하고 독도에 '일본 영토'라는 표기를 하였던 이유 때문이었다. 홍순칠(洪淳七)을 대장으로 한 민간인 의용 단체인 '독도사수 특수 의용대'가 독도 수비를 시작하였다. 1955년 독도에 새로이 등대를 설치하였고, 이후 독도 근해를 일본 순시선이 침범할 경우에는 즉각 일본 정부에 항의하는 대응을 전개해 오고 있다.[98]

1965년에 울릉도 주민 최종덕(崔鍾德)씨가 독도에 거주하기 시작하였고, 1982년 10월 14일 독도에 주민등록을 하였다. 1987년 11월에는

95) '맥아더라인'을 침범하는 일본 어선에 대한 재판 관할권은 일본 정부 당국에 위임하였다. 이러한 위임을 받은 일본 정부 당국은 '맥아더라인'을 침범하는 어선에 대한 처벌이 소극적이었으며, 그 결과 '맥아더라인'은 소기의 목적을 달성할 수 없었다. 김명기, "한 · 일 배타적 경제수역 설정과 독도영유권," 『자유공론』, 제348호(1996. 3), p.119.

96) 이와 관련하여, 일본은 1952년 9월 20일의 '일본경비구획선'(일명 ABC라인)과 9월 27일의 연합군의 '해상방어수역'(일명 Clark Line)이 있다. 평화선에 대하여서는 이형래, "독도의 영유권 문제의 발단," 김명기 편저, 앞의 책, pp.257-277 참조.

97) 1952년 7월 26일 미일안보조약을 실시할 목적으로 미일합동위원회에서는 독도를 미군의 연습지역으로 지정하였다.

98) 물론 일본 정부도 독도에서의 영토권 분쟁을 존속시키기 위한 목적으로 항의를 위한 항의와 사건을 계속하여 야기해 오고 있다.

송재욱씨 가족 6명이 독도로 전적(轉籍)하였고, 1991년 1월에는 김성도씨 부부가 독도에 주민등록을 한 후 거주하기에 이르렀다.

현재 독도 거주민 김성도(金成道)씨의 독도 주소는 경상북도 울릉군 울릉읍 도동리 산 63번지로서, 무인도였던 독도에 1965년부터 거주민이 있어 인간의 생활이 가능한 조건 특히 식수나 기타 편익시설인 전화가 가설되고, 1997년 11월 말에는 접안시설 및 어민 숙소, 그리고 1998년 12월에는 유인(有人) 등대가 설치되었다. 또한 1997년 8월 7일에 울릉도에 '독도박물관'이 개관되어 독도에 관한 역사교육장으로 활용하게 되었지만, 아직까지 독도를 국제법적으로 인정받기에 충분할 정도의 유인도 조건, 즉 사람이 살 수 있는 완전한 섬이라고 하기에는 여러 문제점 또는 결격 조건을 갖고 있음도 사실이다.[99]

이 과정에서 일본은 1965년에 체결된 「한 · 일 어업협정」을 1998년 1월에 일방적으로 파기하는 행동을 취하였다. 같은 해 9월에 타결되어 1999년 1월 22일에 발효된 「신한 · 일 어업협정」은 독도를 일본과의 중간수역에 포함시킴으로써, 지금까지 한국 내에서도 많은 논란을 불러일으키고 있다. 이런 배경으로 인해, 한국 정부는 일본의 문제제기를 우려한 나머지 국회의원들의 독도 방문시 취재기자의 수행을 방해했고, 심지어는 한국 정부의 안일한 독도 정책을 비난하면서 「신한 · 일 어업협정」의 무효화를 선언하기 위해 독도에 입도(入島)하려는 민간인들을 저지하기도 하였다.

21세기에 들어서서, 한 · 일 양국간에는 독도의 영유권을 둘러싼 공방이 더욱 치열해지고 있다. 2000년 4월 경북 울릉군이 독도 관련 개

99) 아직 섬이라고 할 수 없는 독도를 섬으로 간주하여 EEZ를 설정한다면, 일본이 단죠군도(男女群島)나 도리시마(鳥島)에 대한 EEZ나 대륙붕을 인정해 달라고 요구하거나, 또는 중국이 퉁다오(童島)를 기점으로 인정해 달라고 할 경우 대응하기 곤란하다.(그러나 중국은 1996년 5월 15일 영해기선을 발표하면서 이 퉁다오를 기선으로 한다고 발표하였다.)

정조례를 공포한 후, 일본에서는 외무성 '외교청서'(外交靑書: Diplomatic Blue Book)의 독도 고유영토설 주장과 주한 일본 대사, 모리 요시로 총리, 시마네현 지사의 망언들이 연이어 도출되었으며, 이는 2004년 고이즈미 총리까지 계속되었다. 2002년 9월에는 일본 문부과학성에서 고교 역사교과서가 검정에 통과되기도 하였다.

최근 양국간에 독도 문제가 최고조로 상승한 시점은 2005년이었다. 이 해는 일본의 「시마네현 고시 제40호」가 100주년이 되는 해로서, 시마네현은 2월 22일을 "다케시마의 날"로 정하는 조례안을 제정하기에 이르렀다. 이에 대응하여, 한국의 국회에서는 '독도의 지속가능한 이용에 관한 법률안'을 의결했고, 경상북도 의회는 매년 10월을 '독도의 달'로 하는 조례안을 가결했으며, 해양수산부는 5년 단위의 '독도 이용 기본계획'을 수립한다는 입장에 있다. 현재에도 일본에서는 다수 정치인들의 망언이 계속되고 신사참배가 강행되고 있으며, 독도 인근에서 양국이 대치상황을 초래하는 등, 양국의 정치외교적 관계는 현재까지 거의 교착상태에 접근해 있는 상황이다.

그러나 독도는 현재 국제법적으로 엄연히 한국의 통치가 이루어지고 있기 때문에, 가능한 한 빨리 독도 거주민의 증가와 독도 출생인의 탄생 등 독도의 관리와 개발에 보다 근본적인 대책을 강구해야 할 것이며, 독도를 청정 해상의 주거지 및 관광지로 개발하여 국내외에 널리 홍보하여야 할 것이다. 아울러 한국의 고유 영토로서 확고한 국제법적 구비 조건을 철저하게 보완해 나가야 할 작업도 필수적으로 요청되고 있다. 한국 정부는 독도 기념우표의 발행이나 '동해와 독도'가 명기된 지도를 제작하는 등 작고 다양한 방법에서부터 거시적인 작업에 이르기까지 체계적인 대응방식을 모색하지 않으면 안 될 것이다.

〈독도 영토문제 연대기〉

512.6 신라 지증왕 13년. 하슬라주 군주인 이사부가 울릉도와 독도로 구성된 우산국을 정복하여 신라 영토에 귀속시킴

930 고려 태조 13년. 우릉도(현재 울릉도)에서 사절로 백길, 토두 두 사람을 보내 조정에 공물 바침(고려 조정에서는 백길에게는 정위, 토두에게는 정조라는 벼슬 부여)

1018 고려 현종 9년. 우산국이 동 · 여진의 침략에 항복. 조정에서 이완구로 하여금 피난민을 우산국으로 귀환시키고 농기구 등 전달

1022 고려 현종 13년. 동 · 여진의 침입으로 우산국 주민들의 본토(예주)로 이주시킴

1132 고려 인종 10년. '우산국'에서 '우릉'(于陵/羽陵)으로 바뀌고, 우산국주(宇山國主)에서 우릉성주(于陵城主)로 바뀜. 이는 우릉도와 우산도(독도)로 구성된 우산국이 완전히 중앙정부의 직할 아래 있음을 의미함

1157 고려 의종 11년. 명주도 '전중내급사' 김유립 파견.("섬의 중앙 꼭대기인 지금의 성인봉에서 동으로 1만여 보, 서로 1만 3천여 보, 남으로 1만 5천여 보, 북쪽으로 8천여 보에 달하고, 마을 7군데 등"이라고 보고)

1197 고려 명종 27년. 동부로 이주시켜 농사짓게 했으나, 풍파가 심하여 다시 서쪽으로 이주

1242 고려 고종 29년. 최이에 의해 울릉도 이민사업 실시(풍랑 등으로 인해 실패 거듭)

1416 조선 태종 16년. 공도(空島) 정책 실시(독도와 울릉도에 대한 실효적 지배를 분명히 인식하여 왜구로부터의 침략에 대한 예방책으로서 실시됨)

1417 조선 태종 17년. 삼척 사람 김인우를 '우산무릉등처안무사'로 임명하여 울릉도 파견(15호 86명의 거주민이 있음을 발견, 3명만 안무사에게 설득되어 육지로 옮김)

1425 세종 7년. 세종도 공도정책을 계승(김인우를 '우산무릉등처안무사'로 파견)

1438 세종 20년. 울진 사람 남회와 조민을 '무릉도순찰경차관'으로 파견

남녀 66명을 수색하여 본토 송환(본국 모배죄). 주모자 김안은 교수형, 나머지는 노복으로 삼음

1441 세종 23년. 만호 남호에게 울릉도 수색을 지시하여 70여 명 송환. 공도정책으로 인해, 이후 울릉도·독도에는 사람이 아무도 살지 않았던지 육지와 몇 년 동안 소식이 두절됨, 그 후 새로 생긴 섬이 있다는 설이 나돌음

1454 세종실록지리지(세종 36년), '울진현條'에 우산도 기록 존재

1530 「八道總圖」에 독도가 울릉도의 서쪽에 위치한 것으로 나타남

1614 대마도주가 다케시마(竹島) 탐견 안내 요청(조선 정부 거절)

1618 일본의 두 가문(무라까와, 오타니)이 울릉도에 출어하여 불법으로 벌복 채취함

도쿠가와 막부가 조선 정부 몰래 이들 가문에 죽도(울릉도) 도해면허(외국과의 통상을 허가한다는 정부의 허가서)를 발급함. 이는 일본 정부 역시 독도와 울릉도를 한국의 영토로 인식하고 있었음을 증명하는 근거가 됨

1693 숙종 19년. 쓰시마 도주가 동래부로 서계 전달(조선 어민의 죽도 출어 금지 요청). 조정에서는 울릉도가 조선 영토임을 확인하는 회신을 보냄.

영의정 남구만은 형세조사차 [삼척첨사]를 울릉도에 파견.

1693 숙종 19년. 안용복 사건 발생(동래 어부 안용복이 울릉도 근해에서 왜인을 발견하여 퇴거시킴. 그 후 안용복이 오키시마(隱岐島)를 거쳐 일본으로 건너가 일본 관백의 울릉도 출어금지 공한을 받음. 그리고 울릉도의 일본 어민을 소환시킴)

안용복의 민간 활동으로, 독도가 조선 영토임이 확인됨

	일본의 도쿠카와 막부는 대마도주로 하여금 울릉도가 조선 영토임을 확인하는 동시에 불법월경을 스스로 금지시키겠다는 서계 보냄
	일본 도쿠카와 막부는 울릉도와 독도를 두고 “두 섬은 조선의 영토”라는 서계를 휘하의 관백과 태수에게 쓰게 했을 만큼 독도의 조선 영유권 존중
	조선 조정은 울릉도 수토제도를 채택하고 3년에 한 번씩 울릉도와 그 부속도서에 관원을 보내 순검케 하여 울릉도와 독도에 대한 주권을 변함없이 행사함
1696	안용복의 제2차 일본 활동(안용복은 ‘조울양도감세장신안동지기’ 라는 깃발을 사용하여 일본에 관직을 자칭하고, 2차 도일을 시도함. 안용복은 오키시마를 거쳐 오기슈 연안에 도착, 호끼슈 태수로부터 “양도에 침범치 않겠다”는 약속 받아냄)
1697	숙종 23년. 『신증동국여지승람 권45여지고』(일본 막부가 “독도는 조선 영토임” 을 공식 인정)
1699	숙종 25년. 안용복은 일본 에도 막부로부터 울릉도 · 독도가 조선 땅임을 인정하는 증서를 받음
1849	프랑스 포경선 Liancourt호가 서양인으로서는 최초로 독도 발견(도서 명칭을 ‘Liancourt Rocks’ 으로 붙임)
1854	러시아 군함의 이름을 딴 독도 명칭 등장(‘Manalai and Olivutsa Rocks’)
1855	영국 선박의 이름을 딴 독도 명칭 등장(‘Hornet Rocks’)
1881	‘독도’ 명칭의 출현
	‘울릉도 개척령’ 의 발표(척민정책을 취함. 일본 어민의 울릉도 침입에 관해 조선정부가 일본 정부에 엄중 항의함)
1892	일본 나카무라(中村種美堂)의 萬國新地圖, 울릉도와 독도를 조선 영토로 표기
1900.10.25	고종 37년. 「칙령 제41호」 울릉도를 ‘울도’ (鬱島)로 개칭하고,

	강원도는 울진현에 속해 있던 울릉도와 그 부속도서를 묶어 하나의 독립 郡으로 설치하면서 군청 관할 구역을 울릉전도와 죽도 및 석도라고 못박음. 여기서 죽도는 울릉도 섬 목 앞의 실제 죽도이고, 석도는 돌로 이루어진 '독도'(石島)를 의미함
1904.8.23	고종 41년. 조·일 의정서에 의거, 독도에 일본 해군부대 설치
1904	울릉도 가구수가 400호에 달하고, 하절기에 수십 명의 어민이 독도 부근에 출어함(섬 위에 작은 집을 짓고 매회 약 10일간 기거했다고 함)
1905.1.28	일본 내각회의, 시마네현 고시 제40호로 독도의 동현 편입 결정을 발표(당시까지는 일본 내에서도 독도 명칭이 '竹島(다케시마)' 또는 '松島(마츠시마)'로 혼용되어 있었음) 독도가 무주지라는 이유로 일본 영토로 편입한다는 결정 내림(내무대신으로부터 시마네현 지사에 훈령을 내림. 시마네현 送迎지사 일행이 독도 현지 조사를 실시한 후, 일본 정부는 독도를 '竹島'로 명명함. 즉 일본은 독도가 한국의 영토임을 인지하고 있으면서도 불법적으로 독도를 죽도라는 이름으로 명명하였으므로, 그러한 편입 사실을 공식적으로 공고한 것이 아니라, 일개 縣에서만 암암리에 편입 사실을 발표한 것임)
1905.4	시마네현 현령 제18호로 독도에서의 강치 포획에 대한 허가제 채택(민간인에게 강치잡이 허가)
1905.5.17	고종 49년. 일본, 독도를 '죽도'라 변칭, 시마네현 토지대장에 기재하고 일방적으로 일본 영토에 합병을 선언.
1905.8.19	러일전쟁을 위한 목적으로 독도에 망루 설치(러일전쟁에서 승리한 후인 10월 24일 망루를 철거함)
1905.11.17	고종 49년. 을사보호조약 체결로 조선국권 상실.
1906.3.28	독도의 명칭이 문헌상 최초로 사용됨(광무 10년 3월 5일, 울릉도 군수 심흥택 보고서 '매천야록'에 독도 관련 기사가 있음. 오키시마 아즈마(東文輔)가 울릉도에 건너가 시마네현에 편입된 초

지를 울릉군수 심흥택에게 통고하고, 다음날 심흥택은 정부에 보고서를 제출함)

1910 「한국수산지」 제1호 제1편에 '죽도'를 한국령으로 표시함

1914 일본 제국주의 치하. 울릉군이 강원도에서 경상북도로 이전 편입됨

1946.1.19 SCAPIN 제677조에서 울릉도, 독도, 제주도를 일본의 통치권에서 제외함(연합군 최고 사령관이 항복문서의 시행을 위해 일본 정부에 보낸 각서로서, 일본의 영토권에 대한 중요한 의의를 지닌 문서임)

1946.6.22 '일본의 어업 및 포경업의 허가 구역에 관한 각서'(일명 '맥아더 라인'; 지시령 1033호). 모든 일본 어선은 독도 부근 12해리 이내로 넘어갈 수 없도록 제한하는 내용임

1947.8 한국 산악회의 울릉도와 독도에 대한 제1차 학술조사 실시

1948.6.30 미군 공군의 폭격연습으로 독도 출어중이던 어민 300여명 희생 사건 발생(한국 정부의 항의로 1953.2.27 독도를 미공군 연습기지로부터 제외시키고, 1951.1.6 '독도조난 어민 위령비' 건립됨)

1948.8.15 대한민국 정부 수립(독도의 행정구역상 소속을 경상남도 울릉군 남면 도동 1번지로 명시함)

1951.6.20 주한 미군 콜터(John B.Coulter) 중장, 독도의 미 공군 훈련용 사용 요청

1951.9.8 「샌프란시스코 조약」(한반도 부속 도서로서 독도에 대한 직접 언급 없었음)

1952.1.18 한국 정부, '인접 해양 주권에 관한 대통령 선언'(일명 '이승만 라인 선언') 발표(독도를 이승만 라인에 포함시켜 보호조치함)
일본, 평화선이 국제법 원칙에 위반된다며 항의, 독도에 대한 영유권 주장

1952.5 일본 시마네현 어업시험장 소속 시험선 '시마네마루'호가 독도 영해 침범

1952.6	일본 수산시험선(미국기 게양) 이 독도에 상륙에 상륙하여 '독도 조난 어민 위령비' 파괴
1953.1.12	한국 정부, 이승만 라인 내 일본 출어 어선에 대한 포격 지시(2.4 일본 어선의 어로장 총격으로 사망함)
1953.4.27	독도 의용수비대 창설(독도수비대의 시초는 1953년, 3대에 걸쳐 울릉도에 살면서, 독도에서 생활을 해오던 홍순칠 씨를 대장으로 한, 민간인 의용단체인 '독도사수특수의용대' 가 담당하였고, 그 후에는 울릉경찰서 소속 경찰이 정식으로 맡게 됨, 활동기간은 1953.4.20~1956.12.25)
1953.6	시마네현, 해방 이후에도 현 어민들에게 독도에 대한 어업허가권 발부
1953.6.26	일본인이 독도에 상륙해서 조난어민 위령비를 파괴하고, 일본의 영유 표식(일본이 한국 어민의 독도 근해 조업에 항의했고, 한국 정부는 즉시 항의 각서를 내보고, 해양경비대 파견을 결의함)
1953.7.12	한국 국회, 일본 침공으로부터 독도 보전 결의, 경비대 상주 결정
1953.8.5	독도 영토비 건립
1953.9.15	한국, 독도 우표 3종 3,000만 장 발행(*2002, 2004년에도 발행)(*북한도 2004.6 독도 고지도 도안 우표 발행)
1954.1.18	독도 영토 표지 건립
1954.4.27	독도에 등대 설치(8.1 정오부터 점화 개시하고 이를 세계 각국 항만에 통보). 일본은 이를 영해침범이라 하여 항의함
1954.8	일본 해상보안청 소속 순시선 1척의 영해침범(독도 의용수비대와 총격전 끝에 퇴각)
1954.9.25	일본, 독도 문제를 국제사법재판소에 제소할 것을 제의함(10.28 한국은 독도가 역사적으로나 실효적으로 한국의 영토이므로 재판소에 제소할 필요가 없다고 거부함)
1955	독도에 새 등대 설치하고 각국에 통고함(한국의 등대 설치에 항의한 일본은 등대설치 통고를 인정하지 않고, 한국은 등대 설치

의 합법성을 재천명함)

1956.12.30 한국, 국립 경찰이 독도 경비 임무 인수

1959.8 일본 시마네현, 독도 인광채굴에 대한 광구세를 자국 국민들에게 부과

1959.9 일본 극우단체의 '독도 돌격대' 조직(3척의 철선과 150명의 인원으로 독도 탈취 기도)

1961.1 인광 채굴권자가 시마네현을 상대로 국가(일본)가 독도에 대한 통치권을 완전히 회복할 때까지 광구세 납무의무 없음에 대한 항의(동경지방재판소는 광구소재지역에 대한 통치권이 상실된 경우가 아니라, 그 행사가 사실상 불가능하므로 광구세의 부과징수권은 상실되지 않는다고 판결)

1965.3 최종덕씨의 독도 거주 시작(울릉도 주민으로서, 도동 어촌계 1종 공동어장 수산물 채취를 위해 독도에 들어가 거주하며 어로활동 전개)

1965.6 이승만 라인의 폐지(목적: 한일 국교 정상화 때문)
「한일 어업협정」의 체결

1969 한국, 일본 순시선의 독도 순시에 대해 영해침범이라고 항의

1973 일본, 한국의 독도 개발계획에 항의

1977.6.25 일본 영해법 제정시, 후쿠다 수상의 망언("일본의 영해를 12해리로 설정할 경우, 독도가 일본의 고유 영토라는 전제하에 설치하겠다"는 내용)

1981 한국, 헬리콥터 이착륙 시설 설치

1981.10 최종덕씨의 주소지 및 주민등록 등재

1982.11.16 한국 정부, '독도 해조류 번식지' 명칭으로 천연기념물 제336호 지정(1999년 '천연보호구역'으로 개명)

1983.3.22 일본 정부, 독도가 일본 영유권이라는 공식 견해 발표

1983.8.18 일본 미야케 외무성 정보문화국장, "한국 민간인이 독도에 거주하고 있는 것이 사실이라면 엄중 항의한다"는 망언

1986.9.10	일본 쿠라니리 외상, "독도가 일본의 영토"라는 망언
1986.7	최종덕씨의 사위 조준기 부부가 울릉도 주민으로 독도에 주민등록 전입
1989	외무성 도고 국장이 '독도는 일본땅' 주장. 일본 아사히신문에 "독도불법점거를 묵인하지 말자"는 제목의 독자 투고 게재
1991.1.22	일본 해상순시선의 독도 1.5km 해상 침범
1992.4	일본 극우단체 행동대원 2명의 주일 한국대사관 난입
1993	한국, 레이더 기지 설치
1995	일본 문부성, 초등학교 검인정 교과서에 한일간의 국경선을 독도와 울릉도 중간에 긋도록 지침 전달
1996	일본 수상(하시모토), "독도를 일본의 배타적 수역안에 포함시키겠다"는 망언(한국의 시민단체들의 시위 촉발)
1996.2	일본 외상의 영유권 천명("죽도는 역사적으로나 국제법상으로 일본 고유의 영토이므로, 한국은 경찰수비대를 즉각 철수시키고 부착한 시설물을 철거하라")
1996.10	일본 자민당, 총선공약으로 독도 · 조어도 · 쿠릴열도 확보를 내세움
1997	한국, 울릉도에 '독도박물관' 건립 완공
1997.11.24	한국, 독도 접안시설 및 어민 숙소 설치(3층 30평 규모의 어민 숙소 건립. 독도에 집을 짓고 접안시설을 만들어 거주해 오던 김성도씨의 집과 접안시설을 없애고 만들어짐. 그러나 사실상, 어민숙소에 배를 정박할 만한 접안시설이 준비되지 않은 터라, 김성도씨는 발이 묶여 독도로 들어갈 수가 없었음. 동년 11월 준공식을 한 접안시설은 사실상 해경들의 선박을 위한 시설이라고 할 수 있음. 한국 정부의 안일하고 구체적이지 못한 태도가 이러한 상황을 초래함)
1998.1	일본 「한일어업협정」 일방적 파기
1998.9	한일 양국 어업협정 협상 타결(정부는 독도 지위상 아무런 영향

없다고 발표)

1998.9.25 「신한일 어업협정」의 타결(독도를 일본과의 중간수역에 포함시키는 졸속한 결과 초래)

1998.12 한국, 유인 등대 설치

1999.1 한국 정부, 국회의원들의 독도 방문에 따른 취재기자의 수행 방해(기자들의 취재가 이뤄질 경우, 독도내 접안시설, 유인등대 등이 보도됨으로써, 일본의 문제 제기 가능성으로 외교 문제화할 소지가 있다고 판단함. 이러한 소극적이고 굴욕적인 정부의 태도가 독도를 일본과의 중간수역에 포함시켜버린 결과를 가져옴)

1999.1.22 「신한일어업협정」 발효

1999.12 일본인 6가구 7명이 독도로 호적 이전한 사실 확인됨

2000.1.1 한국 정부, 일본의 독도 침탈 야욕과 한국 정부의 안일한 독도정책을 비난하며, 신한일어업협정의 무효화를 선언할 목적으로 독도에 입도하려던 민간인들을 저지함

2000.4.8 경북 울릉군 독도 관련 개정조례 공포(울릉군 조례 제1395호 '울릉군 里의 명칭과 구역에 관한 조례 중, 울릉군 울릉읍 도동리 산 42~산 76번지를 울릉군 울릉읍 독도리 산 1~산 37번지로 변경하는 내용임)

2000.5 일본 외무성, 2000년 外交青書에서 독도 고유영토설 주장("역사적인 사실뿐만 아니라 국제법상으로도 명백히 일본 고유의 영토라는 일본의 입장은 일관되며, 향후 양국간에 끈기 있는 대화를 거듭해나갈 방침"이라고 서술함)

2000.7 데루스케 주한 일본대사의 『월간중앙』 인터뷰("다케시마는 역사적 및 국제법 관점에서도 명백히 일본 고유의 영토이며, 이는 일본 정부의 명확하고도 일관된 입장이다.")

2000.9 일본 총리 모리 요시로의 KBS 방송 인터뷰("독도 영유권 문제에 대해서 역사적인 사실에 근거해서도, 국제법상으로도 명확하게 일본의 고유 영토라는 것이 일본의 일관된 입장이다."). 일본 총

	리로서는 처음으로 직접적인 표현을 사용해 독도가 일본 땅이라는 입장을 밝힌 것임
2001.2.27	일본 스미타 노우요시 시마네현 지사의 망언("한국이 독도를 불법 점거")
2002.9	일본 문부과학성, 고등학교용 역사교과서 『최신 일본사』의 검정 통과
2004.1	고이즈미 총리, "다케시마는 일본 영토" 발언
2004	북한, 모바일 게임 "독도를 지켜라"를 개발하여 한국에 수출
2005.1.14	일본 시마네현 의회, 2월 22일을 '다케시마의 날' 조례안 제정 (2.23 의회 상정, 3.16 최종 통과)
2005.2.23	다까노 주한 일본 대사의 외신클럽 주장("다케시마는 역사적으로나 국제법상으로나 일본 영토")
2005.3.8	일본 아사히신문 소속 경비행기, 독도 인근 상공 한국측 방공식별구역 진입 시도
2005.4.23	한국 국회, '독도의 지속가능한 이용에 관한 법률안' 의결
2005.6.9	한국 경상북도 도의회, 10월을 '독도의 달'로 하는 조례안 가결
2005	한국 해양수산부, 5년 단위로 독도 이용 기본계획 수립 예정
2005	독도 호적 국민(한국 272세대 992명, 일본 2,000명) 독도 실제 거주인(한국 1세대 2명)

제 4 장

한 · 중 관계: 간도(間島) 실지 회복

제 1 절 서론

우리 민족은 수천 년 동안 1천여 차례의 끊임없는 내우외환을 겪으면서도 한민족정신과 전통문화를 면면이 이어온 끈기 있는 민족이다. 그러면서도 우리가 선택한 기회보다 선택에 따른 고통을 더 많이 겪고 살아온 민족이었다. 그러나 21세기에는 세계 무대에서 중심국가로서의 위상을 떨칠 수 있는 기회가 다가오고 있는 상황에서, 우리의 의지와는 상관없이 빼앗겼던 잃어버린 우리의 고토(故土)를 되찾아야 한다는 강한 의식을 갖게 된다.

그 중에서 가장 중요한 지역 중의 하나는 독립투사들의 본고장이면서 슬픈 삶의 터전이었던 간도(間島)로서, 이를 되찾는 실지회복(irredentism)이 매우 어려운 문제이긴 하나 반드시 해결해야 할 우리의 과제인 것이다. 이 지역의 중요성은 정치외교사적 측면뿐만 아니라, 현재도 우리 민족의 고유한 풍습과 전통이 살아있고, 우리 민족이 수적으로도 월등히 많이 거주하고 있는 사회문화적 현실도 간과할 수 없기 때문이다.

과거 일본은 간도를 대륙 진출의 제물로 청(淸)에게 양도했는데, 최근에는 북한도 자국 영토의 확보 노력을 하지 않은 채 중국과의 비밀조약에 의해 국경을 확정지은 바 있었다. 그러나 이와 같은 불법적인 사실은 다양한 역사적 사실이나 국제조약에 근거한 국제법상으로도 분명히 모순이고 무효인 것이다.

조선과 청국간의 간도영유권 분쟁은 1712년에 설치된 소위 '백두산 정계비'의 해석 문제에서 비롯되었다. 즉 정계비에 새겨진 "西爲鴨錄東爲土門(서쪽으로는 압록강, 동쪽으로는 토문강)"이라는 문구 중에서, 토문강(土門江)에 대하여 청국측에서는 이를 두만강이라고 해석하는데 반하여, 조선측은 실재하는 강으로서 쑹화강(松花江)의 지류라고 해석하는 대립적 입장을 견지하고 있다. 이로 인하여 두만강과 토문강 사이의 일정한 지역, 즉 문제의 간도 지역의 영토적 귀속이 달라지는 것이다.

본 장에서는 1883년 정치적 문제로 제기되어 조선과 청국 사이에 발생하였던 간도분쟁의 연속선상에서, 간도에 대한 개관을 먼저 검토하고, 백두산정계비 설치 이전의 조선과 청국간의 국경 상황, 역사·지리적 관계, 봉금지대의 설정, 백두산정계비의 설치 경위 및 내용 등을 중심으로, 조선과 청국간의 간도 영유권 분쟁의 전개 과정에 대해서 살펴본 후, 청이 간도 영유권을 확보한 것으로 되어 있는 소위 청·일간 「간도협약」(間島協約)의 내용과 법적 효력, 그리고 관련 주요 쟁점들을 중심으로 그 논리와 대응에 관하여 다루고자 한다.

제 2 절 간도의 지리와 생활

1. 간도의 위치와 범위

간도에 대한 일반적인 견해는 만주의 동남부에 위치하여 목단령(牧丹嶺)산맥과 노야령(老爺嶺)산맥의 이남과 압록강과 두만강의 입구 지역을 의미하여, 동간도(東間島)는 서쪽으로는 백두산을 기점으로 노령(蘆嶺)산맥과 노야령산맥을 거쳐 태평령(太平嶺), 석두령, 황구령(荒溝嶺)에 연결되는 동쪽의 훈춘 지방을 포함하고, 남쪽으로는 두만강까지를 일컫는 지역이며, 서간도(西間島)는 쑹화강(松花江)의 상류 지방인 장백산(長白山; 백두산) 일대를 의미한다.[1)]

간도의 명칭과 관련한 유래에 대하여 다양한 주장이 있음으로 미루

1) 이한기, 『한국의 領土』(서울대학교출판부, 1969). p.309.

어 볼 때, 그 정확한 위치나 범위 또한 일정하지 않은 것이 사실이다. 백두산정계비(白頭山定界碑)에 새겨진 '동위토문'(東爲土門)의 토문강(土門江)을 중심으로 보면, 간도 지역은 백두산에서 쑹화강과 흑룡강으로 둘러싸인 남만주 일대가 된다. 「간도협약」 당시 청국과 일본 사이에 논쟁이 된 간도는, 서쪽으로는 백두산을 비롯하여 서북쪽으로는 노령산맥과 북쪽의 노야령산맥을 거쳐 태평령 이남의 훈춘지방을 포함하는 지역이라고 볼 수 있다.[2)]

조 · 청 국경분쟁시 우리나라 측의 주장에 의하면, 조선인이 많이 거주하며 조선인 소유의 경작지가 많은 오늘날의 간도지역, 즉 흑산(黑山)산맥 이남의 지역을 간도라 하였다. 그리고 후술할 「간도협약」에 의하여 결정된 간도는 연길(涓吉), 화룡(和龍), 왕청(旺淸) 및 훈춘현(琿春縣)과 안도현(安圖縣) 일부를 포함하는 지역이다.

한편 압록강 건너편을 막연히 '西간도'라 하고, 두만강 건너편은 '東간도'라고도 한다. 동간도를 다시 두 개로 나누어 백두산과 쑹화강 상류 지방을 동간도 서부라 일컬으며, 두만강 대안 지역을 동간도 동부라고도 한다. 동간도 동부 지역을 일명 '북간도'(北間島)라 하는데, 보통 간도라고 하면 이 북간도를 지칭하는 것이다.

이와 같이 간도는 같은 지역에 대해 불리는 명칭이 아니기 때문에 그 범위를 확정할 수는 없으나, 청 · 일간 논쟁의 결과 서쪽으로는 백두산을 비롯하여 서북으로는 노령산맥과 북쪽의 노야령산맥을 거쳐 태평령 서쪽의 훈춘 지방을 포함하는 지역으로, 그 면적은 대략 41,000㎢이며, 위도상으로는 북위 41도 55분, 동경 128도 08분 내외의 지역으로 보고 있다. 즉 간도는 남으로는 두만강을 경계로 함경북도와 인접된 지역이며, 동으로는 러시아와 접한 정치 · 지리적으로 중요한 위치를 차지하고 있는 지역인 것이다.

2) 신기석, 『間島領有權에 관한 연구』(탐구당, 1979), p.25.

따라서 간도의 범위에 관한 고지도상의 기록을 살펴볼 필요가 있다. 청국 강희제(康熙帝, 1661~1722)의 명에 의해 서양 선교사들이 제작한 '황여전람도' (皇輿全覽圖)를 기초로 프랑스의 지리학자 당빌(D'Anville)이 만든 '신중국지도' 는[3] 조선과 청국의 국경을 두만강 하구로부터 두만강 북쪽의 흑산령(黑山嶺)산맥을 따라 남서향으로 비스듬히 내려가다가, 백두산을 가로질러 압록강 강류의 모든 수계를 포함하는 동서 산맥을 따라 혼강(渾江)의 북쪽에서 봉황성의 남쪽을 지나 압록강 하구의 대동구에 이르는 것으로 표시하였다는 점에서, 명확한 선적 개념은 아니지만 국경이 존재하였으며, 이에 따르면 압록강과 두만강 이북의 상당한 지역이 조선에 속하였음을 알 수 있다.

이렇게 볼 때, 간도의 현재 범위는, 일차적으로 중국 동북의 길림성을 중심으로 요녕성과 흑룡강성 일대의 한국인 거주 지역을 통칭한다고 볼 수 있다. 보다 구체적으로 살펴보면, 서쪽은 백두산에서부터 서북쪽으로는 노령산맥, 북쪽의 노야령산맥을 거쳐 태평령 동쪽의 훈춘 지방을 포함하고, 남쪽으로는 두만강 사이에 포함된 곳을 말한다. 행정구역으로는 연길, 화룡, 황청, 훈춘현과 안도현의 일부를 포함하게 된다(〈그림 4-1〉 참조). 이것은 지도가 현대화하고 난 후에 구분한 것이지만, 한국과 중국이 이 지방을 중심으로 서로 자국의 영토라고 주장하고 있을 때만 하더라도 간도의 범위는 일정한 지역을 두고 말하지는 않았다.[4]

3) 신각수, "국경분쟁의 국제법적 해결에 관한 연구," 서울대학교 박사학위 논문, 1991, p.123. 당빌은 각종 지도 자료를 비판적으로 분석 · 검토 · 상호 비교함으로써 이전 지리학자들의 오류를 교정하여, 1737년 청의 강희제의 명에 의해 「新中國地圖貼」을 제작하였다. 그러나 최근 당빌이 그린 「朝鮮王國全圖」(1735년)가, 지금까지 발견된 한국전도 중 가장 오래된 것으로 확인되었다. 이는 프랑스 선교사 뒤 알드(Jean Baptiste Du Halde, 1674~1743)의 『중국통사』에도 소개되고 있는데, 특히 현재의 간도와 만주 일대는 물론, 울릉도, 독도, 두만강 북쪽의 녹둔도까지 조선의 영토였음을 분명히 하고 있어 국경문제 연구에 귀중한 자료로 평가되고 있다.

4) 양태진, 『한국 국경사연구』(법경출판사, 1992), p.182.

〈그림 4-1〉 간도와 인접지역의 지리

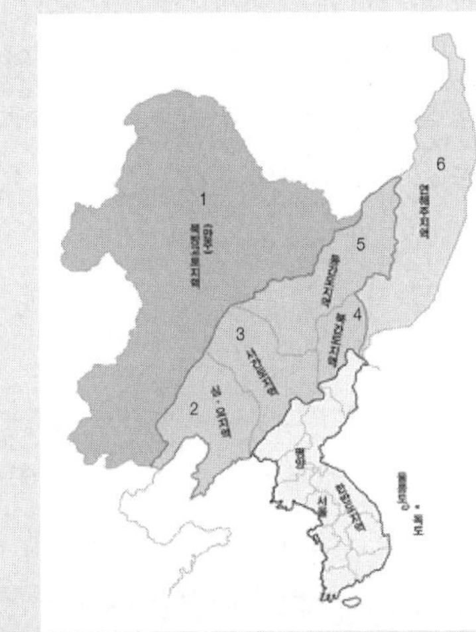

간도지역 위치

1. 북방고토지역(BC 2333~AD 926)
   한(韓)민족이 3300년 통치
2. 심 · 요지역(1667~1845 봉금 실시)
   변책을 설치, 한족(漢族) 출입을 엄금함
3. 서간도지역(1881 조선 봉금 해제)
   1700년부터 조선인 부락이 형성됨
4. 북간도지역(1881 봉금 해제)
   1872년 동변도 개방 후 재중동포 부락 형성
5. 동간도지역
   1920년 로마교황청, 간도지구를 한국령으로
6. 알동 연해주지역
   1860년 북경조약으로 연해주를 러시아에 불법적으로 넘겨줌

자료: http://www.gando.or.kr/technote/read.cgi?board=c2_locate

2. 간도 명칭의 유래

간도의 명칭 유래에 관하여서는 한국측 자료와 중국측 자료가 그 설을 달리하고 있다. 먼저 한국측 자료에 의하면 간도란 '곰터' '간토'(墾土) '간토'(艮土)에서 유래된 것으로 본다.

「곰터」설은 언어학적으로 보아 '신주'(神州) 또는 '신향'(新鄕)이라는 말에서 연유된다는 것인데, 즉 간도란 우리나라 말의 음훈(音訓)으로 곰-神, 터-州 또는 鄕이라는 뜻에서 음을 본뜬 것으로 보이며, 고구려 수도였던 환도(丸都)와 현토(玄菟), 발해(渤海) 및 계단시대(契丹時代)의 수도인 환도(桓都) 등과 동일하게 해석되고 있다.[5] 또 일설에는

5) 이병도, 『한국사대관』(보문각, 1964), p.516.

'알동'(斡東)에서 와전된 것으로 해석하기도 하는데, 용비어천가에 의하면 조선 태조의 4대조인 목조가 원나라에 들어가 '오천호'(五千戶)라는 벼슬을 하였는데, 인심이 모두 목조에게 쏠려 그로부터 왕업의 기반을 닦았다는 기록이 있다. 그 목조의 근거지가 간도의 알동이며, 이 알동은 경흥지방 무이보(撫夷堡)의 두만강 건너편에 해당되는 지역이므로, 이곳이 바로 우리가 논하려는 간도의 한 지방인 것이다. 이 '알'(斡) 자가 뒤에 '간'(幹)자로 잘못 적혀져 '간동'(幹東)이 되고, 간동이 '간도'(間島)로 되었다는 것이다.[6]

아울러 우리나라 사람 손으로 개간하였기 때문에 '간도'(墾島)라고 하며, 또는 우리나라 영토 중에서 가장 북쪽에 있다하여 '간토'(艮土) 또는 '곤토'(坤土)라고 표현한다는 주장도 있다. 그런데 이 지역을 섬으로 생각하여 '島'로 나타낸 것은 함경도 종성과 온성 사이에 두만강이 갈라졌기 때문에 중주(中州)가 형성되었기 때문이며, 토질이 매우 비옥하여 서기 1877년경부터 부근의 주민들이 이곳을 개간하기 시작하면서 이 지역을 '간도'라 부르게 되었다. 그 후 무산과 온성 사이의 주민들이 다투어 강을 건너 개간하는 사람들이 점차 증가하여, 드디어 장백산 동쪽 일대의 비옥한 지대는 경작되지 않은 곳이 없게 되었고, 이를 총칭하여 간도라 불리게 되었다는 것이다.

중국측 자료에 의하면 이 지방을 '연길'(涓吉)이라 하였다. 이것은 속전(俗傳)에 이 지방의 산령에 푸른 기운이 솟아 나와 연기와 같았으므로 '연집강'(烟集崗)이라 하다가 뒤에 연길로 음을 본뜬 것이라 한다. 그리고 간도란 명칭은 원래 두만강의 광제욕(光霽峪) 전면에 개울이 있어 중국인들을 이곳을 '가강'(假江)이라 부르고 있었으며, 광서(光緖) 1년에 그 지역을 버려두었는데 한인이 먼저 들어와 경작을 하였고, 광서 9년(1881년)에는 한인들이 도랑을 파서 주도(洲島)를 형성

6) 牛丸潤亮, 『最近間島事情附 露支移住鮮人發達史』(朝鮮及朝鮮人社, 1927), pp.1-5.

하였는데, 광서 29년(1903년) 한국의 관리 이범윤(李範允)이 초간국(招懇局)에 보낸 보고서에서는 이 가강을 '간도'라 하여 그 후에 간도란 명칭이 되었다는 것이다. 또한 일본이 한국을 병합하고 대륙으로 진출하면서 광제욕 동쪽을 '東간도'라 하고 화룡강(和龍江) 일대를 '西간도'라고 선전을 하였기 때문에 생겨난 것이라고 주장한다.[7]

이 명칭의 유래에서 본다면 다음과 같은 것을 지적할 수 있다. 즉 청국측 자료에 의한 명칭의 유래 중에서, 간도란 명칭이 1903년 이범윤의 보고서에서 간도라고 했기 때문에 그 후부터 간도라고 하였다든지, 또는 일본이 한국을 정복하고 난 후에 간도라는 명칭을 널리 퍼뜨린 것이라는 것은 수긍하기 어렵다. 왜냐하면 간도란 명칭이 1903년에 비로소 생긴 명칭이 아니라 그 이전부터 있어 온 지명이기 때문이다. 그리고 연집강에서 연길로 음을 본딴 것이라고 하는 것은, 그 지방의 자연적 특징에서 나온 지명이기 때문에 타당성이 있는 것 같기는 하지만, 중국측 스스로 그곳이 간도라고 통칭되고 있다는 것을 자인하면서, 연집강의 사음(寫音)이라고 주장하는 것은 자연적으로 생겨난 지명에 대한 설명으로는 부족한 것이다.

3. 지형 및 기후

간도 지방은 산지의 비중이 크며 비옥한 분지가 산령(山嶺) 사이에 분포되어 있다. 백두산에서 시작된 대장백산맥은 동쪽으로 뻗어 노령산맥을 이루면서 많은 산봉우리를 형성하고 있다. 노령산맥에서 다시 동쪽으로 갈라진 흑산산맥이 두만강과 거의 평행을 이루며 뻗어 있고, 대장백산맥의 본맥은 북으로 뻗어 합이파령(哈爾巴嶺)에 이어지며 노야령산맥을 이루고 돈화현(敦化縣)과 경계를 이룬다. 지세는 서남, 서

---

7) 王芸生 編, 『六十年來中國與日本』(天津: 大公報社出版部, 中華民國 22年), p.118.

북, 동북쪽으로부터 동남쪽으로 경사를 이루는데, 서남부와 서북부는 높고 동남부는 낮으며 훈춘 일대가 제일 낮다. 산령이 구불구불 기복을 이루고 있고 험준한 산이 첩첩히 둘러 싸여 있으며 산림이 무성하다. 첩첩히 뻗어 나간 산맥 사이로는 크고 작은 하천들이 많이 흐르고 있으며, 하천의 양안에는 크고 작은 하천 분지들이 분포되어 있다. 이 분지들은 여러 하천들의 충적 평원으로 땅이 비옥하고 관개에 유리하여 주로 논[畓]이 집중되어 있다. 이곳은 교통이 편리하고 농업이 발전한 곳이어서, 인구가 집중되어 도시들이 대부분 이곳에 형성되었다. 두만강 수계(水系)는 간도에서 가장 큰 수계이다. 두만강은 총 길이가 520km인데, 백두산 동쪽 산기슭에서 발원하여 동으로 굽이굽이 흘러 동해로 들어간다. 노야령산맥 동쪽에는 두도구(頭道溝), 이도구(二道溝), 삼도구(三道溝) 평야가 발달하여 간도의 곡창지대를 이루고 있다.

또 노야령산맥의 일부는 남으로 갈라져 목단령과 길청령(吉淸嶺)이 되고 그 사이에 넓은 평야가 펼쳐져 있다. 훈춘은 간도와는 지형적으로 구분되어 훈춘평야의 중심지에 위치하고 있으며 대부분 두만강 유역이다. 하천의 대부분이 연길평야와 훈춘평야에 집중되어 평야에 물을 공급하고 있으며 하천 연안에 여러 도시들을 발달시켰다. 간도에는 북만주와 같은 대평원은 없으며 또 뚜렷한 산봉우리도 없다. 대개 평탄한 언덕이 많으며 언덕과 언덕 사이에 평야가 발달해 있다.

간도는 북반구의 중온대에 위치하고 있다. 지형이 복잡한 가운데 아시아 대륙과 태평양 고기압의 영향을 받으며 지역의 기후는 습윤 계절풍 기후에 속한다. 이 기후의 특성은 계절풍이 뚜렷하여 봄은 건조하고 바람이 많이 불며, 여름은 덥고 비가 많은 편이다. 가을은 서늘하고 비가 적게 오며 겨울은 춥고 길다. 그러나 간도는 동해바다가 가까이에 있고 서부와 북부의 높은 산들이 천연적인 병풍으로 되어 있어, 위도와 해발 높이가 같은 타 지역들에 비해 겨울의 기온이 높고 여름의 기온이 보다 낮다.

4. 간도 개척 및 이주민 실태

후술하겠지만, 간도지방은 조 · 청 양국의 봉금정책(封禁政策)에 의해 양국인의 거주를 금지하는 지역이었다. 그러나 간도의 토질이 비옥하여 곡물 수확고가 함경도에 비해 거의 3배에 이르렀으며, 삼림이 울창하여 각종 짐승이 많이 서식하였기 때문에 수렵에도 매우 좋은 지역이었다. 또한 두만강이 있었지만 유사 이래 국경하천으로서의 역할을 한 적이 없었다. 한민족이 만주를 지배할 때는 물론이고, 청족(淸族)이 지배했을 때조차도 하나의 국내 하천이었지 국경 하천 구실을 한 적은 없었던 것이다. 그 외에도 청국인이 간도지방에 들어오기 위해서는 노령산맥이나 노야령산맥 등 험한 지형을 넘어야만 했으나, 우리 측에서는 여름에는 뗏목을 이용하고 겨울에 얼음이 얼면 걸어서도 손쉽게 갈 수 있는 지역이었다.

간도 지방으로 이주해 간 조선인들의 규모를 정확하게 알 수는 없지만, 조선측의 기록에 처음 나타나는 것을 살펴보면, 함경도 관찰사 조존우(趙存禹)가 1895년 간도 지방을 조사하여 거주자들의 정황을 정부에 보고한 글 가운데, "무산(茂山)에서 월변(越邊)하여 길이가 혹은 백여 리, 넓이가 혹은 수 삼십 리, 혹은 5~60리인 동북界에서 온성界에 이르기까지의 600리 땅에 한인(漢人) 이민자가 이미 수 만 호를 넘으나 모든 청인(淸人)의 수가 한인의 100분의 1도 되지 못하고, 한인으로서 머리를 깎고 옷을 바꿔 입은 것(청인으로 귀화)도 역시 100분의 1도 차지하지 않는다"고 하였다.[8] 1987년에 경원군수 박일헌(朴逸憲)이 조사하여 보고한 내용 중에도, "현재 두만강 일대에서 토문강 하류에 이르는 땅은 지면이 멀고 넓어 어림잡아 수천 리가 되고 우리나라 사람으로 거주하고 있는 자가 무려 기십만 호이다. 이 땅의 개척은 오로

8) 金魯奎, 『北輿要選 下卷 察界公文巧』, p.99.

지 우리나라 사람의 힘에 의지했고, 청 · 러 두 나라의 백성은 우리나라 사람의 10분의 1에 불과하다"고 한 것을 보면,[9] 당시 간도에는 한인이 청인에 비해 압도적인 다수를 차지하고 있었음을 알 수 있는 것이다.

또한 조선 정부는 1902년 이범유(李範洧)를 간도에 파견하여 호구조사와 재산조사를 실시했는데, 그가 1904년 호적부 52책을 편제하고 한인 소유 부동산 3,647,496원을 조사하였다는 기록이 있다.[10] 다른 기록에는 1903년 간도 내에 한인 10만 인과 청인 3만 인이 거주하였는데, 종성 · 회령 · 무산 · 온성 대안(對岸)에 사는 사람은 모두 한인이었고, 남강(南崗)과 서강(西崗) 지방에는 한인과 청인의 수가 반반쯤 되었으며, 북강(北崗)과 노청구(老清溝) 이남 지방으로 갈수록 한인의 수가 줄어들었다고 한다.[11]

간도의 이주민들은 한인이 청인보다 압도적으로 많았으며, 또한 간도를 먼저 개척하기 시작한 것도 한인이었다. 한인은 1868년부터 간도 개간을 시작하여, 1869~70년 사이에 발생하였던 소위 기사(己巳)와 경오(庚午)년의 큰 흉년을 맞이하자 강을 건너 주로 해란강(海蘭河) 중류 지방을 중심으로 개척을 확대하기도 하였다. 이에 반해 청인은 1875년부터 간도 지방에 이주하기 시작하였는데, 간도에 이주해 있었던 사람들은 한인이 청인보다 압도적으로 많았음을 알 수 있다. 이렇게 볼 때, 한인이 먼저 개간한 지역과 청인이 개간한 지역이 다 같이 해란강을 중심으로 한 지역이었으며, 한인이 간도를 개간한 시기가 청인보다 먼저 간도를 개척하였음이 분명한 사실이다.

그리고 1881년 청은 길림성 남부의 금산(禁山) 지역을 개방하고, 연길(延吉)에 초간국(招墾局)을 두었는데, 그 당시 초간혼춘변황무사(招

9) 위의 책, p.101.

10) 篠田治策, 『白頭山定界碑』(東京: 樂浪書院, 1938), p.236.

11) 東洋拓植株式會社 編, 『間島事淸』(京城: 東洋拓植株式會社, 1918), p.24.

墾琿春邊荒務事) 후선지사(候選知府) 이금용(李金鏞)이 답사하여 보고한 바에 의하면, "이미 수천 명의 조선인들이 2천여 상(晌: 1상은 4-7단보)의 황무지를 개간하고 있었음을 알게 되었다"고 한 것을 보면,[12] 이 또한 한인이 간도를 먼저 개간하였음을 보여주는 좋은 증거가 된다.

그리고 1917년 현재 간도 지방에 있어서 한 · 청인의 토지 소유 면적을 조사해 보면, 회령 간도, 무산 간도, 종성 간도 지방은 대부분의 경지가 한인의 소유로 되어 있다. 또 이 당시 한인들이 청인의 소작을 많이 하고 있었음을 감안하면, 사실상 한인이 경작하고 있었던 면적은 일반적인 통계자료에 나타난 수치보다 훨씬 더 많았을 것으로 미루어 짐작 할 수 있다.

제 3 절 간도의 정치 · 경제적 중요성

간도의 중요성은 여러 차원에서 제기되고 있다. 먼저 정치지리적 차원에서의 군사적 중요성을 들 수 있다. 간도는 하천을 끼고 산으로 둘러싸인 사방이 견고한 지역이므로 전쟁과 관련하여 천연의 요새 지형을 이루고 있다. 따라서 그러한 전략적 요새로서의 기능을 고려할 경우, 동아시아의 전략적 지형을 압도할 수 있는 지역이라고 할 수 있다. 이는 한 · 중 · 일 3국의 세력이 접촉하게 될 완충지대이며, 동과 서를 장악하고 남과 북을 감지할 수 있는 잠재력을 구비한 요지임을 감안할 때 충분히 그 가치를 알 수 있다. 어느 국가든지 간도를 차지할 경우, 크게는 주변 세력들과의 관계에서, 작게는 자국의 국경을 견고하게 보호할 수 있다는 점에서 이점을 갖고 있다. 이런 점에서 중국은 간도를 '미래의 중심(重心)' 으로 간주할 정도이다.

12) 篠田栀策, 앞의 책, p.134.

다음으로 교통 요충지로서의 간도의 중요성을 지적할 수 있다. 간도를 중심으로 육로 · 선박 · 철도 등을 이용하여 자원을 개발할 경우, 최소 비용으로 최대의 효과를 얻을 수 있는 곳으로 간주되고 있다. 또한 간도는 해안과 대륙을 결합하는 방사선형 교통선로의 집약지이기도 하다. 중국은 압록강과 두만강을 따라 러시아 연해주 접경까지 연결되는 1,380㎞의 동부 변경철도를 착공하여, 이를 기존의 중국 동북지역 11개 철도와 연결할 경우, 그 가치는 상당히 확대될 것으로 예상된다.

간도는 또한 경제적 차원에서도 중요성이 크다. 광업 · 삼림 · 농업 · 수렵 · 어업 등에서 다양성과 풍요로움을 간직한 경제적 보고(寶庫)라 할 수 있다. 현재 중국은 서부 대개발에 버금가는 동북 대개발을 위해, 2003년 말부터 74억 달러 상당의 투자를 공언하면서 적극적인 개발을 계획해 오고 있는 중이다.

옥스퍼드대학의 지리학 교수였던 맥킨더(H.J. Mackiner)는 1904년 발표한 논문에서, 전세계를 추축지역(樞軸地域: pivot area)과 내측초생달 지역(inner crescent) 및 외측초생달 지역(outer crescent)으로 구분하였다.[13] 그에 의하면 추축 지역은 남북으로 북극해 남쪽 끝에서 중앙아시아 남단까지, 동서로는 시베리아의 거의 동쪽 끝에서 백해와 흑해를 연결하는 선을 잇는 광대한 유라시아(Eurasia) 지역을 포함한다.

이 추축지역을 둘러싸고 있는 지역이 내측초생달 지역인데, 여기에는 독일 · 오스트리아 · 그리스 · 터키 · 이란 · 인도 · 중국 · 한국 등이 자리잡고 있다. 외측초생달 지역은 내측초생달 지역의 바깥쪽에 자리잡고 있는 지역으로, 미국 · 남미 · 남아프리카 · 호주 · 뉴질랜드 등이 자리잡고 있다. 맥킨더에 의하면 추축지역은 육지세력(land power)의 중추 지역이고, 내측초생달 지역은 해양세력(sea power)의 중추 지역

13) Mackinder, "The Geographical Pivot of History," *Geographical Journal*, Vol. XXIII (April, 1904), p.434.

이라는 것이다.

더 나아가 맥킨더는 추축지역 이론을 발전시켜 심장지역(heartland) 이론을 제기하였다. 그는 동부 유럽을 지배하는 자가 심장지역을 지배하고, 심장지역을 지배하는 자가 세계의 도서를 지배하며, 세계 도서를 지배하는 자가 세계를 지배한다고 주장하였다.[14]

맥킨더의 이론에 많은 영향을 받은 미국 예일대의 스파이크맨(N.J. Spykman)은 맥킨더의 추축지역 또는 심장지역이 세계의 지배세력이 되는 것이 아니라, 심장지역을 둘러싸고 있는 주변지역(rimland)을 지배하는 세력이 유라시아를 지배하고, 유라시아를 지배하는 자가 세계 운명을 지배한다고 주장하였다.[15] 스파이크맨의 주변지역은 맥킨더의 내측초생달 지역과 대부분 일치하는 지역으로서, 심장지역을 포위하고 있는 외곽 지대이다. 스파이크맨은 심장지역이 ① 기후가 불량하여 농사에 부적당하고, ② 석탄, 석유, 수력 등의 자원은 심장지역의 핵심 구역이 아닌 우랄산맥 서쪽에 더 많으며, ③ 심장지역은 동부 · 북부 · 남부가 눈 · 얼음 · 산맥 등으로 막혀 있어 교통상 불편하고, ④ 심장지역 자체가 중앙적 위치라는 것도 사실은 어느 한 방향에서 본 것이므로 가변적인 것이라고 반박하였다.

반면 주변지역은 ① 우량이 많아 농사짓기에 유리하고, ② 인구 집중 지역이며, ③ 정치적 통일과 권력의 집중은 약한 곳이나, ④ 해상교통이 좋고 외양(外洋)과 잘 결합될 수 있는 좋은 조건을 갖고 있는 곳이라고 주장했다. 이처럼 주변지역의 가치가 더 큰 까닭에 이 주변지역을 장악하는 것이 더 중요하다는 것이었다.[16] 맥킨더의 내측초생달 지역과 스파이크맨의 주변지역 이론을 통해 추정해 보면, 동북아시아의 심장부는 간도를 포함하는 만주 지역이라고 할 수 있다.

14) 任德淳, 『政治地理學原理』(法文社, 1989), p.112.
15) 위의 책, p.115.
16) 위의 책, p.115.

따라서 이런 관점에서 한국의 입장을 고려해 볼 때, 우리가 간도 지역을 회복하게 되면 동북아의 강대국으로 성장할 수 있다는 추론이 가능하다. 간도 영유권을 주장하는 중요한 이유가 바로 여기에 있는 것이다.

제 4 절 간도 문제의 정치사

1. 조선 · 중국 관계의 배경

한국의 외교는 역사적으로 정치지리적 위치와 밀접한 관계를 갖고 전개되어 왔다. 우리나라는 삼국 시대 정립 이후부터 동북아시아 대륙의 일각에 있는 반도국가로서, 부수성과 주변성을 지닌 지역을 점령하고 정치지리학적으로 다수의 국가들에 둘러싸여 있는 지대에 위치하고 있었다. 이와 같은 정치지리적 환경에 있었던 우리나라는 항상 주위에 있는 여러 다른 민족 또는 국가들과 부단한 교섭이 아니면 투쟁을 통해서, 우리 민족과 국가사회를 유지 내지는 발전시키지 않을 수 없었다.

지금까지 한(韓)민족과 가장 교섭이 많았던 민족은 동북아 대륙 방면의 여러 민족들, 특히 중화제국의 한족(漢族)과 태평양 방면의 일본 민족이었으며, 이는 우리나라의 정치지리적 환경에서 보면 당연한 일이었다. 그러다가 19세기 중반에 접어들면 서구 열강의 침략에 대한 대응이 조선의 주된 대외 관심사로 나타나게 된다. 그리하여 16세기 말과 17세기 초에 있었던 남과 북의 침략, 즉 남으로부터의 임진왜란과 북으로부터의 병자호란이 있은 후 19세기 후반의 개국 무렵까지, 조선의 외교관계는 중국에 대한 사대(事大)의 조공(朝貢) 관계, 일본에 대한 교린(交隣)의 통신사(通信使) 관계, 그리고 서구 열강에 대한 쇄국

(鎖國)관계로 이루어져 왔다.[17]

당시 조 · 중 외교관계는 오늘날의 국제관계와 비교해 볼 때 불평등한 관계였다. 그러나 조선은 이 같은 불평등을 유교적인 자연적 세계질서의 유지를 위한 것으로 수용함으로써, 중국에 대해 '사대(事大)의 예(禮)' 를 거부하지 않았다. 사대란 나라 사이의 관계를 상하의 서열적 관계로 설정해 놓고, 그 관계를 조공의 예로써 제도화하는 것이었다. 그러므로 사대의 예는 단순한 물리적 힘의 관계가 아니라 가치관이며, 명나라 이후에는 오늘날의 국제공법(國際公法)과 같은 의미와 성격을 갖게 되었다.[18]

서구 열강이 19세기에 조선과 접촉하면서 알게 된 것은, 조선이라는 나라가 서양 개념으로서의 주권국가도 아니고 중국의 지배를 받는 예속국도 아니라는 것이었다. 조 · 중 관계에 있어 이 같은 조선의 특수한 지위는 조공관계를 통해 이해될 수 있다. 조공제도는 가족제도에서 유래된 것이라 믿어진다. 즉 가족이 부족으로 발전하고 부족이 왕국으로 발전하여, 이 왕국의 각 부족들이 공통의 문화를 갖게 되는 일종의 연맹체라는 마음을 공유했다. 이 같은 맥락에서 중국 본토는 지구 중심의 나라 즉 '중국' (中國)으로 불리게 되었으며, 조선과 같은 주변지역은 완충지대로서 중국과 순치(脣齒), 즉 이[齒]와 입술[脣]의 관계로 비유되게 되었다. 그리하여 중국의 이웃 나라인 조선은 중국화되어 중국의 소위 속국(屬國) 즉 조공국이 되었던 것이다.

'속국' (屬國)이란 법적인 용어가 아니며, 서양에 있어서 중세의 봉토(封土)나 영지(領地)와도 다른 개념이다. '속' (屬)이란 한자는 가족의 뜻을 지니고 있으므로, 단순한 법적인 관계를 뜻하는 것으로 간주해서는 안 된다. 서양의 시각에서 볼 때, 조 · 중 조공관계가 불평등하고 계

17) 동덕모, 『조선조의 국제관계』(박영사, 1990), pp.51-52.
18) 위의 책, p.19.

급적인 성격을 지닌 것으로 관찰될 수 있으나, 가족주의 원칙에 의거한 유교적 국제질서 속에서 중국은 조선에 간섭하거나 한국을 직접 지배하려 하지 않았으며 또한 그럴 필요도 없었다. 조선은 공식적인 예절 외에는 내치외교에서 자주적이었으며, 중국도 조공관계의 사대의 예로서 만족하였던 것이다.[19] 이와 같은 조·중 조공관계는 매우 의례화되어, 본질적으로는 정치적 관계였지만 사대의 예에 의한 형식적이고 의례적인 외교관계였던 것이다.

19세기 후반, 서구 열강의 조선에 대한 개국 시도 및 압력에도 불구하고, 조선의 외교는 계속 쇄국을 견지하면서 중국과의 전통적 유교질서를 유지하려 했다. 개국과 더불어 조선은 유교권의 국제정치질서와 유럽의 근대 국제정치질서 속에서 이원적인 지위를 동시에 유지하려 하였다. 한국이 다방면에 걸쳐 큰 피해를 입게 된 것은, 이와 같이 서로 본질적으로 다른 두 개의 국제정치질서 속에 비의도적으로 위치하게 된 원인도 있지만, 사실은 아무런 준비 없이 서양식 국제법 체제하에서 독립과 주권국가로서의 역할을 수행해야 했던 이중적 환경 때문이기도 할 것이다.

조선의 외교와 관련하여, 중국은 조선이 속국이지만 내치외교에 있어서는 독립국이라고 주장하면서 한국에서의 책임을 회피하려 하였다. 중국은 당시 서구 열강과 여러 가지 문제가 있었고 중국의 힘은 서양을 압도하지도 못했다. 그러나 개국 직후부터 일본 세력이 한반도에서 급신장하고 있었고, 러시아 세력 또한 남진을 획책하고 있는 것을 보고 놀란 중국은, 조선에 대해 전례 없이 강하게 종주권을 주장함으로써 자신의 세력을 견지하려 했다. 다시 말하면 임오군란 후 중국은 다수의 군대를 파견하고 중·조 종속관계를 명문으로 규정한 「상민수륙무역장정」(常民水陸貿易章程)을 체결하는 등 한국을 간섭하기

19) 위의 책, pp.41-44.

시작하였다.[20]

2. 간도 영유권 분쟁의 전개과정

오늘날 지구상의 거의 모든 국가는 영토를 갖고 있으며, 국가는 영토를 보전해야 한다. 영토란 국가 구성의 3대 요소 가운데 하나로서 국민의 역사와 혼이 깃든 터전이다. 그러기에 세계의 어떠한 국가도 자국의 영토를 지키기 위하여 국운을 걸고 총력을 경주하는 것이며, 영역 내의 지역을 보전함은 물론, 영역 밖에 있는 지역도 자기 영토라면 또한 보전해야 할 의무가 있다.

한 · 일간의 독도에 대한 영유권 주장에 비하면 그 정도는 낮지만, 한 · 중간에는 간도에 대한 영유권 문제가 상존하고 있다. 간도 영유권 문제는 역사의 진행과정에서 발생한 것으로, 분쟁의 발생 원인인 백두산정계비의 건립과 한 · 청 양국간 정치적 분쟁의 발생 사이에는 170년의 시차가 있으며, 백두산정계비 건립의 역사적 원인과 배경까지 고려한다면 500년이 넘는 역사성을 지니고 있다. 따라서 간도 영유권 문제는 당사국들간의 역사 인식의 차이와 사료의 부족으로 인해 연구에 많은 한계가 있으며, 특히 제3국인 일본의 개입으로 이른바 「간도협약」이 체결된 후 당사국간의 협상이 중단된 점과 남북한의 분단 등 당사국간의 관계에 있어, 여타의 영토문제들과는 다른 특수성을 지니고 있어 연구에 많은 어려움을 내포하고 있다.

역사적으로 볼 때, 고구려와 발해의 멸망으로 인해 한반도 내로 축소되었던 우리의 영토는, 고려 왕조가 고구려의 옛 영토 회복을 위한 북진정책을 국시로 한 이래, 조선 초기에 이르러서 동북방의 6진(六鎭) 개척과 서북방의 4군(四郡) 설치를 통해 압록강과 두만강 선까지 북상

20) 김용구, 『세계외교사』(서울대학교 출판부, 1997), p.307.

하게 되었다. 그러나 그것이 곧 조선 왕조의 확정된 국경선이 된 것은 결코 아니었으며, 단지 군사상의 국경 방위선으로서의 의미를 가질 뿐이었다. 조선 왕조는 태조 이래 세조 시대에 걸쳐 백두산을 중심으로 압록강과 두만강을 따라서 방위선을 설치하였기 때문이다.

당시 방위선 이북의 상황은 여진족이 부족별로 분할 · 점령하고 있었는데, 조선은 이들을 교린(交隣)정책에 입각하여 회유하는 정책을 전개했으며, 명나라 역시 여진족을 회유하고자 건주위(建州衛) · 모린위(毛鱗衛) 등을 설치해 주기도 하였다. 이러한 조선과 명의 정책으로 인해, 여진족은 양국 지배권 밖의 광대한 지역에서 비교적 자유로운 위치를 차지하고 있었다. 그러나 당시의 여진 부락들은 그 성격상 국가로 간주될 수 없었으므로, 이 지역은 정치적 의미에 있어서는 무주(無主)지역이었다고 말할 수 있다.

근대적 의미의 국경선이 존재하지 않았던 그 시기에 조선인의 만주지방을 향한 진출은 계속되었다. 그들은 강을 건너 농사를 짓기도 하였으며, 특히 산삼을 채취하거나 수렵 · 벌목 등의 활동을 꾸준히 행하였다. 그러나 명나라는 이 지역을 변외(邊外)의 지역으로 간주하였기 때문에, 양국간에 외교상의 문제는 발생하지 않았다.

그러나 16세기 말 건주위의 누루하치가 출현하여, 인근의 여진 부락들을 병합하여 통일 사업을 진행해가는 과정에서 새로운 문제가 발생하게 되었다. 그는 중원(中原) 정복을 앞두고 조선과 명의 결합을 느슨하게 하여 배후의 위협요인들을 없애는 한편, 경제적으로는 필요한 물자의 보충을 위하여 조선에 대해 계속 일방적인 관심을 표명해 왔다. 조선은 그와의 교류를 바라지 않고 명나라와의 관계를 의식하여 계속 요청을 거절하였다. 그러나 거듭되는 누루하치의 요청에 의해 선조 36년에 이르러 마침내 이를 수락하게 되었고, 이로써 국경 침범 및 산삼 도취(盜取) 등에 관하여 조선과 건주위 사이에 최초의 약정이 성립하게 되었다.

누루하치가 사망하고 뒤를 이은 사람은 청(淸) 태종이었다. 그는 수도를 심양(審陽)으로 옮기고 사방을 경략하려 하였다. 그는 명에 진격하기 위해서는 먼저 조선을 공격하여 후환을 없애는 것이 필요하다고 판단, 1627년(인조 4년)에 3만 대군을 앞세워 조선을 침략하였는데, 이것이 곧 정묘호란이다. 그 결과 조선은 청나라와 형제지국의 예를 맺어 강화도 성문 밖에서 제천서약(祭天誓約)을 행하였고, 또 양국 대신들간에 사서(私誓)라는 약정도 맺었다.[21] 그런데 그 서약이나 약정 가운데 '각전봉강'(各全封彊)과 '각수봉강'(各守封彊)과 같은 문구가 있는데, 이는 양국이 향후 서로 서약한 바를 존중하여 영토의 경계를 잘 지켜 우호관계를 유지해 나가자는 뜻을 담고 있다. 따라서 '각수봉강'을 준수하기 위해서는 양국의 접경 영역이 설정되어 있음을 전제로 해야 하는 것이지만, 이에 관한 문헌은 현재까지 찾아보기 어렵다.

청 태종의 뒤를 이어 청 건국 이후 최대의 판도를 경략한 강희제(康熙帝)는 주변 여러 나라들과 '장'(場: place 또는 topos)이 아닌 '선'(線: line)의 개념에 의한 국경 획정의 필요성을 느끼게 되었고, 그들 조상의 발상지라는 이유로 봉금지역으로 지정했던 백두산 일대의 국경 획정에도 관심을 두게 되었다. 그리하여 1711년 봄 오랄총관(烏剌總官) 목극등(穆克登)을 파견하여 양국 국경을 심사하도록 명령하였다. 목극등이 국경 조사차 온다는 소식을 접한 조선 조정에서는, 참판 박권(朴權)을 접반사로 임명하고 함경도 관찰사 이선부(李善溥)와 함께 후주(厚州)에서 이들을 맞아 국경 획정에 임하게 하였다.

목극등은 접반사와 관찰사에게 산이 점점 험해진다는 이유로 백두산까지 수행하지 말고 무산(茂山)에 미리 가서 기다리라고 명하고, 조선의 군관 · 통역관 · 차사관(差使官) 등 말직의 몇 사람만 대동하여 백두산에 올랐다. 1712년 5월 12일 백두산 천지 근처에 샘물이 갈라져

21) 『仁祖實錄』, 인조 5년(1628년) 2월 辛酉條.

흐르는 중간 지점에 앉아 목극등은 통역관 김경문에게 이르기를, 이곳이 이름 지을 만한 분수령이니 여기에 비(碑)를 세워 경계선을 정함이 어떠냐 하고 물은 후, 분수령에 서 있는 바위로 비석의 받침돌을 만들게 하고 비를 다듬게 하였다. 넓이가 2척이고 길이가 3척인 이 비에는 모두 9행 82자가 새겨졌는데, 주요 내용은 "西爲鴨綠 東爲土門"으로서, '조선과 청나라의 국경이 서쪽으로는 압록강이요 동쪽으로는 토문강'이라는 의미였다.

이는 당사국인 조선과는 국경 획정에 관한 어떤 의견 수렴의 기회도 없이 일방적으로 건립한 것으로서, 후에 간도 영유권 분쟁을 야기시키는 원인이 되었던 것이다.

백두산정계비의 건립은 정묘·병자호란 이래 조·청 사이의 약속인 무인지대 존중정신을 다시 강화시킨 것으로서, 이후 양국은 이곳 무인지대로의 유입자들을 더욱 엄중히 단속하였다. 그러나 양국의 엄격한 국법에도 불구하고 무인지대를 향한 양국인들의 월경행위는 계속되었는데, 처음에는 산삼 채취나 목재 도벌에 그쳤던 것이 점차로 비옥한 토지에 집을 짓고 개간하는 유민의 증가로 이어졌다. 그리하여 압록강 건너편의 속칭 西간도 지방은 청국인이 먼저 개간하였고, 두만강 건너의 東간도 지방은 조선인이 먼저 들어가 개간하였다. 이는 지리적 근접성이라는 이유보다는 지형적 영향이 더 큰 것으로, 청에서는 노야령산맥·태평산맥 등의 고산준령을 넘지 않으면 이곳 간도 지방에 들어갈 수 없으나, 조선에서는 비록 두만강이 있기는 하지만 작은 배나 뗏목을 이용하거나 겨울에 강이 얼면 걸어서도 쉽게 갈 수 있는 곳이었기 때문이었다.

그러던 중 1883년(고종 20년) 4월 청의 길림·훈춘 초간국(招墾局)과 돈화현에서는 조선의 경원부와 종서부에게 공문을 보내, 토문강 이북 및 이서 지역에 사는 조선인들을 가을 수확 후 9월 이내로 모두 데려가도록 고시하였다. 이 고시를 본 조선인들은 비로소 청이 두만강을

'토문강'으로 잘못 알고 두만강을 국경으로 간주하게 되었음을 알게 되었다. 이에 크게 놀란 간도 거주 조선인들은 직접 백두산에 올라가 정계비, 토문강 발원지 등을 조사하고 돌아와 청국 고시의 부당함을 종성부사에게 호소하였다. 그 중요한 내용은 토문과 두만이 발원지가 전혀 다른 것이니, 이 뜻을 청에게 알려 정당한 경계를 조사하도록 해 달라는 것이었다.

이것이 이후 28년간 조 · 청간에 간도 영유권을 둘러싼 분규의 발단이 되는 것으로서, 조선이 양국의 국경은 '두만강'이 아니라 정계비에 명기된 '토문강'이라고 주장한 효시가 된다. 청의 돈화현과 조선의 종성부 사이와 관련되는 간도 귀속 문제 및 주민 소환 문제가 현안으로 떠오르고, 간도의 조선인이 간도 영유권문제를 정부에 건의하는 등 문제가 복잡해지자, 조선 정부는 1883년 5월에 어윤중(魚允中)을 서북경략사(西北經略使)로 임명하여 사실을 명백하게 조사하게 하였다. 또한 어윤중의 임무는 청의 요구대로 간도에 살고 있는 조선인들을 되돌아오게 하는 것이기도 하였다, 어윤중은 2차례에 걸쳐 백두산정계비를 답사하고 경계가 획정되는 강의 원류[江源]를 탐사한 결과, 토문강이 쑹화강의 상류로서 흑룡강으로 흘러 들어가고 있어 두만강과는 아무런 관계가 없음을 조정에 보고하였다.[22] 그러나 현지 조선인들이 살고 있는 곳이 길림계(吉林界)가 아니고, 또한 조선의 땅으로서 청의 소환 요구에 전혀 응할 필요가 없으며, 청국도 소환을 요구하는 한편으로 소와 양식을 주면서 조선인을 불러 모아 개간을 시키기도 하였음을 알아내고, 고종에게 토문강 이하의 간도 지역이 조선의 영토임을 설명 ·

22) 2004년 동아일보의 북방영토 취재팀은, 1712년 청나라와 조선 간 국경을 구획한 백두산정계비에 등장하는 '토문강'이 '두만강'이 아니라는 주장에 대해서도, 현장 심층취재를 통해 그보다 북쪽에 있는 '쑹화강' 지류인 '우다오바이허(五道白河)'일 가능성을 제시했다. 동아일보, "우리 땅 우리 혼, 영토분쟁 현장을 가다"(2004. 4. 2~10. 8); 동아일보(2005. 3. 12).

보고하였다.

이에 조선 정부는 청국에게 토문강 정계비를 증거로 정계비에 규정된 토문은 두만과는 별개의 강이며, 그 토문강이 조 · 청 국경이고 간도가 조선이 영토인데 조선땅에 조선인이 사는 것이 무엇이 나쁘냐 하는 뜻을 정식으로 통고하고, 이의가 있으면 새로 국경조사를 실시하자고 통고하였다. 이에 청국도 공문을 보내와 조선과 청국 사이에 감계(勘界) 담판이 시작되었다. 1885년(고종 22년)과 1887년(고종 24년)의 두 차례 회담에서 청국은 토문과 두만이 같은 강이라고 주장하였고, 조선은 이들이 전혀 별개의 강이므로 정계비에 명시된 대로 토문강을 기준으로 양국의 경계를 정해야 한다고 주장하였다.

조선 정부의 공식 공문을 받은 청은 1885년 이홍장(李鴻章)을 통하여 회답 공문을 보내왔는데, "조선 왕은 신속히 관원들을 파견하고 길림성 지방관도 시기를 정하여 함께 조사하여 경계를 분명히 타결하여야 한다"고 하였다. 이에 조선에서도 다시 공문을 보내어, "우리는 안변(安邊) 부사 이중하(李重夏)를 토문감계사(土門勘界使)로 파견하니, 중국의 파견 관원들도 회합하여 조사하면 강계(疆界)가 자명해질 것"이라 하여, 양국은 감계 회담을 개최키로 합의하게 되었다.

더욱이 순조 이후 세도정치로 말미암아 삼정의 문란이 극에 달하자, 북방의 연변인들은 당시 청의 해이해져 가는 봉금정책에 편승하여 간도 지방에서 영주하기에 이르렀다. 이러한 추세가 계속되자, 고종은 평안 · 함경 감사에게 위법하게 국경을 넘는 자들을 엄격히 단속하고 수상한 자를 발견하면 선참후계(先斬後啓)하라고까지 지시하였으나, 변경 주민들은 지방관리나 병사들을 오히려 적대시하고 무기를 탈취하는가 하면, 집단 월경을 기도하기도 하였다. 이에 연변의 지방관들은 월경을 기정사실로 인정하여 유민의 불법 도주를 막고자 실질적으로 월경 개간을 장려하기에 이르렀다. 그리하여 관의 허가 아래 변민들은 비교적 자유롭게 강을 건너 무인지대로 진출하여 논과 밭을 개간하였으며, 관청에서는 지권(地券)을 발급하고 토지대장을 만들어 세금을 부과하였던 것이다.

제 5 절 영토문제의 교섭 과정

1. 국경정계(國境定界: 勘界) 과정

(1) 을유(1885년) 감계회담

조선과 청국 국경에 관한 조선측의 정치적 문제 제기로, 1885년(고종 22년: 을유년) 9월 30일 양국의 경계를 확정하는 회담과 현지 사정(査定)이 회령(會寧)에서 열렸다. 조선측에서는 안변부사 이중하를 감계사로 조창식을 종사관으로 파견하였고, 청국측 대표로는 덕옥(德玉) · 가원계(賈元桂), 진영(秦煐) 등 3인이었다.

이들은 이 때부터 같은 해 11월 30일까지 2개월에 걸쳐, 회령에서 백두산정계비에 이르는 현장을 답사하면서 4차례에 걸쳐 담판을 벌였다. 담판이 열릴 당시는 조선에서 갑신정변(甲申政變)이 일어난 다음 해로서, 청이 조선에 대해 종주권을 강화하는 동시에, 원세개(袁世凱)를 통상사무 전권위원이라는 이름으로 파견하였고 원세개의 횡포가 이루 말할 수 없는 시점이었다. 그러므로 감계담판도 청의 위압적 분위기 속에서 개최될 수밖에 없었다.

회담의 벽두부터 양국 대표의 입장은 대조적이었다. 조선측은 먼저 정계비를 조사하고 난 후에 감계회담을 갖자고 한 반면, 청은 도문강(圖門강: 두만강을 지칭)이 양국의 국경임을 전제로 하여 단지 강의 여러 지류 가운데 어느 것을 본류로 보느냐 하는 것만 정하면 충분하므로 두만강 하류에서 위로 답사해 올라가자고 하는 태도를 보이면서, 정계비 자체를 무시하려 하였다. 4차에 걸친 담판에서 우리 측 대표는 백두산에 있는 토문강 정계비문도 하나의 조약문으로 보고 이를 시행하여야 한다는 입장에서 시종일관 논리가 확고한 반면, 청국측은 정계비 현장답사 전에는 '사감정류설'(査勘正流說)을 주장하고 '비퇴이전설'(碑堆移轉說)을 주장했으나 현장 답사 후에는 '비퇴부정설'(碑堆否定說)로 급변하더니, "이번 일은 변계를 감정(勘定)하기 위한 것이지 결코 변계를 해결하기 위한 것이 아니다"라고 하여 우왕좌왕하는 모습을 보였다. 이리하여 양국간의 국경 획정을 위한 몇 차례의 회담은 서로의 근본적인 주장이 대립한 가운데 결렬되고 말았다.

(2) 정해(1887년) 감계담판

백두산정계비와 토문강 경계 조사를 고집하다가 을유감계담판이 결렬된 지 2년 후인 1887년(고종 24년: 丁亥) 4월에 또다시 감계담판이 시작되었다. 1887년 3월 26일 청국 위원이 먼저 회령에 도착했고, 감계사 이중하는 4월 5일에 도착하였다. 먼저 도착한 청국 위원은 무산에서 동해바다에 이르는 두만강 하류는 을유감계담판에서 이미 확정된 것으로 간주하고, 이번의 조사는 다만 자국의 뜻대로 토문강의 본류만을 정하기 위해 미리 15개의 석비를 만들어 홍단수(紅丹水)가 두만강의 본류에 합류되는 부근에 운반해 놓고는, 이중하가 도착하기만을 기다리고 있었다. 우리 측 대표인 이중하는 산위의 비가 정계비임은 조금도 변경할 수 없는 것이므로 조선 국경 내에 있는 홍단수를 도문(圖們)의 본류로 삼는 일은 온당치 않으며, 토문강은 홍토수(紅土水)인 바, 비 하나를 이 강줄기에 세워 목극등의 정계비를 뒷받침하고 그것을 국경으로 하는 데에 의의가 없다고 주장하였다. 이렇듯 양측의 주장이 팽팽히 맞선 가운데 정해감계담판도 아무런 결론 없이 끝났고 말았다.

(3) 정계회담 결렬 후 양국의 간도 관리

조선 정부가 공식 문서를 통해 청국에 정해감계담판을 무효로 선언함과 동시에 토문강 국경설을 주장하자, 청은 정해감계담판에서 그들이 일방적으로 주장한 두만강 홍단수說을 기정사실로 처리하려고 하였다. 그 결과 조 · 청 양국은 간도에 관하여 독자적 조치를 취하게 되었다.

먼저 청의 조치를 보면, 청은 감계담판이 성과를 거두지 못하자 단독으로 행정적 조치를 취하기 시작하였다. 1880년(청 광서 6년) 청국은 통상국 내에 초간국(招墾局)을 두어 개간 사무를 시작하였고, 1885년에는 초간국을 독립국으로 만들어 한인(韓人)들을 모아 황무지를 개간하게 하였으며, 면적을 측량하고 연한을 정하여 세금을 부과하는 한편, 한인들로 하여금 변발(辮髮) 복장을 하게 하고 청국의 국적에 편입케 하였다. 또 이에 불응하는 한인들에게는 토지를 몰수하고 두만강 이남으로 추방하는 조치를 취하기도 하였다.

다음으로 조선의 조치를 보면, 청은 청일전쟁에서 패했을 뿐 아니라 의화단 사건을 계기로 러시아가 만주를 점령하게 됨으로써 국제적 위신이 실추된 반면, 조선은 독립적인 군주제가 됨으로써 청의 귀속으로부터 벗어나게 되어 이 때를 기하여 간도 문제에 대한 적극적인 정책을 전개하게 되었다. 즉 관찰사 이범윤(李範允)을 간도시찰사에 임명, 토문강과 두만강 사이에 사는 한인들을 위무(慰撫)하고 호구 · 인구조사를 통해 세금을 징수하는 한편, 10호(戶)를 1통(統), 10통을 1촌(村)으로 하여 통장과 촌장을 두어 행정조직을 정비하였다.

이범윤이 이러한 조사사업을 벌이는 동안, 조선 주재 청국 공사인 허대신(許臺身)의 항의가 있었고, 간도에 있는 청국 관리와 군인들의 방해가 심하였다. 이에 이범윤은 간도 한인의 생명과 재산을 보호하는 방법은 오로지 병력에 의존하는 수밖에 없다는 상황 판단하에, 스스로 장정들을 모집하여 사포대(私包隊)를 조직하였다. 그 후 조선 정부는 간도시찰사였던 이범윤을 간도관리사에 임명하여 많은 권한을 위임하였으며, 청에 대해서도 정식 공문을 통하여 이범윤을 간도관리사에 임명하여 간도 한인들의 정황을 조사 · 보호하도록 했다고 통고하였다.

그런데 1904년(광무 8년) 러일전쟁이 발발하자, 청국은 변경에서 이런 사건이 일어남을 계기로 그 해 1월 14일자로 대한제국 정부에 공문을 보내어, 이범윤의 소환을 요구하고 양국의 경계 문제는 시국이 안정됨을 기다려 상의할 것이므로 양국 변계에서 사건이 일어나지 않도록 권고하였다. 이에 대하여 동년 5월 14일 대한제국의 내부대신 이용태(李容泰)와 외부대신 이하영(李夏榮)은 간도에 관리를 파견하여 청국 관리와 입회하고 경계를 설정하여 강토 회복에 힘쓸 것을 건의하였다.

그러나 이미 러일전쟁이 시작된 후였고, 러 · 일 양국이 한국에 대해 정국이 시끄러운 이 때 간도 문제를 조금 지연시키는 것이 좋겠다고 종용하였으며, 또한 청국의 제의도 있고 하여 양국은 감계회의를 중단하게 되었다.

2. 조선의 외교권 상실과 간도협약

(1) 외교권의 상실

1904년의 러일전쟁은 한국과 만주의 지배를 둘러싼 러 · 일간의 제국주의적 전쟁이며, 동시에 일제의 한국 침략전쟁이기도 하였다. 대한제국 정부가 러일전쟁 개전 2주 전인 1904년 1월 21일에 러 · 일간의 교전에 엄정 중립을 선언하였지만, 일제는 이를 묵살하고 오히려 개전 직후인 2월 23일 군사적으로 압력을 가하여 전문 6조로 된 이른바 「한일의정서」(韓日議定書)를 강제로 조인케 하였다. 그 명목은 한국의 독립보장이었지만, 실제로는 정치적 · 군사적으로 한국을 일제의 지배하에 두고자 하는 식민지화의 제1단계 조처였다.

러일전쟁이 점차 일본에 유리하게 전개되자, 일본은 1904년 8월 22일에 「제1차 한일협약(韓日協定書)」을 강요하여, 재정분야에 일본인 고문을 배치하고 외교분야에는 일본이 추천하는 외국인 고문을 초청하도록 규정하였다. 이에 따라 재정고문에는 메카다(目賀田種太郎)를, 외교고문에는 일본 외무성 고문이었던 미국인 스티븐스(D.W. Stevens)를 임명하였다.

한편 러일전쟁이 시작되자, 청국 정부는 간도 지방이 전쟁의 분쟁지역으로 될 것을 우려하여 한국에 간도 지방의 감계에 관한 교섭 담판을 요구해 왔다. 한국 정부도 이에 응하려 하였으나, 일본의 직 · 간접적인 간섭으로 인해 명확한 회답을 줄 수가 없었다.

계속해서 일본은 1905년 4월 8일 미 · 영 등 열강의 묵인하에 한국에 대한 보호권을 확립하고, 한국의 대외관계를 전면 일본에 귀속시켜 외교권을 박탈하는 각의 결정을 한 후, 그해 11월에 이토 히로부미(伊藤博文)를 특명전권대신으로 한국에 파견하여 군사적 위협 속에서 「제2차 한일협약」을 한국 정부에 강요하여 불법적이고 강압적인 수단에 의하여 조인하게 하였는데, 이것이 이른바 「을사보호조약」(乙巳保護條約; 乙巳勒約)이다. 이 조약에 의해 한국은 외교권을 일본에 박탈당하였으며, 이듬해 2월 통감부 및 이사청(理事廳)이 설치되고 일본이 파견한 초대 통감인 이토에 의해 내정의 지배와 경제적 침탈이 자행되었다. 한 · 청간의 간도 감계 문제에 대해서도 일본은 중재자가 아닌 직접 이해당사자로서의 위치를 확보하게 되었다.

이토 통감은 일본 정부와 협의한 후, 간도에 통감부 임시파출소를 설치하고 중국통인 사이토(齋藤季治郎) 중좌를 간도파출소장에, 그 보좌역인 총무과장에 시노다(條田治策)를 임명하였다. 아울러 청국 관헌과의 충돌을 피하고자, 통감부 간도파출소 설치 경위를 청국 주재 일본 대리공사인 아베(阿部守太郎)로 하여금 청국 외무부에 통고하였다. 그 내용은 "간도가 중국 영토인지 한국 영토인지 장기간 해결을 보지 못하고 있으나, 그 곳의 한인 10만여 명의 생명과 재산을 보호하기 위해 일본이 관리를 파견한 것이므로, 간도에 거주하는 청국 관헌에게 착오가 일어나지 않도록 청국 정부가 적절한 조치를 취해달라"는 것이었다.[23] 통감부 간도파출소는 1907년 8월 23일 용정(龍井)에 본부를 두고 사무를 시작하였다.

일본이 간도에 통감부 간도파출소를 설치하고 일본 헌병과 일부 한국 관리를 포함한 파출소원들을 파견하자, 청국은 통감부 간도파출소의 철퇴를 계속적으로 요구하면서 거물급의 관원과 다수의 병력을 간도에 파견하여 일본에 대해 강경한 태도로 맞섰다. 즉 국자가(局子街)에 길림변무공서(吉林邊務公署)를 설치하고 변무독변(邊務督辨)에 중장급 부도통(副都統) 진소상(陳昭常), 방변(幇邊)에는 소장급 협도총(協都總) 오록정(吳祿貞)을 임명하고, 군수품의 호송과 병력의 교체 등을 내세워 병력을 계속 증가시켜 군경을 합해 약 4,300여 명을 간도에 주둔시켰다.

이에 비해 간도에 파견된 일본 헌병은 처음에 65명이었으나, 이후 몇 차례에 걸쳐 증원되어 총 병력이 200여 명에 달하였다. 그러나 그것도 10개 처의 헌병 분견소에 나누어 주둔시켰으므로, 4,000여 명의 청군에는 도저히 대항할 수 없는 규모였다. 따라서 청병과의 충돌을 피하고 한인 보호의 현상유지와 함께 북경에서 열리고 있는 청 · 일간의 외교담판을 뒷받침하는 것으로 그 임무를 다했다고 할 수 있었다.

청은 두만강 이북 일대의 땅이 청조(淸朝) 조상의 발상지라 하여 완전히 자국의 영토라는 전제하에 행동하였다. 이에 따라 중요한 지역에 14개소의 파변처(派邊處)를 설치하고 국자가에 병영을 증축하였으며, 두만강 연안의 도선장에 보초를 배치하였다. 또 회령에서 간도에 이르는 도로상에 검문소를 두어 통행인을 검문하는 등, 간도 전역을 청국 영토로 간주하였다. 그 결과 청 · 일간에 수많은 충돌이 발생하였는데, 1908년 6월 변무독변으로 승진한 오록정의 강경한 항일 태도로 인해 충돌이 더욱 심하게 발생했다. 특히 간도 거주 한인에 대한 재판권 행

---

23) 篠田治策, 『間島問題の回顧』(京城: 谷岡商店, 1930), p.29.

사를 둘러싸고 양국이 가장 심하게 대립하였는데, 일본은 "청국측에서 한인을 재판할 경우에는 매번 항의하여 일보도 양보하지 말 것이며, 한인 재판관할 문제는 간도 경계 문제와 같이 일 · 청 양국 정부의 교섭조건이다"라고 하여, 간도 거주 한인에 대한 지배는 곧 간도 영유권을 확보할 수 있는 첩경임을 설명하고 있다. 이러한 일본의 적극적인 간도 정책에 대해 청국의 태도 또한 강경하여 양국은 충돌 직전까지 이를 정도였다.

(2) 청 · 일 간도협약과 간도 영유권 상실

일본은 러일전쟁 후 「포츠머스 강화조약」을 체결하여 요동(遼東) 반도의 조차지와 동청철도(東淸鐵道)의 남부지선(하얼빈-여순 간)을 러시아로부터 양도받기로 하였으나, 이를 위해서는 청국의 동의가 필요하여 1905년 12월 청국과 「북경조약」을 체결하여 러일전쟁에 따르는 문제들을 해결하였다. 그러나 군용철도로 부설한 안봉선(安奉線)의 개수문제와 만주 문제를 비롯하여 청국과의 사이에 해결해야 할 현안들이 대두되자, 그 해결을 위해 이른바 「동3성 6안」(東三省 六案)을 제시하였는데, 그 6안 중 마지막이 간도 귀속문제였다.[24]

이 「동3성 6안」을 놓고 일본과 청국의 대표 사이에 외교교섭이 있었는데, 결국 「동3성 5안」(東三省 五案)과의 교환조건으로 간도의 영토권 및 재판권을 청에게 넘겨주는 이른바 「간도에 관한 일 · 청 협약」을 맺고 말았다. 흔히 「간도협약」(間島協約)으로 불리는 이 협약문 제1조에 "일 · 청 양국 정부는 도문강(圖們江)을 한 · 청 양국의 국경으로 하고, 강의 원류 지방에 있어서는 백두산정계비를 기점으로 하여 석을수(石乙水)로써 양국의 경계로 삼는다"고 규정함으로써, 간도를 청에 넘겨주고 말았다.

---

24) 朝鮮總督府警務局, 『間島問題の經過と移住鮮人』(京城: 谷岡商店, 1931), pp.50-53.

「간도협약」은 조선과 청국 사이에 문제되었던 영토적 권원을 규명한 것이 아니었다. 이는 불과 얼마 전까지 조선과 청 사이의 간도 영유권 분쟁이 청·일간에 의해 다루어짐으로써, 국경분쟁에 따른 영토의 귀속 결정은 제쳐두고 이 문제를 빌미로 일본의 대륙침략을 위한 군사적 거점을 합법적으로 확보하고자 하는, 이른바 만주침략에 필요한 「동3성 5안」과 교환조건으로 간도를 청국에 포기하였던 것이다. 당시 일본은 만주의 일부 지역에 불과한 간도 문제에 연연할 필요가 없다고 판단했기 때문이었다.

제 6 절 간도 영유권 문제의 분석·검토

일반적으로 국가간 분쟁은 법률적 분쟁과 정치적 분쟁으로 구분된다. 전자는 국제법상의 권리·의무의 관계에서 다루는 분쟁이고, 후자는 이것과는 직접 관계없이 국제정치상의 이해관계에서 다루는 분쟁이다. 그러나 모든 영토분쟁은 순수하게 법적인 것도 순수하게 정치적인 것도 아니며, 정도의 차이가 있을 뿐 양자의 성격이 복합적으로 존재한다. 여기서는 간도분쟁의 발단이 되었던 이른바 '백두산정계비'를 국제법적으로 고찰하고, 아울러 청·일간에 체결된 「간도협약」의 부당성을 규명함으로써 간도의 영유권이 한국에 있음을 밝히고자 한다.

1. 백두산정계비의 국제법적 고찰

앞에서 살펴본 바와 같이 간도문제의 발단은 "西爲鴨綠 東爲土門"이라는 글귀가 새겨진 1712년의 백두산정계비로 소급된다. 이것은 청 강희제의 발의에 의해 조·청 양국 대표들이 실지 측량을 거쳐 건립·기록한 국제적 합의였다. 그 후 조·청 양국간에 국경분쟁이 발생하여

1885년 을유 감계회담과 1887년 정해 감계담판이 있었는데, 이때 청측은 정계비의 비문 중에서 '東爲土門' 의 '土門' 을 '圖們' , 즉 '豆滿' 으로 읽어야 하며, 따라서 동쪽에 있어서 양국간 경계가 두만강이라고 주장하였으며, 반면에 한국은 두만강과 토문강은 별개의 것이며 비문에 토문강으로 명기되어 있다는 사실을 반론으로 제기하였던 것이다.

그러나 이에 대해서는 비문 자체가 한문으로 되어 있음에 주목해야 한다. 따라서 그 해석에 있어서도 한문이 주가 되어야지 청의 주장처럼 만주어로 해석해야 한다는 주장은 정당화될 수 없다. 백두산정계비를 국제적인 합의, 즉 조약으로 인정한다면, 이 조약 해석에 있어 일차적 기준은 조약에 기록된 대로 해석해야 한다는 것이다. 이에 대해 1969년 5월 23일 체결된「조약법에 관한 비엔나협약」에는 "조약은 그 문맥 속에서 그리고 그 취지와 목적에 비추어 조약 문서에 부여되고

〈그림 4-2〉 백두산 정계비와 인접지역의 지리

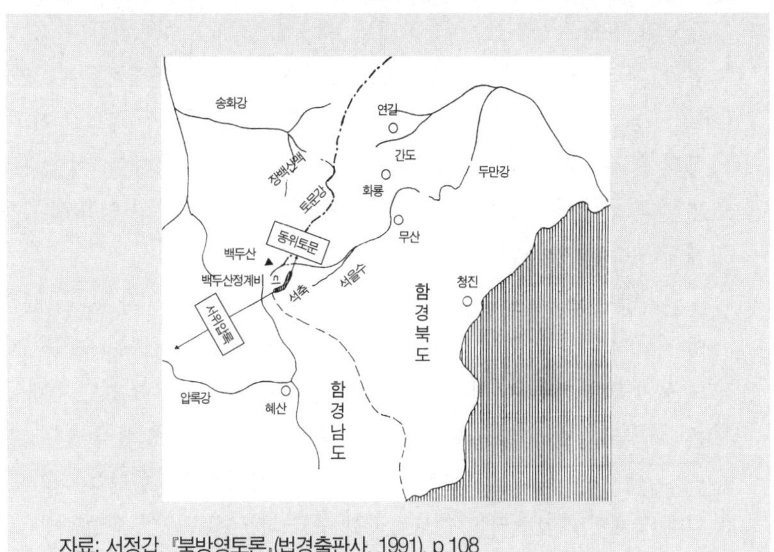

자료: 서정갑, 『북방영토론』(법경출판사, 1991), p.108.

있는 통상적 의미에 따라 성실하게 해석되어야 한다"고 규정하고 있다. 이 점에서 청국측의 주장은 근거 없음을 분명히 알 수 있다. 조약의 해석은 조약 체결 당시의 진실한 의미를 확립시키는 데 의의가 있는 것이나, 객관적 의미를 규명하기 어려운 이유는 특정 용어가 대개 하나 이상의 의미를 갖는 경우가 있기 때문이다. 그러나 간도 분쟁의 경우는 용어의 의미 다양성에서 오는 견해차가 아니라, 비문에 규정된 지명인 '土門'이 중국어에서 동음인 '圖們'의 오기(誤記)인지 아니면 그대로 '土門'을 지칭하는 것인지 하는 동일성의 확인 문제라는 데 그 특성이 있다. 그런데 비문에서는 분명히 '東爲土門'을 명시하고 있으므로, '土門'의 확인 이상으로 확대 해석함은 정당하지 못하다.

2. 간도협약에 대한 고찰

1885년의 을유담판 및 1887년의 정해담판에서도 해결되지 않았던 간도의 영유권 문제는, 엉뚱하게도 1909년 9월 4일 청·일간의 「간도협약」에 의해 그 귀속이 청국으로 결정되었다. 「간도협약」 제1조는 "일·청 양국 정부는 圖們江(두만강)을 한·청 양국의 국경으로 하고, 강의 원류(江源) 지방에 있어서는 정계비를 기점으로 하여, 석을수로써 양국의 경계로 삼는다"고 규정함에 따라, 간도 지방의 영유권이 청에게 귀속된 것이다.

그렇다면 이 협약을 타당한 것이라고 볼 수 있을 것인가? 먼저 일본이 자국의 이익을 위해 대한제국의 권익을 마음대로 처분할 수 있는가의 문제를 살펴보자. 이 당시 일본이 한국에 대해 갖고 있었던 권한들은 1905년 11월 17일 일본의 강요로 체결된 「제2차 한일협약(을사보호조약)」에 의한 것이었다. 그런데 이 조약의 효력을 인정한다 하더라도, 일반 국제법상 보호국은 피보호국의 영토 처분권을 가질 수 없다는 점에 주목해야 한다. 보호관계에 있는 국가들간에 있어 보호국이 체결한 조약이 피보호국의 조약이 되기 위해서는, 조약이 피보호국을 대리하거나 또는 피보호국의 이름으로(on the behalf of, or in the name of protected state) 체결되어야 한다. 「간도협약」의 경우, 그 어느 곳에도 일본이 한국의 이름으로 이 협약을 체결했다는 근거가 없어서, 일본이 보호국으로서 정당한 권한 없이 간도에 대한 한국의 영유권을 포기한 경우, 제3국으로서 동의하지 않은 한국에 대해 아무런 효력을 갖지 못한다.

또한 「제2차 한 · 일협약」 제1조의 규정대로, 일본이 한국의 대외관계 사무를 총리(總理) · 지휘한다는 것은, 어디까지나 외교교섭에 한정된 것이지 영토 처분권까지를 의미하는 것은 아니다. 1909년 9월 4일은 1910년 8월 29일의 「한 · 일합병조약」이 체결되기 이전이며, 한국은 대외관계의 일부 권한만을 일본에 빼앗긴 상태였으며 형식적으로도 주권은 계속 유지되고 있는 상황이었다. 따라서 외교권의 박탈을 전제로 할지라도, 일본에게 한국의 영토 변경권을 부여하는 어떠한 조약도 한 · 일간에 찾아볼 수 없는 한, 「간도협약」은 한국에 대하여 법률적 효력이 무효인 것이다.

3. 일련의 조약 위반

위와 같이 불법 · 부당하게 체결된 소위 「간도협약」은 또한 1943년과 1945년 연합국이 만든 「카이로선언」 및 「포츠담선언」에도 명백히 위배된다. 1943년 11월 27일 미 · 영 · 중 3개국 수뇌는 이집트의 카이로에서 다음과 같은 선언을 발표하였다. "3대 연합국의 목적은… 그리고 만주, 대만, 팽호(澎湖) 제도(諸島) 등 일본국이 청국으로부터 도취한 모든 지역을 중국에 반환하는 데 있다. 일본국은 폭력 및 강욕에 의하여 약취한 기타 모든 지역으로부터 구축(驅逐)된다"고 규정하고 있다.[25]

아울러 1945년 7월 26일 미·영·중 3개국(그해 8월 8일 소련도 참가)은 「포츠담선언」의 제8항에서 "카이로선언은 이행되어야 하며, 또 일본국의 주권은 혼슈·홋카이도·규슈·시코쿠 그리고 우리들이 결정하는 小제도에 국한된다"고 규정하고 있다.[26]

일본은 1945년 8월 15일에 천황이 전쟁 종결 조칙(詔勅)을 발표하면서, 「포츠담선언」을 수락·결정하는 것으로 같은 해 9월 2일 항복문서에 명기했기 때문에, 일본은 이 두 선언에 구속을 받게 되었다. 이런 측면에서 볼 때, 일본이 폭력과 강욕에 의해 탈취한 모든 중국의 지역을 반환할 경우, 이 과정에서 제물로 바친 간도도 「간도협약」을 체결한 1909년 9월 4일 이전의 상태로 되돌려 놓아야 하는 것이다.

또한 일본은 1951년 9월 8일에 연합국과 샌프란시스코에서 평화조약을 체결하였고, 1952년 4월 28일에는 중국과도 평화조약을 체결하여 전쟁상태를 종결시켰다. 「샌프란시스코 조약」 제10조와 「중·일 평화조약」 제5조에 의하면, 일본은 1895년 청일전쟁 이후부터 1901년까지의 시기에 탈취한 중국의 모든 영토와 특권 및 이익을 중국 정부에 반환하지 않으면 안 되고 또 사실상 반환하였다. 또한 동 조약 제4조에서는 "중·일 양국은 전쟁의 결과로서 1941년 12월 9일 이전에 체결한 조약·협약·협정을 무효(null and void)로 한다"고 규정하고 있다. 그렇다면 1909년 9월 4일에 체결한 「간도협약」도 그 이전에 체결된 협약이므로 당연히 무효가 되어야 한다. 그뿐만 아니라 「간도협약」은 일본이 중국에 대한 모든 특권과 이권을 폭력과 강욕으로 탈취하기 위한 하나의 제물로 맺은 조약이기 때문에, 당연히 일본이 간도

25) "The Final Text of Communique," (Nov. 27, 1943) in *Foreign Relations of the United States: The Conference at Cairo and Teheran*(Washington, DC: USGPO, 1961), pp.448-449.

26) "Communique," (July 26, 1945) in *Foreign Relations of the United States: The Conference of Berlin(Potsdam)*(Washington, DC: USGPO, 1960), pp.149ff.

문제에 개입하기 이전의 상태로 복귀되어야 한다. 즉 간도 지역은 일본의 개입 이전에도 청의 항의로 인해 한 · 청 사이에 분쟁이 존재하고 있었으며, 분쟁해결을 위한 담판이 해결되지 않은 상태에서 중단되었던 지역이므로, 이 문제는 앞으로 대한제국의 정당한 승계자인 대한민국과 청의 승계자인 중국 사이에 평화적 해결방식에 따라 해결해야 할 현안의 분쟁사건인 것이다.

4. 백두산 지역과 북한-중국의 국경 문제

현재 한반도가 남북으로 분단된 상황에 있어서 간도 영유권과 관련된 큰 문제점 중의 하나는, 북한과 중국 정부가 이 문제를 어떻게 타결했는가 하는 것이다. 현실적으로 한국 정부가 북한 지역에 대해 실효적 지배를 하지 못하고 있는 상황에서 이는 매우 중요한 의미를 지닌다. 북한과 중국 간에는 1948년부터 백두산 영유권 문제로 의견의 차이를 보여 왔다.[27]

현재 북한과 중국의 국경선은 압록강-백두산-두만강 선이다. 그러나 북한과 중국 간에 천지를 양분했다는 증거인 국경조약에 대해서는 원론적 수준에서 전해진 것밖에 없는 실정이다. 양측이 기존의 국경분쟁을 해결하기 위해 국제관행에 의해 국경조약을 체결했을 것이나, 그에 대하여 어느 측에 의해서도 공식적인 발표가 없었기 때문이다.[28]

그러나 최근 중국 길림성에서 북한의 김일성과 중국의 저우언라이

27) 국토통일원, 『백두산 및 간도지역의 영유권 문제』(국토통일원, 1969), p.1.

28) 이 가운데 대표적인 조약은 다음과 같다. "압록강과 두만강에서 목재 운송에 관한 의정서"(1956.1.14), "국경하천 운항 협조에 관한 협정"(1960.5.23), "국경철도 공동회의에 관한 의정서"(1964.9.13), "국경하천 운수협력에 관한 협정"(1974.12.24), "국경철도 수송에 관한 의정서"(1979.9.4), "압록강 수력발전회사 이사회 의정서"(1981.2.10). 노영돈, "백두산지역에 있어서 북한과 중국의 국경분쟁과 국제법," 『국제법학회논총』, 35-2(1990). p.170.

(周恩來)가 서명한 1962년 10월 12일자 「朝(북한) · 中 변계조약(邊界條約)」이 한국의 중앙일보 취재팀에 의해 발견되었다. 지금까지 존재 사실 외에는 그 내용 및 체결 시점이 정확히 알려지지 않아, 북한이 중국의 한국전쟁 참전 대가로 백두산 천지를 중국측에 양보했다는 주장이 일부에서 제기되기도 했으나, 이 자료의 발견으로 조약의 구체적인 내용이 확인됨으로써 백두산 천지 일대의 국경선이 명확히 밝혀지게 되었다.

1964년 3월 20일에 효력을 발하게 된 「조 · 중 변계조약」에 의하면, 백두산 천지의 경계선은 "백두산 위 천지를 둘러싸고 있는 산마루 서남단 위에 있는 2520 고지와 2664 고지 사이의 안부(鞍部: saddle point)의 중심을 기점으로, 동북 방향 직선으로 천지를 가로질러 대안의 산마루인 2628 고지와 2680 고지 사이의 안부 중심지까지이다. 그 서북부는 중국에 속하고 동남부는 조선에 속한다"고 되어 있다. 이럴 경우 천지의 55%는 북한에, 45%는 중국에 속하게 된다.

이 조약은 또한 백두산과 압록강 및 두만강의 섬과 사주(砂洲: 모래톱)의 귀속에 대해서도 상세히 다루고 있는데, 이 조약 의정서에 의하면 압록강 및 두만강에 있는 총 451개 섬과 사주 가운데 북한이 264개, 중국이 187개를 소유한다고 되어 있다. 이에 따르면, 북한이 중국에 백두산 천지를 양보한 것이 아니라 오히려 전체가 중국 영토로 되어 있던 천지의 5분의 3과 그 일대를 북한에 편입시켰으며, 이로써 1909년 일 · 청간의 「간도협약」 당시에 비해, 약 280㎢의 영토를 더 확보하게 된 결과가 되었다. 즉 백두산 최고봉인 해발 2750m의 백두봉(북한 지명 장군봉)과 쌍무지개봉 · 향도봉 · 삼기봉 · 단결봉 · 제비봉 등 쑿화강 상류지역 일부가 우리 영토에 속하게 됐으며, 백두산정계비터도 우리 영토 안쪽에 위치하게 되었다.[29]

29) 백두산정계비의 비석은 현재 없고, 그 터만 남아 있는 상태임.

북한과 중국은 1949년 10월 15일 외교관계를 수립하였고, 그 후 양국간에는 수많은 조약들이 유효하게 성립되어 시행되고 있다. 따라서 백두산 지역에 관한 북한과 중국간의 국경획정은 양국간은 물론이고 이들과 외교관계를 설정한 국가들에 대해서도 일단 유효하다고 할 수 있다. 그리고 남북한이 통일될 경우에도 「조약에 관련된 국가상속에 관한 비엔나협약」에 의해 간도 문제에 불리하게 작용할 수도 있다. 왜냐하면 이 협약 제11조에서 "조약에 의하여 확립된 국경 및 국경제도와 관련된 권리 및 의무는 국가상속에 의하여 어떤 영향도 받지 않는다"고 규정하고 있기 때문이다.

그러나 이 규정이 최종적이고 절대적인 것은 아니다. 불법적이거나 또는 법적으로 논란이 되고 있는 상태에서 확립된 국경에 대해, 국가상속(즉 통일한국)이 그 국경의 유효성과 완결성을 합법화하는 과정으로 간주되어서는 안 되기 때문이다. 즉 상속국은 선행국(先行國)의 모든 영토상의 권리뿐만 아니라 그와 관련된 모든 제한과 책임까지도 함께 상속하는 것이다. 즉 현재 북한과 중국간의 국경은 일단 그들의 합의가 유효하다고 보아야 한다. 그러나 이것이 통일한국의 경우에도 무조건 유지되어야 하는 것은 아니다. 계승국인 통일한국은 북한과 중국의 국경 획정 이전의 간도 영유권에 관한 제반 문제도 함께 상속받기 때문이다.

제 7 절 결론

우리 민족에게 있어 간도 지역은 매우 중요한 지역이다. 고조선 이래 건국 기원의 땅이면서 우리 민족의 활동무대이기도 하였다. 1627년 1월 여진족의 금(金) 나라가 조선을 침략한 정묘호란 후, 인조 5년(1627년) 3월 강화도에서 조선 · 청간에 체결한 후금(後金)과의 형제의

맹약인 「강도회맹」(江都會盟)에서는, 간도지역을 양국의 완충 겸 중립지역화하여 양국인의 출입을 금하는 봉금지대로 설정하였다. 이는 청이 간도지역을 그들 조상의 발상지로 생각하였으며 조선도 그곳을 이씨 조선의 발흥지로 신성시함과 동시에, 양국 국민의 충돌을 방지하려는 의도 또한 있었기 때문이다.

한편 중국 전역을 평정한 강희제는 그들 조상의 발상지라고 전해져 온 백두산 일대에 관심을 갖게 되었다. 그는 무목눌(武木訥)로 하여금 백두산을 답사케 한 후 백두산을 열조 발상의 중지로 결정하고 백두산에 제사를 지냈다. 또한 목극등을 시켜 조·청 양국의 국경을 실사한 후 백두산정계비를 세우기도 하였다. 그 비문 중 중요한 내용은 "西爲鴨綠 東爲土門"("한국과 중국의 국경선이 서쪽으로는 압록강, 동쪽으로는 토문강")이었다. 청은 우리 측과 국경획정에 따른 회담이나 의견수렴의 기회도 없이 일방적으로 국경을 획정하는 비를 세움으로써 간도 영유권 분쟁의 원인을 제공하게 되었던 것이다.

백두산정계비의 건립은 정묘호란(1627년 1월), 병자호란(1636년 12월), 그리고 삼전도(三田度: 松坡)에서의 청 태종과 맺은 「신례맹약」(臣禮盟約, 1637년 1월) 이래, 양국 사이의 약속인 무인지대(無人地帶) 존중 정신을 다시 강화시킨 것으로서, 이후 양국은 이곳에 유입하는 사람들을 국법으로 더욱 엄중히 단속했음에도 불구하고 무인지대를 향한 양국인의 월경행위는 계속되었는데, 처음에는 산삼 채취나 목재 도벌에 그쳤다가 점차 비옥한 토지에 집을 짓고 개간하는 유민이 증가하였다. 두만강 건너편의 간도 지방은 조선인이 먼저 들어가 개간하였는데, 이는 지리적 근접의 이유보다는 지형적 영향이 더 커서, 청국인보다는 조선인들이 더욱 쉽게 유입할 수 있었기 때문이다. 그러므로 이는 국제법상 영토취득 방법 중의 하나인 선점(先占)에도 해당하는 것이다.

그러나 토문강과 두만강이 동일한 강이라는 중국의 주장은 모순된 것으로서, 중국 문헌에도 분명히 "토문강은 성의 동북 오백리에 있으며, 장백산 북쪽에서 발원하여 송강(松江) 동쪽으로 흘러 쑹화강으로 흘러 들어간다"고 기록하고 있다. 또한 토문과 두만의 발음이 비슷하여 두 강이 동일한 강이라는 주장에 대해서도, '두만'은 퉁구스어 '투우만'(衆水合流)의 음역이며, 고래로 온성 이하의 유역(布爾合圖, 海蘭, 嘎哦의 세 하류가 유입되는 곳에서부터 하류)을 호칭한 것이다. 온성으로부터 상류는 '어이후강'(於伊後江)의 명칭이 있으며, 이를 한인(韓人)들이 번역하여 '어윤'(魚潤)이라 불렀고, 한인은 원 · 명 시대에 음역하여 '애호'(䨱河)라 불렀던 것으로 토문과 혼동해서는 안 되는 것이 명백하다. 이러한 이유로 백두산정계비의 비문에서 쑹화강 동쪽 지역을 한국령으로 인정하였던 것이다. 중국이 정계비를 건립할 때 두만강을 토문강으로 알았다면 그 후에도 두만강을 '토문강'이라고 해야 하는데, 백두산정계비 건립 후 수십 년이 지난 편찬 문서에서도 길림과 조선의 경계를 '도문강'(圖門江)이라고 한 것을 보아도 청의 주장이 모순됨을 알 수 있다.

또한 두만을 '도문' 또는 '토문'으로 잘못 알았거나 잘못 표기했다는 착오론(錯誤論)에 대해서도 「조약법에 관한 비엔나협약」(1969)에 따르면, "당해 국가가 스스로의 행위에 의해 착오를 일으켰거나, 또는 그 국가가 착오의 가능성에 대해 인식할 수 있었던 경우"에 해당되므로 '착오'를 이유로 무효를 주장할 수는 없다. 왜냐하면 백두산정계비 건립 이전에 청국의 자세한 측지 행위가 있었으며, 이 조사 작업에도 그들의 요구에 의해 조선측 대표는 참여하지도 못했다. 측지 조사도 그들의 일방적 행위였으며 정계비의 건립도 그들의 판단과 의사에 따라서만 이루어졌다. 그러한 상황에서 그들이 착오를 주장하는 것은 실로 어불성설임이 아닐 수 없다. 정계비 건립은 청의 일방적인 행위였지만, 정계비의 명문은 아직까지도 그 효력이 유지되는 국경조약으로서의 법적 지위를 지니고 있다. 이것이 바로 간도 영유권을 판단하는 데 있어 가장 중요한 법적인 자료와 기준이 되는 것이다.

국제사회에서 영토문제는 국민적 감정을 불러일으킨다는 점에서 당사국간에 자칫 분규로 상승되기 쉽다. 한·중간의 간도 영유권 문제도 일시에 타결할 수 있는 성격의 문제가 아니므로 역사적 안목에서 국민적 관심이 지속되어야 하며, 장차 이루어질 이른바 '통일 한국'에 대비하여 우리 조상들이 상실했던 영토일지라도 관련 연구를 지속적으로 해나가야 한다.

우리는 평화통일 이후의 통일 한국과 중국 사이에 간도 지방의 영유권 문제가 현안으로 대두되었을 경우에 대비하여, 간도 영유권 문제에 대한 학문적 연구를 보다 체계화해야 할 것이다. 우리의 입장에서 벗어나 간도 영유권 분쟁의 상대국인 중국이 주장하는 논리에 대해서도 철저한 분석을 해야 하며, 이에 대한 대처 방안도 연구되어야 한다. 우리의 땅이 분명한 독도에 대해 끊임없이 영유권 주장을 하고 있는 일본의 경우도 있는데, 하물며 우리의 영토가 분명한 간도 지방에 대해 아무런 주장도 하지 않는 것은, 우리 선조들의 피와 눈물이 서려 있는 지역으로서 지금도 많은 우리 한인(韓人) 동포들이 생활하고 있는 지역을 스스로 포기하는 결과가 되기 때문이다.

간도는 정치적으로는 한·중간의 안보와 관련되는 국경문제이지만, 근본적으로는 국가의 존립 기반인 삶의 터전과 관련된 영토문제이며 또한 '국민'의 문제이기도 하다. 간도는 실제로 조선인이 거주하는 생활권으로서, 중국으로서는 소수민족 중의 하나인 조선족의 문제이기도 하지만, 남북한에게는 한민족인 조선인들의 문제이다. 이는 향후 한국의 '재외동포법' 개정과도 연관되어 있다. 중국이 조선족을 자국민으로 통합하려는 노력과, 한국에서 조선족을 동포로 간주하는 것과의 역학관계도 간과할 수 없는 문제이다.[30]

30) 한국일보(2004.4.20).

〈간도 영토문제 연대기〉

기원전

2333 단군 고조선 개국

1286 부여 건국

277 고구려 건국(북한 강인숙 說), 기원후 668 고구려 멸망

기원후

899 발해 건국, 916 거란(요) 건국, 926 발해 멸망

1115 여진(금) 건국, 1225 몽골(원) 건국, 1368 명 건국, 1616 후금(청) 건국

1626 유조변책 압록강 부근 축조 시작
유조변책 노변(老邊, 봉황성-홍경-위원보) 1643-1661에 축조
유조변책 신변(新邊, 위원보-길림불법특의 동량자산) 1670~1681 축조

1627 조선-후금 「강도회맹」 체결

1627.1 정묘호란, 1636.12 병자호란

1637.1 「신례맹약」(臣禮盟約) 체결. 삼전도(三田度: 松坡)에서의 조선과 청 태종 체결

1668 청, 산해관 이북 한족 출입 금지

1689 청 · 러간 「네르친스크조약」 체결

1708~1718 레지 · 부베 · 자르트 등 선교사 중국 · 만주 일대 측량 후 지도 제작

1710 이만건 외 8명이 월경 후 청인 5명 살해 사건 발생

1712 청 강희제 목극등으로 하여금 "백두산정계비" 세움

1858 청 · 러간 「아이훈조약」 체결, 러시아 연해주 공동관리권 획득

1860 「북경조약」 체결(청이 러시아에 연해주 할양)

1861 청 · 러간 「홍계호계약」 체결, 오소리강-두만강구에 8개 계비(界碑) 설치

1886　청 · 러간 「훈춘(琿春)계약」으로 국경선 확정
1869　대흉년이 발생하여 월경 거주자 증가
조선 정부 양전관 파견하여 토지대장, 야초 작성
1869　러시아 유민에 대한 청의 주선으로 쇄환 문제 발생
1872　군관 최종범, 김태홍 봉금지역 답사, 간도 지역은 "회상제" 자치 기구 조직
1875　청, 한족에게 이민증명서 발급
1878　압록강 이북 지역 봉금지역 개방
1880　회령부사 홍남주의 "경신개척"으로 개간지 확장
1881　조선, 간도지방 봉금 해제
1882　청, 조선인 쇄환 요청
1882　김우식, 오원정 정계비, 분계강원 탐사
1885.9.30　「을유감계담판」
1887.4.18　「정해감계담판」
1890　일본 제국의회, 조선을 일본의 주권선, 만주를 이익선으로 주장
1890　간도 한인에 대한 변발역복 강요
1891　청, 훈춘의 초간국을 국자가로 옮김
1894　청, 간도지역을 4대보 39사를 설치하고 향약사장과 촌장 설치
1897　사상무를 서변계 관리사로 임명
1897　조존우, 간도 감계 문제 조사 후, "담변5조"를 조정에 보고
1898　오삼갑, 간도 문제 상소
1898　박일헌 · 김응룡의 국계답사보고(土門江-松花江-흑룡강 이동은 조선 영토)
1900　이도재 평북 관찰사, 西간도 지역을 각 군에 배속시키고 충의사 조직
두만강 6진에 진위대 설치
1901　회령에 변계경무서 설치
1902.6.23　이범윤 간도 시찰사 파견, 1903 이범윤 간도 관리사 승진

1904.2.23	한일의정서 체결, 일본의 한국의 보호권 확보
1904	내부대신(이용태)와 외부대신(이하영)이 황우영 의견서를 첨부하여 청과 회감 후 국경을 획정하고 강토의 회복과 유민의 보호를 청원
1904.5.1	청의 파견감계를 요청함
1904.5.30	일본 원로회의 "대한 방침에 관한 결정" 의결, 한국의 국방 · 외교 · 재정에 보다 명확한 조약 및 제도의 수립을 결정함
1904.6.15	양국 변계관리들이 임의대로 "한청변계선후장정" 약정
1904.8.3	주한 청국 공사, 러일전쟁으로 인해 한 · 중간 국경획정 회담의 지연을 한국에 권고(이는 주한 일본 공사의 권고에 따른 것이며, 간도문제가 한 · 중간에 먼저 타결될 것을 우려한 것임). 도야마(頭山滿), 구니모토(國友重章) 등 대륙진출론자들은 러일전쟁시 간도 점거를 제창함
1904.8.22	「한 · 일협약」 조인(고문정치의 실시)
1905.9.5	「러 · 일강화조약」에서 일본은 한국의 보호화에 대한 러시아의 불간섭을 약속받음
1905.11.17	「을사보호조약」의 강제 체결(한국의 외교권 박탈)
1906.2	"대러육군작전계획"에서 북부 만주를 주작전지역으로, 함경도 방면에서 길림성 동북부 및 남부 연해주를 지작전지역으로 설정하여 길장철도의 한국 북부와의 연장과 간도 문제의 유리한 해결을 전제
1906	일본 육군 간도 장악을 기본방침으로 결정, 일본 낭인 집단인 흑룡회원들은 일본 정계와 조선 통감(이토 히로부미)에게 간도 진입을 촉구
1906.11.16	이토의 조작으로 참정대신(박제순)이 일본 통감부에 간도 문제의 외교교섭 요청
1907.4.18-4.29	통감부, 간도 상항을 파악하기 위해 시노다(篠田治策) 일행 4명을 간도에 밀파

1907.8.23	간도 용정에 간도통감부파출소 설치. 일본은 간도가 조선 영토이며, 파출소의 목적은 간도의 조선인 보호라고 천명, 일·청간 외교교섭 시작.
1908.4.7	일본 정부, 주청 공사에게 대청 교섭의 정책전환을 훈령(내용: "백두산정계비를 기초하여 간도를 미확정지라고 주장할 것")
1909.1	도야마(頭山滿)·구니토모(國友重章) 등 대륙진출론자들이 간도문제의 착수가 일본의 대동아 제국정책의 발동이라고 하면서 요충지인 간도를 점거해야 만주를 억압할 수 있다는 견해를 일본정부에 제출함
1909.2.6	일본, 청에 「東三省 六案」 제출
1909.9.4	일·청 「간도협약」 체결(「東三省 五案」을 승낙받는 대신, 청에 간도를 넘겨줌)
1909.10.26	안중근 의사의 이토 암살
1910.8.29	한일병합
1912	중화민국 성립
1918.11	노령 만주의 한인 40명이 무오독립선언서 작성
1919.3.13	용정 3.13 독립 축하 시위
1920.5.28	홍범도 대한군북로독군부 조직
1920.6.7	봉오동 전투에서 승리(1920.10.21 청산리 대첩)
1920	일제의 독립군 토벌작전과 병행하여 간도 한인을 참살(3,664명 피살)
1922	참의부 조직(1924 정의부 조직, 1925 신민부 조직)
1925.6.11	「삼시(三矢)협정」 체결로 만주 거주 조선인들에 대한 제한이 가해짐
1929.12	조선혁명당 창당, 1930 한국독립당 발족
1930.5.30	간도 대폭동
1931.7.28-29	백두산정계비의 실종
1931.9.18	일제의 만주침략

1931	조선혁명군과 중국 항일군이 연합하여 무장투쟁 전개
1931	한인의 항일유격대 무장 결성하여 동북항일연군으로 발전
1932.3	만주국 건국
1936-37	동북항일연군 항일무장투쟁 전개
1949	중화인민공화국 수립, 간도 점유
1952.9.3	연변 조선족 자치구 창립(1954.12 연변 조선족 자치주로 개편)
1962	「朝 · 中邊界條約」 체결(백두산 천지 분할)
1983	중국사회과학원 산하에 "변강사지연구중심" 설립
1983	김영광 의원 외 54명 "백두산 영유권 확인에 관한 결의안" 제출(국회 본회의 회부 보류)
1990	한 · 소 수교(1937년 연해주 한인들의 중앙아시아 강제이주 사건 묵살. 수교 대가로 러시아에 30억 달러 제공)
1992	한 · 중 수교(간도 영유권 문제 묵살)
1995	김원웅 의원, "간도는 우리 땅"을 국회에서 주장
1997	"변강사지연구중심"의 마대정 주임 등11명 북–중 국경선 시찰
1999	중국, "변강지구역사 및 사회연구 동북공작 팀" 성립
2002.2	중국, '동북공정' 정식 출범(향후 5년간 대규모 새 역사 창조 작업)
2004.6	한국, "한국간도학회" 창립
2004.7	한국, "간도 되찾기 운동본부" 창립 출범
2004.9	한국, 국회에 「간도협약」 원천무효 결의안 제출(국회의원 59명 서명 및 발의)
2004.10	한국, 반기문 외교통상부장관 "「간도협약」은 법리적으로 무효"라고 평가
2004	고구려 유적지 유네스코 세계문화유산으로 등록
2005.9.4	한국, "간도의 날" 선포(간도되찾기운동본부)

제 5 장

한 · 러 관계: 녹둔도(鹿屯島) 불법 편입

제 1 절 서론

한국의 북방 변경에 속한 영토 가운데 하나인 녹둔도는 역사적으로 접경국에 의해 잠식되거나 침탈당한 경우로서, 한국의 역사적 권원을 주장해야 하는 대표적 사례에 속한다. 녹둔도는 유사 이래 한민족의 흥망성쇠를 담고 있는 유서 깊은 민족 고유의 영토로서, 우리 민족의 연고가 농후한 연해주 및 만주와 연계되어 있고, 해양으로는 동해와 연결되는 지정학적 중요성이 큰 지역이다. 따라서 과거 조선 왕조는 북방의 변경 관리를 진행해 오면서, 하천도서(river island)라는 특수성을 지닌 녹둔도에 대해 큰 관심을 갖고 전략적으로 경략(經略)해 오기도 하였다.[1)]

그럼에도 불구하고, 청 · 러 관계 속에서 녹둔도가 러시아에 편입되고, 조선의 초기 대응이 실패한 이후 일제 강점기와 남북 분단의 역사를 경험하면서, 녹둔도는 연해주 지역과 함께 국민들뿐만 아니라 학계의 관심에서도 도외시되어 온 것이 사실이다. 이런 와중에 녹둔도와 직접 관련된 러시아는 한국의 무관심을 은근히 유도하면서, 국가적 차원에서 관련 사료들을 계획적으로 관리하는 한편, 장차의 쟁점화 가능성에 대비하여 다양한 차원에서 정당화 논리를 준비해 왔다. 한 · 러간에 국교 수립이 이미 이루어졌고, 그 후 양국 관계의 실질적 진전이 계속되어 온 현재의 상황에서, 한국은 주권국가로서 녹둔도에 대한 영유권을 정당하게 주장해야 할 시점에 와 있다고 본다.

이를 위해서는 그 동안의 무관심을 극복하고, 이 사례에 대해 철저한 준비와 노력을 하기 위한 기초 작업으로서의 체계적인 연구가 절대

1) 양태진, "한국의 영토관리 정책에 관한 연구: 주변국과의 영토문제를 중심으로," 한국행정연구원 연구과제 96-12(1996.12), P.107.

적으로 요청된다. 따라서 본장에서는 녹둔도의 지리적 특성 및 가치, 역사적 전개과정, 한·러간 상호 교섭 과정 및 논리, 국제법상의 성격, 그리고 대응방안 등에 관해 고찰하고자 한다.

제 2 절 녹둔도의 지리적 특성

녹둔도는 초기에는 여진(女眞)의 언어를 음사(音寫)하여 '사차마'(莎次魔), '사차'(莎次), '사혈'(莎穴), '사혈마'(莎穴痲·魔) 등으로 불리다가, 조선 세종 때 6진(六鎭) 개척 이후 북변(北邊) 지명으로 새로 작명하면서 오늘날의 '녹둔도'(鹿屯島)가 된 지역을 가리킨다.[2] 녹둔도라는 명칭은 기록상으로 세조 원년인 1445년으로 되어 있으며,[3] 이후의 자료들과 대부분의 지도들도 '녹둔도'로 명기하고 있다. 조선은 물론 일본과 청의 자료에서도 이런 현상은 거의 유사하다.

녹둔도는 함경북도의 두만강 하류의 하구 중심의 조산(造山) 부근에 위치한 하천 도서로서, 동쪽으로는 두만강 건너 함경북도 경흥군이 바라보이며, 러시아 연해주 최남단 도시인 핫산(khasan)시에서는 남쪽으로 7㎞ 지점에 있다. 섬의 크기는 명확하게 알려져 있지 않지만, 대략 남북으로 28㎞, 동서로 12㎞ 정도일 것으로 추정하고 있다.[4]

---

2) 유영박, 『한국사 교정』(푸른사상사, 2005), p.267.

3) 이는 녹둔도에 관한 최초의 기록인 「세종실록지리지」에서 발견된다. 세조 원년 이후 조선왕조실록에 나타난 녹둔도 관련 기록은 성종 17년 2월 무술조, 중종 5년 3월 경신조, 중종 37년 5월 신축조, 선조 16년 12월, 21년 정월·6월·7월, 철종과 고종 사이 기간에 이르기까지 빈번하게 발견된다. 양태진 편, 『한국 국경영토관계 문헌집』(갑자문화사, 1970), pp.223-224; 서무송·서인명, 『지리학 삼부자의 중국지리 답사기』(푸른길, 2004), p.63.

4) 녹둔도의 크기는 古지도마다 각기 다르다. 19세기말 조선에서 편찬된 「아국여지도」에서는 남북 70리, 동서 30리, 면적 300㎢ 이상으로 기록되어 있고, 1901년 발행된 일본의 『朝鮮開化史』에는 면적을 4㎢ 정도로 소개하고 있다. 그러나 녹둔도를 5회나 현

〈그림 5-1〉 녹둔도의 지리적 위치

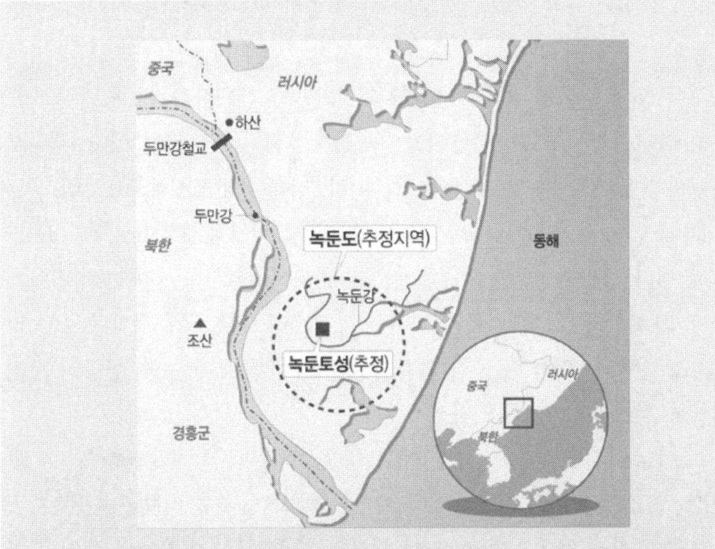

자료: 동아일보, 2004.6.11(독도역사찾기운동본부 dokdocenter.org)에서 옮김.

녹둔도에 관한 지리적 특성은 지금까지의 지리적 정보가 매우 다양함을 고려해 볼 때, 그 특수성이 어느 정도인지 쉽게 이해할 수 있을 정도이다. 먼저, 『동국여지도』에 의하면 '남북 70리 동서 30리' 라고 되어 있고, 『세종실록지리지』에서는 "歷孔洲 同流 二十三至沙次乃島 五里許入海," 『동국여지승람』은 보다 구체적으로 "鹿屯島農堡 島一名 沙次磨島 在府南 五十六里土築 周一千二白四十七尺 高六尺 豆滿江入海處 距造山二十里 有兵船 造山萬戶所管 夏側本浦水軍 分戍干比," 그리고 『경흥도호부읍지』(慶興都護府邑誌)의 鹿屯島補條에서는 "島一名

지 답사한 서울대 이기석 교수는 면적을 32㎢ 정도로 추정한다. 동아일보, "잊혀진 섬 녹둔도," [우리 땅 우리 魂 영토분쟁 현장을 가다], 2004.6.10.

沙沆厤 在府南西十里 豆滿江入海處 距造山堡三十里"로 기록하고 있다. 그 후에 나온『대동지지』,『대동지명사전』,『경흥부읍지』등은『동국여지승람』의 기록을 능가하지는 못한 실정이다.

이 밖에 일본인 쓰네야(恒屋盛服)가 쓴『조선개화사』에는 "두만강구의 삼각주인 '녹도'(鹿島) 또는 '녹둔도'라 칭하는 섬이 있어, 경흥부에서 동남으로 70리, 조산보에서 10리, 러시아령 포시에트(Posiet, 波西圖)에서 90리, 연추(烟秋)까지는 100리, 러·청국경선으로부터 12, 3정"이라 하였다. 일본 외교문서의 녹둔도 관련 기록 중에는 경흥부에서 100리, Posiet에서 90리, 연추에서 140리, 경흥에서 동남으로 70리라고 기록하고 있어, 문헌마다 다양한 차이를 보이는 등 상당히 부정확한 정보임을 알 수 있다.

「아국여지도」(我國與地圖)에는 녹둔도의 위치를 "距西水羅三十里 西序造山堡十五里 北距慶興付一百里 端仙澤七十里 西挾逗滿江東接大瀣踞住"이라 하였으며, 1890년 일본의 주한 원산 대리영사로 있던 히사미즈(久水三郎)가 일본 외무성에 보고한 문서 중에는, 녹둔도의 면적이 남북 최장 25리, 동서 최장 20리로 되어 있으며, 일본인 가와카미(川上立一郎)가 1890년 8월 한국의 경흥감리 김우현(金禹鉉)의 증언을 토대로 주위 8정허(町許)라 하였다.

1861년 완성된 김정호의 「대동여지도」보다 130여년이 앞선 뒤 알드신부(Jean Baptiste Du Halde, 1674~1743)의 1735년 「조선왕국전도」(朝鮮王國全圖)가 서양의 고지도 중 가장 객관적이고 정확한 한국지도라는 평가를 받고 있다.[5] 이 지도에는 간도(間島)는 물론 녹둔도가 한국

5) 그러나 이 「조선왕국전도」는 프랑스 지리학자 당빌(D'Anville)이 그린 것으로, 뒤 알드의『중국통사』에 소개되고 있는 것으로 보는 것이 정확하다고 할 수 있다. 당빌은 각종 지도 자료를 비판적으로 분석·검토·상호 비교함으로써 이전 지리학자들의 오류를 교정하여, 1737년 청의 강희제의 명에 의해 「신중국지도첩」(新中國地圖貼)을 제작하기도 하였다. 동아일보(2004. 9. 10).

〈그림 5-2〉 고지도에서의 녹둔도와 녹둔강

1750년대 초에 제작된 해동지도에 나타나 있는 녹둔도. 국가적 차원에서 정책을 결정하는 데 활용된 이 회화식 군현지도집에는 녹둔도가 두만강 하류에 삼각주 형태의 섬으로 묘사되어 있다. 서울대 규장각 소장.

19세기 중엽 김정호가 만들어 대동여지도의 제작에 참고했던 것으로 추정되는 조선전도. 두만강 하구에 녹둔도가 뚜렷하게 그려져 있으며, 둔전과 보루 위치도 표시되어 있다. 서울대 규장각 소장.

자료: 동아일보, 2004.6.11(독도역사찾기운동본부 dokdocenter.org)에서 옮김.

땅으로 표기되어 있으며, 이후 제작된 대부분의 지도 역시 녹둔도를 포함한 북방영토를 한국 영토로 인정하고 있다. 녹둔도가 우리 땅으로 표기된 고지도는 한국 지도가 30점 이상이고, 일본과 서양의 지도에도 여러 곳에서 그러한 기록이 발견되고 있다.[6]

녹둔도가 러시아 영토가 된 이후, 녹둔도에 대한 관심이 커지면서, 고종은 1884년 12월초 친군전영사(親軍前營使) 한규직(韓圭稷)의 부하 전영령관(前營領官) 권동수, 김용원을 해삼위로 밀파할 당시 오위장, 김광훈, 신선욱을 수행케 하였다. 이들은 연해주 일대의 군사시설과 우리 교포들의 실상은 물론 녹둔도에 대해 탐지하라는 임무를 부여 받았다. 이들이 작성한 「아국여지도」에는 답사한 지역의 형세, 민가, 호

6) 뉴스메이커, "중국 고지도에도 '간도는 조선땅'," 2005.7.7.

수 등이 부기되어 있고, 녹둔도를 위시한 한인 거주 29개 지역의 가호수와 인구수가 기록되어 있다.[7]

녹둔도를 비롯해 연해주 지역에서의 한국인 거주는 매주 오래된 것으로 보이는데, 이를 뒷받침할 만한 기록상의 근거는 없다. 가장 오래된 시기의 기록으로는 1850년대 만주 일대를 여행한 여행가의 기록으로서 "블라디보스톡 주변지역에 한국인들이 살고 있다"고 적고 있다.[8]

섬의 지형은 평지로 섬 가운데는 산은 없고, 조산보 강안에서 바라보면 수면상에서 10척 정도의 높이로 수목은 별로 없으며, 가옥은 한식으로 되어 있다고 한다. 두만강 상류에서 중류까지는 급류이며, 상류의 강폭은 가장 넓은 곳이 3정 정도이고 좁은 곳이 1정 정도이다. 강의 중류는 2~3개의 지류로 갈라져 흐르는데, 중류의 강폭은 넓은 곳이 1정, 좁은 곳은 4~5간이 된다. 가뭄시 얕은 곳에는 발목 정도만 적시면 경흥 쪽으로 건널 수 있을 정도이다. 선박의 항행은 평시에는 어렵고, 여름에는 상류에서 겨울 동안 얼어붙은 얼음이 녹아내리거나, 장마철에 홍수가 범람하게 되면 대형 선박의 운행이 가능하다.

하절기에는 상류에서 급류로 밀려 내려오는 사토와 자갈이 하류로

---

7) 「아국여지도」는 11절 23면의 절첩장(折帖帳) 형식에 천연색으로 채색되어, 맨 첫 장에 지도 목록이 들어 있고, 부청아형정(附淸俄形情), 관방병장((關防兵將), 호다산아민(戶多山俄民), 교계상담(交界相談) 등 4개 항목과 지도 여백에 탐지 내용이 기록되어 있다. 또한 지도 2면의 나선동도(羅鮮洞圖)에는 "조선 · 청 · 러 3국의 이해가 한 곳에 얽혀 있어 이곳이 무사하면 백년토록 오래 살 만한 곳이 되겠으나 그렇지 못하면 일세의 전장이 될 것이"라고 기록되어 있다. 나선동은 남북 25리, 동서 30리, 남으로 경흥 20리, 서북으로 경원 1백리, 북으로 훈춘 80리, 동으로 연추 70리, 목허우(木許隅)와 90리이다. 나선동에는 호수 153호, 인구 1420명에 농토가 20여 리로 식량 산출이 넉넉하며 팔지(八池)에서 민물고기가 잡히며, 행상이 빈번하여 도시와 같다고 한다. 여기에 러시아 병력 1,000명이 주둔 방위하고 있으며, 전선 등 가설 통신망을 갖추고 있음을 기록하고 있다. 녹둔도동에는 호구 113호에 인구 822명이며, 이곳의 넓이는 남북이 70리, 동서 30리로 들은 넓고 농토는 비옥하다고 적혀 있다.

8) E.G. Ravenstain, *The Russian on the Amur*(London: Trubner, 1861).

〈그림 5-3〉 녹둔도의 연륙과정

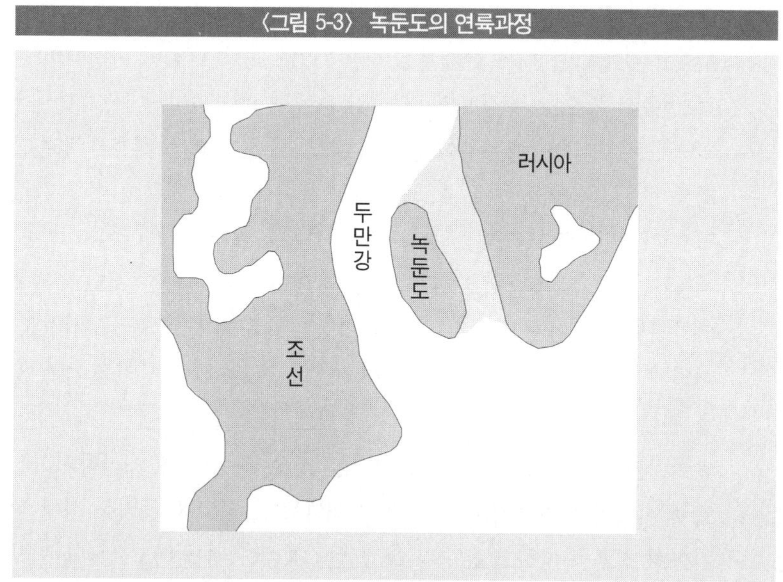

밀려와 섬 주위에 퇴적하게 되는데, 이러한 집적물이 오랜 세월 속에 자연히 한쪽 수로를 막아 섬 동쪽 편이 러시아 영토와 연접됨으로써 삼각주가 되었다고 한다. 이렇듯 본래 모래언덕과 갈대밭 등으로 이루어진 녹둔도는 하천 도서의 형태로 유지되어 오다가, 1800년대 중반을 전후하여 퇴적작용이 진행되면서 현재는 연해주와 연결됨으로써 연륙(連陸)의 형태로 변화되었다고 한다.

1861년 완성된 김정호의 「대동여지도」에 녹둔도가 섬으로 표시되어 있음을 볼 때, 이 시기에 두만강 지류의 변화로 퇴적작용이 조용히 진행되면서 조금씩 연해주 대륙쪽에 붙어버린 것으로 학자들은 추정하고 있다. 가장 유력한 이유는 충적평야인 녹둔도 일대가 특성상 자연스럽게 러시아 쪽의 땅과 유속되면서, 시간이 흐르면서 물길이 남쪽으로 이동했을 것이라는 추정이다. 즉 기존의 북쪽 물길이 계속 퇴적하여 육지화되면서 현재의 형상이 되었다는 것이다. 하천의 유속에 의한 변화가 이루어기까지는 장시간이 소요되었을 것이므로 정확한 연륙 시기를 추정하는 데는 한계가 있다. 그러나 대략 1860년 이전에 완전히 연륙된 것으로 추정하고 있는데, 1890년 8월 15일 녹둔도 탐사를 위해 조선 연해를 경유하여 블라디보스톡항을 순회중 경흥부 경흥감리를 방문 문답하는 가운데, 녹둔도의 육속에 관한 기록이 이를 간접적으로 뒷받침하고 있다. "수십 년 전 연월불상(年月不詳) 강류가 변하여 해도(該島)의 서방으로 흘러, 동방은 거의 수류가 없을 정도가 됨에 따라 언제부터인가 저절로 러시아 영토로 속하게 되었다"는 것이다.[9] 이렇게 볼 때, 그 시기는 대체로 1800년대 순조~헌종 시기를 넘지 않을 것이라고 추정될 수 있다.

이 섬은 본래 모래땅이어서 농사를 지을 수 있도록 개간하기까지 오랜 시간이 걸렸으며 많은 위험이 뒤따랐다. 사토에 곡식을 심게 되기까지 진흙을 구하고 홍수가 발생했을 때에는 배를 타고 왕래하면서 숱한 어려움을 겪어야 했다. 또한 농민들이 녹둔도 안에 거주하는 것도 원칙적으로 금지되어 있었다. 추수기에 한하여 주로 군인들의 보호를 받으며 출입하여, 후에 녹둔도에 둔전을 실시하자는 의견이 나오기도 했다. 기후상으로도 열악해서 농민들은 많은 어려움을 겪었는데, 두만강에 세찬 바람이 몰아칠 경우에는 농민들이 쳐놓은 초막이 바람에 날아가기도 했다. 그 때마다 모래 바람 속에서 농민들은 초막을 부여잡고 안간힘을 써가며 농사를 지어야 했다. 이렇듯 녹둔도는 우리나라 농민들이 고난 속에서 힘들게 지켜 온 역사 속의 민족 생활공간이었다.

이 섬을 중심으로 한 산물은 농작물로는 벼 · 조 · 옥수수 · 피 · 밀 등이 산출되며, 강변에서는 연어 · 붕어 · 황어 · 송어 등이 주로 잡히고 있다. 또한 녹둔도를 포함한 두만강 하구는 퇴적평야와 발달된 해

---

9) 양태진, 앞의 책, p.5.

안선을 지니고 있어 관련 분야의 연구 가치가 매우 높다. 또 100년 이상 사람의 손길이 닿지 않아 전세계에서 손꼽히는 천혜의 상태를 간직하고 있다. 따라서 유엔에서 추진하고 있는 '두만강개발계획'의 주요 대상지역이기도 하다.[10]

제 3 절 조선의 녹둔도 관리 역사

세조 원년 이후 『조선왕조실록』에 나타난 녹둔도 관련 기록에 관해서는 전술한 바와 같다. 녹둔도에 관한 최초의 기록인 『세종실록지리지』에서는 "공주(孔州)를 거쳐 동류해 25리에 이르면 '사차마도'(莎次魔島)에 도달하고, 여기서 강물이 나누어져 5리쯤에서 바다로 흘러들어간다"고 소개하고 있다. 세조는 함길도 도절제사인 양정(楊汀)과 도사 강효문(康孝文)에게 "녹둔도 농민이 들판에서 일할 때 야인들이 배를 타고 침입하여 약탈할 것이 우려되므로 진장(鎭將)과 만호(萬戶)들에게 엄중히 방비하라"는 밀유(密諭)를 내린 바 있다. 이는 녹둔도에 상당한 경작지가 형성되어 있었고, 아울러 국왕이 직접 이 섬의 방비에 관심을 경주했음을 미루어 볼 때, 녹둔도의 지리적 중요성을 간접적으로 알 수 있다. 『경흥도호부지』도 『세종실록지리지』와 유사한 기로을 보이고 있는데, 공주는 경흥의 옛 지명으로서 '사차마도'가 녹둔도의 옛 지명인 것이다.

조선 성종 17년(1486년) 2월에는 영안도(永安道: 현재 함경도) 경차관(敬差官)으로 다녀온 홍문관(弘文館) 전한(典翰)인 정성근(鄭誠謹)이 녹둔도에 대해 보고하는 내용으로, "섬의 토질이 차지지 않아 흙벽을 바를 경우 모래와 풀을 섞어서 쓰고 있어, 비바람이 한번 스쳐 가면 곧

10) "녹둔도의 중요성: 러 접경, 중 지척의 군사 요충," 문화일보(2002.7.22).

무너져 남는 것이 없으며, 만일 적이 침략해 오면 무엇으로 막아낼 것이며, 큰물이 밀어닥치면 섬 전체가 침몰할 듯하니 농민들이 여기에 상주하는 것 또한 두려워하고 있다"고 그 실정을 밝히고 있다.

중종 5년(1510년) 3월에는 좌의정 유순정(柳順汀)이 녹둔도를 언급하고 있으며, 중종 9년(1514년) 10월에는 지중추부사 안윤덕(安潤德)이 임금에게 올리는 비변대책(備邊對策) 가운데 녹둔도 방비에 관한 항목이 들어 있기도 하다.

이런 과정에서 조선의 농민들은 온갖 고난을 극복하며 녹둔도를 어느 정도 개간하게 되자, 호전적인 여진족들이 물자가 부족하면 불시에 두만강을 건너와 약탈을 하던 중간 거점으로 녹둔도를 이용하곤 하였다. 그리하여 조선 정부는 녹둔도에 1,246자의 토성을 쌓고 높이 6자의 목책을 둘러 병사들을 배치해 방비하기도 하였다. 녹둔도에 민간인들을 상주하지 못하게 한 이유도, 여진족들의 침입에 의한 피해를 방지하기 위함이었다.

다른 한편으로, 선조 때의 정언신(鄭彦信)은 녹둔도에 둔전을 설치하고자 하였고, 백두산정계비 건립시 접반사 직무를 수행하고 병조참판을 지낸 박권(朴權)도 그의 북로기략 경흥부 녹둔도 조에 "경원에 야인의 소란이 있은 후 군량미 저축이 긴요해 녹둔도에 둔전을 설치, 부사로 하여금 경작에 힘쓰나 경작력이 점점 떨어져 어렵다"라는 말을 하고 있다.[11]

선조 20년(1587년)에는 "오랑캐들의 노략질이 심하고 녹둔도가 오랑캐 땅 인근에 있어 방어에 적절한 인물을 엄선해 보내야 한다"면서, 이 해 8월에 이순신(李舜臣)을 녹둔도 둔전관에 임명하였다. 그러나 9월에는 북호(北胡)가 녹둔도의 둔전에 침입하여, 병사 10여 명을 살해하고 주민 160여 명을 사로잡아 간 사건이 발생하였다. 불시에 기습한

11) 양태진, "연해주 지역의 한인이민과 녹둔도의 영속문제," 1994.

그들은 조선측 수호장 오형과 감관 임경번 등 11명을 죽이고 군민 160명을 납치하고 말 15필을 약탈해 갔다. 이에 이순신의 처형이 거론되는 가운데, 경원부사(慶源府使) 이경록(李慶祿)과 조산만호(造山萬戶) 이순신 등이 추격하여 적호(賊胡) 3명을 참살하고 조선인 50~60여 명을 탈환한 공로를 인정받아 이순신은 파직 후 백의종군하게 된 역사도 있다.[12] 그러나 조선은 이듬해 여진 토벌을 위한 반격에 나서고, 이 정벌에서 여진 부락 200여 호를 불태우고 적 380명을 죽였으며 말 9필, 소 20두를 노획하는 큰 전과를 올렸는데, 특이할 만한 사실은 아군의 희생자가 단 한 사람도 없었다는 점이다. 이순신은 이 전투에서의 승리한 공로로 사면을 받게 되었다. 이런 대대적인 여진 토벌은 역사상 여진 토벌 중에서 가장 획기적인 전과로 평가되고 있다.

이와 같이 녹둔도는 여진족에 대해 일관된 강경정책으로 대처하면서 영토수호의 의지를 굳혀온 지역이었다. 이에 대한 조선 정부의 관심이 컸던 이유는, 녹둔도가 조선의 북쪽 변경을 확정짓는 데 주요한 경계점이 되었을 뿐만 아니라, 두만강을 조선의 영속강(領屬江)으로 획정하는 데 중요한 역할을 했기 때문이다. 더욱이 여진족을 방비하는 전초기지로서도 중요했던 것이다.[13]

1883년 서북경략사(西北經略使) 어윤중(魚允中)이 녹둔도에 갔다 온 뒤 고종에게 보고한 자료에 따르면, "녹둔도는 본래 우리 땅입니다. 신이 조산에 가서 땅 모양새를 살펴보니 섬 동쪽에 모래가 쌓여서 러시아와 연결되어 있고, 섬에 살고 있는 사람들은 모두가 우리 백성들이고 다른 나라 사람들은 한 사람도 없었습니다"라고 되어 있다.

이처럼 육진(六鎭) 개척 이래,[14] 녹둔도에 대한 조선의 관리는 지속

12) 유영박, 앞의 책, p.269.

13) 김승일 · 이은우, 『한반도와 동아시아 세계』(지식마당, 2002), p.276.

14) 조선 세조때 김종서는 함경북도 경원 · 경흥 · 부령 · 온성 · 종성 · 회령의 여섯 곳을 개척해 진을 두었다. 김종서(金宗瑞)는 1433년 함길도 도관찰사(咸吉道 都觀察使)가

되었을 뿐만 아니라, 세조 이후 경작지 및 변방 방어기지로 이미 되어 있었음을 충분히 알 수 있다.

제 4 절 한 · 러 관계의 전개와 러시아의 녹둔도 영속(領屬)

본래 전형적으로 유럽 국가였던 러시아가 유럽에서의 남하정책과는 달리, 동진정책을 중심으로 영토 팽창을 구체화한 것은 대체로 1581년 이후라고 볼 수 있다. 1640년에는 태평양 연안으로 진출했으며 1652년에는 바이칼호 지역을 합병하기도 하였다. 이런 과정에서 러시아는 17세기에, 이미 청나라 영토인 헤이룽강(黑龍江, 아무르강) 유역 일대를 자주 침범하는 등 남침을 도모함으로써 청과의 영토분쟁을 일으키게 되었다. 조선이 효종 때 러시아와 직접 접촉하게 된 계기도, 1654년 청의 대러 원병 요청에 의해 근세사에 있어 최초의 원정에 나서면서 시작되었다.

이에 1654년 2월초 청나라는 사신 한거원(韓巨源)을 조선에 보내 원병을 청했고, 효종은 이에 신유(申瀏) 장군을 지휘관으로 하여 이 전투에 참가케 하였다.[15] 이것이 제1차 정벌이며 후통강(厚通江; 혼돈강)에서 러시아군을 크게 무찌르고 토성을 쌓은 뒤 돌아왔다. 제2차 정벌은 1658년 3월에 역시 청의 요청에 의한 것으로, 이 때도 신유를 대장으로 조총군 200여명을 파병하여, 적의 전함 10척을 불태우고 적군 270여명을 사살하는 전과를 올렸다. 효종은 과거 청이 감행한 병자호란 당시의 치욕을 씻기 위해 그 동안 군비를 준비해 왔으나, 청을 위해 파병하는 역설적인 입장에 서게 된 것이었다.

되어 야인들의 침입을 격퇴하고 6진(鎭)을 설치해 국경선을 확정했다.

15) 申瀏, 『北征日記 影印本』(한국정신문화연구원, 1979).

그러나 1858년 러시아의 니콜라스 1세(Nikolai I, 1796~1855)는, 무라비요프(Mikhail N. Muraviyov, 1796~1866)에게 당시까지 청에 의해 저지당했던 헤이룽강 진출을 명하여 이 지역의 연안을 차지하게 되었다. 당시 청은 대외적으로는 급속한 개방으로, 국내적으로는 태평천국의 난으로 인해 극도로 혼란스러워, 러시아의 영토팽창 정책을 적극적으로 저지할 수 없는 상황이었다. 청은 이미 애로호(arrow) 사건으로 인해[16] 영 · 불 양국과 조약을 체결하게 되었고, 이에 러시아도 청과 「아이훈조약」(愛琿條約, Treaty of Aihun)을 체결하기에 이르렀다.

아이훈조약은 아이훈에서 헤이룽강에 이르는 좌안을 러시아령으로 하고, 우안(右岸) 우수리강(烏蘇里江; Ussuri River)에 이르기까지를 청국령으로 하는 전문 5개조의 조약문이다. 이 조약으로 러시아는 헤이룽강 유역을 관리하게 되었으며, 우수리강 일대는 청 · 러 공동관리 지역이 되었다. 러시아가 '아무르강' 이라고 부르는 중국의 헤이룽강은 러시아와 중국 사이를 흐르는 강이다.

그러나 청은 이 조약에서 헤이룽강 좌안지대를 러시아에 할양했다고 인정하지 않았으며 이에 대한 대처도 미흡했다. 다만 임차 거주 형식으로 거주만을 허용한 것으로 간주하였으며, 청 · 러 공동관할 구역도 북경 정부에 정확히 보고되지 않은 것으로 중앙 정부의 공식 인준을 받은 바도 없었다. 따라서 청은 조약체결에 직접 관여한 헤이룽강 장군 혁산(奕山)의 조인 행위를 월권으로 간주하여, 약정 사항을 유보하고 러시아의 주장을 거부하는 태도를 견지하고 있었다.

그러나 그 후로도 러시아군이 계속해서 헤이룽강 상류로 진격하자, 청은 알바진(Albazin) 성곽쪽으로 침입해 오는 러시아군과 공방전을

16) 이 사건은 1856년 영국 국기를 게양한 상선(商船) 애로(Arrow)호에 청나라 관헌이 들이닥쳐 중국인 해적을 체포한 사건을 계기로 일어난 영국과 중국간의 분쟁이다. 영국은 이를 계기로 프랑스를 부추겨 영 · 불 연합군이 중국 파병을 단행하도록 하였고, 영 · 불 연합군은 1860년 「북경조약」을 강제로 체결하면서 사건이 끝나게 된다.

벌인 끝에, 1689년(숙종 15년) 9월 7일 양국은 「네르친스크(泥布楚)조약」을 체결하여 양국간의 경계를 획정하였다. 이 조약은 전문 7개 조에 한(漢)·만(滿)·아(俄)·몽(蒙)·라틴어(羅典語) 등 5개 국어로 된 경계표를 작성했는데, 헤이룽강 남안은 아르큰河, 북안은 게르페지河를 경계로 하고, 이 가운데 양측의 접촉이 가장 빈번한 교통로는 계선형(界線形) 국경선을 획정하고, 인적이 드문 동부 국경지역은 막연히 외홍안령 산맥을 경계로 한다고만 명시하였다. 이 조약으로 인해 러시아의 헤이룽강 방면으로의 진출이 저지되자, 러시아는 방향을 돌려 시베리아 땅을 러시아 영토로 삼았다.

그러나 이러한 외홍안령산맥 지역의 국경지대도 자연히 양측의 마찰을 초래하게 되자, 이 문제를 해결하기 위해 「캬흐타조약」(Treaty of Kyakhta)을 맺고, 세렌가河의 우안 지류인 캬흐타 하반(Kyakhta 河畔)의 러시아 감시초소와 청측 국경초소인 오르고이고 산상에서 내려다 보이는 평지를 통상로로 양분하였다.[17] 이 조약으로 인해 청·러간에 통상이 확대됨과 동시에, 청국에 대한 서방제국들의 관심을 고조시키는 계기가 되었다.

그러나 이후 영·불 연합군이 천진을 통해 북경으로 진격해 들어감에 따라 청국 정부는 열하(熱河)로 피신하는 등 청조의 운명이 그야말로 풍전등화 상태에 놓이게 되었다. 이를 기화로 당시 러시아의 북경 주재 이그나티예프(Nikolai Pavlovich Ignatyev, 1832~1908) 공사가 영·불 연합군 측과 청의 화의를 주선하고, 그 대가로 1860년(철종11년) 11월 14일 「북경조약」을 체결하게 되고, 이 조약에 러시아도 가담하게 되었다.[18]

이 같은 러시아 공사의 중재로 인하여 청은 영·불 대군과의 전화

---

17) 植田捷雄, 『東洋外交史: 上』(東京: 東京大學出版會, 1969), pp.40-41.
18) 坂野正高, 『近代政治外交史』(東京: 東京大學出版會, 1973), p.255.

(戰火)를 피할 수 있게 되었다. 전문 15개조로 이뤄진 「북경조약」은 「아이훈조약」 제2조에서, 청 · 러 공동관리 지역으로 두었던 헤이룽강 남쪽 우수리강 이동 지역인 연해주 지방을 러시아령으로 확정하였다. 즉 우수리강과 쑹화강을 거쳐 흥개호(興凱湖: Xingkai Lake)를 지나 두만강 강구에 달하는 국경선이 설정되었다. 즉 우수리강과 쑹화강을 거쳐 흥개호를 지나 백릉천하구(白稜川河口)에서 남동으로 향하는 뽀구리치나야, 훈춘川, 하원산령을 넘어 두만강 강구에 달하는 국경선이 설정된 것이었다.

이 조약의 체결로 인해 연해주 공동관리 지역을 러시아령화함으로써 러시아의 동방진출 목적은 달성되었으나, 청과의 세부적인 국경선을 획정하여야 할 대상지역은 광범위하고 복잡하게 되었다. 이 결과 조선은 역사상 최초로 러시아와 국경을 접하게 되었다. 이는 시베리아 연해주 일대가 러시아령이 된 것이며, 따라서 연해주에 육속(陸續)되어 있던 녹둔도의 영속 문제를 초래하게 된 것이다.

청과 러시아는 세부적인 국경선을 확정하기 위해, 1861년 6월 28일 흥개호에서 약 2주간에 걸친 국경회담을 열고 북경조약 추가조관 및 국경설명서에 조인하였다. 당시 약정된 정계도에는 우수리강과 헤이룽강의 3각주에서 분류하는 송하제강(松河察江, 우수리강 지류)을 따라 흥개호 호수면을 가로질러 호안(湖岸) 소읍인 Turii Tog 바로 북쪽에 있는 베레해강(흥개호로 흘러드는 강)을 따라 서진하다가 남으로 돌아, 오늘날 우수리스크에서 서쪽으로 향하는 국경역인 나지나야역 삼함구(三含溝)를 거쳐 두만강 하류 무이보(撫夷堡) 대안(對岸)에 다다랐다. 「흥개호(興凱湖)계약」에 따라 우수리강 합류점에서 두만강구에 이르는 교계(交界)에는 도상(圖上)에 붉은 선으로 표시하고 8개 장소에 목패를 세우도록 하였다.[19] 이 경계표지 작업은 3개월 간에 걸쳐 이루어

19) 양태진, "한국의 영토관리 정책에 관한 연구: 주변국과의 영토문제를 중심으로," 한

졌는데, 경계표 작업은 철종 12년(1861년) 9월 5일에 두만강 대안에 토자비(土字碑)를 세움으로써 끝났다.

이렇게 설정된 한·러 국경선은 당사국인 조선에게는 사전은 물론 사후에도 일체의 공식 통고 없이 이루어졌다.[20] 「북경조약」의 후속 조치인 「홍개호 계약」에 따라 청·러간 국경이 확정되면서, 녹둔도는 러시아에 점유되고 말았다. 문제는 연륙으로 인해 녹둔도가 연해주의 일부로 수용되고, 이에 러시아가 녹둔도까지 점유하게 됐다는 사실이다. 이에 따라 경계표지 작업시 두만강 대안(對岸)에 연륙된 녹둔도를 알지 못한 채 두만강 대안에 토자비를 세우게 되었다. 또한 이렇게 설정된 조선과 러시아의 국경선은 당사국인 조선으로서는 사전은 물론 사후에도 일체의 공식 통고를 받지 못한 채 이루어진 것이었다.[21]

조선은 「북경조약」이 체결된 시기에 동지사가 북경을 다녀왔음에도 불구하고, 녹둔도의 러시아령 귀속 사실을 모르고 있었다. 1861년 토자비가 세워지고 경흥군의 한 병사가 경흥부사에게 이를 보고함으로써, 비로소 국경지대의 변화를 감지할 수 있었던 것이다. 즉 경흥부 무이보(撫夷堡) 망덕산(望德山) 봉수대에서 김대홍이 목격하여 경흥부사 이석영에게 보고함에 따라, 부사가 강가로 나아가 필담을 통해 전후 사정을 알게 된 것이다. 부사는 그들의 갖고 있는 국경조약 관련 문건을 필사하여 북병사(北兵使) 윤수봉에게 보고함으로써, 그 내용이 조정에 알려지게 되였다.[22]

보고의 내용은, 철종 12년(1861년) 7월 30일 여러 사람들이 무리지어 대안의 숲림 속으로 출몰하는데 그 모습이 이양선인(異樣船人)과

국행정연구원 연구과제 96-12(1996.12), p.109.

20) 양태진, 『한국의 국경연구』(동화출판, 1981), p.97.

21) 양태진, "한로(露) 국경형성과 녹둔도 노(露)령(領)화의 배경," 『한국영토관리정책에 관한 연구』, 1980.

22) 위의 책, p.99.

흡사한 자들이며, 인마수(人馬數)는 훈춘인 16명, 말 21필, 러시아인 13명에 이들이 타고 온 말 10필임을 알게 되었고, 부사가 이들과 필담을 나누면서 그들이 갖고 있던 「러시아국분계지서」(俄羅斯國分界之書)를 보여줌에 따라 이를 필사한 것이었다. 설막(設幕) 안에는 러시아 사람들이 있고, 강을 건너 온 청국 관리는 훈춘 효기교(驍騎校) 백홍(伯興)과 영고탑(寧古塔) 효기교(驍騎校) 영안(永安)으로 이들은 계비를 세우러 왔다고 하였다 한다.

이 조약을 통해 오늘날의 중 · 러 국경선이 확정됨과 동시에, 우리나라가 두만강 하류에서 러시아와 국경을 접하게 된 것이다. 또 이 시기를 전후하여, 조선의 동해안과 두만강 연안에 러시아인들이 출현하여 조선의 양민들을 살해하는 등 피해를 입은 사실이 『조선왕조실록』 '철종편' 등에 기록되어 있다. 이 같은 상황은 고종 4년 1월에는 러시아인 5명이 경흥에 침입해 양민을 살상하고 가축을 약탈해 가는 등, 그 후로도 계속되었다. 따라서 이로 인한 조선 국내의 사회적 혼란은 매우 심하였다. 왜곡과 과장된 소문과 함께 대피 소동이 일어나는가 하면, 한편에서는 천주교를 중심으로 한 종교에의 막연한 의존 현상까지 일부에서는 갑자기 확산되기도 하였다.[23]

이러한 러시아의 태도에 대해 녹둔도에 대한 병력 주둔 필요성 등이 제기되기도 했으나, 복잡하게 급변하는 정세 속에서 러시아는 은연중 조선 정부에 영향력을 행사하여, 「한 · 러 수호조약」과 「한 · 러 통상조약」이 계속 체결되었다.[24] 한반도내 러시아 세력의 확장은 영국군

---

23) 이선근, 『국난극복사』(휘문출판사, 1978), pp.496-497. 당시의 상황에 대하여 달레의 『조선천주교회사』에서는 "수만 리 밖에서 침공해 온 영 · 불 연합군에 쫓기어 중원 대국의 천자가 북경을 버리고 열하로 갔다면, 양이(洋夷)의 군대가 반드시 뒤따라 추격할 것이 아닌가. 그렇게 되면 천자는 분명 압록강을 건너 조선 땅으로 피난을 오게 될 것이며, 따라서 우리나라는 의리상 천자를 서울로 모실 수밖에 없을 것이다. 이럴 경우 영 · 불 양국 군대는 서울까지 추격해올지 모른다. 그렇게 되면 큰 난리가 날 것이니 이대로 앉아 있을 수만은 없지 않은가!"라고 묘사하고 있다.

의 거문도 점령사건을 초래하기도 했을 뿐만 아니라,[25] 1896년에는 아관파천(俄館播遷)으로 나타나기도 했다. 1905년 러일전쟁의 패전으로 인해 러시아가 한반도에서 물러갔으나, 이들은 여전히 두만강변에 진을 치고 녹둔도 땅을 강점하면서, 연해주 일대의 거주민들에 대해 회유와 박해를 가하여 강제 이주 등을 야기하기도 하였다.

이와 같이 녹둔도의 영토 문제는 1860년의 청 · 러간 「북경조약」에서 발단되었다. 러시아는 영 · 불과 청 사이의 아편전쟁을 중재하는 과정에서 그 대가로 연해주의 광활한 영토를 획득하게 되었다. 러시아 함대가 영흥만을 라자레프항(Lazareff Port)으로 개명하고 동해안 측정을 위해 동해를 왕래했던 것은, 블라디보스톡 군항을 효과적으로 이용하기 위한 부동항 계획이었던 것으로 판단된다. 이런 상황에서 연해주 끝에 위치한 녹둔도도 러시아로 자연스럽게 수용되었는데, 이 때는 이미 녹둔도가 러시아 영토에 연륙되어 있었다. 러시아의 녹둔도 점유는

---

24) 1884년(고종 21년) 조선과 러시아가 체결한 조약. 당시 영국, 프랑스, 미국, 일본보다 공업 경쟁력이 미약했던 러시아는 이들 국가와는 달리 조선에게 불평등조약을 강요하지 않고 다만 조선에서의 현상유지를 원하였으며, 서방세력의 조선 침투가 자국에 불리하게 작용할 것을 우려하여 청의 대표 마건상(馬建常)을 통해 조선과의 수교 의사를 전달하였다. 그러나 임오군란으로 뜻을 이루지 못하던 중 묄렌도르프(Paul George von M llendorf)와 친러파 한규직의 "러시아만이 조선을 보호할 수 있다"는 주장에, 결국 고종은 1884년 초 변방행정관인 마튜닌(N.F. Matunine)에게 러와의 외교관계를 희망한다고 밝혔다. 이에 러시아 정부는 톈진(天津) 주재 러시아 영사 웨베르(Karl Ivanovich Weber)로 하여금 조선과 조약을 체결하도록 하여, 그 해 7월 7일 성사되었다. 조약 내용은 「조 · 영 조약」, 「조 · 독 조약」과 거의 유사하다. 이로 인해 인천 · 원산 · 부산이 개항되고, 러시아가 조선에 대하여 청 · 일과 대등한 세력을 갖는 계기가 되었다.

25) 1885년(고종 22년) 영국이 러시아의 조선 진출을 견제할 목적으로 거문도를 불법 점령한 사건이다. 거문도는 한 · 일간 해상통로이면서, 러시아 동양함대의 길목에 있는 전략적 요충지였다. 러시아는 1884년 조선과 통상조약을 체결하여 조선에 대한 진출을 강화하기 시작하였다. 이에 아프가니스탄 문제를 둘러싸고 러와 긴장관계에 있던 영국은 1885년 4월 러시아의 점령에 대한 예방조치라는 명분으로 거문도를 점령하였다. 그 후 영국이 거문도에서 철수한다면 러시아는 조선 영토를 침범하지 않겠다는 약속이 영국측에 전달됨으로써, 1887년 2월 5일 영국 군대가 거문도에서 완전 철수하였다.

「북경조약」의 후속조치인 「홍개호 계약」의 국경 획정으로 인하여 공식적으로 결정되었다. 녹둔도가 연륙된 것은 이미 1860년 이전이었으므로 당시에는 청나라에 속했고, 이후에는 러시아에 자연스럽게 편입된 결과가 되었다.

이로써 시베리아 연해주 일대가 러시아령이 됨으로써, 17세기 이래 지속된 러시아의 동진정책은 태평양 방면의 진출 통로를 확보하는 계기를 마련하는 것으로 발전하였다.[26)]

제 5 절 조선 및 한국의 반환 노력

이러한 사정변경의 사실을 뒤늦게 알게 된 조선 정부의 반환 요청은, 녹둔도의 지정학적 중요성을 인식한 러시아의 불응에 직면하였다.

1882년(고종 19년: 청 광서 8년) 1월 고종은 어윤중을 서북경략사로 임명하여, 녹둔도의 반환 · 회복의 가능성을 검토하도록 하였다. 이에 어윤중은 "녹둔도가 오늘날 중국의 훈춘 경계와 상접(相接)해 있고, 또한 두만강 중간에 위치해 있어 쉽게 귀정(歸程)하기 어려울 것이다"라고 답하였다 한다. 그 해 10월 북방경계를 검토하고 귀환한 어윤중은 고종에게 "녹둔도가 본래 우리 조선의 영토인데, 신이 조산(造山)에 가서 그 지형을 살펴보니 섬 동쪽으로 모래가 쌓여 강 건너편으로 연계되어 있고, 이 섬에 거주하고 있는 사람들도 모두가 우리나라 사람들로서 타국인은 없었다"고 보고하였다. 이즈음 러시아는 두만강변을 내왕하면서 함경도 경흥 지역에서 조선과의 교역 · 통상을 계속 요구해 오던 상황이었다.

1882년 5월 청국 주재 러시아 영사 뷰철(Evgeni de Butzor)이 청의

26) 坂野正高, 앞의 책, p.255.

직예총독 장수성(張樹聲)을 통해 조선과 통상 수교할 것을 제의해 왔다. 이에 조선은 "양측이 통상을 하려면 러시아로서는 청국의 길림에 월입(越入)해야 하는데 현 상황으로 어렵지 않겠는가? 단지 러시아와 조선이 두만강 한쪽에 접하고 있으니 후일 양국간에 조약 성립을 보아 양국이 파원(派員)하여 그곳 강구에 이르러 녹도 북쪽에 계패(界牌)를 세워, 양국 월계인민(越界人民)이 발생하면 청러조약(清俄條約) 조관에 따라 변리키로 하고, 해상통상으로 해삼위(海蔘威, 블라디보스톡)와 원산항이 가까우니 각국의 수륙통상장정을 보아 처리함이 타당할 것으로 사료되니 그 뜻을 전해달라"며 수교 제의를 거절하였다. 당시는 한·청 양국간에 간도문제가 제기되어 우리나라 서북 경역 지대의 사정이 전반적으로 복잡했던 시기로, 러시아의 제의를 쉽게 수용하기 어려웠다. 특히 러시아측의 녹둔도 불법점유에 대해 청과의 조율이 되지 못한 상태여서, 통상문제를 논의하게 되면 반드시 이 문제가 선행되어야 하는데, 청과 간도문제로 시비가 벌어지고 있는 상태에서 청을 통한 협조가 마땅치 않았던 것이다.

1883년 간도 귀속 문제로 조·청 양국의 강계심사가 있어 어윤중이 서북경략사로 파견될 때, 고종에 의해 조선 조정에서 먼저 녹둔도의 귀속문제가 제기되었으나 실제로 양측간에 의안이 되지 못했다.

1885년 11월 러시아 웨베르(Karl I. Weber) 공사가 김윤식에게 조(朝)·러 육로통상조약을 언제 체결함이 좋겠느냐는 물음에, 청·러간 감계시 조선에서도 파원해 회감 연후에 논의함이 좋겠다고 함으로써, 양국 국경 감계에 동참할 의도를 분명히 했다. 여기에서 '회감'(會勘)이란 훈춘계약에 따른 감계를 말하는 것으로, 여기에서 녹둔도 귀속문제를 제기하고자 하였던 것이다. 그러나 당시 청측 대표인 오대징(吳大徵)의 무성의로 무산되었다. 이 과정에서 다음과 같은 유감의 뜻을 알게 되었다. 즉 "청국 관리의 지리적 미숙으로 인해 불합리한 약서를 만들어 조선에 탄식을 끼치게 하였다"는 발언과 함께, "이 땅이 러시아에 점유된 지 오래되어 쇄환(刷還)하지 못하고 있는바 언제 복취(復取)할 수 있을지 모르겠다"라는 염려를 함께하였다.

다음 해인 1885년 제2차 심사가 있을 때, 토문감계사 이중하를 파견하였으나 이 때도 녹둔도 문제는 거론되지 못했다. 이는 이미 녹둔도가 러시아 영토로 편입된 이후이기 때문에, 청은 문제를 제기할 상대국이 아니라고 판단했을 가능성이 크다. 그럼에도 영토의 형질 변화가 발생했을 때, 즉시 이 문제를 청측에 제기하지 않은 것은 조선의 가장 중대한 최초의 실책으로 볼 수 있다.[27]

그러나 1886년 11월 15일자 일본 외교문서 가운데는, 녹둔도 지역 정탐보고서 중 한 · 러 통상 수교 후 조선 정부가 러시아에 녹둔도 반환 요청을 한 사실이 기록되어 있으며, 1890년 6월 20일자 부산 영사 다치다(立田革)의 기록도 녹둔도 반환 요구설을 보여주고 있다.[28] 또한 이와 동일한 임무를 수행했던 후타하시(二橋謙)도 조선 정부가 웨베르 공사에게 녹둔도 반환 요청 사실을 본국 정부에 보고하였다고 하고, 히사미즈(久水三郎)도 당시 경흥부 감리사무 김우현으로부터의 전문(傳聞)을 인용하며 녹둔도 반환 요청 사실을 기술하고 있다.[29]

이와 같은 제반 사실은 조선 정부가 청 · 러간에 잘못 획정된 국경으로 말미암아, 고유 영토인 녹둔도를 불법으로 점유당한 데 대한 반환 노력을 보여준다.[30] 결국 녹둔도는 조선 개국 504년 만에 조산보의 폐지와 함께 녹둔도보(鹿屯島堡) 역시 폐지되었다.

녹둔도에 관한 국왕의 관심이 이처럼 지대함에도 불구하고, 조선 조

27) 유영박, 앞의 책.

28) 다치다(立田革)의 일본 외무성 보고 기밀 제15호에는 "러시아령에 속해 있는 녹둔도는 한국령으로서 한국 정부가 러시아 공사에게 이 섬의 반환을 요구한 바 있는데, 러시아 공사도 이 문제를 본국 정부에 보고하여 알려주겠다고 한 바 있으나, 아직까지 통보가 없는 것 같다"고 기록하고 있다.

29) 양태진, "한국의 영토관리 정책에 관한 연구."

30) 양태진, 앞의 글.

정에서는 1889년(고종 26년) 청의 무성의한 국경획정으로 러시아령으로 귀속되어 버린 녹둔도에 대하여, 청 · 러간의 국경 감계(勘界) 때에는 청측 대표인 오대징에게 녹둔도 반환 교섭을 의뢰하였으나, 청이 조선의 요청을 도외시한 채, 녹둔도를 러시아령으로 간주하여 회담에서 언급조차 하지 않았다.

당시 상황을 전하는 1890년 7월 서울발 도쿄아사히(東京朝日)신문과 마이니치(每日)신문의 기록은 무기력한 우리의 모습을 생생하게 보여주고 있다.

> 최근 러시아가 녹둔도를 점령하고 해군의 화약고를 설치하는 등 각국의 신문 보도로, 그 사실을 잘 알지 못하는 세상 사람들은 마치 동양의 일대 춘사(椿事)가 발생한 것처럼 어수선한데, 한심하고 딱한 것은 그 당사국인 한국에서는 이 사실을 아는지 모르는지 일본의 신문을 보고서야 겨우 아는 것 같으니 참으로 우습기 짝이 없다.

이렇게 대한제국 정부는 녹둔도의 반환 요구를 계속하던 중 국권상실로 말미암아 교섭이 부득이 중단되어, 일제 식민 기간을 거치면서 거의 잊혀져 왔다. 그러나 다른 한편으로 20세기에 들어서 녹둔도는 나라 잃은 한인들의 근거지가 되었다. 독립운동가 신필수가 1921년 옛 녹둔도인 녹동에 머물면서 남긴 일기에는 한인마을이 40가구에 이른다고 적혀 있다. 러시아과학원 태평양지리연구소 세르게이 간지 부소장은 "1930년대까지 녹둔도를 포함한 연해주에 한인 7만여 명이 거주했다"고 말했다.[31] 가을엔 무성한 갈대숲이 여름엔 습지성 식물이 서식하던 녹둔도는 1937년 옛 소련의 스탈린 치하에서 이곳에 살던 한인들이 중앙아시아로 쫓겨나면서 이곳은 군사지역이 되었다.

그러나 1945년 광복 이후 남한측 학자들에 의해, 녹둔도에 대한 러

31) 동아일보, 앞의 기사.

시아의 부당한 점유에 따른 반환 요청이 다시 제기되었다. 그러나 북한은 이 문제에 대해 전혀 언급조차 하지 않고 오히려 도외시하는 실정이다. 북한은 1949년에 구소련과의 외교관계를 정례화 하는 전문 23개 조의 영사협정을 체결하였다. 이후 양국간에는 적지 않은 협정 · 협약 등이 체결되었으나, 국경문제에 관해서는 1957년에서야 「국경문제 조정에 관한 협약」을 체결하게 된다.[32] 이 협약은 전문 16조로 1957년 10월 14일 평양에서 조인되어 동년 12월 14일부터 효력이 발생했다. 이상과 같은 국경조약은 소련 외무차관 카피아에 의해 주도되었는데, 『아시아 아프리카』지 1995년 6월호에 기고한 그의 회고담에 의하면, 소련은 이 조약을 체결함에 있어 관련 전문학자들이 참여하였는데 북한측은 그렇지 못했음을 밝히고 있으며, 근본적으로 북한 · 소련 간에 있어서 빈번한 교류 접촉에 따른 제반 사항을 규제하기 위해 소련 위주로 작성된 편향된 협약으로서, 1885년에 체결한 「조 · 러 수호통상조약(修好通商條約)」이나 「육로통상장정」(陸路通商章程)의 내용에서 크게 벗어나지 못하고, 다만 미세한 부문에 이르기까지 제재적인 요인들만 추가되고 있는 듯한 인상을 주고 있다. 또한 북한측에서도 이 조약 체결시 우리 민족 고유의 영토이었던 녹둔도의 반환에 대해 일절 언급하지 않은 것으로 알려지고 있다. 또한 1984년 11월, 북한과 소련 당국자 간에 평양에서 국경문제에 관한 회담을 열어 관심을 끌었으나 미해결인 채로 끝났다. 이후에도 계속하여 한국에서와 마찬가지로 심각성을 느끼고 있지 못하는 듯하다.

러시아는 지금까지도 녹둔도를 극동지역 군사요충지로 삼고 사람의 출입을 엄격히 통제해 왔다. 1937년 연해주 일대의 고려인들을 중앙아시아로 강제 이주시킨 뒤 옛 녹둔도 일대에 일체의 출입을 통제해 왔던 것이다. 지리적으로는 두만강이 다시 녹둔도 방면으로 침식을 시

32) 국토통일원, 『북괴조약집』, 제1권(1971), pp.111-119.

작하여 매년 땅을 깎아내고 있다고 밝혀, 1800년대 중반 전후로 지도에서 섬을 사라지게 했던 자연의 힘이 이번에는 거꾸로 작용하고 있는 것 아닌지 짐작케 했다. 춤추는 갈대숲 속에 변화무쌍한 역사와 자연의 비밀을 감추고 있는 녹둔도는, 현재 시베리아 아무르 호랑이의 피난처가 되는 등 야생동물들의 천국으로 세계야생동물보호기금(WWF) 등 세계의 주목을 받고 있다.

이후 녹둔도가 우리 영토라는 주장은 1972년 동국대 박사 과정의 박태근씨가 장서각에서 「아국여지도」를 찾아내면서 다시 시작되었다. 당시 박씨는 한 신문의 기고를 통해 아국여지도 옆에 "녹둔도는 남북으로 28km, 동서로 2km, 우리 거민 113호에 822명이 거주하며 농토는 비옥하다"고 기재되어 있음을 언급했고, 이를 통해 녹둔도는 다시 세상에 나타나기 시작했다.[33] 이 지도는 1884년 고종이 파견한 조선 관리에 의해 작성된 것이었다.

1990년에도 한국측이 서울 주재 러시아 공사에게 섬의 반환을 요구했으나 성과가 없었으며, 북한은 1990년 옛 소련과 국경조약을 체결했다. 이는 「북경조약」을 그대로 이어받은 것으로서, 북한은 결국 녹둔도가 러시아의 영토임을 공식 인정해준 셈이 되었다. 한국에서는 1992년 의회에서 간도와 녹둔도 우리 영토 반환교섭 요구가 건의되었으나, 상임위원회에서 부결된 바 있었다.

2000년 11월에는 서울대 지리교육과 이기석 교수진이 현지탐사를 시도했으나, 군사기밀 지역이라는 이유로 탐사 시간이 3시간으로 제한된 데다 갈대의 키가 2m에 이르는 등 현지의 악조건 때문에 별 소득 없이 돌아와야 했으나, 그럼에도 2005년까지 모두 5차례의 탐사를 마쳤다.

33) "두만강 하구의 러시아령 녹둔도는 한국땅," 경향신문, 1972. 2. 4.

제 6 절 관련 쟁점 및 논리 근거

1. 녹둔도의 연륙 시기

「북경조약」과 「홍개호계약」은 연해주의 러시아령을 주 내용으로 한다. 가장 큰 문제는 녹둔도가 연해주에 포함이 되느냐의 여부가 될 수밖에 없다. 녹둔도의 러시아 영토화는 연해주가 러시아령화되면서 두만강 대안에 연륙된 녹둔도도 따라서 연륙된 것으로 볼 수 있다. 두만강의 잦은 범람으로 인한 토사의 퇴적으로 녹둔도 북쪽의 물줄기가 차츰 가늘어져 언제부터인가 녹둔도와 연해주가 이어진 것이며, 동해의 수위 변화도 두만강 수로 변화의 한 요인이 됐다.

1709년 청나라 강희제의 지시로 만든 지도에 이미 녹둔도와 연해주는 붙어 있는 것으로 나타나 있다. 고종 때 제작된 것으로 보이는 『경흥읍지』의 녹둔도도 그렇게 되어 있다. 따라서 15세기 당시 녹둔도의 위치를 추정하기는 쉽지 않다. 다만 최근 발견된 녹둔 토성 추정지가 중요한 단서가 된다. 높이 6~7m, 길이 4km의 토축물은 함경도 조산에서 4km 정도 떨어져 있다. 그에 따라 녹둔도와 연해주를 구분했던 두만강 지류(일명 녹둔강)의 위치도 추정할 수 있게 됐다. 이기석 교수는 "녹둔도 추정지에서 둔전을 설치할 수 있을 만큼의 넓은 경지를 확인했다"고 밝혔다.[34)]

그렇다면 중요한 것은 「북경조약」 이전에 이미 연륙이 이루어졌을 가능성이 크다는 점이다. 원래 도서의 연륙현상이란 자연지리적인 변동 현상에 기인하여 상당 기간에 걸쳐서 서서히 이루어지는 것이다. 물론 정확한 시기가 밝혀지는 것이 가장 좋은 해결책이겠지만, 굳이

34) "잊혀진 섬 녹둔도," [우리땅 우리魂 영토분쟁 현장을 가다], 동아일보, 2004. 6. 10.

이런 '시간' 사실에만 구속될 성격의 문제는 아니다. 다만 조약 이전에 녹둔도가 연륙되었다면, 청국과 러시아가 국경 획정 당시 녹둔도가 연해주와 함께 러시아에 점유되었음을 알 수 있다. 즉 녹둔도의 연륙이 「북경조약」 이전의 일이라면, 그것은 한국 영토의 일부가 청국 영토에 연륙된 것을 의미하고, 따라서 이 문제는 일차적으로 한·중간 문제가 된다.

다음으로 「북경조약」 체결 이후 연륙된 문제에 대해서는 '수로 변경'의 이론이 적용되어야 할 것이다. 연륙현상을 일종의 첨부(accretion)의 집적에 의한 결과로 보아 녹둔도로부터 첨부된 지역과 연해주로부터 첨부된 지역으로 구분하여, 각각 한국과 러시아에 귀속시키는 방안도 고려해 볼 수 있다.[35] 그리고 경우에 따라서는 연륙 부분의 항해를 고려해, 준설(浚渫)을 통한 수로 복원도 하나의 방법이 될 수 있다. 연륙 문제는 수로의 변경과정에 관한 충분한 증거를 지원 받아야 하므로 수로학·지질학 등 관련 전문 분야의 검증이 필요할 것이다.[36]

2. 녹둔도의 국제법적인 측면

녹둔도의 영속 시비는 일종의 하천 내 도서의 지위와 관련된다. 녹둔도는 오랜 기간 역사적 권원에 의해 한국의 영유권이 확립된 두만강 하구상의 도서였으나, 강류의 토사 퇴적으로 인해 연해주에 연륙된 곳이다. 이러한 녹둔도가 영속 시비의 계기가 된 것은 두만강이 한국과 러시아간의 국경으로 획정되면서부터였다. 1860년 「북경조약」과 1861년 「홍개호계약」에 따라 국경획정 및 국경표지 작업을 한국의 참

35) 신각수, "국경분쟁의 국제법적 해결에 관한 연구," 서울대 법학박사 학위논문, 1991. 8, pp.54-57.

36) 양태진, 앞의 논문, pp.6-7.

여 없이 양국이 일방적으로 행하였는데, 이 같은 사실을 간접적으로 인지하기는 경흥부사 이석영의 보고를 통해서이다.

두만강 하구에 국경 표석을 세운데 대해 우리 조정은 그 의미를 확실히 알지 못함으로써, 권리 확보를 위한 즉각적인 실효적 조치를 취하지 못하였다. 그러나 1886년 8월 조선은 청 · 러를 포함한 '3국 공동감계안'을 제의한 바 있으나, 이들의 소극적 태도로 무산된 바 있다. 이후 「홍개호계약」에 따른 국경 재감(在堪)을 위한 회담시 청에게 녹둔도 귀속 문제를 거론해 줄 것을 요청했으나 또한 묵살되었다. 이 같은 사실들로 미루어 볼 때, 조선의 녹둔도 반환 요구는 계속적으로 이루어졌음을 알 수 있다.

이밖에 녹둔도 영속문제는 1860년 「북경조약」 체결 당시 녹둔도가 어느 나라에 귀속되어 있었느냐 하는 점이 관건이 된다. 다시 말해 어느 국가가 녹둔도에 대해 당시 실효적으로 지배하고 있었는지의 여부에 따라 결정되어야 한다. 팔마스섬(Palmas) 사건에 관한 중재판결에서 확인된 바와 같이,[37] "어느 누구도 갖지 않은 것은 줄 수 없다"는 원칙을 고려할 경우, 「북경조약」에 의한 영토할양에 있어 양수국(讓受國)인 러시아가 할양국인 청이 관할하고 있던 영토 이외의 땅을 할양받을 수 없음은 자명하다. 녹둔도 영속문제를 논의할 경우, 이 섬의 연륙시기가 쟁점이 되면 그 시점이 「북경조약」 체결 이후에 연륙된 경우에는 도서로서의 지위를 가지고 있던 부분과, 그 후에 연륙이 된 부분으로 구분하여 달리 취급되어야 함은 마땅하다.

이리하여 「북경조약」 체결 이후 러시아의 녹둔도 관할은 권원 창출

37) 1906년 1월 21일 당시 미국의 통치하에 있던 필리핀군도의 모로 주지사가 관내를 순시하면서 팔마스섬에 네덜란드 국기가 게양되어 있은 것을 발견하면서부터 분쟁이 제기되었다. 당시 미국은 미국 · 스페인 전쟁 결과 체결된 강화조약에 의해 할양된 것으로 미국은 이 섬도 할양된 것으로 간주하고 있었다. 이에 대해 네덜란드는 "이 섬은 동인도회사 시대부터 네덜란드의 영유하에 있었다"고 주장하며 분쟁이 일었다. 1925년 법원이 중재되어 1928년 네덜란드의 승소로 종결됐다.

효력이 부여되지 않고, 오직 조약의 해석에 있어서의 추후 관행으로서의 지위만이 인정될 뿐이다. 아울러 러시아에 대해 조선 정부가 정식으로 국경획정을 요구해 온 점을 볼 때, 묵인에 의한 권원의 창출이 성립된 것으로는 간주할 수 없다.

이런 점에서, 한국은 러시아의 일방적인 국경획정에 대해 묵인하지 않았음이 분명하며, 당사국이 아닌 청 · 러간에 한국의 국경을 설정한 것은 한국을 구속할 법적 요건 내지 효력을 결코 가질 수 없다. 국제법상 일방적인 국경획정은 인접국의 사후 동의 또는 묵인이 존재하지 않는 한, 인접국에 대하여 효력이 인정되지 않음은 1911년 영국 · 독일간 월피쉬만(Walfish Bay) 국경분쟁 사건에 관한 중재판결에서 판시된 바 있다. 이러한 판례로 미루어 볼 때, 한국과 러시아간에는 공식화된 국경이 존재하지 않는다고 보는 것이 정확할 것이다.[38]

또한 1860년대 당시의 하천의 경계획정이 국제법상의 탈베그(Thalweg) 원칙이나[39] 중간선에 의해 획정될 수 없는 상황을 고려할 때, 녹둔도의 귀속은 자연 실효적 지배를 우선적으로 행사한 국가에 귀속되어야 할 것이다. 녹둔도에 관한 국경분쟁의 결정적 시점은 북경조약이 체결된 1860년이 선결적인 결정적 시점을 구성하는데, 이는 팔마스섬 사건의 경우와 매우 유사하다.[40]

3. 북한 · 러시아의 국경문제

일본 외교문서에는 조선 조정이 지속적으로 녹둔도의 반환을 요구

38) 양태진, "북경조약과 녹둔도 영속문제에 관한 고찰," pp.6-7.

39) 국경선 설정에 일반적으로 적용되는 '탈베그 원칙' 이란, 선박이 운항할 수 있는 하천의 경우 가장 깊은 부분을 기준으로 국경을 정하고 항해가 불가능한 하천은 중앙선을 기준으로 국경을 정하도록 한 것이다.

40) 양태진, 『근세한국경역논고』(경인문화사, 1999).

했다고 기록하고 있다. 이와 관련, "조선이 러시아와 청나라의 국경획정을 수용하지 않았으므로 한 · 러간에는 공식적인 국경이 존재하지 않는다고 보아야 한다"고 주장한다.

그럼에도 불구하고 민족 주체성을 강조해 온 북한은 1962년 중국과 비밀리에 체결한 「중 · 조 변계조약」(中朝邊界條約)으로 간도는 물론 백두산 천지의 5분의 3을 내줬고, 1990년 구소련과 국경조약을 체결하면서 두만강을 국경선으로 삼아 녹둔도를 포함한 연해주 일대의 영유권을 포기했다.[41] 이에 의하면 양국은 국경선을 39.4km로 확정하고 그 가운데 17.3km에 해당하는 두만강에서는 최심선(最深線)을 국경선으로 하되, 16개의 하천 내 도서에 대하여는 도서를 반분하여 분할 점유하는 방식을 채택한 것으로 알려지고 있다. 결국 북한은 우리의 영토에 대한 정당한 반환 요구가 아닌 「북경조약」을 거의 계승하는 결과를 초래했다고 볼 수 있다. 즉 녹둔도가 러시아의 영토임을 공식 인정해 준 셈이 되는 것이다.

하지만 북한은 녹둔도를 소련령으로 인정했으나 10여 년 전부터 중국에 대해 간도와 압록강 하구 신도(薪島: 비단섬)의 영유권을 거론한 점으로 볼 때, 녹둔도 문제에 대해서도 자기 주장을 제기했을 가능성이 높은 것으로 판단된다.[42] 이는 두만강 개발이 현실화될 경우, 녹둔도가 '동북아의 맨해턴'과 같은 요충지의 기능을 할 것으로 전망되기 때문에 더욱 중요성을 갖는다고 말하고, 따라서 북한도 이 문제를 소홀히 취급할 수는 없을 것으로 본다고 예상했다.

이후 2004년 북한과 러시아는 양국 국경획정에 관한 추가의정서에 합의하였다. 1986년부터 활동해 온 북 · 러 국경획정 공동위원회가 과거 소련과 북한 사이의 국경획정에 관한 의정서에 추가할 부속의정서

41) 동아일보(2005.3.12).

42) 2004년 동아일보 취재팀은, 한반도의 최서단(最西端)에 위치한 압록강 하류의 신도(薪島)가 1960년대부터 중국의 도상(圖上) 침략을 받고 있다는 사실을 확인하였다.

〈그림 5-4〉 새로 획정되어야 할 한국 · 러시아 국경선

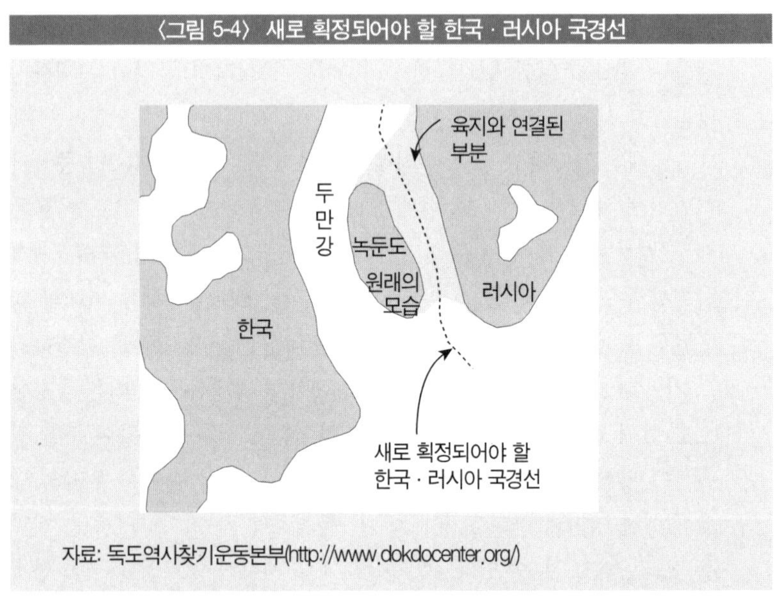

자료: 독도역사찾기운동본부(http://www.dokdocenter.org/)

초안작업을 진행해 왔으며, 이 부속의정서는 2000년부터 공동위원회의 활동을 결산하는 것으로 양국간 국경을 처음으로 공동 점검한 것이라고 밝혔다.

북한과 러시아는 두만강 내 하구의 녹둔도 등 일부 도서에 대해서 경계를 미획정했던 것으로 알려졌다. 그것과 관련된 추가의정의 구체적 내용이 즉각 알려지지는 않았다.

4. 외교문서에 나타난 녹둔도 관계 사항

일본의 외교문서 가운데 수록되어 있는 「녹둔도관계잡철」(鹿屯島關係雜綴)은 녹둔도에 대한 연구에 있어서 매우 중요한 자료가 된다. 이 문서철은 첫째, 조선 정부의 녹둔도 청국 양도, 둘째 녹둔도 개항 이관, 그리고 러시아의 녹둔도 점령에 관한 것 등 3개의 큰 항목으로 구

성되어 있다.

첫 항에는 3건의 기밀보고서라는 녹둔도의 청국 정부 양여에 관한 풍설(風說)에 대해 진상 조사를 한 보고 내용이다. 둘째 항에는 「ガシユゲウイシチ」 개항 1건 관련, 히사미즈(久水) 일본 영사대리의 함경도 변경에 대한 순회 1건이라 하여, 1886년 10월 26일부터 1887년 7월 16일까지 약 10개월간에 걸쳐 녹둔도 주변 지역을 순항한 보고서이다.[43] 또한 조선 동북 변경의 국경도시인 경흥 · 경원 · 회령 등지의 실상에 대한 정탐사항 등이 포함된 11건의 보고서가 수록되어 있다. 녹둔도의 정황을 살피기 위해 인근의 경흥부의 지세, 부내의 호수, 민가에의 러시아인 왕래 사정, 부내의 행정 및 치안 실정, 과거 육진의 정황, 두만강의 수계, 경흥감리와 러시아 관리 간의 접촉 상황 등 다방면에 걸친 내용들이 기록되어 있다.

셋째 항에는 러시아의 녹둔도 점령에 관한 10여 건의 문서와 부속지도가 들어 있다. 이 부속지도는 녹둔도에 대한 지리적 연구에 매우 의미 있는 자료가 되고 있다. 여러 보고서 내용 중 몇몇 사항을 문서 단위별로 개괄하여 보면, 먼저 일본 외무대신이던 아오키(青木)가 서울에 와 있던 곤도(近藤)에게 러시아의 녹둔도 점령 소문의 사실 여부와 점유 방법에 대한 내용을 전문으로 타전해 오기도 하였다.[44]

이에 대해 곤도는 서울에서는 그 같은 소문을 들을 수 없고, 다만 원세개의 말을 빌리면 러시아가 「청 · 러 屬約」(Russo-Chinese Additional Convention) 제1조에 의하여 녹둔도를 점유한 지 여러 해가 되었다고 밝히고 있다.[45] 이후 아오키 대신이 경질되고 오쿠마(大畏)가 외무대신에 취임하면서 좀더 구체적인 훈령이 내려진다. 이 때 러시아가 녹둔

43) 독도역사찾기운동본부(www.dokdocenter.org/bbs/zboard.php?id, 2005.12.24).

44) 양태진, "두만강 하구의 녹둔도 관할과 영속문제," 『한국의 영토관리정책에 관한 연구: 주변국과의 영토문제를 중심으로』(한국행정연구원, 1996).

45) 신각수, 앞의 글, p.55.

도를 점령하고 러시아인들을 이곳에 이주시키고 있다고 하는데, 이에 대해 보고하라고 함에 녹둔도의 위치도를 함께 송부하고 있음을 알 수 있다.

그리고 다치다(立田) 영사가 지금까지 궁금히 여겨왔던 청·러간에 체결된 「통상약장류찬」(通商約章類纂) 권23 제13안을 기재·보고하고, 군함 양속함(良速艦)의 항해 보고문과 이 함대에 승선하여 활동하던 가와카미(川上)의 녹둔도 조사보고문을 함께 수록하고 있다.

5. 녹둔도 관련 외국문서

녹둔도 관련 문서는 간도의 경우와 마찬가지로 한국에는 관련 문헌이 미약한 실정이다. 오히려 제3국인 일본의 외교문서 속에는 상당량 수록되어 있는가 하면, 소련·영국 등지에도 남아 있는 것으로 알려지고 있다.

1886년에서 1890년간에 이르는 4년 동안의 수집·보고된 일본의 외교문서 중에, 「녹둔도관계잡건」(鹿屯島關係雜件)이 녹둔도 정황을 살피는 데 거의 유일한 자료이다. 이는 조선 고종 23년에서 고종 27년간에 걸쳐 일본인들의 녹둔도에 관한 정보를 첩보를 통해 수집한 보고기록문이다.

이러한 문서들은 국내·외를 통해 발견하기 어려웠던 매우 긴요한 자료에 속한다. 그러나 매우 유감스럽게도, 보고서에 나타난 녹둔도의 면적이나 주민 또는 가구수, 타 지역들과의 지리적 거리, 러시아 주둔 병력의 규모 등에 관한 자료가 각기 상이하다는 점이다. 게다가 녹둔도의 유일한 지도인 「아국여지도」와 비교해 볼 때 상이한 점들을 많이 발견할 수 있다. 각기 다른 내용의 보고문이 나오게 된 이유는, 현지답사가 거의 불가능한 상태에서 탐문에 의한 정보 수집으로 한정되었기 때문으로 추정된다.

또한 「아국여지도」 속의 녹둔도 자료에 대한 설명이 정확하지 못한 점을 보더라도, 녹둔도를 점령한 러시아가 당시 조선인들의 출입을 이미 제한함은 물론, 타국인의 접근도 막은 채 이를 요새화하여 국경 출입을 엄격히 통제한 것으로 추측된다. 이를 뒷받침할 만한 증거로 「아국여지도」에 실려 있는 녹둔도 주변 마을(민가 113호, 인구 822명)이 군사 시설지로 표기된 것으로, 이미 일본이 정찰을 시작했을 때는 러시아의 국경 방비를 위한 군통제 지역이었음을 쉽게 알 수 있다. 그러나 「아국여지도」에 "녹둔도에 사는 822명의 조선인들이 부역에는 종사하지 않고 있으나, 오로지 자손을 양육하고 본국의 풍습과 가르침을 높이 숭상하여 러시아의 풍습을 따르지 않음은, 역대 왕조의 수백 년에 걸친 은혜와 가르침을 잊지 않고 있기 때문이다"고 기록되어 있어, 녹둔도가 조선의 영토임을 명시하고 있다.[46] 또한 녹둔도에 대해 1890년 일본 영사가 자국 외무성에 보고한 비밀문서에도, "녹둔도는 한국령으로 한국 정부가 러시아 공사에게 섬의 반환을 요구했고, 러시아 공사도 이 문제를 본국 정부에 보고하여 알려주겠다고 한 바 있으나 아직 통보는 없는 것 같다"고 기록되어 있다.

이런 모든 자료를 통해서 볼 때, 녹둔도의 영토 주권은 분명 한국에 있음을 알 수 있다. 따라서 한국이 이미 러시아와 공식 외교관계를 수립한 상황을 감안할 때, 녹둔도에 대한 반환 요청은 주권국가로서 당연히 취해야 할 조처라고 간주하지 않을 수 없다.[47]

46) 俄國輿地圖(아국여지도)의 서문 및 녹둔도 관련 기재 사항 참조.
47) 양태진, 『근세한국경역논고』(경인문화사, 1999).

〈녹둔도 영토문제 연대기〉

1437	세종 19년. 6진 개척시 녹둔도를 조선 영토로 편입시킴
1445	세조 1년. 이후 제작된 고지도에 '녹둔도' 명기됨(세종실록지리지에는 '사차마도'(莎次麿島)로 수록됨)
1583	선조 17년. 녹둔도에 둔전 실시(4년 후 폐지)
1587	선조 20년. 녹둔도사건 발발(여진족 침입으로 군인 11명 살해, 군민 160명 납치사건). 이순신이 조산보 수장으로 부임하여 징벌 성공. 조선 정부는 2,500명의 병력 파견 등 강경책 구사
1689	청 · 러 네르친스크조약 체결
1709	청 강희제의 지시로 제작한 지도에 녹둔도와 연해주의 연륙 기록 수록
1735	프랑스 신부 뒤 알드의 『중국통사』에 한반도만 따로 그린 최초의 지도 출현. 이는 프랑스 지리학자 당빌(D'Anville)의 『朝鮮王國全圖』로 확인됨
1769	대동여지도의 근간으로 평가되는 「산경표」, 장백정간(長白正幹)의 지리적 범위를 수록하여, 녹둔도가 조선 영토임을 마지막으로 확인함
1800년대	중반 전후하여 녹둔도의 퇴적작용이 진행되어 연륙되어 간 것으로 추정
1858	청 · 러 아이훈조약(愛琿條約) 체결, 러시아 연해주 공동관리권 획득
1860	청 · 러 북경조약 체결(청이 러시아에 연해주 할양)
1861	청 · 러 흥개호계약 체결, 오소리강-두만강구에 8개 계비(界碑) 설치 김정호의 대동여지도에 녹둔도 표기됨
1869	러시아 유민에 대한 청의 주선으로 쇄환 문제 발생
1870경	러시아인들의 녹둔도 이주 시작
1883년	서북경략사 어윤중의 보고("녹둔도에 살고 있는 사람들은 모두

조선사람들이고 다른 나라 사람들은 한 명도 없다")

1884 고종, 「俄國與地圖」 작성 지시

1885 조선 · 러, 조선 · 러 수호통상조약, 육로통상장정 체결

1885 조선, 청 · 러에 3국의 공동 감계안(勘界案) 제의했으나 실패
고종, 녹둔도 현황 조사 위해 김광훈 · 신선욱을 밀사로 파견함 (113호, 822명의 조선인들의 거주 사실 확인)

1885.9.30 조선 · 청 을유 감계담판

1886 청 · 러 훈춘(琿春)계약으로 국경선 확정

1886.11.15 조선 정부, 수호통상조약 후 러시아에 녹둔도 반환 요청

1887.4 조선 · 청 정해 감계담판

1889 고종 26년, 녹둔도의 러시아 편입을 뒤늦게 알게 되어 대청 항의, 러시아 공사에게 반환 요구

1890.6.2 미국인 스토리 프리레, 두만강구 순회

1890.7.4 두만강 상부 대안 70리는 청 영토, 하류 30리는 러시아 영토

1890.7.10 연추(煙秋)의 러시아 관리의 출장 업무 시작

1890.7.12 영국 신문, 러시아가 녹둔도를 점령했다고 보도
조선, 러시아 웨베르 공사에게 녹둔도 반환 요청 전달

1890.7.15 경흥 감리사무(김우현), 녹둔도 반환 요청했다는 증언
러시아군 1,000명 주둔(경흥 지방 경작자 왕래 금지, 상업여권 발급)

1921 독립운동가 신필수, 옛 녹둔도인 녹동에 머물면서 일기 작성(한인 가구가 40호라는 기록)

1937 소련, 스탈린 치하에서 녹둔도 거주 조선인들을 중앙아시아 강제 이주

1972 동국대 박태근(박사과정), 「俄國與地圖」 발견(녹둔도 관련 기록 공개)

1984.11 북한 · 소련, 국경문제에 관한 당국자 회담 개최(미해결로 끝남)

1985 북한 · 소련 국경조약(녹둔도 관련 내용이 있지만 미공개 상태)

1990 북한 · 소련 국경조약 체결(북경조약승계, 북한이 녹둔도의 러시아 영토임을 공식 인정한 결과 초래). 한국 정부 러시아에 반환 요구

1992 한국, 의회에서 간도와 녹둔도 영토반환 교섭 요구 건의(상임위원회에서 부결됨)

2000.10.26 서울대 이기석 교수 조사팀의 1차 녹둔도 조사(러시아 과학원 산하 태평양지리연구소 직원 2명 동참, 갈대숲과 늪지의 초목들로 우거진 원시의 형상 확인)

2000.12.7 한국, 동해연구회 녹둔도 관련 학술회의 개최(이기석 · 양태진 발표)

2002.2.23~7.22 서울대 이기석 교수 조사팀의 2차 녹둔도 조사(한국인이 사용한 것으로 보이는 연자방아 · 놋쇠밥솥 등 살림도구, 집터, 벼농사 흔적, 성터 등 확인)

2004.8.14 KBS1 대하드라마 100부작 "불멸의 이순신" 방영 시작

2004.9.17 최초의 조선 지도인 당빌(D'Anville)의 「朝鮮王國全圖」, 서울 경매시장 출현

2005.1 한국영토학회 창립(회장 신용하)

2005.4.23 국사찾기협의회(회장 고준환), "한국 영토보전 역사학 토론회" 개최
가칭 "국토국권관리청" 신설 주장

2005.5.17 경희대, 고지대 전문 "혜정박물관" 개장

제 6 장

일·러 관계: 북방4도(北方四島) 반환 요구

제 1 절 북방4도의 중요성

일 · 러 양국간에 영유권을 둘러싸고 분쟁중인 이른바 북방4도는, 홋카이도(北海道) 북쪽 러시아 쿠릴열도(千島列島; Kuril Islands) 남쪽에 위치한 전체적으로 약 5,000㎢ 면적에 해당하는 지역으로서, 色丹島(Shikotan Island) · 齒舞群島(Habomai Islands) · 國後島(Kunashiri Island) · 擇捉島(Etorofu Island)의 네 개의 섬으로 구성되어 있다. 이들 주변 해역은 친조(親潮)와 흑조(黑潮)의 접점으로서, 각종 어족 자원이 풍부하게 집단적으로 서식하는 세계 3대 황금어장 중 하나를 형성하고 있다. 또한 북방4도에는 풍부한 온천과 미개발 상태인 삼림자원 및 광물자원이 있고, 모피를 제공하는 동물들의 서식처가 되며, 또한 장차 기대되는 농 · 축산물을 생산하는 데 적합한 공간을 갖고 있어 자급자족이 가능한 지역이 많이 소재하고 있다.

전후 북방4도를 강점하여 현재까지 관리해 오고 있는 구소련 및 러시아는, 어획고의 약 50%를 이 부근의 어장에서 기록하고 있으므로, 매년 이곳에 투자액을 증대시켜 오고 있다. 특히 色丹島는 러시아의 극동 포경기지이고, 擇捉島에는 세계 최대의 연어 부화장이 있으며, 기타의 도서에는 어업과 관련된 각종 부속 시설과 공장들이 산재해 있다.[1] 그러므로 북방4도는 황금어장의 주변에 위치한 어업 전진기지로서의 그 경제 · 지리적 가치가 중시되고 있음을 쉽게 알 수 있다.

군사전략상의 가치 측면에 있어서도, 북방4도는 쿠릴열도와 함께 일본본토-알류산열도(Aleutian Islands)-알래스카를 연결하는 대환상로(大環狀路)에 위치하여 러시아의 극동과 미국 본토를 연결하는 육교적 위치(landbridge location)를 구성하는 일부이기 때문에, 일 · 러 양국 모

1) 『世界週報』, 1982年 7月 27日字, pp.30-31.

두에게는 공 · 수(攻 · 守)의 모든 측면에서도 매우 중요한 군사 요충지의 역할을 하고 있다.[2]

러시아의 동북아 전략은 전통적으로 동점남진(東漸南進) 정책이므로, 북방4도는 정치지리적 가치의 측면에서 보더라도 러시아 국방의 제1선 교두보로 간주되어 왔다. 현재 러시아 잠수함 발사 탄도미사일(SLBM)의 성역으로서 군사전략상의 가치가 큰 오호츠크(Okhotsk)海에서의 취약성을 감수하면서까지, 분쟁중인 북방4도를 일본에 쉽사리 일괄 반환하기는 어려운 실정이다.

특히 태평양으로부터 사할린과 연해주 방면으로 진입하기 위해서

〈그림 6-1〉 북방4도의 지리적 위치

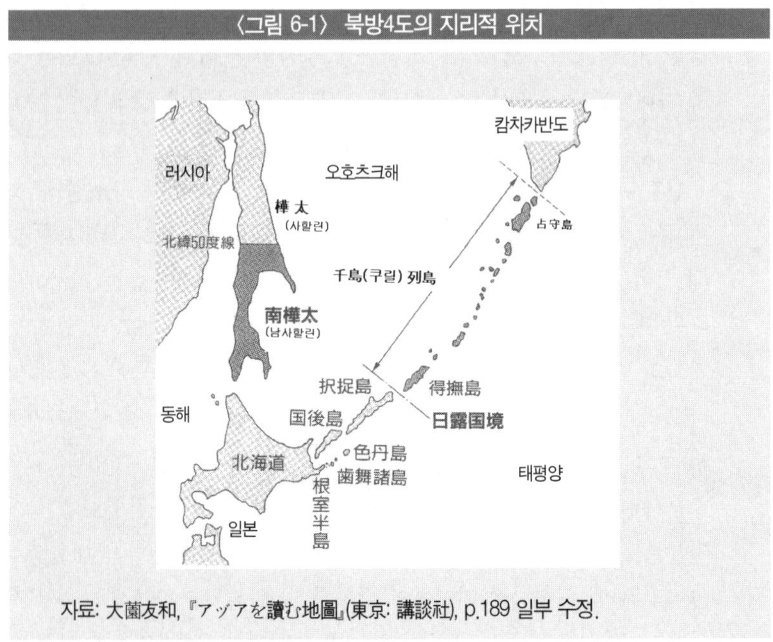

자료: 大薗友和, 『アッアを讀む地圖』(東京: 講談社), p.189 일부 수정.

2) Elizabeth Pond, *From the Yaroslavsky Station: Russia Perceived*(New York: Universe Book, 1981), pp.145-146.

는, 러시아는 반드시 쿠나시리 수도(國後水道)를 통과해야 하므로 이 수도는 러시아의 군사전략상 매우 중요한 해로(sea lane)이다. 이처럼 긴요한 수도를 러시아가 북방4도의 일괄반환과 함께 쉽게 일본에 넘겨줄 이유가 없을 것이다. 또한 북방4도는 사할린과 연해주 방면으로부터 발진되는 육 · 해 · 공군 및 특수부대의 발진 기지로서 이용되는 중요한 전술상의 거점이기도 하다. 그러므로 1941년 12월 7일, 일본이 미국의 진주만을 기습 공격했을 때에도, 안개에 휩싸여 공중으로부터의 관찰이 곤란한 擇捉島를 전략적인 고려하에서 해 · 공군의 발진 기지로 활용했다는 기록이 있다.

1970년대 말부터 팩스 소비에티카(Pax Sovietica: 소련 지배하의 평화질서)를 아시아에 건설하기 위한 일환으로 강력한 요새 전략을 취하고 있던 구소련이, 일본 북해도로부터 불과 3.7km밖에 떨어지지 않은 근접 지역의 북방4도에 전진기지를 확보하여, 지상군 1개 사단 규모의 병력뿐만 아니라 SS-20 미사일 및 MIG-25 전투기까지도 배치하였다. 북방4도는 또한 당시 소련 태평양함대의 잠수함의 전략수행에도 일익을 담당하였고, 구소련에 의한 오호츠크해의 내해 기지화에서 차지하는 군사 전략상의 비중도 매우 높았다. 당시 소련은 북방4도에 상당한 정도의 기동력과 화력을 보유한 기갑사단을 배치하여 이곳을 최신예 군사기지로 변모시키자, 일본인이 그 때서야 다분히 관념적으로만 느끼고 있던 북방4도에 있어서 당시 소련의 위협을 실제 상황 속에서의 위험으로 인식하게 되었던 것이다.[3] 러시아가 지구상에서 가장 긴 국경을 지니고 있지만 제2차 세계대전 중에 일본으로부터 강점한 쿠릴열도와 남사할린 그리고 북방4도만이 유일하게도 러시아 태평양함대의 출구 구실을 보장하고 있으며, 특히 擇捉島의 히토가쓰부灣(單冠灣)이 부동항 역할을 동시에 다하고 있다. 당시 소련은 擇捉島에는 天

3) 讀賣新聞, 1983年 2月 22日字.

寧 비행장이 있어 첨단 전투기를 배치한 바 있고, 國後島에는 제14 독립비행대 사령부 · MIG전 투기기지 · 헬리콥터 기지 · 레이더 기지 및 극동군 북방기지 사령부를 두었다.

이와 같이 당시 소련은 극동지역의 전략적 요충지인 북방4도를 중심으로 블라디보스톡 · 소비에트카야 가반(Sovietkaya Gavan)에서 캄차카 반도의 페트로파블로프스크(Petropavlovsk)로 연결되는 오호츠크해를 이른바 팩스 소비에티카로 하여 군사기지화를 완성했으며, 대량 핵보복의 능력을 갖춘 델타(Delta)급 핵잠수함을 배치하여 새로운 핵전략을 전개하고 있었다. 사실상 구소련의 이러한 핵전략 추진은 전후 미국의 핵 보호하에 있던 일본에 대해 정치적 · 심리적 압력을 가함으로써, 일본으로 하여금 궁극적으로는 이른바 극동에 있어서 '일본의 핀란드(Finland)화' 를 획책하는 데에 그 목적이 있었던 것으로 파악된다.[4]

사실상 세계 제2의 경제대국으로 이미 성장한 일본이 동북아에서 군사대국으로 도약하는 것을 예방하고 미 · 일간의 군사적 유대 강화를 최소화시키려고 노력하는 것은, 기대하기 어려운 러시아만의 희망사항이 될 수도 있다. 더욱이 다가오는 21세기가 영해주권의 확대라는 신해양질서 시대의 추세에 따라, 구소련은 이미 1976년 12월 10일 북방4도를 일방적으로 신 200해리 경제수역의 기선으로 획정한 바 있는데,[5] 이와 같은 독단적 행위는 국제사회에서 자국의 이익만을 추구하겠다는 불법적이고 비합리적 행위로밖에 간주될 수 없는 것이다.

1986년 4월 6일 미 · 일 방위수뇌회담에 참석차 방일한 당시 와인버거(K. Weinberger) 미 국방장관은 도쿄도(東京都) 우치사이와이초(內幸町)에 소재한 일본 기자 구락부에서 행한 초청 강연에서, "미국이 지

---

4) 최종기, 『현대소련정치론』(법문사, 1987), p.482.
5) 김정건, 『현대국제법』(박영사, 1982), pp.132-133.

난 제2차 세계대전 직후에 북방영토에 진주하지 않은 것이 오늘날 태평양과 극동의 방위에 있어서 큰 후회가 되며, 러시아는 강점한 북방4도의 주위에 군사력을 증강하였고, 특히 사할린에는 원자포와 같은 핵무기를 배치하고 있어 미 · 일의 안보에 큰 위협이 되고 있다. 러시아는 전후 강제 점령한 일본 영토인 북방4도로부터 일본인 전원을 강제로 추방 · 송환하고 군사 요새화를 이룩한 반면, 미국은 1972년 5월 15일에 오키나와를 일본 정부에 반환하고 전후 복구 및 개발에 총력을 기울이고 있다"라고 북방4도의 군사적 요새화를 지적한 바 있었다.[6]

구소련은 군사력을 배경으로 태평양 국가로서의 발언권을 주장한 바 있었는데, 바로 지난 1986년 7월 28일 블라디보스톡에서 행한 당시 소련 공산당 고르바초프 서기장의 이른바 '블라디보스톡 선언'을 통해,[7] 1975년의 「헬싱키협정」으로 획득한 유럽에서의 전후 체제 고정화를 아시아에서도 실현하고자 아주(亞洲)의 현상 동결 및 고정화 정책을 모색했던 것이다. 즉 전후 구소련이 불법으로 강점하고 있는 북방4도와 같이 당시 소련의 국익에 사활적 이해(vital interest)와 중요성을 갖고 있는 특수 지역에 대해서는, 고르바초프 서기장이 비록 선전(宣傳) 외교의 의도로 아시아의 평화와 일본과의 경제협력을 역설하고 있을지라도, 실제로는 북방4도 문제만은 절대로 일본 정부와 타협조차 하지 않겠다는 암시적인 발언이었다. 전후 동북아로 진출하게 된 구소련은 일본 정부의 북방4도에 대한 일괄반환론 주장에 대하여, 막강한 군사력을 배경으로 하여 북방4도의 이른바 '현상 고정론'만 계속하여 주장하였고, 오늘의 러시아 역시 구소련과 동일한 북방영토 정책을 답습하고 있어, 일본이 기대하는 북방4도에 대한 일괄반환의 실현은 그리 쉬운 전망을 보이지 않고 있다.

---

6) 讀賣新聞, 1986年 4月 6日字.

7) 讀賣新聞, 1986年 7月 29日字.

제 2 절 영유권 분쟁의 배경: 제2차 세계대전까지

일반적으로 북방4도라 하면 일본 북해도 북방 쿠릴열도의 하단에 위치한 擇捉島, 國後島, 色丹島 및 齒舞群島를 지칭한다.

북방영토의 영유 권원에 관하여, 일본은 제정 러시아가 쿠릴열도에 처음 진출했다는 자료의 기록보다 거의 1세기나 앞서 확립한 바 있다고 주장한다. 일본의 에도(江戶) 막부는 전통적으로 북방4도의 아이누(Ainu) 지역의 에미시(蝦夷地)가 마츠에번(松前藩) 소속이라는 국경의 개념을 갖고 있었으므로 쿠릴열도 에미시人의 교역에는 과세를 부과하지 않았으며, 러시아는 황제의 신속(臣屬)이라는 근거로써 원주민에게 모피세(毛皮稅)를 징수한 기록이 있다. 일본은 658년(齊明 天皇 4년) 아베 히라후(阿倍比羅夫)로 하여금 병선 180척으로 동북방의 에미시를 정벌케 하였고, 칸무(桓武) 천황 당시(801년: 延曆 20년) 사카노우에(坂上田村麻呂)를 대장군으로 삼아 에미시를 평정한 기록이 있다.[8)]

그 후 1615년~1621년 사이에 북해도에서 북상한 에미시人이 마츠에 번주(藩主)에게 공물을 바치고, 마츠에번은 이것을 다시 도쿠가와 이에야스(德川家康)에게 헌상하였으며 왕성한 교역이 행해졌다는 마츠에번의 「신라의 기록」(新羅の記錄)이 있다.[9)] 그러나 이와 같은 역사적 사실만으로 일본이 쿠릴열도를 영유하였다는 역사적 근거로는 합리화될 수는 없다고 본다.

또한 1635년(寬永 12년) 마츠에 번주인 公廣이 가신 무라야마(村山掃部), 左衛門 廣儀에게 東에미시 지역의 조사를 명하여, 國後島 · 擇捉島 및 쿠릴열도 제도의 지도를 작성하게 하였다는 기록도 있다. 그러

8) 石井菊次郎, 『外交秘錄』(東京: 岩波書店, 1931), pp.3-4.
9) 北方領土問題對策協會, 『島よ』(東京: 北方領土問題對策協會, 1975), p.2.

나 1644년(正保 元年) 「정보년도 일본전도」(正保年度 日本全圖)를 편집하라는 막부의 명령에 따라서, 마츠에번이 자번령지도(自藩領地圖)에 39개 북방영토와 쿠릴열도 제도의 명칭을 표시하여 막부에 헌상한 「어국회도」(御國繪圖)가 쿠릴열도에 대한 지배의 역사적 근거로서 최초의 문헌이라는 기록도 있다.[10] 이 지도에는 북해도 북쪽으로 오늘날의 사할린(樺太)이 있고 得撫島(Urup Island)의 도서 명칭들이 기록되어 있는 점이 특징이나, 이 역시 문제는 여전히 남아 있다. 또한 1700년(元祿 13년) 마츠에번이 「하이전도」(蝦夷全圖)의 지도와 「향장2책」(鄕帳二册)을 막부에 헌상하였는데, 그 가운데는 현재의 齒舞群島 · 色丹島 · 國後島 · 擇捉島 등의 도서 명칭들이 자신의 번령(藩領)으로 명시되어 있었다. 막부는 이 지도를 토대로 하여 제2차 전국 지도인 「원록년도 일본전도」(元祿年度 日本全圖)를 편집한 바 있다.

1754년(寶曆 4년)부터 마츠에번은 國後島를 개방하여 擇捉島 및 得撫島와의 교역보호와 경비에 치중하였다.[11] 그 결과 1778년(安永 7년) 6월7일 國後島의 하이족(蝦夷族) 추장의 안내로 러시아인 오차래탠이 네무라정(根室町) 동부(ノッカマブ)에 상륙하여 러 · 일간에 최초의 교역을 요구하였는데, 마츠에번 상승역(上乘役) 니이다(新井田)와 아사리(淺利幸)가 러시아인을 접견하고, "일본에서의 외국무역은 국법으로 엄금하고 있으므로, 현 시점에서 정식 교역을 요구하려면 오직 1개소의 교역 장소인 나가사키(長崎)에서 교역을 시작하라"고 지시한 바 있다.[12] 1785년(天明 5년)에는 하야시 시헤이(林子平)가 「삼국통람도설」(三國通覽圖說)을 발표하면서, "러시아 세력이 캄차카(Kamchatka) 반도와 쿠릴열도에 진출하고 있으므로 러시아의 침략을 방어할 수 있는 에미시 대책이 필요하다"라고 강조하자,[13] 막부가 1786년(天明 6년) 3월

10) 黒羽茂, 『日ソ抗争の軌跡』(東京: 南窓社, 1983), p.139.
11) 英修道, 『外交史論集』(東京: 慶應義熟大學法學研究所, 1976), p.45.
12) 內藤智秀(共著), 『ロシアの東方政策』(東京: 目黑書房, 1942), pp.134-135.

중순경 에미시 조사단을 조직하고, 東班은 아츠케시(厚岸)로부터 國後島까지, 西班은 소야(宗谷)에서부터 사할린까지 건너갔다. 1792년(寬政 4년)에는 데와국(出羽國) 무라야마군(村山郡) 출신의 천문측량 학자인 모가미 토투나이(最上德內)로 하여금 國後島와 擇捉島 그리고 사할린의 동서 양안을 탐험케 하고 '日本領'이라 쓰여진 대석표(大石標)를 세우게 하였으며, 일본인으로서는 최초로 得撫島를 탐험케 하였다. 1798년(寬政 10년) 4월에는 에미시 취체어용계(取締御用係) 곤도 쥬조(近藤重藏)와 모가미 등 180여 명의 대규모 에미시 순시대를 國後島와 擇捉島에 파견하여 일본 국토의 표식주(標識柱)인「대일본혜등여부」(大日本惠登呂府)를 건립케 하였다.[14]

1799년(寬政 11년)에 막부에서는 東에미시를 직할지로 하여 에미시 취체어용(取締御用)을 설치하였으며, 1800년(寬政 12년)에는 이토(伊藤忠敬)가 막부의 명령을 받아 에미시를 측량하였다. 1801년(享和 元年) 아와지노쿠니(淡路國) 쓰나군(津名郡) 사람인 다카다야(高田屋)가 得撫島에 목재 표지를 설치하였으며, 1802년(享和 2년)에는 에미시 봉행(蝦夷奉行)을 설치하였다.

1805년(文化 2년)에는 러시아인이 쿠릴열도 가운데 擇捉島에 들어온 기록이「에미시인 진미서」(蝦夷人珍味書)에 수록되어 있다.[15] 막부는 1807년(文化 4년)에 西에미시를 직할지로 확정하였고, 1808년(文化 5년)에는 히타치노쿠니(常陸國) 쓰쿠바군(筑波郡) 출신인 마미야 린조(間宮林藏)가 과거 모가미도 탐험하지 못한 사할린의 북쪽 변경까지 탐험하여 사할린이 대륙과 격리된 섬임을 알게 되었다.[16] 그 후에도

13) 大畑篤四郎,『日本外交政策の史的展開』(東京: 成文堂, 1983), pp.71-72.
14) 平岡雅英,『日露交涉史話』(東京: 原書房, 1982), p.166.
15) 岩田孝三,『國境の地理學』(東京: 日本工業新聞社, 1982), pp.30-31.
16) 旗手勳, "日本資本主義と北海道開拓,"『日本歷史』近代3(東京: 岩波書店, 1965), pp.336-337.

일본은 북방영토에 어장을 개장하고 행정부를 개설하여 막부의 관리를 상주시켰으며, 종전 때까지 북방영토에 16,745명의 일본인이 거주했다는 역사적 · 지리적 · 지질학적 사실들이 문헌상으로 밝혀지고 있다고 북방4도에 대한 영유권의 권원으로서 주장한다.

러시아는 1804년(文化 1년) 10월에 레자노프(N.P. Rezanov)를 나가사키로 파견했으나 개국을 거절당하게 되자, 1850년(壽永 3년) 사할린 및 쿠릴열도에 적극적인 관심을 표명할 때까지는 북방영토에 별로 관심을 경주하지 않았었다. 그 후 1854년에 제정 러시아는 푸챠틴(E.V. Puchatin) 제독을 일본에 파견하여, 사할린을 러 · 일 양국이 공동관리하자는 새로운 방안을 제안함으로써 국경획정에 관한 양국 대표간의 회담은 커다란 진전을 가져오게 되었다. 그 결과 1855년(安政 2년) 2월 7일 일본국 시즈오카현(靜岡縣) 시모다(下田)의 조라쿠지(長樂寺)에서 「러 · 일 통상우호조약」(일명 下田條約, 시모다조약)이 조인되고 1856년(安政 3년) 12월 7일에 비준서를 교환하게 되었다. 전문 9개조와 부록 4개조로 된 「시모다조약」 제2조에서는, "금후 러 · 일 양국의 국경은 擇捉島와 得撫島 사이로 결정하여, 擇捉島 이남은 일본의 영토로 하고, 得撫島 이북의 쿠릴열도는 러시아의 영토로 각각 확인하였으며, 사할린은 양국이 공유(Condominium)하는 양국의 잡거지(雜居地)"로 확정하였다.[17]

이와 같이 러 · 일 양국의 정치 · 외교사상 최초의 공식적 국경협정인 「시모다조약」은 일본의 國後島와 擇捉島의 점유를 러시아가 정식으로 공인해 준 조약이므로, 이미 행정구획상 "日本國 北海道 根室郡 色丹村 및 齒舞村"으로 귀속되어 있던 色丹島와 齒舞群島의 영유권 권원도 이와 함께 법적으로 공히 일본의 고유 영토로서 인정한 결과가

17) Fuji Kamiya, "The Northern Territories: 130 Years of Japan Talks with Czarist' Russia and the Soviet Union," in Donald S. Zagoria(ed.), *Soviet Policy in East Asia*(New Haven: Yale University Press, 1982), p.124.

된다. 일본은 바로 이 「시모다조약」의 제2조를 북방영토의 역사적·법적 근거로 제시하여 자기 고유의 영토라고 주장하고 이의 조속한 일괄반환을 요구하고 있는 것이다.

1857년(安政 4년) 10월 24일에는 「러·일 화친(和親)조약」을 체결하였고, 이듬해 8월 19일에는 무라비오프를 일본에 파견하여, 이른바 함포외교(艦砲外交; gunboat diplomacy)를 통한 위압적인 방식으로 사할린 문제를 다시 거론하였으나 담판은 결렬되었다. 그 후 1861년(文久1年)에는 일본 정부가 다케우치(竹內下野守)를 정사(正使)로 러시아에 파견하여, 고르차코프 재상에게 사할린의 북위 50°선을 고집했고, 러시아 측은 현지 조사를 끝낸 뒤 계속 48°선을 고집함으로써 담판이 이루어지지 않았다.[18]

1866년(慶應 2년)부터 일본은 러·일회담에서 사할린 전체의 영유를 주장하는 한편, 1869년(明治 2년)에는 제정 러시아의 동점남진(東漸南進) 정책에 대한 대응책으로서 개척사를 설치하여 북방영토를 경영케 하였고, 다음 해 3월 14일 사할린 개척사를 독립시켜 사할린 경영사무만을 전담하도록 하였다. 그 후 1871년 8월 명치 정부는 사할린 문제의 처리를 위해 홋카이도 개척사청(開拓使廳)의 구로다 기요타가(黑田淸隆) 차관을 사할린에 직접 파견하여 현지 실정을 정확히 조사·보고하도록 명령하였다. 이에 구로다 차관은 동년 10월의 보고서에서, "사할린의 개척경비를 북해도의 경영에 전용하여 사용함이 투자 가치 측면에서 보다 유리할 것"이라는 소위 '사할린 무용론'(樺太無用論) 또는 '사할린 방기론'(樺太放棄論)을 역설하였다.[19]

일본 명치 정부는 國後島·擇捉島·色丹島·齒舞群島 등 남쿠릴열도의 모든 도서를 선점에 의해 일본 북해도의 일부로서 편입시키고 있

18) 石井菊次郎, 앞의 책, pp.92-93.

19) 伊藤憲一, 『北方領土問題の法理と政治』(韓國 共産圈硏究協議會, 1986), p.2; 大森金五郎, 『日本現代史』(東京: 富山房, 1934), pp.341-347.

었는데, 러시아가 1872년과 1873년에 각각 得撫島와 國後島에 수렵을 빙자하여 대형 선박을 파견하자, 때마침 구로다의 사할린 무용론과 의견의 일치를 보게 되어 사할린 문제가 다시 거론되게 되었다. 당시 주일 러시아 대리공사였던 보쇼프(Eugene Butzow)는 사할린의 귀속 문제로 동경에서 일련의 회담을 가졌는데, 러시아는 사할린을 죄수들의 유배지로 사용할 목적으로 쿠릴열도의 몇 개의 섬과 교환하기를 일본에 제안하였다. 이에 대해 일본외상 데라시마 무노네리(寺島宗則)는 1874년 1월 해군 중장 겸 러시아 주재 일본 공사인 에노모토 타케아키(榎本武揚)를 특명전권공사로 파견하여, 로마노프(Aleksandr II, Kolaevich Romanov)왕의 무라비오프와 사할린 처리 문제에 관한 교섭을 1875년 3월까지 진행하였다.[20)]

그런데 영토문제에 관한 한, 당시 제정 러시아 정부도 발칸반도의 위기에 따른 이른바 동방문제로 인하여 고심중에 있었기 때문에, 오히려 러시아 측이 사할린 · 쿠릴열도 교환 교섭에서는 더욱 열성적으로 호응하였다. 이것은 후에 일본이, 사할린 · 쿠릴열도의 교섭이 결코 일본의 제국주의적인 압력이나 탐욕에 의한 것이 아니라고 주장하는 근거가 되고 있다.[21)]

하여튼 1875년 5월 7일에 이르러 聖페테스부르크(St. Petersburg)에서 일본측 대표인 에노모토(本武揚) 공사와 러시아 대표인 코르샤코프(Aleksandr Korsiakov) 공작 사이에 「사할린(樺太) · 쿠릴(千島)열도 교환조약」이 조인됨으로써, 1854 이래 양국간의 국경문제는 일단락된 셈이다. 즉 사할린 전체를 제정 러시아가 소유하고 사할린 방면의 국경은 소야해협(宗谷海峽)으로 확정하였으며, 반면 일본도 쿠릴열도의 得撫島 이북 슈무슈(占守島)까지의 사이에 있는 18개 도서를 평화적이

---

20) Key-Hiuk Kim, *The Last Phase of the East Asian World Order*(Berkeley: Univ. of California Press, 1980), pp.217-219.

21) 池井優, 『增補 日本外交史概說』(東京: 慶應通信, 1982), p.38.

며 합법적인 방식으로 소유하게 되었다.[22)]

여기에서 주목되는 것은, 1855년 2월 7일의 「러 · 일 통상우호조약」이나 1875년 5월 7일의 「樺太 · 千島 교환조약」에서도 마찬가지로 그 제2조에서, "占守島로부터 得撫島 이북에 위치한 18개 도서를 조약상 쿠릴열도로 규정한다"는 내용이었다. 이 규정이 오늘날 분쟁의 대상이 되는 북방4도 중 擇捉島 이남의 도서들이 당연히 일본 영토로 인정되는 역사적 자료의 부분이다.

그러므로 현안이 되고 있는 북방4도는 「러 · 일 통상우호조약」에서 확인된 이래, 단 한 번도 러시아의 영토로 편입된 적이 없는 일본 영토라는 것이 명백히 입증되고 있는 것이다. 이 「樺太 · 千島 교환조약」에 따라 양국은 1876년 9월과 10월에 사할린과 쿠릴열도의 양여식을 거행하고, 러시아는 바로 사할린을 러시아어 명칭인 '사할린'(Sakhalin)으로 개명하였다.

그 후 1904년~1905년의 러일전쟁에서 일본이 승리함으로써 악화된 양국관계는, 미국 루스벨트(Theodore Roosevelt)의 중재로 인해 포츠머스에서 「러 · 일 화평조약」(포츠머스조약)이 조인됨으로써 어느 정도 유화적인 개선책이 마련될 수 있었다. 그런데 문제는 당시 제국주의 확장욕에 바탕을 둔 일본이 「포츠머스조약」의 제9조에서 러일전쟁의 전리품으로 북위 50° 이남의 남사할린과 그 부근에 산재되어 있는 모든 도서를 러시아로부터 강제 할양받은 데서 비롯된다.[23)] 1912년까지 일본은 전승국으로서 사할린 50° 남부뿐만 아니라 대만 · 팽호열도(澎湖列島; The Pescadores) · 조선까지도 강점하는 방향으로 전진하였다. 그럼에도 불구하고, 일본이 오늘날 이들 지역을 당연한 자국의 영토로 반환하라고 요구하는 것은 상당한 모순이 아닐 수 없다.

22) 田村幸策(譯), 『日 · 露領土問題』(東京: 鹿島平和硏究所, 1967), pp.91-102.

23) Martin Gilbert, *Imperial Russian History Atlas*(London: Routledge & Kegan Paul, 1978), pp.66-67.

또한 일본 제국은 1918년 이래 당시 소련의 국내사정이 혼란한 틈을 악용하여, 1920년 4월 29일 「일 · 소 군사협정」을 조인하고 휴전상태하에서도 사할린 전체를 강점한 바 있다. 그 후 양국은 1921년 8월 26일 다렌(大連)에서 다렌회담을 개최하였고, 1925년 1월 21일에는 일본측 대표 오시자와 겐키치(芳澤謙吉) 공사와 소련측 대표 카라한 대사간에 소위 「북경조약」(北京條約)이라 불리는 「일 · 소 기본조약」을 체결하여, 결국 일본군이 남사할린으로 철군한 역사적 사실이 일본 제국의 영토확장 야욕을 여실하게 보여주고 있다.[24] 「일 · 소 기본조약」은 일종의 이권협약의 성격을 지니고 있었으므로 분명히 일본에 유리한 내용으로 되어 있었다. 그 결과 일본은 당시 소련령 북사할린으로부터 석유 및 석탄의 조건부 채굴권을 획득하게 되었고, 이 지역 연안에서도 어업상의 여러 특권을 일시에 획득하게 된 것이다.[25] 이에 반하여 구소련은 단지 1928년부터 1933년까지 캄차카반도에 어로 이민만을 수적으로 증가시켜 연안어업과 통조림 · 냉동공장에 종사케 하는데 불과했다.

1941년 4월 13일에는 마쓰오카 요스케(松岡洋右) 일본 외상과 몰로토프(V.M. Molotov) 사이에 「일 · 소 중립조약」이 체결되었는데,[26] 그 내용은 "양국간에 평화와 우호를 유지하고 상호간에 타 조약국의 영토 보전 및 불가침을 존중하며, 조약국의 일방이 제3국으로부터 군사행동의 대상이 될 경우, 상대국은 분쟁이 종식 될 때까지 중립을 준수해야 한다"는 것이었다. 특히 스탈린은 당시 일본 해군 무관 야마구치(山口捨次) 대장에게 "이제 일본은 안심하고 남진정책을 추구할 수 있

24) 이 시기의 일 · 소 양국간의 제관계에 대해서는 東亞調査會(編), 『焦點下の北方問題』(東京: 日日新聞社, 1942), pp.54-55, 59-61 참조.

25) Theodore McNelly, *Politics and Government in Japan*(Boston: Houghton Mifflin Co., 1972), pp.237-239.

26) 李基鐸(編著), 『現代國際政治: 資料選集』(日新社, 1986), pp.46-47.

게 되었다"고 말한 적이 있었다.[27] 일본은 이와 같이 「일·소 중립조약」을 조인하였지만, 막부 말기 이래 지속되어 온 북사할린에 대한 영토확장의 야망을 결코 포기하지 않았으며, 1942년 2월 국회에서 외무차관의 답변을 통해 "북사할린에 대한 영유권을 절대 포기하지 않을 것"이라고 말하기도 하였다.[28]

1943년 11월 27일, 미·영·중의 루스벨트(Franklin D. Roosevelt)·처칠·장개석이 합의한 「카이로선언」에서는, "3국은 영토 확장이나 자국의 이익을 추구하지 않을 것이며, 1895년 이래 일제가 탈취하거나 강제 점령한 태평양의 모든 섬들을 일본으로부터 박탈하고 중국으로부터 약취한 모든 지역도 반환하며, 기타 명치유신 이후 폭력과 탐욕에 의해 약취한 모든 지역으로부터 일본은 구축(驅逐)된다"고 결의한 바 있다. 따라서 「카이로선언」은 일본 문제에 대한 3국 수뇌들간에 이루어진 최초의 선언이었다. 동 선언의 결의에 비록 남사할린과 쿠릴열도에 관한 구체적인 언급이 없었다 할지라도, 전후 일본의 영토 처리에 있어서의 기본방침이 명확히 결정되어 있는 만큼, 일본이 명치유신 이후 청일전쟁과 러일전쟁에서 전리품으로 약취한 남사할린과 독도 및 조어대열도(釣魚臺列嶼; 尖閣列島)를 각각 러시아·한국·중국에 반환하지 않을 수 없는 상황에 놓이게 되었다.

물론 일본이 1875년의 「樺太·千島 교환조약」에 의해 획득하게 된 쿠릴열도는 여기에 포함되지 않았다. 그런데 1943년 12월 1일 테헤란 회담에 참석한 스탈린은 동방 진출의 영토확장 야욕 때문에 태평양전쟁에의 참전을 동의했고, 특히 사할린과 쿠릴열도에 대한 관심을 크게 갖기 시작했다. 이에 대한 자료로서는 미 국무성의 「국가 및 지역위원

27) George F. Kennan, *Russia and the West: Under Lenin and Stalin*(Boston: Atlantic Little Brown, 1961), pp.371-372.

28) David J. Dallin, *Soviet Russia and the Far East*(New Haven: Yale University Press, 1953), p.175.

회 제302호」인 「영토조사과의 각서」를 예로 들 수 있다. 동 각서에서는, "소련은 자국 영토와 근접하여 사실상 오호츠크해로의 통로 구실을 하는 占守島 · 幌筵島 · 阿賴島 등 북방 및 중앙 군도에 대하여 강한 영토욕을 갖고 있었으나, 그 요구를 정당화할 수 있는 근거가 없었다. 그리고 남방군도까지 소련에게 이양된다면, 특히 황금어장으로서의 가치가 큰 수역들을 일본으로부터 탈취하는 결과가 된다. 더욱이 남방군도가 소련에 의해 군사기지화 될 경우 일본을 비롯한 동북아 전역에 큰 위협이 될 것이다. 그러므로 남쿠릴열도는 일본에 의해 보유되어야 하며 북방 및 중앙 쿠릴열도는 계획 중인 국제기구하에 두어 소련을 관리국으로 지정하되, 일본의 북방군도 수역에서의 어업권은 참작되어야 한다"고 서술되어 있다.[29]

또한 제2차 세계대전 말기인 1945년 2월 11일 체결된 「얄타협정」에서도, "만일 소련이 구주전쟁이 종료된 후 2~3개월 이내에 대일전에 참전한다면, 그 대가로 1905년 「러 · 일 강화조약」의 전리품으로 약취당한 북위 50° 이남의 남사할린 및 그에 소속된 도서들을 소련이 반환받을 것이며, 북해도 동부 첨단에서 북쪽으로 캄차카 반도에 이르는 쿠릴열도의 영토권 및 여순(旅順)의 조차권을 소련에 이관시키겠다"는 내용을 루스벨트와 처칠이 스탈린에게 약속하였다.[30] 이 같은 약속은 「樺太 · 千島 교환조약」에 의해 교환된 쿠릴열도를 마치 러일전쟁에서 일본이 러시아로부터 강제 약취한 지역으로 착각한 루스벨트의 실수였으며, 특히 미 국무성이 준비해 준 "북쿠릴열도에 대해서는 소련이 영토권을 주장할 하등의 정통성이 없다"는 내용의 미 국무성 비망록을 보지 못하여 초래된 역사적 오류로 판단된다.[31]

29) 合同通信社 調査部(編著), 『얄타 秘密協定』(합동통신사, 1956), pp.590-591.

30) Arthur M. Schlesinger, Jr. & Russell Buhite(eds.), "The Dynamics of World Power: A Documentary History of United States Foreign Policy 1945~1973," Vol.IV, *The Far East*(New York: McGraw-Hill, 1973), p.112.

31) Charles E. Bohlen, Witness to History, 1929~1969(New York: Norton, 1973), p.196.

한편 당시 소련은 동북아에서 영토를 획득할 욕심으로, 1941년에 체결된 「일 · 소 중립조약」이 일본의 독일 원조로 인하여 무효임을 일방적으로 선언하고, 몰로토프가 소련 주재 일본공사 사토(佐藤)에게 1946년 4월 13일 동 조약의 시효 만료 이후에는 더 이상 연장하지 않겠다는 독자적인 대일 통고를 보냈다. 그리고 스탈린은 지난 러시아혁명 당시에 '무병합 · 무배상의 원칙'을 제창했던 태도와는 달리 대일전에 참전할 준비를 시작하였다.[32)]

1945년 7월 26일 베를린 교외의 포츠담에서 회동한 미 · 영 · 중의 트루먼 · 애틀리(Clement Atlee) · 장개석(蔣介石)은 일본의 항복을 권고하는 「포츠담선언」을 채택하였는데, 동 선언에서는, "지난 번 카이로 선언의 영토조항은 이행되어야 하며, 또한 일본의 주권은 本州 · 北海道 · 九州 · 四國 및 우리가 결정하는 모든 소도에 국한될 것이다"라는 연합국의 영토조항에 대한 합의사항을 재천명하였다.

소련도 늦게나마 이와 같은 연합국 수뇌들의 「포츠담선언」에 동참하였으므로, 「카이로선언」의 영토 불확장 원칙을 미 · 영 · 중 3국과 더불어 성실히 준수할 책무가 부과된 것이었다. 그럼에도 불구하고 당시 소련은 지난 러일전쟁의 패배로 상실한 영토의 실지회복과 부동항 확보에만 혈안이 되어 있었으므로, 「일 · 소 중립조약」에 따라 1945년 7월 13일 서방 연합국과의 종전에 관한 중재를 부탁한 일본의 중재 요구를 무시해 버렸던 것이다.[33)]

스탈린은 1905년 러일전쟁에서 패배한 데 대한 복수심과 극동 변경의 안전 확보라는 이유로, 1945년 8월 8일 하오 5시 일본의 「포츠담선언」 거부를 참전의 구실로 내세워 소련 주재 일본 대사 사토에게 선전포고문을 수교했다. 150만 구소련 대군은 동년 8월 9일 남사할린을 거

---

32) 工藤美知尋, 『日ソ中立條約の硏究』(東京: 南窓社, 1985), pp.228-229.
33) 위의 책, p.244.

〈표 6-1〉 일 · 러간 초기 북방영토 귀속 과정과 내용

조 약	주요 결정 사항	비 고
시모다(下田)조약 (러 · 일 통상우호조약) (1855)	쿠릴열도의 22개 도서 분할 합의 -북방4도의 일본 영토화 -기타 18개 도서의 러 영토화 -사할린: 양국 공유 잡거지	러 · 일간 최초의 국경선 획정 조약
樺太 · 千島 교환조약 (1875)	사할린과 쿠릴의 맞교환 -사할린 전체를 러에 양도 -쿠릴열도 18개 도서 일본 양도	1차 국경선 조정
포츠머스 강화조약 (1905)	러일전쟁에서 일본 승리 결과 -북위 50도 이남 남사할린 日 양도 -북방영토가 쿠릴열도와 남사할린으로 확대됨	2차 국경선 조정
샌프란시스코 강화조약 (1951)	제2차 세계대전의 일본 패전 결과 -소련의 사할린과 쿠릴열도 강점	3차 국경선 조정 북방영토 분쟁의 시작

출처: 홍완석, "쿠릴 4도 분쟁 영속화 요인 고찰," 『한국정치학회보』, 36-2(2002), p.328을 부분 수정함.

쳐 27일에는 전략적 가치가 큰 得撫島에, 그리고 남쿠릴열도와 擇捉島에는 종전 이후인 28일에 상륙하여, 그곳에 주둔중이던 일본군 제89사단 병력을 강제로 무장 해제시켰으며, 9월1일에는 色丹島, 2일에는 國後島, 그리고 계속하여 최남단 도서인 齒舞群島을 강제로 점령하였다.

요약컨대, 위에서 다룬 시기 동안에 일본과 러시안 간에 사할린과 쿠릴열도에 관한 영토 문제는, 「일 · 러 통상우호조약」(1855년), 「樺太 · 千島 교환조약」(1875년), 그리고 「포츠머스 강화조약」(1905년) 등 3대 조약을 통해 제반 결정사항에 대한 명확한 합의가 이루어졌다(〈표 6-1〉 참조).

「일 · 러 통상우호조약」이 체결될 당시, 북방4도에 이미 일본인들이 상주하고 있었고, 이에 대한 시정권 또한 일본이 갖고 있음을 러시아가 인정하였기 때문에, 得撫島와 擇捉島 사이를 양국의 국경으로 결정

하였다. 그리고 「樺太 · 千島 교환조약」에서도 그간 양국이 공유함으로써 혼재 상태에서 양국의 국민들이 거주하던 사할린 전도를 러시아가 소유하는 대신에, 그 대가로서 당시 분쟁중이던 북방4도가 일본 영토라는 일체의 언급은 없었지만, 得撫島 이북 占守島까지 쿠릴열도에 속하는 나머지 18개 도서를 일본에게 합법적이고 평화적인 방식으로 이양하였다. 더구나 러일전쟁의 전승국으로서 일본은 미국의 중재를 통해 「포츠머스 강화조약」을 체결하고, 그 전리품으로서 남사할린을 강제로 취득한 사실이 있으며, 「일 · 소 기본조약」(1925년)에서도 「포츠머스 강화조약」의 유효성을 재확인하는 결과를 가져온 것이다.

제 3 절 영유권 분쟁의 경위: 제2차 세계대전 이후

제2차 세계대전 이후 양국간에 북방4도의 일관반환 문제가 제기될 때마다, 일본 정부는 이와 같은 3개 조약의 합의 규정을 그 근거 자료로 제시해 왔다. 그러나 제2차대전의 패전으로 인해 「포츠담선언」을 무조건 수락한 일본으로서는, 「카이로선언」(1943년)과 「얄타비밀협정」(1945년)에 규정된 제반 사항의 이행이 의무화되어 있는 것이 오늘의 현실이다. 이와 같은 일련의 선언 및 협정이 쿠릴열도의 귀속에 관한 결정적인 규정의 존재 유무에 대한 국제법적 효력이 있다고까지 가정하기에는 명확하지 못한 점이 다수 존재한다.

그러나 북방4도를 중심으로 한 교섭과정에 있어 일본과 러시아의 입장 및 정책 모두가 국제관계의 상호적 관계와 밀접한 연관성이 있기 때문에, 여기서는 분쟁의 과정을, 영토문제 형성기(1945~1950년), 교섭 해빙기(1950년대), 대화 및 교섭 정체기(1960년대), 교섭 재개 시기(1972~1975년), 그리고 교섭 재개의 냉각기(1976~현재)로 구분하여 고찰하고자 한다.

1. 영토 문제의 형성기: 1945~1950년

2차대전 결과 일본의 공식적 항복이 있은 다음 날인 1945년 8월 16일, 구소련의 스탈린이 미국의 트루먼 대통령에게 「소련군의 전체 쿠릴열도 및 북해도 북반부에서의 주둔 및 소련 영토화의 서간문」을 정식으로 제의하였다. 이에 대해 트루먼과 당시 연합국 총사령관이던 맥아더(Douglas MacArthur)는 소련의 군대 주둔 및 점령을 단호하게 반대하여 이를 거절하였다.[34] 여기에서 말하는 북해도 북반부는 지리적으로 구시로(釧路市)에서 루모이(留萌市)에 이르는 선으로 획정한 지역을 의미한다. 구소련이 북방영토의 점령에 대한 법적 근거를 제시한 「연합국 총사령관 일반명령」 제1호와 「SCAPIN 제677호」의 요지는 다음과 같다.[35]

1945년 9월 2일자 「연합군 일반명령」 제1호에는 "…사할린 및 쿠릴열도에 있는 일본국의 선임 지휘관 및 일체의 육 · 해 · 공군 부대는 소련 극동군 사령관에게 항복할 것"이라는 내용이 있다. 이것은 단지 일본군이 항복함에 있어서 항복할 장소를 지정한 기술적 수단을 결정하는 내용이므로, 종전 후 소련에 의한 북방영토 점령 그 자체가 곧 영토의 법적 근거는 전혀 될 수 없는 것이다. 또한 1946년 1월 29일자 「SCAPIN 제677호」는 약간 외곽 지역의 일본 영토로서의 정치 · 행정상의 관할권이 미치는 우선적인 범위를 특별히 규정한 총사령부의 각서이다. 동 각서 지령의 목적은, "일본은 4대 도서와 약 1천 개에 달하는 인접 도서들을 포함할 뿐 쿠릴열도 · 齒舞群島 · 色丹島를 포함하지는 않는다."라고 기술함에 있었다. 그러나 이 각서는 행정상의 점령 조치일 뿐 「포츠담선언」 제8항에서 규정한 모든 소도의 최종적인 결

34) 大平善梧(篇), 『現代國際關係論』(東京: 有信堂, 1977), p.180,

35) 外務省戰後外交史硏究會, 『日本外交30年』, p.259.

정에 관한 연합국 정책의 지표로 이해되어서는 안 된다"고 함으로써, 영토문제의 최종적 결정과는 전혀 무관함을 분명히 밝히고 있다.

스탈린은 1945년 9월 2일에 대일전 승전 축하 연설을 라디오 방송을 통해 행하였는데, 그 내용은 "소련의 참전은 과거 러일전쟁에 대한 보복"이라는 것이었으며, 다음 날에는 소련 국민에게 보내는 메시지를 『New York Times』에 기고하기도 하였다.[36)]

> 일본 제국이 1905년 러일전쟁에서 남사할린을 제정 러시아로부터 강제로 약취하였고, 제1차 세계대전 이후에는 소련 극동 연해 제주를 불법으로 점령했던 역사적 사실이 있었다. 이 같은 사실은 소련 국민에게는 골수에 사무친 분한이었는데, 9월 2일 일제가 무조건 항복문서에 서명함으로써 남사할린과 크고 작은 56개 도서로 구성된 쿠릴열도가 소련을 바다로부터 독립시키는 수단 또는 소련 극동에 대한 일본의 공격기지로서 이용될 수 없게 되었다. 소련은 반환받은 제 도서를 견고한 대일 방어기지로서, 그리고 태평양과 연결되는 어업기지로서 사용할 예정이다.

동년 9월 미 국무장관 번즈(James F. Byrnes)는 「얄타협정」의 조건으로 쿠릴열도의 반환 조항에 관하여 "별편(別篇)에 기록되어 있기 때문에 본인도 정확히는 알지 못한다"고 발표하였고, 1946년 1월 22일 미 국무차관 애치슨(Dean Acheson)은 신문 기자회견을 통해 "루스벨트 대통령이 얄타회담에서 영토를 최후로 이양한 것은, 오직 평화회의에서 소련이 사할린 남부와 쿠릴열도를 요구하는 것으로 충분할 것이다"라는 견해를 피력한 바 있다. 이에 대해 소련은 타스통신을 통해 번즈와 애치슨의 견해를 즉각 반박하고 나섰다.[37)]

그 후 2월 스탈린은 전쟁중에 강제로 점령한 북방영토 전체를 행정

---

36) Nathan Ausubel(ed.), *Voices of History*(New York: Gramercy, 1946), p.532 ; Peter R. Beckman, *World Politics in the Twentieth Century*, p.186.

37) David J. Dallin, *Soviet Russia and the Far East*, p.194.

구역상 사할린 오블라스트(Sakhalin Oblast)에 편입시키고,[38] 남사할린은 어업 · 임업 · 광업의 기지로 활용하기로 하였으며, 쿠릴열도에는 군사적 전략기지로 사용하기 위해 잠수함 기지 및 비행장 등을 건설하였다. 소련 당국은 상당수의 소련인들을 남사할린으로 이주시켰고, 전쟁 전부터 조상 대대로 북방4도에 거주하던 약 3천 세대 16,745명의 일본인들을 북해도로 강제 추방시켰다. 따라서 현재 북방4도에는 단 한 사람의 일본인도 거주하고 있지 않으며, 강제 추방자 중 약 30% 정도는 이미 사망한 것으로 나타나 있다.[39] 또한 소련은 1949년부터 북방4도의 경비를 보다 강화하고 일본 어선들에 대해 영해를 침범했다는 죄목으로 강력하게 처벌해 오고 있다.[40]

그러나 북해도로 강제 추방되어 온 북방4도의 일본인 영주민들은 1907년의 「헤이그규정」과 1949년의 「제네바 4협약」 등에 명시된 점령지 주민들의 권리와 의무에 따라 당연히 보호받을 권리가 있는 것이다.[41] 사실상 전후 일본 고유의 영토를 자국 영토에 강제 편입시킨 소련의 조치는 분명히 국제법상의 위반이며, 북방4도에 거주하던 일본인에 대한 강제추방 역시 비인도적인 조치이기 때문에, 일본은 이에 대해 강력하게 이의를 제기할 수 있는 근거가 된다.

현재 소련의 행정구도상으로 擇捉島는 쿠릴스크(Kurilsk) 지구에, 기타 3개 도서는 북쿠릴스크 지구에 소속된 것으로 되어 있다. 그러나 현안이 되고 있는 擇捉島 이남의 북방4도는 에도 시대 이래 단 한 차례도 외국의 영토가 된 적이 없는데, 이 같은 사실은 분쟁중에 있는 북방4도가 본래 일본 영토였기 때문이다. 따라서 북방4도는 일제가 침략 행위로 약취한 것이 아니라 본래 역사적 · 법적으로 일본의 영토임

38) Guy Wint, *Asia: A Handbook*, p.187.
39) 『北海道新聞』 1980年 8月 15日字.
40) 막스 비로프(嚴永植 譯), 『蘇聯의 極東政策』(法文社, 1960), pp.104-105.
41) 김정건, 앞의 책, pp.446-449.

이 확실한 것이다. 북방4도 중 齒舞群島는 전시까지 행정구역상 북해도의 네무로반도 동부에 있는 齒舞村을 형성하고 있었고, 色丹島는 色丹村, 國後島는 泊·留夜別의 2村, 擇捉島는 留別·紗那·薬取의 3村으로 구분되어 있었으며 인구는 모두 16,745명에 달하였다.[42)]

사실 북방4도에 대한 영유권 문제가 일·소간에 야기된 것은 러일전쟁에 대한 보복과 영토의 실지회복, 그리고 부동항의 확보라는 매우 단순한 동기에서 출발한 것이었다. 그러므로 러일전쟁에 따른 실지회복은 북사할린의 반환 수준에서 중지되어야 정당한 것으로 볼 수 있다. 「樺太·千島 교환조약」에 의해 합법적으로 교환된 쿠릴열도와[43)] 일본의 고유 영토인 북방4도까지 소련이 시효취득 근거로 계속 불법 강점하고 있는 것은 분명 국제법뿐만 아니라 국제 정의에도 위배되는 불법행위인 동시에 논리적 모순인 것이다.

소련은 1950년 11월 20일 말리크(Jacob A. Malik)를 통하여 미 국무성 고문 덜레스(John F. Dulles)에게 보낸 대미각서(Note from the Soviet Union to the United States)를 통해, "카이로선언·얄타협약·포츠담선언 등 일련의 국제협정이 엄연히 존재하기 때문에, 말리크와 덜레스 간에 거론된 남사할린과 쿠릴열도의 지위 문제가 미·영·중·소의 새로운 결정사항으로나 유엔 총회의 결정사항으로서 제안될 수 없는 것이다"라는 내용을 전달하였다. 이에 대해 동년 11월 24일 대일평화조약에 대한 미국의 비망록에서는 "미국은 영토에 관한 원칙으로서, 제3항에서 특히 남사할린과 쿠릴열도에 관해서는 미·영·중·소 4국의 장래결정을 따라야 한다"고 주장하였다. 미국은 12월 28일 소련에 각서를[44)] 보냄에 있어, 지난 10월 26일 말리크-덜레스 회담과 11월 20일자 소련의 각서에 대한 상호간의 오해를 불식하기 위해, 제3항에서

42) 日本地誌硏究所(編), 『地理學辭典』(東京: 二宮書店, 1981), p.957.
43) George F. Kennan, *Russia and the West: Under Lenin and Stalin*, p.381.
44) 木村汎, 『北方領土を考える』, p.70.

"포츠담선언에서는 일본국의 4개 주요 도서 이외의 다른 도서들의 장래 지위를 확정하기 위한 평화협정이 필요하다"고 규정되어 있음을 지적하였던 것이다.[45]

2. 교섭 해빙기: 1950년대

소련은 1951년 3월 29일 미국 정부로부터 대일 평화조약의 초안을 받고 그에 대한 몇 가지 반대의견을 5월 7일 미 정부에 보냈는데, 여기에서 "일본국과 평화조약을 체결하기 위해서는 모든 외국 군대가 일본 영토로부터 1년 내에 철수해야 한다"고 주장한 바 있다.[46] 9월 5일 「상해평화조약」의 회의석상에서 요시다 시게루(吉田茂) 일본측 수석대표는 미국이 기초한 동 평화조약안 제2조 C항에서 "일본국은 쿠릴 열도와 「포츠머스조약」의 결과로써 약취한 사할린 일부 및 이에 인접한 도서들에 대한 모든 권리 · 권원 및 청구권을 포기한다"고 규정되어 있는데,[47] 쿠릴열도의 지리상 한계를 다음과 같이 설명하였다.

> 쿠릴열도와 남사할린의 역사적 권원이 1875년 5월 7일에 조인된 「樺太 · 千島 교환조약」으로 인해 사실상 유효하며, 뿐만 아니라 문제의 북방4도도 1855년 2월 7일 「일 · 러 화친조약」 이래 제정 러시아 정부로부터 행정구역상 일본국의 북해도에 부속되었음을 인정받았기 때문에, 일본이 북방4도를 침략으로써 탈취 · 점령했다는 소련 정부의 주장에는 전혀 승복할 수 없으며, 특히 1945년 9월 20일에 소련이 일방적으로 자국의 영토로 강

45) Schlesinger & Buhite, *The Dynamics of World Power: A Documentary History of United States Foreign Policy 1945-1973*, pp.49-53.

46) Bruce W. Lincoln, *Documents in World History, 1945-1967*(San Francisco: Chandler Publishing Co., 1968), pp.259-263.

47) 『상해평화조약』 제2조 C항의 원문은 다음과 같다. "Japan renounces all rights, title and claim to the Kuril Island, and to that portion acquired sovereignty as a consequence of the Treaty of Portsmouth of September 5, 1905."

〈그림 6-2〉 북방영토 조약과 국경도(1951년까지)

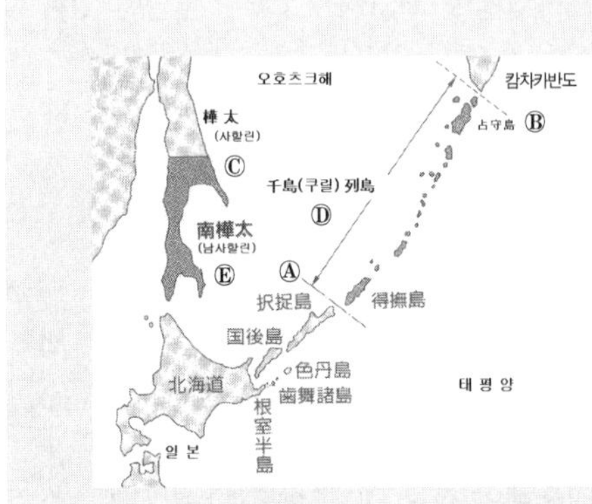

Ⓐ 1855년 일 · 러 통상우호조약 국경
Ⓑ 1875년 교환조약 국경
Ⓒ 1905년 「포츠머스조약」 국경
Ⓓ 샌프란시스코조약에서 방기한 부분
Ⓔ 샌프란시스코조약에서 방기

자료: 『1987 資料 政經』(東京: 東京學習出版社, 1987), p.290 번역 수정함.

점 · 편입시킨 色丹島 · 齒舞群島 · 擇捉島 및 國後島를 동 조약안에서 일본국이 영토권을 스스로 포기한 쿠릴열도의 일부분으로 착각해서는 안 된다. 그러므로 종전 당시 일본군이 주둔한 관계로 이들의 무장해제를 위해서 소련군이 진주하여 지금까지 강점하고 있는 북방4도는, 하루속히 소련의 불법 전시 점령상태로부터 일본국으로 일괄 반환되어야 한다.[48]

이런 논리를 근거로, 일본은 패전국의 입장에서 북방4도의 역사적 · 지리적 특성을 열성적으로 주장하였으나, 당시 요시다 대표의 연설이 단지 회의록에 기록상으로만 남게 된 데에 대하여 만족을 느끼는 정도로 끝났다. 미국도 상해 강화회의에서는, 지난 얄타회담과는 달리 일본이 주장하는 쿠릴열도의 지리적 한계에 동조하였다. 즉, 대일강화조약 초안의 작성자인 미국 전권대사 덜레스가 동 조약안 제2조 C항에 기재된 "쿠릴열도에는 북방4도가 포함되지 않는다"는 일본국 주장

48) 李晶潤 · 玄圃(編譯), 『敗戰國의 好運』(英美出版社, 1961), p.182.

에 동조하였고, 또한 "일본국이 포기하는 영토의 최종적 처분은 상해평화조약 이후 별도의 국제적 해결책에 의해 결정한다"고 발언한 바 있다. 그 결과 일본국은 「상해평화조약」에 따라 1952년에 「일 · 중 평화조약」을 조인하고 대만의 중국 귀속을 확인한 바 있다. 이 조약은 상해평화조약 회의에 참석하지 않은 국가인 중화민국과 일본국 사이에 영토의 최종적인 귀속문제를 명확히 결정한 실례인 것이다.

그러나 소련 정부는 처음부터 러일전쟁 후의 「포츠머스조약」에 의해서 일본이 전리품으로 북위 50도 이남의 사할린 및 쿠릴열도를 약취하였으며, 「얄타협정」과 「포츠담선언」 등 여러 국제협정 및 항복문서와 「상해평화조약」에서 일본이 승인한 것이라고 주장하였다. 또한 소련은 동 조약이 중국을 승인하지 않고 일본의 중립을 강요하지 않았으며, 사할린 및 쿠릴열도에 대한 소련의 영유를 명확히 기술하지 않은 점과, 「상해평화조약」과 동시에 조인된 「미 · 일 안보조약」 그 자체에 불만을 표시하면서, 그로미코(Andrei Gromyko) 소련 전권대사를 통해 「상해평화조약」의 체결 자체를 반대하였다. 그 대신 소련의 조약안인 소위 '그로미코안'[49]만을 주장하여 미국 지배적인 대일 평화조약에 시종 반대하였으며, 북방4도를 오직 「얄타협정」에서 인정한 쿠릴열도의 일부로서만 간주하고 북방4도에 대한 강점을 고수하였다. 그 결과 일 · 소 양국간에는 북방4도의 영유권 분쟁 문제가 한층 경화되어 오늘에 이르고 있는 것이다.

당시 스탈린의 대일정책은 대미 견제책의 일환으로 일관되어 왔으므로, 일본과의 관계 정상화는 전혀 상상조차 할 수 없었다. 일본도 독립과 더불어 미국과의 강력한 유대관계의 유지를 위해 요시다 내각이 혼신의 노력을 경주한 결과, 일본 국회의 질의에서 나온 쿠릴열도의 개념에 대한 고위 관리의 답변조차도 너무 모호하여 올바른 해석조차

49) 蠟山芳郎(編), 『國際問題』(東京: 岩波書店, 1968), p.49.

내릴 수 없었다. 1953년 3월 5일, 스탈린이 사망하고 흐루시초프(Nikata S. Khrushchyov)가 집단지도체제의 새로운 지도자로 등장하여 동·서의 평화공존 정책을 추구하였기 때문에, 오랫동안 북방4도 반환문제로 인해 교착상태에 빠져있던 일·소 관계의 회복을 위한 교섭이 재개될 조짐을 보이기 시작했다.[50]

1954년 12월 10일 요시다 내각의 뒤를 이어 평소 소련과의 국교 회복을 주장하여 오던 하토야마 이치로(鳩山一朗) 수상이 집권함으로써 일·소 양국에 정권교체가 이루어지자, 소련도 종래의 대일 강경노선에서 유연노선으로 전환하였다. 이에 따라 소련 외상 몰로토프(Vyacheslav Molotov)는 교착상태에 있는 양국 관계의 정상화를 제의하는 성명을 발표하였다.[51] 당시 하토야마 수상도 소련과의 관계개선이 국익에 유익하다는 견해를 표명한 바 있었으므로, 시게미쓰(重光葵留) 외상은 전후 단절 상태로 지속되어 온 양국간의 국교 회복을 일본 외교정책의 최우선 순위로 삼아, 1955년 1월 25일 관계 정상화를 위한 교섭을 해체 직전에 있던 주일 소련 대표단 도무닛끼이 단장을 통해 시작하였다. 시게미쓰 외상은 1955년 2월까지 전쟁의 종결과 북방4도 반환, 일본인 억류자들의 조기 귀국, 유엔에의 가입 등을 위한 단독 평화조약의 체결과 관련한 일본 정부의 의사를 문서를 통해 소련에 전달하였다.[52]

그 결과 6월 3일 런던에서 일본의 마쓰모토 순이치(松本俊一) 대사와 주영 소련 대사 말리크 간에 「일·소 평화협정」의 체결을 위한 제1차 일·소 국교회복 정상화 교섭회담이 개최될 수 있었다. 동 회담에서 마쓰모토 대사는 "상해평화조약에서 포기한 쿠릴열도는 오직 得撫

50) Alvin Z. Rubinstein, *Soviet Foreign Policy Since World War II*(Mass.: Wintrop, 1981), pp.135-138.

51) Greene, *The Far East*, p.290.

52) 池井優, 앞의 책, pp.250-251.

島 이북 18개 도서만을 포함하는 것이기 때문에, 북방4도에 대한 역사적 · 지리적 · 법적 근거에 따른 일본 영토 권원의 주장과 함께, 남쿠릴에 해당되는 북방 4도는 일괄반환되어야 하고 남사할린과 북쿠릴은 상해평화조약에서와 같이 소련이 포기해야 하며, 그 영유권 귀속은 구 연합국들의 국제회의를 통한 협의에 따라야 한다"고 제의하였다.[53] 그러나 말리크는 "일 · 소간의 영토 문제는 「얄타협정」 및 「포츠담선언」에 의해 이미 해결되어 남사할린과 쿠릴열도(북방4도 포함)도 소련의 영토로 회복되었으므로, 일본은 이들 북방영토 전체에 대해서 모든 권리를 포기하고 전적으로 소련의 영토주권을 인정해야 한다. 다만 북방4도 중 色丹島와 齒舞群島의 반환만은 어느 정도 용의가 있으나 구 연합국들의 협의에는 반대한다"는 일본과는 매우 대조적인 입장을 취하였다.[54] 이처럼 양국 관계 정상화를 위한 교섭은 회담이 시작된 벽두부터 북방4도에 대한 이해관계가 상치되어 난항과 소강상태를 벗어나지 못한 채, 1956년 3월 20일에는 무기한 연기에 접어들게 되었다.

소련은 제2차 일 · 소 국교회복 정상화 교섭회의에서 주도권을 장악하고자, 동년 3월 21일 소련 오호츠크해로부터 캄차카반도에 이르는 북위 45도 이북의 공해에 일방적으로 어업보존수역('Bulganin Line')을 선포하였다.[55] 그리고 만일 소련 정부의 허가 없이 조업하는 일본 선박에 대해서는 가차 없이 처벌할 것이라고 발표하였다. 소련의 예상대로 북양의 황금어장에 밀접한 이해관계를 갖고 있는 일본 정부는 어업과 영토를 일단 분리시킨다는 원칙하에서, 4월 29일 농림상 고노 이치로(河野一郎)를 모스크바에 파견하여 이시코프 소련 어업상과 북양에서의 어획 할당량에 관하여 굴욕적인 자세로 교섭한 결과, 5월 15일

53) 每日新聞, 1955年 10月 24日字.

54) 李晶潤 · 玄圃(編譯), 앞의 책, pp.250-253.

55) Donald C. Hellmann, *Japanese Foreign Policy and Domestic Politics*(Berkeley, Calif.: University of California Press, 1969), pp.50-51.

「일 · 소 어업협정」 및 「해난구조협력협정」에 서명하게 되었고,[56] 1956년도의 북양 출어가 잠정적으로 확보되었다.

1956년 6월1일 아사히신문(朝日新聞)은 북방영토 문제에 대해, "일본이 소련과 상의하여 해결한다는 것은 처음부터 잘못된 일이다. 일본은 상해강화조약에서 규정한 남사할린과 쿠릴열도의 영토권을 일 · 소 양국의 협의에 의해서 해결할 문제가 아니다. 앞으로 국제회의나 국제연합에서 현안의 북방영토의 귀속에 대한 결정이 내려져야 할 것이다"는 입장을 밝혔다. 또한 7월12일 마이니치신문(每日新聞) 여론조사에서도 일 · 소간의 중요한 문제로서 구 영토반환 문제를 거론하면서, 소련이 제시한 齒舞群島와 色丹島의 반환에 대해서는 61.4%가 반대의견을 표시했다고 밝힌 바 있다.[57]

그 후 제2차 일 · 소정상화 교섭회담이 7월31일부터 8월13일에 걸쳐 모스크바에서 재개되었는데, 지난번의 '일본 중립화 요구'는 철회되었지만, 북방4도 반환문제만은 양국의 견해 차이로 특별한 진전을 보지 못했다.[58] 8월1일 교섭에서 양국 외상 간에 영토문제가 의제로 등장하자, 셰피로프(Dimitri Shepilov) 소련 외상이 먼저, "소련은 齒舞群島와 色丹島를 일본에 반환하는 데까지 양보하였으므로 일본은 이에 협력해야 한다"고 주장하였다. 시게미쓰 일본 외상도 이에 대해, "齒舞群島와 色丹島는 물론, 나머지 國後島와 擇捉島도 일본 고유의 남쿠릴열도상의 영토이므로 일본은 이를 포기할 수 없다"고 이의를 제기하였다.

8월3일 제2회 교섭에서는 셰피로프가 일본측에 소위 「일 · 소 평화조약」 초안을 제시했는데, 그 중 북방영토에 관한 조항의 요지는 다음

---

56) Shigero Sugiyama, "Post War Japan & High Seas Fishery," *Japanese Annual of International Affairs*, 1(1961), pp.76-78.

57) 朝日新聞, 1956年 6月 1日字; 每日新聞, 1956年 7月 12日字.

58) 齊藤鎭男, 『日本外交政策史論序說』(東京: 新有堂, 1981), pp.158-162.

과 같다.[59]

① 소련은 齒舞群島와 色丹島를 일본에 인도하기로 하고, 그 방법은 의정서에 의해서 정한다.
② 소련과 일본의 국경선은 네무로(根室) 해협과 노쯔케(野付) 해협을 연결하는 중앙선을 취한다.

이와 같이 소련측이 일 · 소간 국경선을 획정한 것은, 남쿠릴과 國後島 및 擇捉島가 자동적으로 소련에 귀속되기 때문이다.

8월6일 제3회 교섭에서 시게미쓰 외상이, "國後島와 擇捉島는 카이로선언에서 말하는 것처럼 일본이 약취한 지역이 아니며, 상해평화조약도 일본의 고유영토를 빼앗는다고는 규정하지 않고 있다. 또한 얄타협정과 일본과는 아무런 상관이 없다"고 주장하자, 이에 대해 소련 외상 셰피로프가 돌연 강경한 태도로 변모했기 때문에, 이를 무마하고자 8월 9일 시게미쓰 일본 외상이 셰피로프에게 다음과 같은 수정 타협안을 제시하였다.

① 齒舞群島와 色丹島는 평화조약 발효 시에 소련이 일본에 양도하고, 그 방법은 의정서에 의해 결정한다.(소련안 수락)
② 國後島와 擇捉島의 반환 조건을 철회한다.(일본측의 양보)
③ 그러나 이것은 명문상으로 소련의 주권을 인정할 수 없으므로 평화조약에는 국경선을 획정하지 아니한다. 다만 형식상의 귀속을 분명히 밝힐 뿐 실질상으로만은 소련의 영토로 한다.(소련의 양보)

그러나 소련이 이러한 일본의 수정안에 동의하지 않아, 8월 13일 제2차 일 · 소 정상화 교섭회담도 '회담의 유보'와 '교섭의 중단'을 선언하고 폐막되었다.[60]

59) 李晶潤 · 玄圃(編譯), 앞의 책, pp.268-269.

이처럼 남쿠릴의 영유권을 둘러싸고 양국간의 영토분쟁이 심각해지자, 덜레스 미 국무장관은 8월 말에 "일본이 擇捉島와 國後島를 소련에 양보한다면 미국은 오키나와(沖繩)를 영구히 점령할 수 있다"고 위협을 가한 바 있다.[61] 또한 9월 7일자 일본 정부의 쿠릴열도의 범위에 관한 질문에 대해 미국 정부는 국무성 보조각서를 통해서 북방4도의 일본 영유권을 지지하는 공식적인 견해를 다음과 같이 피력하였다.[62]

> 미국은 영토 문제에 관하여는 이미 일본 정부에 통보한 바와 같이, 얄타협정과 같은 것은 단순한 그 당사국의 당시 수뇌자가 공동목표를 진술한 문서에 불과하다고 인정하며, 그들 당사국에 의한 이렇다 할 법률적인 최종 결정을 할 수 없는 것으로 본다. 미국은 역사적 사실을 주의 깊게 검토한 결과 國後島와 擇捉島가 북해도의 일부인 齒舞群島 및 色丹島와 더불어 항상 일본의 고유 영토였음이 인정되므로, 당연히 일본이 방기한 쿠릴열도의 일부분이 아니고 일본의 주권하에 있다고 인정하지 않으면 안 된다는 결론에 도달하였다. 미국은 이에 대해 소련이 만일 동의한다면 동북아 긴장 완화에 매우 적극적으로 기여할 것이라고 믿는 바이다.

이와 같은 덜레스의 견해를 통해 미국의 강력한 지지를 얻은 일본 수상 하토야마(鳩山一郞)는 9월 11일 북방영토 문제로 교착상태인 일 · 소간의 정상화 회담의 재개를 교섭하고자, 소련 수상 불가닌(Nikolai A. Bulganin)에게 북방 영토 문제는 후일 일 · 소 양국간의 정상적인 외교관계가 수립된 이후에 교섭을 재개하기로 하는 「5조건 국교정상화 방안」을 다음과 같은 왕복 서간문 형식으로 발표하였다.[63]

---

60) 위의 책, pp.271-274.

61) Hellmann, *op. cit.*, p.53.

62) 眞柄昭宏, "北方領土問題を考える(上)," 『新自由クラブ』(1986. 3), p.7.

63) Shigero Sugiyama, *Northern Territories of Japan*(Tokyo: Association on Northern Territories Problem, 1972), p.17.

① 일 · 소 양국간의 전쟁상태의 종결 선언
② 대사관의 상호 설치
③ 시베리아 지역 억류자의 즉시 송환
④ 1956년 5월 14일 조인한 어업조약의 발효
⑤ 일본의 국제연합 가입에 대한 소련의 지지

이에 대하여 불가닌은 화해와 신뢰의 바탕 위에서 재일본 소련 어업부 대표 치후빈스키를 통해, 9월 13일 하토야마 일본 수상에게 "본인은 일 · 소 양국 관계 정상화를 위한 교섭을 모스크바에서 언제나 재개할 준비가 되어 있고, 일본이 제시한 5개 조건의 전부에 동의한다"는 회신을 보내왔다. 이에 따라 9월 29일 일본 전권대표 마쓰모토와 소련 제1외무차관인 그로미코 사이에 이른바 「松本 · 그로미코 왕복서간문」을 통하여, "양국은 영토문제를 포함하여 평화조약 체결에 관한 교섭을 양국간에 있어서 정상적인 외교관계가 재개된 이후에 계속한다"고 상호 합의하였다. 사실상 오늘날에 있어서도 일본은 「松本 · 그로미코 왕복서간문」을 법적 근거로 하여 일 · 소 양국간의 영토문제는 미해결이라는 입장을 고수하고 있으며, 國後島와 擇捉島의 일괄반환까지도 강력히 요구하고 있는 것이다.[64]

1956년 10월 7일 하토야마 일본 수상이 소련을 방문하자, 당시 소련의 막후 실력자였던 흐루시초프는, "國後島와 擇捉島는 일본이 상해 평화회의에서 포기한 쿠릴열도의 일부분이나, 일본이 희망하면 齒舞群島와 色丹島는 일본에서 외국 군대가 철수하고 일 · 소 양국간에 평화조약이 체결되면 반환하려 한다"고 언급하였다. 또한 10월 12일 일본 자민당 고문 미키 다케오(三木武夫)에게도, "일본이 미국과의 군사적 제휴를 포기해야 한다는 선결조건이 이루어진다면, 소련은 비록 경

64) 永野信利, 「日本外交ハンドブック」(東京: サイマル出版會, 1981), pp.134-139.

제적 가치는 별로 없으나 군사적 가치가 큰 齒舞群島와 色丹島를 반환할 수 있다"는 종전의 입장을 다시 천명하기도 하였다.[65]

그리하여 10월 15일 제3차 일·소 정상화 회담이 소련에서 재개되었는데, 하토야마 수상은 상호이해와 협력의 분위기 속에서 불가닌 수상과 회담하고, 마쓰모토 전권대표와 고노(河野一郎) 농림상은 흐루시초프 서기장과 별도의 회담을 진행하였다. 10월 16일에서 18일까지 3회에 걸쳐 진행된 고노·흐루시초프 단독 회담은, 제1차 회담에서 고노의 "齒舞群島와 色丹島의 즉시 반환 및 남쿠릴의 계속 교섭" 주장과, 흐루시초프의 "이번에는 영토문제가 교섭대상이 되지 않는다. 남쿠릴은 이미 소련 영토로의 편입조치가 끝났으므로 심의할 문제도 안 된다"라는 전과는 전혀 상치된 이견이 제시되었다. 제2차 회담에서는 고노 대표가 일보 양보하여 "齒舞群島와 色丹島는 평화조약 발효시에 인도하고 남쿠릴은 계속 교섭한다"는 새로운 안을 제시하자, 흐루시초프도 "齒舞群島와 色丹島는 평화조약이 발효되고 미국이 오키나와를 일본에 반환할 때에 소련도 반환할 것이며, 여타 남쿠릴에 있는 섬들에 대한 반환 요구는 계속되어야 하고 교섭의 대상으로서는 인정하지 않는다"는 소련측의 수정안을 제시하였다.[66] 이와 같은 화해와 신뢰의 바탕 위에서 일·소 양국 대표들은 서로 양보하여, 교섭이 시작된 지 어언 11년 5개월 만인 1956년 10월 19일에 영토귀속 및 반환 문제는 미해결 상태로 놓아두고 국교 회복도 하지 않은 채, 잠정적으로 「일·소 복교(復交)공동선언」 및 통상항해의 의정서를 정식 조인하여 12월 12일에 발효하였다.[67]

그 결과 양국은 정식으로 평화조약을 체결하지 않고도 외교적 승인과 전쟁의 종식, 그리고 소련에 억류되어 있는 일본인 전쟁포로의 송

65) 朝日新聞, 1959年 10月 12日字.
66) 李晶潤·玄圃(編譯), 앞의 책, pp.277-278.
67) 齊藤鎭男, 앞의 책, pp.309-311.

환 문제에 합의를 이루게 되었다. 또한 그 때부터 일본 정부는 일 · 소 평화조약의 전제조건으로서 영토문제를 제기하게 되었다.[68] 그러나 당시 고노 농림상이 영토권의 회복보다는 소련 어업규제 구역 내에서의 어업권의 획득에 중점을 두어, 비록 65,000톤의 어획량은 확보하였으나 북방영토 반환 문제에서는 큰 실수를 범하고 말았다. 어업권은 매년 일 · 소 어업위원회에서 교섭의 여지가 있는 문제이지만, 영토권은 한번 실수할 경우 영원히 되돌릴 수 없는 문제이기 때문이다. 일 · 소공동선언이 조인되던 무렵은 흐루시초프에 의한 스탈린 비판 및 격하운동이 시작된 직후여서, 동 · 서 평화공존 정책이 곧 소련의 외교정책으로 채택되어 표방되던 국제적 해빙무드의 시기였다. 그러므로 일본 정부가 당시 상황을 잘 이용하여 조금만 더 강력하게 북방4도의 일괄반환을 소련에 요구했더라면, 아마도 보다 좋은 결과를 얻었을 것으로 판단된다.

그러나 일본의 전권대표는 일 · 소공동선언에서 영토권을 크게 양보함으로써 불리한 규정만을 남기게 되었다. 즉 북방 4도의 반환 문제와 직접적으로 관련이 있는 문제의 「일 · 소 공동선언」 제9항 후단의 내용을 발췌하면 그 요지는 다음과 같다.[69]

① 일 · 소 국교가 정상화된 이후에 평화조약의 체결에 관한 교섭을 계속함에 동의한다.

② 소련은 일본의 희망과 이익을 충분히 고려하여, 남쿠릴의 북방4도 중 齒舞群島와 色丹島를 일본에 실제 인도하기로 동의한다. 단, 이들 도서는 일 · 소간의 평화조약이 체결된 이후에 인도될 것이다. 평화조약은 일본에서 외국 군대가 완전히 철수한 후에 체결한다.

68) Pond, "Japan and Russia: The View from Tokyo," pp.144-145.

69) 永野信利, 『外務省研究』(東京: サイマル出版會, 1975), pp.238-240; Alfred Jonathan (ed.), *Sea Power and Influence*(Hamshir: Gower, 1980), pp.191-193.

물론 이 같은「일·소 공동선언」은 전후 일본 외교사에 있어서「상해평화조약」에 버금가는 중요한 이정표가 되었으나, 국제법상의 미비점 때문에 '조약'이 아닌 단순한 '선언'에 그치고 말았다. 그러나 동 선언에서 일·소 양국은 전후 미해결된 영토문제가 양국간에 계속 남아 있음을 공식적으로 인정하였다. 또한 이는 양국간에 비준조약을 구비하고 있는 공식 합의문서였기 때문에, 일본 중의원에서는 11월 27일 동 선언을 정식으로 승인함으로써 12월 12일 발효되었다.

그러나 동 선언에서는, 북방4도 가운데 齒舞群島와 色丹島 등 2개 도서만을 반환한다는 규정을 내포하고 있는데, 이를 일본 국회가 합법적으로 승인한 행위는 지금까지 일본 정부가 주장해 온 북방4도 일괄반환론을 자기 스스로 포기해야 하는 모순된 결과를 초래할 수 있다. 왜냐하면 소련이 동 선언에서 의식적으로 북방4도 가운데 오직 齒舞群島와 色丹島만을 정당한 소유국인 일본에게 인도할 예정이나, 그것도「일·소 평화조약」체결 및 주일 외국군의 완전 철수라는 선결 전제조건을 해결하기 않으면 안 되게 되어 있었기 때문이다. 이처럼 소련은 동 선언 속에 영토에 관한 규정을 하나의 조항으로 삽입함으로써, 여기에서 제외된 國後島나 擇捉島는 자동적으로「상해평화조약」에서 일본이 포기한 쿠릴열도의 일부분으로 포함시키고, 전시 점령이 종료된 후에도 일본에게 반환하지 않으려는 소련의 간접적 의사표시를 문서화시키려는 데에 그 목적이 있었다고 분석될 수 있다.[70]

사실상 하토야마 수상의 소련 방문을 강력히 반대하던 자민당 외교조사위원회장 이시다 히토시(芦田均)는, 9월 18일 소위원회가 기초한 다음과 같은 새로운 당의를 제의하였는데, 영토문제에 대해서는 매우 강경한 입장을 취하고 있음을 알 수 있다.[71]

---

70) 劉哲鍾, "北方領土에 관한 日·蘇領有權紛爭,"『南泉金明會回甲紀念論文集: 國際政治와 外交政策』(대왕사, 1983), p.302.

71) 石丸和人(外),『戰後日本外交史』, p.146.

〈그림 6-3〉 북방영토의 상황(1956년 중심)

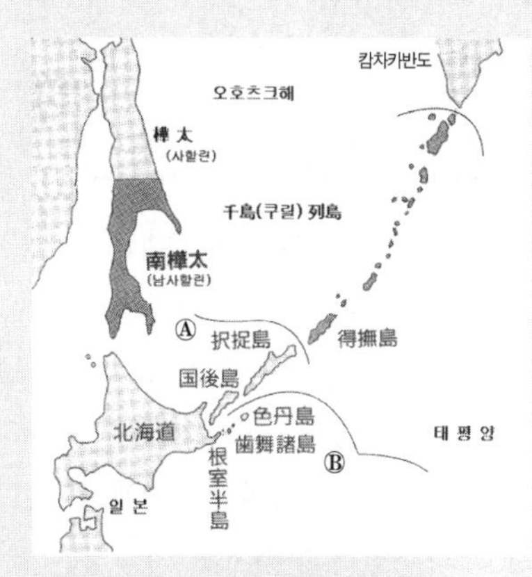

Ⓐ 일본고유의 영토로서 소련에 반환을 요구하고 있는 지역.

Ⓑ 1956년 일 · 소공동선언에서, 평화조약 체결 후 일본에 인도하기로 된 지역.

자료: 日本 中學校 社會科 敎科書(1986).

① 齒舞群島와 色丹島는 즉시 반환되어야 한다.

② 國後島와 擇捉島는 일본 고유의 영토라는 주장을 고수하고, 조약 효력의 발생일 이후, 즉 일본의 주권이 완전 회복되었을 때 인도함을 양국간에 협의 · 실행해야 한다.

③ 기타의 영토와 관련해서는 상해평화조약의 취지에 반대하지 않는다.

12월 18일 일본이 「일 · 소 공동선언」으로 소련의 지지를 얻어 국제연합에는 가입할 수 있었으나, 북방4도 반환 문제가 미해결의 문제로서 잠시 소강상태에 빠지자, 일본의 국내여론의 실망은 실향민들의 꿈이 무산될 것이라는 우려에서 자연 발생된 것이었다.[72] 과거부터 오랫동안 영토문제는 민족적 감정 때문에 정치적 홍정의 대상이 될 수 없다는 것이 정석으로 간주되어 왔다. 그런데 하토야마 내각은 북방4도

72) 信夫清三郎(編), 『日本外交史(Ⅰ): 1853-1972』, pp.545-546.

의 반환 교섭과정에서 너무나 소극적이었고 저자세였다는 아사히신문과 마이니치신문의 61.4%라는 反소적 국민여론 조사 결과에 굴복하여, 12월 23일 이시바시 단잔(石橋湛山) 수상에게 정권을 이양하는 결과를 초래하였다.[73]

1957년 5월 23일 미국 정부는 종전 이래 지금까지 전시 점령이 종료되지 않은 북방4도의 일관반환 문제에 대하여, 「얄타협정」과 대일평화조약에서의 '쿠릴열도' 라는 자구(字句)에는 일본 고유영토의 일부인 齒舞群島 · 色丹島 · 國後島 · 擇捉島가 포함되지 않으며 또한 포함시킬 의도도 없었다. 그러므로 이들 북방4도는 정의의 원칙에 입각하여 일본의 주도하에 있는 것으로 인정하지 않으면 안 될 것이다"고 소련에 통보한 바 있었다.[74] 이에 따라 6월 흐루시초프 서기장은 "미국이 오키나와를 반환한다면 일 · 소 평화조약이 체결되기 이전이라도 齒舞群島와 色丹島를 반환할 용의가 있다"고 주장하면서, 북방4도의 반환문제에 대하여 일본에 유화적인 자세를 취하였는데, 이것은 단지 대미 견제를 위한 일종의 정치적 의도인 것으로 분석될 수 있다.

6월 3일 소련 주재 일본 대사인 카도와키(門脇季光)가 소련 외상 그로미코를 방문하여, "패전 결과 지금까지 소련이 점유하고 있는 齒舞群島 · 色丹島 및 남쿠릴의 國後島와 擇捉島 등 북해도 인접 제도의 연안에서, 일본의 영세 어선들이 소련의 감시선 때문에 해초와 패류의 채취를 전혀 못하고 있어 생활고에 시달리고 있음"을 설명하고, 아울러 "외교적 조치로써 영토문제와 분리하여 안전 조업을 보장할 것"을 요구하였다. 8월 16일 소련 당국은 일본에 대한 회답으로 인도주의적 측면에서 대화할 용의가 있음을 통보하고, 8월 29일 북위 48도 이남의 쿠릴열도 및 사할린 연안에서의 안전 조업을 위한 잠정협정의 체결을

73) Donald C. Hellmann(渡邊昭夫 譯), 『日本の政治と外交』(東京: 中央公論社, 1970), pp.109-113.

74) 田村幸策, 앞의 책, pp.152-153.

위해 제2차 어업교섭회의를 제안하였다. 이리하여 제4차 일 · 소 어업 위원회의 합의를 거쳐 3년 후인 1960년 5월 18일 「일 · 소 어업협정」이 조인되기에 이르렀다.

1957년 12월 6일 「일 · 소 통상조약」과 「무역 · 지불협정」이 체결되어 일 · 소 양국은 상호특혜국대우 규정에 따라 소련측은 외교특권을 갖고 소연방 통상대표부를 일본에 설치하는 것을 인정하였고, 이 때부터 일본과 소련 간의 무역이 급속도로 확대되어 양국 관계가 비약적으로 개선되었다.[75] 게다가 1959년에 접어들면서, 소련은 일본의 보수진영이 만일 國後島와 擇捉島의 반환 주장을 포기한다면, 우호적 입장에서 齒舞群島와 色丹島를 일본에 반환할 용의가 있다는 새로운 조건을 제시하기도 하였다.

3. 대화 및 교섭 정체기: 1960년대

1960년 1월 19일 「미 · 일 신안보조약」이 기시 노부스케(岸信介) 내각에 의해 서명되자, 그 동안 일본의 중립화를 집요하게 요구해 오던 소련은 신안보조약에 따라 주일 미군과 군사기지를 대소 공격에 사용할 가능성이 고조되었다고 임의로 단정하였다. 이에 따라 1월 27일 그로미코 외상은 소련 주재 일본 대사 카도와키(門脇季光)에게 보낸 소련 정부의 제1회 대일 각서에서, 다음과 같은 안보 측면에서의 이유와 새로운 조건을 제시함으로써 양국 관계 개선을 위한 교섭이 또다시 교착상태에 빠지게 되었다.[76]

미 · 일 신안보조약은 중국과 소련을 겨냥하고 있는 새로운 군사 · 전쟁 조

75) 宮崎英隆, "領土問題をめぐる日ソ紛爭," 五味俊樹 外, 『日本外交と對外紛爭』(東京: れん人が書房新社, 1984), p.170.

76) 朝日新聞, 1960年 1月 28日字.

약이기 때문에, 齒舞群島와 色丹島를 일본에 인도한다는 1956년 10월 19일자 일·소공동선언에서 규정한 바와 같은 약속의 이행을 매우 불가능하게 만들었다. 앞으로 오키나와를 포함한 일본 영토 전역에서 모든 외국 군대가 철수하고 일·소평화조약이 조인되지 않는 한, 향후 10년 이상은 齒舞群島와 色丹島를 일본에 반환할 수 없다. 왜냐하면 소련의 안보와 순치(脣齒) 관계에 있는 이들 2개의 중요한 도서들이 소련에 대한 적대적인 목적을 위해 미·일 양국의 군사기지화되는 것을 결코 용인할 수 없기 때문이다.

이와 같이 북방4도 반환문제에 소련이 새로운 조건을 제시한 것은, 「미·일 신안보조약」에 대한 일본 국회의 비준 심의 과정에 심리적 영향을 미치려는 정치적 고려와, 장기적으로는 일본의 중립화를 의도한 것이었다.

1월 28일 일본 자민당의 카와시마(川島) 간사장은 기자회견을 통해, "미·일 신안보조약에 대한 소련의 대일 각서는 명백한 국제법의 위반행위이며 또한 국제적 신의를 위약한 행위이므로, 일본은 이에 대해 강력한 항의문을 보내기로 결의하였다"고 발표하였다. 일본 중의원도 2월 2일 본회의에서의 여러 연설을 통해 소련의 반성을 촉구한 바 있고, 미 국무성에서도 1월 28일 齒舞群島와 色丹島를 일본측에 반환하지 않겠다는 소련 정부의 대일 각서에 대한 논평에서 "이것은 전혀 근거 없는 주장"이라 언급하면서, 다음과 같이 그 이유를 제시하였다.

① 齒舞群島와 色丹島뿐만 아니라 國後島와 擇捉島도 일본 고유의 영토이므로 당연히 일본에 반환되어야 하는데, 소련이 불법으로 점령하고 있는 것이다.
② 1956년 10월 19일 일·소공동선언 당시에도 미군이 일본 내에 주둔하고 있었는데, 이번 각서에서 미군이 일본 내에서 철수하지 않으면 齒舞

群島와 色丹島를 일본에 반환하지 않겠다는 일방적 통고는 일 · 소공동선언에 대한 위약이고 하등의 법적 근거도 없는 것이다.

이상과 같은 미 국무성의 비공식 논평에 힘을 얻은 일본 정부는, 그로미코 소련 외상의 대일 각서를 일본에 대한 내정간섭이라고 결론을 내리고, 1960년 2월 6일 "일 · 소공동선언은 양국의 비준이 이미 끝났고 국민의 승인을 얻은 정식 국제문서이므로, 이와 같은 엄숙한 국제약속의 이행을 소련 정부의 일방적인 의사 표시로서 파기 · 변경할 수는 없는 것이다"라는 반박 성명을 발표하였다. 그러나 2월 29일 일 · 소협회 회장으로 취임하기로 한 자민당의 이시바시(石橋湛山)가 "일본은 일 · 소평화조약을 체결하고 齒舞群島와 色丹島를 반환받아야 하며, 쿠릴열도에서 일본의 어업 권익을 유리하게 보장받는 조약 대신 쿠릴열도의 國後島와 擇捉島는 포기해야 한다"고 새로운 영토문제 해결방안을 주장함으로써, 자민당 내에 커다란 파문을 던진 사건이 발생하였다.

그 후에도 북방4도의 일괄반환 문제와 「미 · 일 신안보조약」의 미군기지 문제에 대해서는 2월 25일자 제2회 대일각서, 4월 22일자 대일외교각서, 5월 20일자 제3회 대일각서, 6월 15일자 제4회 대일각서 및 제5회 대일각서, 1961년 8월 14일자 흐루시초프 서간문, 9월16일자 및 12월 8일자 이케다(池田) 수상에게 보낸 흐루시초프 수상의 공한, 1964년 9월 후쿠나가 겐지(福永健司) 단장이 인솔한 일본 국회의원 소련 방문단에 대한 흐루시초프의 공한 및 발언 등에서, 소련은 언제나 "북방4도는 국방전략상 그 가치가 매우 중요하므로 일본에서 미국군이 완전히 철수하지 않는 한 북방영토 반환 문제는 그 해결이 불가능한 것이고, 사실상 북방영토 문제는 일련의 국제협정에 따라 이전에 이미 해결된 것이다"라는 종전과 동일한 일관된 조건만을 제시하였다. 이와 같은 평행선상의 주장 및 견해가 대립된 상황하에서도, 일본 정부는 1963년 구각도(貝殼島) 부근의 다시마 채취를 위해 '영토'와 '어업'을 분리하여 일·소간에 민간어업 협정을 체결하지 않을 수 없었다.

그러나 1964년 7월 10일 중국을 방문한 일본 사회당의 사절단에게 마오쩌뚱(毛澤東) 주석은, "동구·일본·핀란드 등지에서 강제로 영토를 취득한 제국주의 국가 소련이 현재 북방4도를 강점하고 있는 사실은, 분명 마르크스-레닌주의의 영토불확대 원칙에 위반되는 것이다"라면서 일본 정부의 입장을 지지하는 발언을 하였다. 그 후 이러한 마오쩌뚱의 발언은 소련 당국 내부에서 약간의 논쟁을 불러일으켰으나, 저우언라이(周恩來) 수상에 의해서 다시 확인한 바 있다.[77] 아울러 일본 공산당까지도 일본 국민의 여론을 반영하는 입장에서, "러일전쟁의 전리품으로 약취한 南사할린의 점령은 일리가 있다 할지라도, 소련은 일본의 고유 영토인 쿠릴열도와 북방4도를 즉각 반환해야 한다"는 견해를 밝힌 바 있다.[78]

1966년 초에 일·소 양국간에 정상급 교섭이 재개됨에 따라, 동년 7월 30일 모스크바에서 제1회 일·소 외상 정기협의회가 개최되어 시이나(椎名)-그로미코 외상간에 공동성명이 발표되었다. 그 내용은 "일·소 쌍방은 양국 관계를 보다 항구적으로 안정된 기초 위에 정립하기 위하여 평화조약을 체결할 필요가 있다고 인정하며, 이에 관련하여 각기 의견을 표명하였다"라는 요지였다. 그 결과 이 회의가 일·소 평화조약 체결 교섭의 창구 역할을 시작하였으나, 어떤 수확도 이루어지지 않았다.[79]

1967년 6월 12일 일본 공산당이 소련 공산당과의 특별회담 석상에

77) 田村幸策, "北方領土の條約上の地位" 『日·露領土問題』(東京: 鹿島平和硏究所, 1967), pp.165-166.

78) 西口光, 『日本領土問題의 眞實』(東京: 新日本出版社, 1981), p.65.

79) 永野信利, 『日本外交ハンドブック』, p.125.

서, "齒舞群島와 色丹島의 반환은 일 · 소 평화조약과 직결되며 상해 평화조약의 제2조는 무효다"라는 기본 입장을 소련에 전달하였다. 또한 7월 20일 모스크바에서 개최된 제1회 일 · 소 정기 각료회의에서 코시긴(Alexei Kosygin) 소련 외상은, "수년간 일 · 소 양국간에 분쟁중인 북방영토 문제는 양국 외교기관을 통해서 상세하게 검토하겠다"고 미키(三木武夫) 일본 외상에게 언급한 바 있고, 당시 사토(佐藤) 일본 수상도 기자회견을 통해 "오키나와와 북방4도에 대한 반환 교섭을 본격적으로 전개하겠다"고 발표함으로써,[80] 표면적으로는 양국간에 어느 정도 해빙의 시대가 도래한 것처럼 보여져, 일본 국민들의 이목을 잠시 오키나와에서 북방4도 쪽으로 돌리게 한 적이 있었다.

그러나 상호협력 관계의 유지에 대한 착각도 일시적이었을 뿐이다. 같은 해 11월에 야마모토 고이치(山本信一) 일본 사회당 부의장이 소련 혁명 50주년 기념행사에 참석차 소련을 방문하여 정치국원 수스로프(Mikhail Suslov)를 접견하자, 수스로프는 북방4도 문제에 대하여 언급하기를, "미 · 일 신안보조약이 계속 유효한 상태로 지속되는 한 북방4도는 일본에 쉽게 인도될 수 없다"는 냉전시대적인 주장을 반복하였다. 아마 이와 같이 태도가 급변하게 된 것은, 당시 일본이 동 · 서 냉전체제하에서 서방측으로 기울어졌다고 소련이 판단하였기 때문인 것 같다.

일본 정부는 1968년 6월 26일 미국으로부터 오가사와라(小笠原) 제도 등 30여 개 도서를 반환받자, 이를 계기로 1969년 3월 현안의 북방4도를 소련과의 강화조약의 체결 없이 일본의 영토로 간주하고, 일본 지도에 자국령으로 명시하여 일본의 총 영토 면적에 포함시키기로 결정하였다.[81] 이에 대응하여 소련은 "오델-나이제線(Oder-Neisse Line)

80) 黒羽茂, 앞의 책, p.183.
81) 한국연감사, 『한국연감』(한국연감사, 1975), p.85.

의 사례처럼, 북방4도 반환 문제는 일련의 국제적 협력에 의하여 해결되었으며, 제2차 세계대전 이후에 확정된 국경이 절대로 변경될 수 없다는 전후 국경선 불가침 원칙을 유럽에서와 같이 북방4도에도 그대로 적용한다"는 일관된 주장만을 반복하였다.

1969년 11월 21일 닉슨-사토(佐藤榮作) 공동성명 이후, 소련의 대일 논평은 극도로 악화되어 비난조로 가득했으며, 일본 정부에게 미국과의 안보동맹으로부터의 탈퇴, 시베리아 개발을 위한 일·소 경제협력의 강화, 아시아 집단안전보장체제에의 협력 등을 강력히 요구하였다. 이에 대해 일본 정부는 "북방4도의 반환문제가 먼저 해결되어야만 아시아 집단안보체제에 대해 소련과 논의할 수 있다"는 대응 주장을 전개하였다. 특히 소련은 1968년까지는 정치적으로 불안정하였고 군사적으로 비교적 열세였기 때문에, 영토문제 회담에서 유화정책을 실행하였다. 당시 중·소 관계는 국경분쟁이 극도에 이른 상황이어서, 일본 정부와 북방4도의 일괄반환론과 관련한 회담을 재개하는 것은 마치 판도라 상자(Pandora's Box)를 여는 것과 같은 위험 부담 때문에 자연히 소강상태로 남겨둘 수밖에 없었다.

1970년 10월 21일 유엔 총회에 출석한 사토 일본 수상이 "지난 6월 17일에 오키나와의 시정권이 반환되었고,[82] 나머지는 국민의 여론과 관심이 비등한 북방4도의 일괄반환 문제만이 유일하게 남아 있다"고 연설하자, 소련은 11월 11일 주일 소련 대사를 통해 "일본 정부가 요구하는 북방영토는 인위적이며 보복주의적 성격을 띤 행동"이라는 반론을 제기하였다.

이와 같이 1960년대의 일·소 관계 교섭은 북방4도 반환문제를 중심으로 해빙과 대화 그리고 긴장의 연속이었으며, 일본 정부의 입장에서도 오로지 소련으로부터 "일·소 양국간에는 미해결의 영토문제가

82) 朝鮮日報, 1978년 4월 18일.

존재한다"는 사실만을 인정받으려는 것이 대화 교섭의 최대 과제였음이 분명해졌다.

4. 교섭 재개 시기: 1972~1975년

1971년에 접어들어 미국이 중국과 국교 정상화 방안을 모색하자, 소련은 중국과 일본의 접근만이라도 견제할 목적으로, 시베리아 자원 개발과 북방4도 반환문제를 한데 묶어 접근하려는, 과거의 강경한 외교 자세로부터 미소(微笑)의 외교 자세로 수정하였다. 더욱이 1971년 6월 17일에 미 · 일간에 「오키나와(沖繩) 반환협정」이 서명되고 11월 10일에 미국 상원에서 84:6으로 비준됨에 따라, 일본의 여론은 전후 북방4도를 계속 강점하고 있는 소련에 대해 반소감정이 더욱 고양되었다.[83] 1972년 1월 27일 동경에서 제2차 일 · 소 정기 각료회의가 개최되었는데, 그로미코 소련 외상은 공동성명에서 영토문제에 대해서는 직접적인 언급이 없었지만, 이와 같은 일본 국민의 여론을 의식하고 연내에 평화조약 체결을 위한 양국간 외상회담을 재개할 것을 제의하였다.[84]

동년 5월 15일 미국이 오키나와를 일본에 반환하자, 일본의 입장에서 볼 때 전후 영토문제는 북방영토와 독도[竹島] 문제만 남게 되었으므로, 10월 21일 오히라 마사요시(大平正芳) 외상으로 하여금 소련을 방문하여 그로미코 외상과 북방4도 일괄반환 문제의 해결 방안을 논의하도록 하였다. 당시 북방4도 주변에서 조업중이던 일본 선박 및 선원들이 소련 영해 침범죄로 기소되어 억류 중인 관계로 일본인의 대소 감정이 별로 좋지 못한 때였으므로, 일본 정부의 입장도 난처한 분위기의 연속이었다. 그럼에도 불구하고 10월 24일 발표된 오히라 외상

83) Fredrerik H. Hartman, *The Relation of Nations*(New York: Macmillan, 1983), p.595.
84) 大平善梧(編), 앞의 책, p.181.

의 소련 방문 성명을 보면, "소련은 1956년에 체결한 일 · 소공동선언에서, 장차 일 · 소평화조약이 체결되고 우호적인 노력이 시작되면 齒舞群島와 色丹島를 일본에 인도할 예정인 그 약속만 유효하다고 인정하고, 나머지 國後島와 擇捉島의 반환문제에 대해서는 양국 외상회담에서조차 의제 밖의 것이라고 일축하였다"라는 내용의 소련의 돌변한 대일 태도와 자세를 지적하고 있다.[85]

1972년 5월 26일 사단법인 일본청년회의소는 이날을 '북방영토 반환 100만인 가두 서명운동'이라는 전국적 행사일로 정하여 가두서명에 전체 회원을 참가시킴으로써 북방영토에 대한 국민 여론을 유도하였고, 7월 15일에는 북방영토분과위원회를 개최하였으며, 8월 25일에는 북방영토시찰단을 파견하고 세미나도 동시에 주관하였다.

1973년 9월 20일 일본 중의원 본회의에서는, 일본 공산당을 포함하여 「북방영토반환에 관한 결의」가 만장일치로 채택되었다.[86] 이에 따라 10월 7일 수상 다나카 가쿠에이(田中角榮)는 양국간 무역 증대와 북방4도 반환 문제를 조속히 해결하고자 소련을 공식 방문하여 브레즈네프(L.I. Breznev) 소련 공산당 서기장과 4회에 걸친 정상회의를 개최하였으며, 10월 10일에는 미해결의 제 문제를 해결하기 위한 「다나카-브레즈네프 공동성명」을 발표하였는데, 그 요지는 다음과 같다.

> 제2차 세계대전 이후 일 · 소 쌍방은 미해결의 제 문제를 해결하는 것이 진정한 우호관계의 확립에 기여할 것임을 인식하고, 1974년의 적당한 시기에 양국은 평화조약의 체결 교섭을 계속 추진함에 합의하는 바이다.

여기에서 간과해서는 안 될 중요한 내용은, 이 공동성명을 발표하는 과정에서나마 비록 구두일지라도 '미해결의 제 문제' 중에 현안의 북

85) Robin Edmonds, *Soveit Foreign Policy: 1962-1973*(London: Oxford University Press, 1977), p.118.

86) *Ibid.*, p.148.

방4도 문제도 포함되어 있다는 사실을 재확인했다는 점이다.

더욱이 1974년 11월 6일 주일 소련 대사관측에서, "소련은 제2차 세계대전의 결과를 변경하지 않음이 일반적인 기본입장이지만, 앞으로 일 · 소 평화조약의 체결을 교섭하는 과정에서 북방4도의 반환문제도 자연히 결정될 것이며, 이 문제는 미 · 일안보조약의 존재와는 아무런 관계도 없다"는 다소 유화적인 태도를 보였다.[87] 이에 따라 일본 정부는 1975년 1월 15일 미키(三木武夫) 내각의 출현과 함께, 큰 기대를 갖고 미야자와 기이치(宮澤喜一) 외상이 소련을 방문하여, 조속한 시일 내에 북방4도 일괄반환의 실현과 선린우호조약의 체결을 재차 호소하였으나 그로미코 외상의 태도는 기대 밖으로 냉담했다. 8월에 그로미코는 『커뮤니스트』지 권두 논문에서, "일본 정부가 근거 없이 북방영토의 반환을 요구하는 것은 분명 외부로부터 직접적인 교사(教唆)를 받아 소련에게 문제를 제기하는 것"이라고 비난하고, 종전과는 전혀 상반된 영토문제 논리를 전개하였다. 그 결과 사실상 일 · 소 양국은 이 때부터 북방영토 반환 문제에 대해서 각기 '현실 변경론'과 '현실 고정론'으로 이론상 대립을 보여 왔으며, 이 같은 극단론은 오늘날까지도 계속되고 있는 것이다.

이 같은 소강상태가 진행되는 도중인 9월 10일, 미국 외교 전문지 『대외문제』(*Foreign Affairs*) 10월호에 일본 수상 미키의 외교고문 겸 NHK 해설위원인 히라사와 카즈시게(平澤和重)의 북방4도 반환 처리 방침에 관한 소위 '2단계식 북방영토 반환론'이 발표되었다.[88] 히라사와는 이 논문에서, 북방4도의 일괄반환론은 현재 시점에서 매우 곤란한 쟁점임을 인식하고, 북방영토 분쟁을 현실적으로 해결할 수 있는 방책으로서 다음과 같은 새로운 방식을 제안하고 있다.

87) 石川忠雄, 『私のみた日本外交』(東京: 慶應通信, 1976), pp.79-83.

88) Kazushige Hirasawa, "Japan's Emerging Foreign Policy," *Foreign Affairs*, 54-1 (October 1975), pp.155-172.

① 國後島와 擇捉島 대해서는 금세기 동안, 즉 향후 25년간 반환 문제를 동결하고 21세기에 접어들면 교섭을 진행한다.

② 齒舞群島와 色丹島만은 일 · 소 평화조약이 체결됨과 동시에 일본에 즉시 반환하기로 한다.

이 같은 '2단계식 북방영토 반환론'이 일본의 신문들에 보도되어 일본 국민의 여론이 걷잡을 수 없을 정도로 들끓자, 미키 수상도 결국 민의에 굴복하지 않을 수 없었다. 따라서 북방4도의 반환에 대한 일본 정부의 공식 입장인 일괄반환요구 원칙의 고수에 대하여, 국내외에 재천명하지 않을 수 없었다.

5. 냉각기: 1976~현재

1976년 1월 9일 미키-그로미코 외상회담이 동경에서 개최되었으나, 그로미코 외상이 동 회의석상에서 북방4도 문제와 일 · 중 평화조약의 反패권 조항 문제를 관련시킴으로써 일 · 소 관계는 더욱 악화되었다. 더욱이 1976년 9월 3일 소련 외무성은, "향후 일본이 북방영토에 성묘하고자 할 경우에는 일본 정부의 여권과 소련 정부의 입국사증(VISA)이 필요하다"고 일본 정부에 통고하였는데, 이는 북방영토가 소련의 영토임을 일본측에 재확인시키려는 데에 목적이 있었다.[89] 일본 정부도 북방영토를 소련의 영토로서 인정하지 않는다는 기본 입장이었기 때문에, 이 때부터 이 지역에의 성묘를 중단시켰다. 그러나 1986년 7월 28일 고르바초프의 블라디보스톡 연설을 계기로, 북방영토내의 성묘문제가 다시 허용됨으로써 이 문제만은 타결을 볼 수 있었다.

1976년 12월 10일 소련은 북방4도가 자국령이라는 전제하에 「연안

89) 永野信利, 앞의 책, p.126.

접속수역에 있어서 생물자원의 보존과 어업 규제에 대한 잠정조치에 관한 소연방최고회의 간부회령」으로 200해리 어업전관수역을 획선 · 설정하고, 1977년 2월 24일, 장차 8월 1일부터 이를 실시한다고 포고하였는데 이 수역의 경계선은 다음과 같다.[90]

① 북해 수역에서는 태평양 · 쿠릴제도
② 남쿠릴수역에서는 남쿠릴제도 및 일본 영토로부터의 등거리선
③ 소비에트 해협에서는 소연방의 국경
④ 오호츠크해 및 일본해에서는 중앙선 또는 소연방의 연안 및 인접제국 연안으로부터의 등거리선

이와 같은 일방적 통고를 받은 일본 정부는 1977년 1월 26일 대소 대응책으로서 일본 영해를 3해리로부터 12해리로 확대할 방침을 수립했으나, 북해도 어민의 생계 보호가 급선무로 간주되었기 때문에 북방영토 문제를 일단 보류하고, 2월 8일 일 · 소 어업회담을 개최하여 북양어장에서의 어획량을 할당받았다.[91] 그리고 당시 소노다 스나오(園田直) 외상을 통해 2월 25일, "일본국의 고유 영토인 북방4도의 주변 수역을 규제대상으로 임의 선포한 소련의 행위는 일본국에 대한 주권 침해"라고 엄중 항의하였다.

그러나 소련은 3월 11일에 또다시 신 200해리 전관수역에 따른 기선을 다음과 같이 발표하면서, 북방4도를 공식적으로 소련 영토로서 선포하였다.

> 신 200해리 전관수역의 기선은 일본 북해도와의 관계를 國後島와의 사이의 國後해협, 그리고 齒舞群島와의 사이의 소비에트 해협을 경계선으로 획정한다.

90) 朝日新聞, 1977年 5月 3日字.
91) 高坂正堯, 『外交感覺』(東京: 中央公論社, 1985), pp.3-5; 中央日報, 1977年 8月 3日字.

이 결과 오호츠크해의 광대한 황금어장이 소련의 어업전관수역에 포함되었기 때문에 일본 어선들은 상당히 큰 피해를 받게 되었다. 또한 1977년 3월 15일 소련 공산당대회에서 브레즈네프 서기장도 북방영토 문제에 언급하면서, "1905년 「포츠머스조약」에서 결정된 일본국 영토로서의 사할린과 쿠릴열도, 그리고 그 일부로 생각되는 齒舞群島와 色丹島는 당연히 일본국에 반환할 필요가 없이 소련에 귀속됨이 정당하다" 고 소련 정부당국의 기본 방침을 재천명한 바 있다.

그러나 일본 정부는 신해양질서 시대의 추세에 따라 '영해 3해리 · 공해자유원칙' 을 포기하고, 4월 29일 중의원에서 영해 12해리법과 200해리 어업수역법을 「신일본영해법 정령」으로 통과시켰고, 5월 2일 참의원에서 가결하여 6월 14일부터 시행할 것임을 선포하였다. 「신일본영해법 정령」의 일본 영해는 일본 해안의 저조선(低潮線)을 기선으로 한 12해리 해역으로, 문제의 북방4도와 죽도(독도) 및 첨각열도(조어대열도) 등을 모두 일본 영해 내에 포함하고 있다.[92]

다행히도 5월 27일 일 · 소간에 서명된 「일 · 소 어업잠정협정」 제8조에는 북방영토 귀속문제를 유보조항으로 삽입하고 있기 때문에, 앞으로도 일본 정부가 소련에 대하여 북방영토에 대한 일본국의 영토 권원을 청구할 수 있는 법적 근거를 갖고 있는 것이다.

10월 21일에 소련 해운상 쿠첸코(Timofey B. Guzhenko)가 일본을 방문하여 후쿠다(福田) 수상과 회담을 가졌는데, 이 자리에서 후쿠다 수상은 만성적으로 북방4도의 일괄반환 문제를 다시 거론하였다. 그러나 1978년 1월 8일 소노다(園田直) 외상이 소련을 방문하여 코시긴 수상 및 그로미코 외상과 일련의 회담을 갖고 공동성명 내에 '미해결의 제 문제' 라는 자구 삽입을 요구하였으나, 소련은 일 · 중 평화조약

92) 草野 厚 · 梅本哲也(編), 『現代日本外交の分析』(東京: 東京大學出版會, 1995), pp.344-345.

체결 교섭이 활발하게 진전하고 있음에 크게 불만을 품고 있었기 때문에, "일 · 소간에 영토문제는 존재하지 않는다"라는 소련측의 강경한 반대에 부딪쳐, 공동성명 발표조차 중지하지 않을 수 없는 최악의 사태가 발생하였다.[93] 소노다 외상은 모스크바를 출발하기에 앞서 가진 기자회견에서, "일 · 소 양국 정부간에 1973년 확인한 미해결의 제 문제를 이번에 소련이 일방적으로 파기하는 것을 보고, 앞으로 소련과는 상호 교제할 수 없음을 알게 되었다"면서 소련의 태도를 비난하였다.

그럼에도 불구하고 2월 23일에 소련은 일방적으로 평화의 유지, 긴장완화의 유지, 국가 안전보장의 강화를 목표로 한 전문과 본문 14조로 구성된 「일 · 소 선린협력조약」 초안을 발표하였고, 3월 6일에는 「북방영토에 대한 구두성명」도 발표하였다. 그 요지는, "분쟁중에 있는 북방영토는 소련의 영토이므로 소련이 자국 영토를 일본국에 인도할 수는 없다. 더욱이 최근 일본 국내에서 소련 영토인 북방4도를 일본 영토로 표기한 지도가 출판되고 있고, 일본 정부의 고급 관리들이 북방4도의 인접 지역들을 부단히 사찰하여 복수주의적인 대소 캠페인을 전개함으로써, 일본 국민의 감정을 의식적으로 자극하는 행위를 자행하고 있음은 매우 비우호적인 유감스러운 일"이라며 일본 정부에 대해 격렬하게 비난하는 내용이었다. 또한 소련은 세계 여타 지역에서 흔히 사용하던 군사력의 증강을 통한 영토분쟁 해결방법을 현안의 북방4도의 경우에도 적용시킬 수 있다고 하여, 일본의 정책결정자들을 위협하기도 하였다. 소련의 이 같은 위협적인 태도는 "우리 편이 아닌 자는 모두 우리의 적이며, 소련의 힘은 붉은 군대의 총검이 미치는 곳에서만 확보될 수 있다"는 스탈린 공식의 부활이었던 것이다.[94]

3月 20日, 일본 정부도 「영토문제에 관한 소련 외무성 구두성명에

93) *New York Times*, January 11, 1978.
94) 서울신문, 1981년 2월 24일자.

대한 일본정부의 반론」을 발표하였다.

> 일본국은 상해평화조약에서 쿠릴열도에 대한 모든 권리, 권원 및 청구권을 방기하였으나, 쿠릴열도 가운데 문제의 북방4도가 포함되지 않으며, 북방4도는 일본국의 고유의 영토임을 입증하는 권위 있는 역사적 · 법적 문헌이 다수 존재한다. 그러므로 일본 정부 관계자들이 북방4도를 시찰하거나 지도를 제작하는 일에 대한 소련측의 비난은 분명 일본국 내정에 간섭하는 것이며, 일본국 국권의 최고기관인 국회와 일본의 전국 47개 都 · 道 · 府 · 縣 의회에서 북방4도의 반환을 실현시키기 위해 평화조약의 체결을 촉진하기 위한 결의를 채택한 것은 소련에 대한 비난이 아니고, 오로지 일 · 소 양국간의 진실된 선린 우호관계의 기초를 다지며 나아가 동북아의 영원한 평화에 기여하려는 확신에 따른 것으로 일본 국민의 진정한 바람인 것이다.

이 반론에서 일본 정부는 북방4도 일괄반환의 방법으로 일 · 소간에 평화조약을 체결할 것을 강력히 촉구하였다. 또한 오히라(大平正芳) 수상은 6월 6일부터 북방4도에 군사력을 증강 · 배치하기 시작한 소련의 함포외교에 대하여, 이는 분명 양국간의 선린우호의 정신에 역행하는 처사로 규정하였다. 이에 따라 다카시마(高島) 외무차관을 통하여 1979년 2월 5일 군사 훈련 및 기지 건설에 대한 반대와 지상군의 철수를 강력하게 요구하였고, 2월 20일 중의원에서는 행정부의 대소 항의를 뒷받침하기 위해 「북방영토 해결촉진 결의안」을 공산당을 제외하고 만장일치로 통과시켰다. 또한 9월 9일 소노다 수상이 직접 해상으로 북방4도를 시찰하였으며, 色丹島에서 새로 발견된 군사기지의 철거를 10월 2일자로 다카시마 외무차관이 소련에게 강력하게 요구하였다.[95] 1980년 3월 13일, 제87회 일본 중의원에서는 다시 한번 북방영

95) 길승흠, "최근 일본의 대극동아정책," 『국제문제』, 106(1976.9), pp.48-49.

토 문제 해결의 촉진에 관한 결의를 초당적인 찬성으로 가결하였는데, 그 결의의 요지는, "소련이 일본 고유의 영토인 북방4도에 증강시킨 모든 군사적 조치들을 철회하고, 북방영토 문제를 조속히 해결하는 것이 곧 양국의 평화우호 관계를 촉진하는 것이며 일본 국민의 총의에 부응하는 것"이라는 내용이었다.[96]

1980년 9월 23일 유엔 총회에서 이토 마사요시(伊東正義) 일본 외상은 8년 만에 북방영토의 귀속 및 반환문제가 미해결로 남아 있음을 공식적으로 거론하였고, 9월 24일 일 · 소 외상회담에서도 다시 제기하였다. 그러나 소련 외상이 종전과 같이 "영토문제는 존재하지 않는다"는 일관된 답변을 함으로써 별다른 성과를 거두지 못하였다.[97] 10월 25일 이토 외상은 해상으로 북방4도를 시찰하고 이의 반환문제를 국제여론에 호소할 예정임을 기자회견에서 발표하였다. 11월 4일 주일 소련 대사 폴리얀스키는 북해도신문사와 가진 공개 질문서에서 회답하기를, "세계 지리학이나 소련 지리학에서 이른바 북방영토의 개념은 존재하지 않으므로, 본인도 존재하지 않는 이 문제를 제기할 수는 없다"는 소련의 입장과 태도를 밝힌 바 있다.[98] 11월 19일 일본 외무성은 북해도에 북방영토 문제를 전담하여 도민에게 홍보 · 계도하는 駐북해도 대사제도를 신설하고, 초대 대사에 폴란드 대사를 역임한 호리(堀新助)를 임명하였다.[99] 그러나 스즈키 젠코(鈴木善幸) 내각은 다른 어떤 내각보다도 북방4도의 반환운동에 대해 가장 열성적이었으므로, 역대 수상으로서는 처음으로 네무로(根室)를 방문하고, 1981년 1월 6일에는 이 운동의 거국민적인 추진을 위해서 1855년의 「러 · 일 통상우호조약」의 조인일인 2월 7일을 '북방영토의 날'로 결의하였다.[100]

---

96) 최영, "1986년의 국제정치기류," 『총력안보』, 160(1986. 2), p.21.
97) 木村汎, 『北方領土を考える』, p.350.
98) 위의 책, pp.298-299.
99) 時事通信社, 『時事年鑑』(東京: 時事通信社, 1981), p.82.

1981년 2월 7일 '제1회 북방영토의 날'에는 동경 해운회관에서 스즈키 수상, 이토 외상, 중·참의원 의장 및 여야 정치인 등 고위 인사들이 참석한 가운데, 북방4도의 일괄반환을 요구하는 동경집회의 기념식을 거행하였다.[101]

이와 같은 일본 정부의 조치에 대하여 중국은 인민일보의 사설을 통하여 "일본국이 주장하는 북방4도의 반환 요구는 정의의 행동"이라고 하면서, 일본 정부를 적극적으로 지지하였다. 그러나 소련은 1월 20일, 1월 28일, 2월 9일자로 이를 반동노선으로 간주하여 맹렬히 비난함과 동시에, 북방4도에 지상군을 증강시켜 일본에 무력시위를 전개하면서 오늘에 이르고 있다.[102] 소련은 만일 일본이 북방4도를 무력으로 해결을 기도할 경우 소련군도 군사력으로 대응할 조치가 완료되어 있다고, 소련 군사연구소 부소장인 키리얀 중장이 일본 교도통신(共同通信)과의 회견에서 강경한 입장을 밝혔다.

그러나 3월 15일 이토 일본 외상은 주일 소련 대사인 폴리얀스키를 만나, "일·소 관계에 있어 북방 4도의 반환문제는 절대 피할 수 없는 불가결의 가장 중요한 문제"라는 일본 정부의 입장을 전달하였다. 6월 5일 스즈키 수상은 "일본은 영해와 영공, 그리고 1000해리 이상의 해상로를 강력히 수호하겠다"는 결심을 토로하였고, 실지회복에 대한 일본 정부의 변함없는 자세와 결의를 일본 국민들에게 보여주기 위해서 9월 9~10일 양일간 일본 수상으로서는 최초로 북방4도 부근 상공을 비행기로 시찰하였는데, 이것이 TV를 통해 전국에 실황 중계 방송되었다.[103] 자민당도 9월에 전국적으로 '북방영토 반환요구 국민대회'를 주최하여 이 문제를 국민여론화한 바 있었다. 뿐만 아니라 소노다

100) Roger Buckley, *Japan Today*(London: Cambridge University Press, 1985), p.72.
101) 朝鮮日報, 1981년 2월 10일자.
102) 防衛年鑑刊行會, 『防衛年鑑』(東京: 防衛年鑑刊行會, 1982), p.514.
103) 外務省(編), 『わが外交の近況』, p.35.

외상도 9월 22일 제36차 유엔 총회에서 소련에 의해 불법 강점되어 있는 북방4도에 대한 조속한 해결을 전세계에 호소하였으나, 소련측이 "미해결의 영토문제가 일 · 소간에는 존재하지 않는다"는 무책임한 답변을 함으로써 실효를 거두지 못하였다.[104)]

1982년 1월 20일 모스크바에서 재개된 제2차 일 · 소 실무자회의에서도 소련측 대표는, 일본 정부가 2월 7일을 '북방영토의 날'로 제정한 데에 대하여 항의하였다.[105)] 이에 대해 스즈키 수상은 제96회 국회 기조연설을 통해 "분쟁중인 북방4도의 귀속 · 반환문제는 소련과의 대화를 통하여 현안의 일 · 소 관계를 개선하고 난 이후에 평화조약을 체결하겠다"고 공약하였다. 그러나 소련 정부가 일 · 소 평화조약의 체결과 북방4도의 반환문제는 전혀 상관관계가 없다고 생각하는 데에 문제의 복잡성이 있었다. 4월 20일 제3차 일 · 소 원탁회의에서도 북방영토 문제가 가장 중요한 의제였는데, 소련 대표는 "소련은 1956년 10월 19일 「일 · 소 공동선언」의 평화공존 원칙에 따라 모든 문제를 처리하고 있으나, 일본 정부가 「일 · 소 평화조약」의 체결을 위한 준비가 전혀 되어 있지 않다"고 하면서 일본측에 모든 책임을 전가한 바 있었다.[106)]

1983년 2월 7일 '북방영토의 날'에 소련은 일본 정부가 주장하고 있는 북방4도의 역사적 근거에 대해 비난함과 동시에, 「알타협정」의 국제법적 합법성과 「포츠담선언」에 대한 일본의 의무 이행을 주장하였다.[107)] 그리고 5월에는 소련이 시효취득을 위한 보장책의 하나로 북방4도 중 擇捉島와 國後島를 자연보호 구역으로 지정하여 두 도서가

104) 每日新聞社 外信部, 『東亞軍事力』(東京: 築地書館, 1983), pp.58-59.

105) 讀賣新聞社, 『讀賣年鑑』(東京: 讀賣新聞社, 1983), p.97.

106) 世界週報, 1982年 5月 18日字, pp.14-15; J. A. A. Stokwin, *Japan Divided Politics in a Growth Economy*(New York: Norton, 1982), p.266.

107) 時事通信社, 『時事年鑑1984』(東京: 時事通信社, 1984), p.78.

소련 영토임을 기정사실화시키고 있다.[108]

1984년 8월 29일 소련 최고회의 민족회의 의장인 포즈는 소련을 방문한 일·소 우호의원연맹 회장인 桜内義雄과의 회담에서, 일·소간의 영토문제는 존재하지 않으나 일·소 평화조약의 체결 후에는 해결할 수도 있다"는 매우 희망적인 발언을 하였다.[109] 그러나 10월 26일 일본을 방문한 일·소 의원연맹 소련측 단장인 구나에프는 아베 신타로(安培晋太郎) 일본 외상과의 회담에서 북방4도 문제가 거론되자, "소련에는 현재 남아도는 영토는 없으며 일·소간의 영토문제는 고려되거나 변경될 것도 없다"는 매우 경직된 발언을 함으로써, 영토문제에 관한 한 소련은 종래의 입장으로 다시 회귀했던 것이다.

1985년 9월 16일 고르바초프는 소련을 방문한 일본 사회당 이시바시(石橋) 위원장에게, 소련은 제2차 세계대전 이후의 독일 국경선과 같이 일·소간의 북방영토, 중·소 국경, 중·印 국경의 경계선을 영구 고정화하는 원칙하에서 아시아 안보체제의 창설과 관련한 구상 계획이 있음을 피력한 바 있다.[110] 이와 같은 고르바초프 서기장의 구상을 뒷받침해 주는 일련의 조치로서, 소련은 10월14일 북방4도의 주변 해역 및 그 인접 쿠릴해협에 25척 정도의 규모를 가진 잠수함 함대를 신설함으로써, 소야(宗谷)해협을 통과하여 오호츠크해에 진입해 북방4도 및 쿠릴열도를 통과하는 해상로를 확보하였다.[111] 고르바초프의 아시아 안보체제 구상은 표면상으로는 평화 애호적인 제안이라고 보일 수 있으나, 실제로는 소련의 국익에 바탕을 둔 저의가 내재되어 있다고 볼 수 있다. 특히 소련은 주권의 존중과 국경의 불가침조항을 삽입함으로써, 북방4도와 관련된 모든 문제를 상황론(都合主義; opportunism)

108) 讀賣新聞社, 『讀賣年鑑1984』(東京: 讀賣新聞社, 1984), p.97.
109) 世界週報, 1984年 9月 11日字. p.6.
110) 世界週報, 1984年 10月 15日字, pp.4-5.
111) 서울신문, 1985年 10月 15日字.

에 따라 현재의 국경을 영구화하려는 데에 그 진의가 있는 것으로 볼 수 있다.

10월 12일 나카소네(中曾根) 일본 수상은 가토리(鹿取) 소련 주재 일본 대사를 통해 고르바초프 서기장에게 친서를 보냈으며, 10월 27일에는 북방4도의 일괄반환을 조속히 실현시키는 것이 곧 '전후 일본 정치의 총결산'이라고 간주하고, 소련의 북방4도 현상고정론을 파기하는 데 전력을 경주하였다.[112] 같은 날 고르바초프 서기장도 소련 연방 최고회의에서, "소련은 일본과의 관계 개선을 바라고 있으며 이는 실현가능할 것으로 확신한다"고 밝힘으로써, 일 · 소 외상회담의 사전분위기를 조성하였다.

1985년 12월 12일, 소련의 세계경제연구소장 겸 외교정책 입안기구의 책임자인 프리마코프(Y. Primakov)가 일본 유엔대학 이사회에 참석차 방일하여, 일본 외무성 간부에게 "소련은 1956년 일 · 소 공동선언의 내용에 명시된 북방4도 가운데 齒舞群島와 色丹島의 두 개 섬을 일본에 반환할 필요가 있다"는 이른바 '2도 반환론'을 시사하였다. 이는 소련이 시베리아 경제개발과 사할린 유전개발을 위해 일본 정부로부터 경제력과 첨단 과학기술을 얻어내기 위한 유화책이었고, 齒舞群島와 色丹島가 비교적 군사전략상의 가치가 적기 때문에 이러한 가능성을 보여준 것으로 볼 수 있다. 12월 27일 타스통신도 일 · 소 관계의 전망과 관련한 방송에서 "선린 · 신뢰 · 상호이익을 위한 협력 아래 일본 정부와의 관계 개선의 가능성이 매우 크다"고 발표하였다.

1986년 1월 15일에서 19일까지, 8년 만에 재개된 일 · 소 외상회담에서, 아베 일본 외상과 셰바르드나제(Edward Shevardnaze) 소련 외상은 그 동안 양국간에 금기사항으로 취급되었던 북방4도 반환문제를 2시간 이상 논의하였으나, 결과는 "아무런 변화가 없다"(No change

112) 日本經濟新聞, 1985年 10月 27日字.

whatsoever)라는 종전과 같은 결과로 끝나고 말았다. 이것은 곧 1986년 1년 동안의 고르바초프 외교가 단순히 실용성이 없는 선전외교(propaganda diplomacy)에 지나지 않았음을 알 수 있는 증거가 된다.

1986년에 접어들어 두 차례의 일 · 소 외상회담, 당대회 문서, 고르바초프의 블라디보스톡 연설 등, 일 · 소 양국간의 교섭과 교류가 비교적 활발하게 전개되었으나, 양국의 회담에 임하는 최대 관심사가 완전히 상이하였다. 소련은 오직 경제문제에, 일본은 북방영토 문제에 깊은 관심을 갖고 있었기 때문에, 북방4도 문제는 오직 영토분쟁의 대상으로 존재한다는 사실을 회담 과정에서 묵인받은 정도가 회담의 성과라고 평가될 수 있다.[113]

1986년 4월 11일 일본 중의원 외무위원회에서 일본 외상 아베는 공명당 다마키(玉城榮一) 의원이 질문한 향후 일 · 소 관계 개선의 전망에 대한 정부측의 기본 방침에 대해, "일본은 앞으로 전개될 대소 관계에서는 정경일체라는 관점에서 영토문제와 분리된 어떤 경제협력 문제도 고려할 수 없다"는 강경한 입장을 표명하였다.[114] 그러나 7월 28일 고르바초프의 블라디보스톡 연설로써 소련이 여전히 현 국경의 고정화를 획책하고 있음이 나타나고 있어, 양국 관계 개선을 위한 교섭이 한계에 이른 것으로 판단된다.

동년 19월 17일 일본 중 · 참의원에서는 1956년 「일 · 소 공동선언」 30주년을 맞아 「북방영토 해결 촉진에 관한 결의」를 양원의 전원일치로 가결하였는데, 지금까지 중의원에서 12회, 참의원에서 모두 8회에 걸쳐 통과되었다.[115] 또한 10월 20일에는 30주년 기념 메시지를 쿠라나리(倉成)-셰바르드나제 외상간에 교환하였다. 일본은 동 메시지에

113) 國際問題調査硏究所, 『1987年度 東北亞安保環境』(國際問題調査硏究所, 1986), p.26, p.35 ; 世界週報, 1985年 9月17日字.

114) 朝日新聞, 1986年 4月 11日字.

115) 朝日新聞, 1986年 10月 17日字.

서, "1973년 10월 10일 일 · 소 공동성명에서 합의된 사항에 따라 조속히 일 · 소 평화조약의 체결에 노력하려고 한다"고 발표하였으나, 소련은 단지 의례적인 용어의 나열에 그치고 말았다.[116] 소련은 실지회복주의에 전쟁의 원인을 두고 있으므로 "북방영토 문제는 존재하지 않는다"는 입장을 고수하는 것이 기본 원칙이었다. 더욱이 반소(反蘇) 포위망으로서 군사전략상 활용될 수 있는 북방4도의 일본에의 반환은 기대하기 어려운 일이었다.

1991년 3월 25일 마이니치신문을 참조하면, 러시아를 방문한 이치로 오자와(小澤一郎)의 대러시아 안보협력과 북방영토 반환 제의를 일괄하여 제안했으나 역시 목적을 달성치 못하였다.

북방영토 문제의 극적인 해결이 비록 이루어지더라도 현재의 미 · 일 안보협력계획에 서운함과 소원함이 야기될 수도 있는 등 양국 정부간에 매우 심각한 문제의 돌발 가능성도 고려해야 하기 때문에, 북방영토 반환 처리 문제는 전망이 그리 밝지 못한 것으로 예상할 수 있다.[117]

제 4 절 영유권 주장의 분석과 비판

일본의 군사대국화를 전통적으로 싫어하는 구소련과 러시아의 동북아 정책기조는 지정학적인 요인에 바탕을 두고 세계적인 안보환경의 변화에 능동적으로 잘 적응해 왔었다.[118] 제2차 세계대전 직후인 1945

116) 朝日新聞, 1986年 10月 21日字.

117) Takashi Inoguchi, *Japan's Foreign Policy in an Era of Global Change*(London: Pinter Publishers Ltd., 1993), p.121.

118) Thomas W. Robinson, "Soviet in Asia," in Erik P. Hoffmann & Frederic J. Fleron, Jr.(eds.), *The Conduct of Soviet Foreign Policy*(New York: Aldine Publishing Co., 1980), pp.583-588.

년 9월 3일부터 소련에 의해 강점되어 온 북방영토도 지정학적으로 소련의 극동에 대한 '자연 방위환'을 형성하는 전략적 가치와 경제적 중요성을 지니고 있는 절대 중요한 요충지인 것이다.[119] 따라서 당시 소련은 1946년 2월 20일 소비에트사회주의공화국 연방최고회의령으로써 남사할린(The Southern Sakhalin) 및 쿠릴열도와 북방4도를 1945년 9월 20일자로 소급하여 소련 영토로 편입시켰으며, 1948년 3월 13일 소비에트공화국 헌법을 개정하여 이들 제도를 사할린 오블라스트(Sakhalin Oblast)에 병합시켰다.[120]

또한 전술한 바와 같이 「카이로선언」, 「얄타협정」 및 「포츠담선언」, 「연합군 일반명령 제1호」와 「SCAPIN 제667호」, 「상해평화조약」 제2조, 그리고 「일 · 소 공동선언」 제9항 등 일련의 국제협정에 의해서 쿠릴열도는 합법적으로 소련 영토가 되었고, 북방4도도 쿠릴열도의 일부이므로 이들 조약에 의해 이미 영토문제는 해결되었기 때문에 "일 · 소간에 미해결의 영토 문제는 존재하지 않는다"고 주장하고, 1977년 3월 11일 신 200해리 전관수역의 기선을 획정하는 과정에서 북방영토까지도 소련 영토로서 선포하였다.

소련은 특히 「포츠담선언」에서 일본의 영토를 본주 · 북해도 · 구주 및 四國과 모든 도서, 그리고 약간의 소도에 국한하고 있어 쿠릴열도는 일본의 주권하에 남아 있는 영토로부터 제외되었다는 쿠릴열도의 포기 사실을 강조하면서, 「상해평화조약」 제2조 C항에 의하여 일본이 권리를 포기한 쿠릴열도라는 자구의 정의에 國後島와 擇捉島 등 일본의 고유영토인 남쿠릴까지 포함시켜 확대 · 해석하였고, 현재 소련에서 간행된 지도에서도 色丹島와 齒舞群島까지를 쿠릴열도로서 표기하고 있다. 이와 같은 일련의 임의조작 조치는 북방4도를 장차 일본 북

119) 入江啓四郎, 『現代國際問題要論』(東京: 弘文堂, 1956), p.147.

120) Y. Takano, *Nihon no Ryodo Mondai*(Tokyo: Ministry of Foreign Affairs, 1962), p.33.

해도의 일부라고 확신하는 일본인들의 주장을, 구소련과 현재의 러시아가 평소 많이 의식했기 때문이라고 분석할 수 있다.

러시아가 제시하는 또 다른 법적 근거는, 1951년 10월 19일 일본 국회에서 외무성 니시무라(西村) 조약국장이 「상해평화조약」에 규정된 쿠릴열도의 범위에 관해 답변한 것인데, 니시무라는 "쿠릴열도는 남쿠릴과 북쿠릴 양자 모두를 포함한다"고 대답했었다. 이 답변 때문에 조치대(上智大)의 클라크(Gregory Clark) 교수는 "북방영토는 당연히 구소련에 반환되어야 한다"고 믿고 있는 것이다.[121)]

북방영토 문제에 관한 일본의 주장은 역사적 · 법적으로 명확한 근거를 갖고 있다고 본다. 종전 당시 북해도 네무로(根室) 정장(町長)을 역임한 안도(安藤石典)는 1945년 12월 1일 북방4도 일괄반환을 요구하는 최초의 진정서를 맥아더에게 제출하였는데, 그 내용은 다음과 같이 요약될 수 있다.[122)]

> 齒舞群島는 根室의 일부이고, 色丹島 · 國後島 · 擇捉島는 일본 고유 영토이며, 동 제도의 도민은 3대로부터 5대까지 거주하고 있는 일본인들이고, 1875년 5월 7일 일 · 러간의 「樺太 · 千島 교환조약」에 의해서 이미 일본 영토로 확정된 바 있다.

1946년 봄에는 북방4도 반환운동의 조직적인 전개를 위해 '북해도 부속도서 복귀운동 간청위원회'를 결성하였으나, 당시 일본 내무성의 지도에서조차 북방4도가 일본명으로 등재되어 있지 않았다. 따라서 관과 민이 협조체제를 갖추어 반환운동을 촉진함은 처음부터 기대하기 어려웠다. 그러나 1956년 2월 28일 북해도 총무부에 '영토복귀 북방어업 대책본부'를 설치하고, 「일 · 소 평화조약」 교섭의 개시와 보

---

121) 伊藤憲一, 앞의 책, pp.7-9.

122) 木村汎(編), 『北方領土 を考える』(札幌: 北海道新聞社, 1982), p.286.

조를 맞추어 북방영토에 대한 기본적인 모든 자료의 수집과 정비 및 실향민의 실태조사를 추진하기 시작하였다.

북방4도의 귀속 · 반환문제가 정계에 처음으로 부상한 것은 1961년 10월 3일 제39회 일본 국회의 예산위원회 석상이었다. 동 석상에서 자민당 노다 우이치(野田卯一) 의원과 사회당 구노(河野密) 의원은 북방영토에 대한 일본 정부의 기본방침에 관하여 논쟁을 벌였는데, 자민당 · 민사당 · 사회당의 견해가 초당적인 의견일치를 가져와 齒舞群島와 色丹島는 북해도의 일부로서 조속히 일본에 반환되어야 한다고 결론 내리게 되었다.

그 후 중 · 참의원에서는 1968년 3월 '오키나와(沖繩)와 북방영토 등에 관한 특별위원회 설치안'을 결의하였다. 동시에 북해도 의회에서도, '북방영토 대책 겸 특별위원회'가 설치되어 북방영토의 조기 복귀 실현 및 이 해역에서의 안전조업 확보를 위해 노력을 경주하기 시작하였다. 또한 1969년 5월 22일, 양원에서는 북방영토 문제를 해결하는 법령 제34호를 만장일치로 통과시킴에 따라, 10월에 특수법인 '북방영토문제 대책협회'가 도쿄에 조직되었으므로 북방4도 반환 운동은 본격적으로 추진될 수 있었다. 1970년 5월에는 일본 총리부에 '북방대책청'이 설치되고, 그 산하에 북방 문제를 전담하는 북방과(北方課)를 두기도 하였다.

1973년 9월 20일 중의원에서, 9월 25일에는 참의원에서 각각 '북방영토의 반환에 관한 결의'를 만장일치로 통과시키자, 일본 정부는 북방4도에 관한 국제법 이론을 다음과 같이 제시하였다.

① 종전 후 지금까지 계속되고 있는 러시아의 북방4도에 대한 전시 점령 행위는 1941년 8월 14일에 서명한 「대서양헌장」에 위반된다. 동 헌장 제2항에서는 분명히 "현지 국민이 자유로운 의사를 표시하지 않는 한 영토의 변경은 있을 수 없다"고 미 · 영 양국이 약속했기 때문이다.[123]

② 북방영토는 1943년 11월 27일에 서명한 「카이로선언」에서 규정한 '명치유신 이후부터 폭력 및 탐욕에 의해 약취된 지역' 이 아니라 '평온 · 공평 · 선의 · 무과실' 로 영유한 일본 고유의 영토로서 남사할린은 러일전쟁 결과, 미국 대통령 루스벨트(Theodore Roosevelt)의 중재에 의해 일본에 할양된 영토이고, 쿠릴열도는 1875년 5월 7일의 「樺太 · 千島 교환조약」에 의해서 공식적으로 상호 교환한 영토이며, 북방4도는 동 조약체결 이전부터 일본이 관할했던 북해도의 일부이다.

③ 소련에게 북방영토를 강점하도록 허용한 1945년 2월 11일의 「얄타협정」은 1941년 일 · 소간의 불가침조약을 파기하지 않으면 효력을 발생할 수 없고, 일본이 전혀 관여하지 않은 채 연합국의 3거두 간에 비밀리에 이루어진 일방적인 국제합의의 협정이므로 국제법상 당사국이 아닌 일본이 동 협정에 구속 받을 필요가 없으며, 또한 이 협정에서 연합국 3 수뇌들이 소련을 대일전에 참전시키기 위해 그 유인책으로서 일본 영토인 남사할린과 쿠릴열도를 소련에 반환하기로 비밀 협의한 것은, 분명히 당시 소련을 포함한 26개국에 의해서 연합국선언으로서 확인된 바 있는 「대서양헌장」과 「카이로선언」에서의, "연합국은 자국을 위해서는 어떤 이득도 요구하지 않으며, 또 영토 확장의 의사도 갖지 아니 한다"는 연합국의 '영토 불확장의 원칙' 의 정신과 "제3국의 영토를 해당 국민의 자유의사와 일치하는 동의 없이는 취급할 수 없다"는 국제적 관행에도 아울러 위배된다. 사실상 일본은 이와 같이 모든 조건을 수락하여 연합국에 항복하였기 때문에 더욱 그렇다. 또한 「얄타협정」에서 루스벨트(Franklin D. Roosevelt) 미국 대통령이 쿠릴열도의 전부가 러일전쟁에서 러시아로부터 탈취한 것으로 잘못 알고 1855년 2월 7일의 「시모다조약」을 전혀 고려하지 않았으며,[124] 「해리만-몰로토프

123) 대서양헌장은 국제연합 헌장의 기본이념을 제시하고 있는데, 그 주요 6개 항목 중 영토와 관련된 내용은, 첫째 영토의 불확대, 둘째 주민의 자유의사에 의하지 않는 영토변경의 거부, 셋째 주민에 의한 정체(政體)의 자유로운 선택권의 존중이다.

124) 동 조약은 "일본과 러시아의 국경은 擇捉島와 得撫島 사이로 결정하고, 得撫島 이북의 쿠릴열도는 러시아의 영토로 하며, 擇捉島 이남은 일본의 영토로 하고, 樺太島

협정」(Harriman-Molotov Agreement)에서도 쿠릴열도를 구성하고 있는 도서들을 목록화하지 못한 사실들이 전후 미 국무성 기록문서에서 확실히 나타났다. 더욱이 1984년 8월 17일 레이건 미 대통령은 폴란드계 시민단체 지도자 120명을 백악관에 초대한 석상에서, "얄타비밀협정은 미국이 3대 강국으로서 유럽의 세력권 분할에 암암리에 합의한 것이 잘못이므로, 본인은 소련이 충실하게 순수하고 있는 얄타협정을 단호하게 거부하는 바이다"라고 확언한 바 있다.

④ 일본에 대하여 전쟁을 종결하려고 1945년 7월 26일 서명한 「포츠담선언」 제8항에서, "일본의 주권은 본주 · 북해도 · 구주 및 4국과 우리들이 결정하는 모든 소도에 국한될 것이고 카이로선언은 준수 · 이행되어야 한다"고 하였으며, 제12항에서는 "일본에 책임 있는 정부가 수립되면 연합국의 점령군은 곧 일본에서 철수될 것이다"라고 되어 있으나, 일본 정부가 수립된 지 벌써 4반세기가 지난 오늘날까지 우리들이 결정할 제 소도는 미결정 상태이고, 행정구역상 북해도에 부속된 齒舞群島 · 色丹島 · 國後島 · 擇捉島에서 소련 군대가 철수하지 않고 있으며, 또한 북방4도의 반환 문제를 독일과 구소련간의 오델-나이제 문제와 동일하게 취급하고 있는 것 등은 「포츠담선언」의 제8항과 제12항에 위반된다. 前記한 「연합국 최고사령과 일반명령 제1호」와 「SCAPIN 제677호」를 구소련과 현재의 러시아가 북방4도의 법적 근거로 적용하고 있는데, 당시 소련은 말리크를 통해 1950년 11월 20일 덜레스 국무장관에게 보낸 대미 각서에서, 「카이로선언」 · 「포츠담선언」 · 「얄타협정」의 제 협정이 엄연히 존재하고 있으므로, 남사할린과 쿠릴열도의 지위문제가 미 · 영 · 중 · 소의 새로운 결정사항으로나 유엔 총회의 결정사항으로 제안될 수도 없는 것이었다. 이에 대해 1950년 11월 24일 대일 평화조약에 대한 미국의 메모랜덤 제3항은 특히 "남사할린과 쿠릴열도에 관한 미 · 영 · 중 · 소 4국의 장래 결정이 영토에 대한 원칙으로서 지켜져야 한다"고 주장하였다.

는 양국이 공유하는 잡거지(雜居地)로 인정한다"고 되어 있다.

⑤ 연합국과 일본이 국제평화와 안전을 유지하기 위하여 1951년 9월 8일에 서명한 「상해평화조약」 제2조 C항에서, "일본국은 쿠릴열도와 「포츠머스조약」의 결과로서 주권을 획득한 사할린의 일부 및 이에 인접한 제도에 대한 모든 권리 · 권원 및 청구권을 포기한다"고 규정하고 있으나, 쿠릴열도의 범위에 대해서는 아무런 정의도 내리지 않고 있어, 국제법상 조약문에 표기되어 있지 않으면 어떤 일방적인 해석이나 이해만으로는 법률적 효력을 갖지 못하므로, 동 조약에서의 쿠릴열도에는 일본 고유영토인 남쿠릴의 북방4도가 포함될 수 없다. 동 조약에서의 쿠릴열도는 「樺太 · 千島 교환조약」 당시의 열도를 지칭하는 것으로, 쿠릴열도는 擇捉島와 國後島 이북의 18개 섬을 의미하므로 북방4도는 쿠릴열도에 포함되지 않는다. 더욱이 소련은 동 조약의 서명 국가가 아니므로 제25조에 의해 제2조 C항의 영토주권 청구권이 없고, 북방4도의 점령은 분명 불법행위로서 북방4도뿐만 아니라, 쿠릴열도도 외국으로부터 약취한 지역이 아니기 때문에 당연히 일본에 귀속 · 반환되어야 한다. 당시 소련은 상해평화조약 제2조 C항의 내용을 "일본국은 사할린 남반부 및 이에 근접한 모든 제도 · 쿠릴열도에 대한 러시아의 완전한 주권을 인정하고, 이들 지역에 대한 모든 권리 · 권원 · 청구권을 포기한다"로 수정할 것을 요구하였으나 거절당하자, 동 조약에 서명하지 않았다.

⑥ 1944년 12월 미 국무성에 제출된 한 연구보고서에서도 쿠릴열도의 전후 처리에 관하여, "남쿠릴, 특히 북방4도는 역사적으로 다른 국가가 점유하거나 일본인 이외의 타민족이 거주한 사실이 없기 때문에, 일본의 민족자결권, 지리적 근접성, 경제적 필요성 및 역사적 영유 사실 등에 있어 일본의 영유가 타당하다"고 인정하고 있다.

⑦ 1956년 2월 11일 일본 외무성 니시무라(西村) 조약국장의 1951년 10월 19일자 일본 국회 발언을 모리시타(森下) 외무성 정무차관이 국회 답변을 통해서 공식적으로 취소한 바 있다.

또한 일본 외무성은 1978년 3월 20일 북방영토 문제에 관한 3월 6일자 당시 소련 외무성의 구두성명에 대한 일본 정부의 대소 반론을 대략 다음과 같이 제시하고 있다.[125)]

① 1956년 10월 19일 영국 런던에서 발표된 「일 · 소 공동선언」에서, 향후 양국간에 평화조약이 체결되면, 북방4도 가운데 齒舞群島와 色丹島는 일본에 인도된다고 약속되어 있으므로, 나머지 國後島와 擇捉島의 반환문제도 양국간에 충분한 합의가 이루어져야 한다고 주장하였다.

② 일본이 1951년 서명한 「상해평화조약」에서 영유권을 포기한 쿠릴열도에 國後島와 擇捉島가 포함되어 있지 않음은, 역사적으로나 법적인 제반 문헌자료를 통해서도 명백히 증명되고 있다.

③ 캄차카 반도로부터 북부 제도로 진출하고 있던 제정 러시아는 일본과 1855년(安政 元年) 2월 7일 서명한 「일 · 러 통상우호조약」 제2조에서 양국의 국경을 擇捉島와 得撫島 사이에 획정하였고, 이는 남부 제도의 일본국 소유권을 승인한 역사적 사실임이 명백하다. 또한 1875년(明治 8년)의 「樺太 · 千島 교환조약」 제2조에서, 쿠릴열도는 得撫島 이북의 占守島까지 18개 섬만을 지칭하는 것으로 되어 있어 명확히 구분되므로, 북방4도는 폭력 및 탐욕에 의해 일본이 약취한 지역이 아니라 일본 고유의 영토임이 명확한 사실이다. 즉 제정 러시아는 전체 사할린을 소유하게 되었고 일본은 쿠릴열도를 얻게 되었으므로, 이 때부터 쿠릴열도는 일본 본토의 일부로 확정되었고 행정구역상으로는 北海道廳의 관할 아래 두었던 것이다.

④ 제2차 세계대전에서 연합국이 채택하였던 기본 원칙은 '영토 불확대의 원칙' 이다.

⑤ 그러므로 영토권의 최종 결정은 평화조약에 의한다는 국제법상의 정설을 보더라도, 일본이 미 · 영 · 소 3대국의 수뇌 사이에 서명된 소련의 대일 참전 조건협정인 「얄타비밀협정」과 「샌프란시스코 평화조약」으

125) 永野信利, 『日本外交ハンドブック』(東京: サイマル出版會, 1981), pp.145-147.

로 인해 북방4도와 같은 고유 영토를 상실해야 할 하등의 이유가 없다.

⑥ 일 · 소 국교 정상화 이후 영토문제를 포함하여 평화조약 체결 교섭을 계속 추진할 것을, 1956년 9월 29일자 「마쓰모토(松本)-그로미코 왕복서간(書簡)」과 동년 10월 19일 「일 · 소 공동선언」 제9항 등에서 양국의 교섭 책임자가 합의한 역사적 사실이 있다.

⑦ 1973년 10월 7일, 당시 다나카 가쿠에이(田中角榮) 수상이 방소하여 10월 10일에 있은 양국 수뇌회담에서, 일본의 불가분리의 영토인 북방4도 문제를 포함하여 제2차 세계대전 이래 아직도 '미해결인 제 문제'를 해결하기 위한 평화조약을 체결하기로 공동성명 속에서 확인한 바 있다.

⑧ 당시 소련이 위 조항의 약속을 전혀 무시하고 "일 · 소간에는 영토문제가 전혀 존재하지 않고 있다"는 억지 주장을 계속한다면, 이것은 분명 양국간의 불신을 제거하는 데 커다란 방해가 될 뿐이다.

⑨ 그러므로 소련은 일본 정부의 입장을 충분히 이해하여 역사상 단 한번도 러시아의 영토가 된 적이 없는 일본 고유영토인 북방4도의 일괄반환과, 동시에 교전 상대국이었던 양국간에 일 · 소 평화우호조약을 체결하여 전후 처리의 숙제를 해결해야 한다.

그러나 종전 후 구소련(러시아)이 부동항 확보를 위한 확장주의 정책의 일환으로 일본의 북방4도를 불법으로 강점함으로써 경제적 · 군사전략으로 큰 국익을 얻고 있음은 주지의 사실이다. 비록 구소련(러시아)이 지구상에서 가장 긴 국경을 지니고 있더라도, 오직 쿠릴열도만이 북태평양 지역으로의 출구 역할을 보장해 주고 있는 실정이다. 전후 계속하여 추진되어 온 일본의 대소(러) 북방영토 반환교섭의 목적을 요약해 보면, 첫째 북방영토를 일본 영토로서 구소련(러시아)이 인정하도록 영토권을 확립하려는 주장이었고, 둘째 세계 3대 황금어장의 하나인 북방4도 해역에서 어업권 같은 경제적 권익을 회복하는 것이었다.

이상에서 고찰한 바에 의하면, 분쟁중인 북방4도는 역사적으로나 지리적으로, 또는 연합국의 일련의 제 선언 및 조약에 의해서도 일본의 고유 영토임이 확실함에도 불구하고, 종전 이후 구소련에 의해 불법 강점당하여 현재에 이르기까지 일본이 반환받지 못하고 있음을 쉽게 알 수 있다. 현안의 북방4도 반환문제는 현행 국제법상 "전쟁의 결과에 따른 영토의 변경은 평화조약의 체결에 의하여 설정된다"는 원칙과 "어느 국가도 자국의 동의 없이 제3국의 국내조치에 의해서 일방적으로 타국의 영토로 합병되는 것은 허용되지 않는다"는 원칙에 따라,[126] 일본 정부는 분쟁중에 있는 북방4도를 사할린 오블라스트(Sakhalin Oblast)로 임의 편입시킨 구소련(러시아)에 대해 북방4도의 전시 점령 상태의 종료 및 반환을 강력하게 주장할 영토적 권원을 갖고 있다고 볼 수 있다.

제 5 절 일괄반환론의 방향 모색

일본의 북방4도에 대한 국제법적 근거의 제시와 주장에 대하여, 구소련을 거쳐 현재의 러시아도 역시 한마디로 "비우호적이고 복고주의적인 요구"일 뿐이라고 비난하고 있다. 왜냐하면 현재 일본이 요구하고 있는 북방4도를 반환할 경우, 일본 국민과 야당의 요구 때문에 계속하여 북쿠릴열도 및 궁극적으로는 남사할린 마저 반환을 요구할 것이라는 판단 아래 영토문제에 대해 전혀 관심을 표시하지 않고 있는 것이다. 뿐만 아니라 러시아가 북방4도를 점유하고 있는 시간이 오래 지속될수록 러시아의 영유권 주장 시효가 타당성을 가질 수 있다고 판단되기 때문이다.

126) 李漢基, 앞의 책, pp.477-479.

또한 러시아는 일본이 미국의 대러 전략에 깊이 개입되고 있으면서도 러시아에 대한 영토 반환 요구를 내세워 反러시아 선전 및 폭동을 일삼고 있다고 주장한다. 사실상 구소련은 종전 이후 부동항 확보를 위한 확장주의 정책의 일환으로, 일본 영토인 북방4도를 불법 강점하여 태평양 지역으로의 출구를 확보함으로써 태평양 연안 국가들에게는 러시아의 태평양 진출이 심각한 위협으로 간주되고 있다.

최근 러시아의 세계전략이 아 · 태지역으로의 확장에 치중하고 있으므로, 태평양으로의 대형 함선의 자유통항을 보장하는 擇捉島와 得撫島 사이의 군사전략상 가치가 매우 높은 擇捉해협과, 대미 공격용 미사일 잠수함의 성역인 오호츠크해를 둘러싸고 있는 자연적 요새인 북방4도를 자발적으로 일본에 반환하기는 매우 어려울 것이다. 비록 일본이 「시모다조약」을 근거로 하여 초당적인 북방4도의 일괄반환을 요구하고 있지만, 불행히도 현재 북방4도에는 일본인이 단 한 명도 거주하고 있지 않고 국제법의 관례상 실제로는 러시아가 점유하고 있으므로, 과거 양국간에 조약을 통하여 확정된 영토일지라도 일본의 영토권 주장은 현재 아주 무시당하고 있는 것이다.

물론 일본이 소련에 대해 경제 및 시베리아 개발에 필요한 자본과 첨단 과학기술의 제공을 교환 조건으로 북방4도의 일괄반환을 제의하였으나, 러시아가 이 제의를 수락할 경우, 불평등 조약을 통해 러시아 영토에 편입시킨 중국과의 550㎢ 영토 및 국경선 재조정 문제와 유럽의 핀란드 · 폴란드 · 체코 · 루마니아와의 국경문제도 부수적으로 영토분쟁으로 상승할 가능성이 크다. 현재로서는 러시아가 전후에 일방적으로 획정한 국경의 '현상 질서유지 원칙'과 '전쟁결과 불변론'을 외교의 최대 목표로 삼고, 제3국과의 실지회복을 전제로 한 영토분쟁을 가능한 한 억지하려 함을 기본원칙으로 삼고 있다. 따라서 앞으로 일본과의 북방영토 문제도 이와 같은 강경하고 비타협적인 기본 원칙 위에서 '이미 해결된 것'이라는 일관된 불변노선을 견지하게 될 비관적 전망이므로, 조기 타결은 기대하기 어려울 것으로 분석된다.

그러나 일본에서는 북방4도에 사활적 이해관계가 걸려있기 때문에, 일말의 희망을 버리지 않고 구소련과 현재의 러시아 정부가 발표하는 각종 문헌을 상세하게 분석하여 북방영토 문제에 대한 러시아 측 정책의 변화를 기대하고 있다. 특히 일본은 1985년 고르바초프 체제의 출범 이래 구소련에 의한 대일 관계개선에 깊은 관심을 갖게 되었고, 1986년 1월 소련 외상 셰바르드나제의 방일 및 일본 수뇌들과의 영토문제 협의를 대일 중시정책으로의 변화라고 믿어 이것들이 양국간의 상호협력의 분위기 조성에 큰 역할을 할 수 있다고 본 바 있다. 왜냐하면 일본 정부의 시베리아 자원개발 계획과 북방영토 분쟁에 대한 입장은, 군사전략적 측면과 아울러 경제면에서도 소박한 일본 국민들의 여론과 관심이 고조되고, 러시아의 강점 사실에 대하여 일본의 이의제기가 중단되면 소련의 영토화에 정당성을 제공할 가능성이 있으므로, 앞으로도 북방영토의 귀속을 러시아 측에 지속적으로 요청하지 않을 수 없기 때문이다.

전후 계속하여 추진되어 온 일본의 대러 북방영토 반환 교섭의 목적을 요약해 보면, 첫째 러시아가 북방영토를 일본 영토로 인정하도록 영토권을 확립하는 일이고, 둘째 세계 3대 황금어장의 하나인 북방영토 해역에서 어업권을 포함한 경제적 권익을 회복하려는 것이었다.

이상에서 고찰한 바에 의하면, 분쟁중인 북방4도는 역사적으로나 지리적으로 연합국의 일련의 제 선언 및 조약에 의해서 일본의 고유영토임이 확실함에도 불구하고, 제2차 세계대전 이후 구소련에 의해 불법으로 강점당하여 현재에 이르기까지 일본이 반환 받지 못하고 있는 영토임을 쉽게 알 수 있다. 현안의 북방4도 반환 문제는 현행 국제법상 "전쟁의 결과에 따른 영토의 변경은 평화조약의 체결에 의하여 설정된다"는 원칙과, "어느 국가도 자국의 동의 없이 제3국의 국내적 조치에 의해서 일방적으로 타국의 영토로 합병되는 것은 허용되지 않는다"는 원칙에 따라, 일본 정부는 분쟁중에 있는 북방4도를 사할린으로 임의로 편입시킨 러시아에 대해 북방4도의 전시 점령 상태의 종료 및 반환을 강력하게 주장할 수 있다.

〈북방4도 영토문제 일지〉

1644	일본, '正保御國繪圖'를 작성(쿠릴열도 39개 도서 표시)
1646	擇捉島와 得撫島 발견됨(오란다 선장 후리즈)
1733-41	베링의 제2차 북방탐험
1739	러시아 선박의 일본 연해 출몰(북쿠릴열도 원주민의 러시아화 시작)
1754	마츠에번(松田藩) 國後島를 개방하고 상선 파견
1785	다노마(田沼意次)가 에미시(蝦夷) 순검사 파견
1786	모가미(最上德內), 擇捉島를 경유하여 得撫島에 도항
1798	곤도(近藤重茂), 擇捉島에 '大日本惠登呂付' 표주 건립
1799	타카다(高田屋嘉), 擇捉島 항로 개설
1809	마미야(間宮林茂), 사할린의 존재 확인
1814	일 · 러간 국경을 擇捉島 이남과 占守島 이북으로 정함(중간 지역은 완충지대화 함)
1855	일 · 러 통상우호조약(下田條約) 체결
1858	일 · 러 수호통상조약 체결
1867	러시아, 사할린 函泊을 점령하여 진지 구축
1870	일본, 사할린 문제에 관한 알선을 미국에 의뢰함
1875	일 · 러 「사할린 · 쿠릴열도(樺太 · 千島列島) 교환조약」 체결시 사할린을 러시아에 양도, 일본은 쿠릴열도 전체를 차지함
1884	북쿠릴열도 원주민 97명을 色丹島에 강제 이주
1904.2	러일전쟁 발발
1905.5	러일전쟁 후 「포츠머스조약」, 일본이 사할린 남부 지역 차지

1907	「일 · 러어업조약」 조인
	「제1차 일 · 러협약」(영토안전과 만주-몽고에서의 권원을 상호 인정함)
1910	「제2차 일 · 러협약」(만주의 현상유지 약속)
1912	「제3차 일 · 러협약」(내몽고 분할 경계에 관한 협정)
1916	「제1차 일 · 러협약」(북쿠릴열도 보조 정기항로 개설)
1917	러시아 혁명 발발
1925.20	「일 · 소 기본조약」에서 「포츠머스조약」의 유효성 재확인(양국간 국교의 회복, 북사할린에서의 일본군 철수)
1938	「일 · 소 정전협정」 성립
1941	「일 · 소 중립조약」 조인
1945.2	「얄타협정」시 소련이 참전 조건으로 남사할린과 쿠릴열도의 양도 보장받음
1951	소련, 「샌프란시스코 강화조약」에서 러시아의 구 영토(쿠릴열도와 사할린 남부)와 齒舞群島와 色丹島의 점유. 오키나와가 일본 주권에서 분리됨
1953	일본 중의원, 오키나와 · 齒舞群島 · 色丹島의 복귀 촉진 결의
1954	소련 외상(몰로토프), 대일관계 정상화 용의 있음의 성명 발표
1956.9	소련, 「일 · 소 공동선언」에서, 齒舞群島와 色丹島의 일본 반환 가능성 시사. 일 · 소 수교시 위 2개 도서 반환 명기 후, 소련의 "2개 도서 반환과 주일 외국군대 철수 연계" 주장으로 양국간 교섭 중단
	「일 · 소 어업조약」 서명
	마쓰모토(松本)-그로미코 왕복 서한
	일본의 유엔 가입
1960	「미 · 일 안보조약」 개정(이에 대한 소련의 반발과 함께 대일 합의 파기로 인해 문제의 장기화 초래)
	러시아, 그로미코 각서 수교(일본 정부의 반론: 齒舞群島-色丹島

반환 조건과 오키나와의 반환 결부)

1961 일본 외무성, 國後島와 擇捉島가 일본 고유 영토라는 통일된 견해 발표

1964 흐루시초프, 일본 사회당 방소단에게 북방영토의 군사적 가치 지적

1966 일본 외상(시이나, 椎名), 현직 외상으로서는 최초의 소련 방문
「일 · 소 항공협정」, 「일 · 소 무역지불협정」 조인

1968 극동 삼림자원 개발에 관한 서한 교환(시베리아 개발의 시작)

1969 소련 코시킨 수상, 일본 외상(아이치, 愛知)에게, 양국간 영토문제가 보다 광범위한 영토문제와 연결됨을 지적

1971 「오키나와 반환협정」 조인

1972 오키나와의 시정권 반환(오키나와현 발족)
다나카(田中)-닉슨 공동성명 발표
일본-중국의 국교 정상화

1973 다나카 수상의 소련 방문('미해결의 제 문제' 있다는 공동성명 발표)

1975 브레즈네프 서기장, 대일 선린협력조약 제안. 일본 수상(三木)은 이를 거부
소련, 패권에 관한 정부 성명 발표
히라사와(平澤和重), 영토문제 관련 논문 Foreign Affairs 게재

1976 일본 외상(미야자와, 宮澤), 북방영토 해상 순찰
소련, 200해리 어업전관수역 설정(1977.3.1 발효)

1977 소련, 어업조약 폐기 통고(「일 · 소 어업잠정협정」 서명)

1978 소련, 북방영토에 관한 외무성 구두 성명
소련, "미해결의 제 문제"를 공동코뮤니케에 삽입함을 거부
소련, 「일 · 소 선린협력조약」 초안 공표
「일 · 중 평화우호조약」 서명

1979 소련, 북방영토에 지상군 배치(일본, 북방영토 기지 철거 요구)

	일본 중의원, 북방영토 해결 촉진 결의
	일본 외상(소노다, 園田), 북방영토 해상 시찰
	일본 외무차관(다카시마, 高島), 色丹島의 기지 철거 요구
1980	일본 중의원, 아프간-북방영토 결의
	일·소 어업교섭 타결
1981	일본, 2월 7일을 '북방영토의 날'로 제정함
1989.3	일·소, 북방 도서에 관한 첫 회담 개최
1990.1	옐친 대통령, 영토문제 해결을 위한 5단계 방안 제시
1991.4	러시아, 북방4도 주둔 병력의 1/3 감축 발표
1992.7	러시아, 도서 문제와 경협의 연계가 전략적 요충지를 이유로 불가능성 표명.
1992.8	러시아, 북방4도 주둔 병력 철수 완료
1992.10	옐친 대통령, 북방 2개 도서 반환 의사 표명
1993.6	러시아, 擇捉島 주둔 MIG-23 완전 철수
1993.8	러시아 총리, 도서 반환 가능성 일축
1993.10	러시아, 「러·일 관계에 관한 도쿄선언」(호소카와-옐친), 불행했던 과거 유산의 극복이라는 차원에서 영토문제의 해결 및 양국간 평화조약의 체결을 통한 관계 정상화에 합의. 또한 북방4도의 영토문제를 최초로 공식 논의함으로써 문제의 존재를 인정함
1994.1	러시아, 북방도서 영유권 회담의 무기 연기 발표
1995.3	러시아 외무부, 북방4도 지역 주둔군의 철수 불가 발표
1996.11	러시아, 북방영토 공동개발을 일본에 제안
1997.11	일·러 정상회담에서, 2000년까지 북방4도의 해결을 포함한 평화협정을 체결하기로 합의
1998.2	「일·러 신어업협정」 체결(영유권 논쟁 유보, 일본의 쿠릴열도 조업 허용)
1998.4	일·러 정상회담, 1956년 일·소 공동선언에서의 소련의 2도 반환 제의가 유효함을 확인

1999.3 북방4도와 관련한 지역분쟁에 대해 양측의 기존 입장 교환

2000.1.4 오부치 일본 수상, 러시아의 신임 대통령 푸틴과 영토문제를 포함한 양국 현안 해결을 위한 협의 촉구

2000.2.12 고노 일본 외상과 이바노프 러시아 외무장관, 2차 세계대전 이래 영토문제로 미해결된 평화조약을 추진하기로 합의.

2000.2.14 일본 자위대 해상막료장과 러 해군사령관, 양국 해군간 교류협력협정 서명

2000.4.25 일본 정부, 쿠릴열도 인근 분쟁지역에서 벌어진 일본 어선에 대한 러시아 연안경비 선박의 포격사건에 항의

2000.6.22 일-러 양국 외무장관, 쿠릴문제 등 국제 및 양국관계 현안 토의

2000.8.30 일 · 러 해군, 양국 해군 교류 및 신뢰구축의 일환으로 태평양에서 연합훈련 실시에 합의, 러시아 잠수함 기지인 페트로 파블로프스크에 대한 외국 군함의 최초 방문을 계획

2000.9.5 일 · 러 정상회담 개최, 2000년 말까지 평화조약을 위한 협의 지속에 합의. 러시아는 일본의 자본 유치로 러시아 동부 지역에 핵발전소 건설을 기대

2000.9.7 러시아 어업 전문가, 남쿠릴열도의 일본 양도가 이루어질 경우 매년 최소 10억 달러 상당의 어업 수익이 감소될 것임을 언급

2000.9.15 9월 초에 발생한 스파이 사건(주일 러시아 무관에 대한 일본 군사기밀 제공)으로 양국간 냉각 관계 지속

2000.10.31 고노 일본 외상, 4개 남쿠릴열도 문제의 해결이 일 · 러 평화조약의 전제임을 언급하면서 협상 연기 발표

2001.3.25 일 · 러 정상회담(이르쿠츠)에서 구소련이 1956년의 「일 · 소 공동선언」을 양국 평화조약 체결을 위한 교섭과정의 출발점으로 설정한 기본문서로 확인

2001.7.20-22 선진 8개국 정상회의(G-8) 기간 중 일 · 러 정상회담, 남쿠릴 문제 논의

2001.10 상해 APEC에서 고이즈미 · 푸틴 정상회담, 영토문제와 관련한

지금까지의 양국간 제 협의를 바탕으로 2개 도서 반환(齒舞群島와 色丹島) 및 2개 도서 귀속(國後島와 擇捉島) 협상을 병행한다는 원칙에 기본적으로 합의

2002.3.13 이바노프 러시아 외상의 국회 보고(2001년 10월의 '병행 협상'을 부정하는 등 여전히 영토 문제에 관한 입장 차이가 커 가까운 장래 양국관계의 획기적인 진전이 어려울 전망으로 관측됨)

2002.4.18 러시아 군참모총장(아나톨리 크바슈닌)의 "쿠릴열도 병력 및 장비 증강 계획 방침"을 보도함. 그러나 러시아 측은 이를 부정함(4.23)

2004.4.14 러시아 푸틴 대통령 모리(森喜朗) 전 일본 총리 접견시, 양국간 영토분쟁 문제의 해결에 관심 표명

2004.11.14 러시아 외무장관(세르게이 라브로프), TV 회견을 통해 북방영토 가운데 "옛 소련의 계승국인 러시아가 일본에 齒舞群島와 色丹島를 반환하기로 한 1956년「일 · 소 공동선언」의 의무를 인정한다"고 발언함

2004.11.16 고이즈미 일본 총리, 북방4도의 반환을 위한 귀속을 명확히 하지 않을 경우 양국간 평화조약의 체결이 불가함을 강조. 이에 대해 푸틴 대통령은 2개 도서만의 반환 가능성을 시사함

2004.11.21 APEC 정상회의(칠레 산티아고)에서 영토문제를 논의하였으나 별다른 진전이 없었음

2004.11.25 러시아의 2개 도서 반환 방침에 대해, 주민들의 반대 시위 발발

2004.12.16 푸틴 대통령, 일본이 영토분쟁 문제를 국내정치에 이용하고 있다는 우려 표명, 고이즈미 총리는 이런 사실을 부인함

2005.1.14 양국 외무장관 회담(마치무라, 町村信孝) 일본 외상의 러시아 방문), 기존의 입장만을 재확인한 채 성과 없이 끝남

2005.6.4 주일 러시아 대사(알렉산드르 로슈코프), 북방4도의 '공동 통치 지역화' 하는 특별법 제정을 통한 방안으로, 러시아가 주권의 일부를 양도 가능하다는 최초의 제안을 함

2005.11.21 양국 정상회담(고이즈미 · 푸틴, 부산 APEC 직전, 도쿄), 영토문제 논의했으나 이견 조정에 실패하여 공동성명 채택 못함(고이즈미는 북방4도의 전체 반환 조건으로 러시아 경제회복에 대한 적극 협력을 제의했으나, 푸틴은 2개 도서만 반환하겠다는 종래 입장을 반복함

제 7 장

일 · 중 관계: 조어대열도(釣魚臺列島) 영토분쟁

제 1 절 조어대열도의 중요성

조어대열도는 중국 · 일본 · 대만이 각각 영유권을 주장하는 동중국해(동지나해)에 위치한 작은 도서군(島嶼群)으로서, 영유권을 주장하는 각국마다 부르는 명칭도 다르다. 중국은 '釣魚島'(Tiaoyu Dao), 일본은 '센카쿠열도'(尖閣列島: Senkaku Islands), 그리고 대만은 '釣魚臺'(Tiaoytai)라고 부른다.

이 열도는 대만 기룽(基隆) 북동쪽으로 약 170km, 중국 복건성(福建省) 복건시(福州市)에서 동쪽으로 약 350km(또는 420km), 일본 오키나와현(沖繩縣) 나하(那覇: 나패) 서쪽 약 410km, 일본 류구열도(琉球列島) 이시가키섬(石垣島) 북쪽 170km 지점의 동중국해 해상(북위 25° 58′~41′45″, 동경 123°27′45″~124°41′30″)에 디딤돌처럼 점재(點在)한 小군도이다. 동 도서는 조어도(釣魚嶼) · 북소도(北小島) · 남소도(南小島) · 황미서(黃尾嶼) · 적미서(赤尾嶼)라는 5개의 섬과 3개의 암초로 구성되어 있다.

〈표 7-1〉에서 보는 바와 같이, 주도(主島)인 조어도와 황미서만을 제외하고는, 기타 섬들은 면적이 1㎢ 미만의 작은 도서이거나 암초에 해당하며, 전체 면적이 약 7㎢ 정도에 해당하는 무인도이다.

조어대열도는 주변 해역에 고등어 · 정어리 등과 같은 어족자원이 풍부한 황금어장이 산재하여 있고, 동중국해의 대륙붕인 천해해역(淺海海域)의 석유 및 천연가스와 같은 해저 광물자원의 부존 가능성도 높아 그 경제적 가치를 높이 인정받고 있다. 뿐만 아니라 조어대열도는 중동으로부터 동아시아 제국에 이르는 석유 수송로의 길목에 위치하고 있어 그 전략적 중요성도 매우 크다.

현재 일본은 센카쿠열도를 1972년 5월 15일 오키나와현의 일부로 편입시켜 실효적으로 지배중에 있다. 약 3.6㎢의 면적에 해당하는 조

〈표 7-1〉 조어대열도의 부속도서

도서 형태	중국 명칭	일본 명칭	영문 표기	면적(㎢)	기타
도서(Island) 화산도 (Volcano)	釣魚嶼(조어서) Tiaoyu Dao	釣魚島	Uotsuri-jima (Fishing Island)	4.319	고도 383m
	北小島(북소도) Beixiao Dao	北小島	Kita Ko-jima (Northern Islet)	0.032	고도 135m
	南小島(남소도) Nanxiao Dao	南小島	Minami Ko-jima (Southern Islet)	0.463	고도 149m
	黃尾嶼(황미서) Huangwei Yu	久場島	Kuba-jima (Yellow Tail)	1.08	
	赤尾嶼(적미서) Chihwei Yu	大正島	Taisho-jima (Red Tail)	0.154	
암초 (Rocks)	Dabeixiao Dao	冲ノ北岩	Okino Kitaiwa (Northern Rocks of the Open Sea)		
	Dananxiao Dao	冲ノ南岩	Okino Minamiiwa (Southern Rocks of the Open Sea)		
	Feilai Dao	飛瀨	Tobise (Flying Shoal)		

출처: http://www.answers.com/topic/senkaku-islands; Steven Wei Su(2005) 등 여러 자료를 재편집함.

어도에는 헬리콥터 이·착륙장 1개, 기상관측대 1개, 등대 1개 등이 설치되어 있고, 북소도에는 등대 1개가 설치되어 있는 것으로 확인되고 있다.

일본이 청일전쟁에서 중국으로부터 약취하여 이른바 일본명으로 '센카쿠열도(尖閣列島)' 라고 개명하여 부르는 절해의 고도인 조어대열도는,[1] 지리적 · 역사적 · 지질적 조건을 보더라도 중국의 영역에 포함됨이 정당하다. 그러나 이와 같은 조어대열도의 정치지리적 가치와 안

1) 본래 '조어대열서(釣魚臺列嶼)' 이지만, 우리말의 익숙한 표현을 따라 여기서는 '조어대열도' (釣魚臺列島)로 표기하고자 한다. '尖閣列島' 라는 명칭은 1900년(明治 33년) 오키나와현(沖繩縣) 사범학교 교유 쿠로이와(黑岩恒)가 명명한 데서 비롯된다.

〈그림 7-1〉 조어대열도의 지리적 위치 1

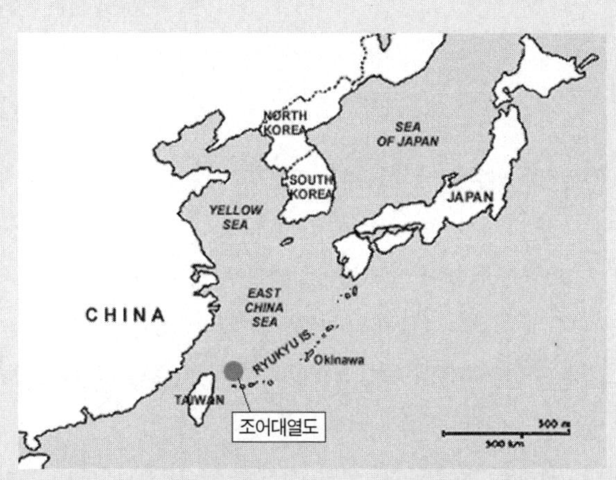

자료: http://www.globalsecurity.org/military/world/war/senkaku-maps.htm

〈그림 7-2〉 조어대열도의 지리적 위치 2

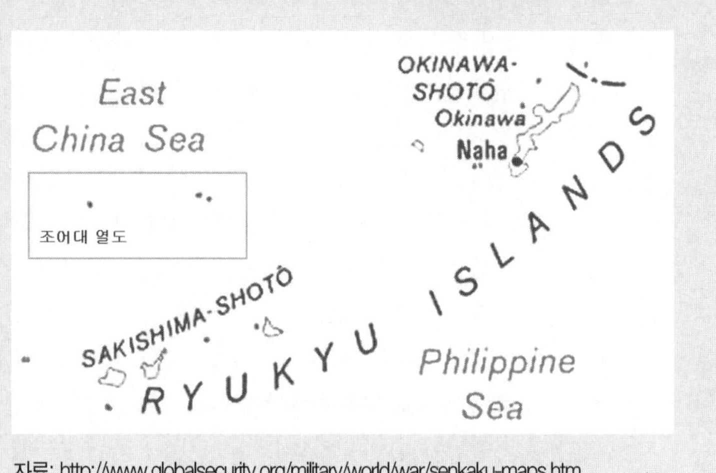

자료: http://www.globalsecurity.org/military/world/war/senkaku-maps.htm

보 · 전략적 중요성 때문에, 중국이 조어대열도를 반환 받기에는 새로운 중국의 영해법 채택과 통과만으로는 많은 문제가 있을 것으로 예상된다.

제 2 절 조어대열도의 분쟁사

중 · 일간에 영유권 문제로 외교 쟁점화된 조어대열도는 옛날부터 중국 영토였으며, 15세기 명조(明朝) 당시 저술된 『순풍상송』(順風相送)이라는 사료에서 복건(福建)에서 류구(琉球)를 연결하는 해상항로의 지표였다는 최초의 문헌상 기록이 있다.

또한 중국의 대만과 류구의 경계는 조어대열도의 적미서(赤尾嶼: Chihwei Island)와 류구열도의 구미도(久米島: Kume Island)였으므로, 중국령 조어대열도의 근해에는 대만 어부들의 출어가 빈번하였던 기록을 많은 자료에서 찾아볼 수가 있다.

특히 조어대열도의 역사적 권원을 제시하는 사신과 명장의 사료는 다음과 같이 소개될 수 있다. 1534년(明 嘉靖 13년) 책봉사(冊封使) 진간(陳侃)의 『사류구록』(使琉球錄)을 비롯하여, 1561년(明 嘉靖 40년) 책봉사 곽여림(郭汝霖)의 『사류구록』(使琉球錄)과 같은 해 편찬된 명나라 장군 호종헌(胡宗憲)의 『주해도론』(籌海圖論)인데, 순검사(巡檢使)인 호종헌은 그 내용에 왜구를 방위하는 관할구역 안에 조어도 · 황미서 · 적미서 및 기타 섬들을 포함시켰으며, 또한 1756년 책봉부사 주황(周煌)의 『류구국지략』(琉球國志略)도 그러한 기록으로 열거할 수 있다.

이와 같이 중국의 역사적 · 지리적 권원이 확실한 조어대열도를 청일전쟁의 와중에서 강제로 약취하여 간 일본은, 1945년 7월 26일 발표된 「포츠담선언」을 무조건 수락하였으므로 하루속히 동 도서를 중국에 반환하여야 할 의무가 있는 것이다. 또한 중국은 미수복지역인 조어대열도에 대한 영토보전과 주권침해에 대해 실지회복의 차원에서 반환을 요구할 역사적 권원과 그 정당성을 갖고 있다고 믿는다.

조어대열도의 영토분쟁은 1970년대 초기 이 열도의 해저에 탄화수소의 매장 가능성이 예상된다는 유엔의 발표가 있으면서 등장했다고 볼 수 있다.[2] 본래 중화민국(ROC)과 일본 사이에 발생한 이 분쟁은 이 열도 주위의 채광지역과 중첩되면서 더욱 촉발되었다. 갈등의 초기 단계에서는, 이 열도가 제2차대전 연합국들과 일본 사이에 발효된 1951년 「샌프란시스코 강화조약」에서 규정한 유엔 신탁통치에 따라 미국의 시정권하에 놓여 있었다. 당시 이 강화조약의 어디에도 명확하게 규정되지는 않았지만, 조어대열도는 류구열도(Nansei-shoto)에 포함된 신탁통치 지역이었다. 그러나 미국의 시정권이 시행되는 시기중에는, 중화민국이나 중국 모두 미국의 시정권을 반대하는 입장을 표명하지 않았다. 그러나 1970년대 초 신탁통치가 종료되면서, 미국이 「오키나와 반환협정」(沖繩返還協定: Okinawa Reversion Treaty)에 따라 이 열도를 일본에게 반환하려는 의도를 선언하면서, 이 지역에 대한 주권 쟁점이 등장하게 된 것이다. 이어 1972년 9월 일본이 중화민국을 인정하지 않고 중국과의 공식적 외교관계를 수립하면서, 이 분쟁은 일본과 중국 간의 분쟁으로 옮겨가게 된 것이다.

그러나 중국이 조어대열도의 영유권을 명기하여 영해 범위 내에 포함시키는 새로운 영해법을 통과시키자, 일본 정부는 "센카쿠열도(尖閣列島)는 역사적으로나 국제법의 선점이론상으로나 일본 고유의 영토이며, 1971년 6월 17일 「오키나와 반환협정」에 의해 1972년 5월 15일 센카쿠열도도 류구열도의 일부로서 일본에 귀속되었으므로, 센카쿠열도는 중 · 일간에 영유권 분쟁의 대상이 전혀 될 수 없는 것"이라고 강

2) Unryu Suganuma, *Sovereign Rights and Territorial Space in Sino-Japanese Relations: Irredentism and the Diaoyu/Senkaku Islands*(The University of Hawaii Press, 2001), pp.129-131.

경한 공식 입장을 밝힌 바 있다. 이처럼 조어대열도에 대한 국제법상의 선점이론을 내세운 일본 정부의 강렬한 영유 욕구는 조금도 변화가 없음을 알 수 있는 것이다. 그러므로 중국은 계쟁중인 조어대열도에 대하여 역사적 권원으로나 지리적 조건으로나, 중국의 고유 영토임을 꾸준히 일본에 주장할 필요가 있다고 본다.

일본의 주장과 관련하여 조어대열도를 둘러싼 중국과의 분쟁 경위를 대략 살펴보면 다음과 같다. 1968년 유엔 아시아극동경제위원회(ECAFE)가 조어대 인근에 다량의 석유가 매장되어 있을 가능성을 발표하였는데, 이 유전은 아라비아 유전에 필적할 만큼의 대규모 유전이라는 평가를 하였다. 1970년 7월 대만 정부가 걸프(Gulf)사에 이 조어대 부근 대륙붕의 해저자원 탐사권을 부여하면서 문제가 표면화되었다. 9월 10일 일본 정부는 센카쿠열도가 오키나와현에 속한다는 사실상의 영유 선언을 발표하였고, 15일에는 구난정(救難艇)인 지도세(千歲丸)호가 조어도에서 중화민국의 국기인 청천백일기(青天白日旗)를 철거한 바 있다.

미 국무부가 9월 조어대열도의 주권이 일본에 있다고 인정하자, 중국은 조어대열도가 자국의 영토라는 반박 성명을 발표하였다. 1971년 6월 17일에 조어대열도를 포함한 「미 · 일 오키나와 군도 이관협정」이 체결되었고, 다음 해인 1972년 5월15일에 미국은 오키나와와 함께 문제의 조어대열도를 일본에 이관하였다.

1978년 8월의 「중 · 일 평화우호조약」 체결 당시에는 중국측에서 조어대열도 문제의 해결을 보류한다는 방침이어서 일단 위기를 넘겼고, 1989년 4월 일본의 보수 우익단체인 '일본청년사'(日本青年社)가 조어도에 등대를 설치한 후 일본 정부에 등록 신청을 하였다. 그러나 일본 정부는 중국과 대만의 반발로 이에 대한 승인을 보류한 바 있지만, 일본은 1989년 5월에 조어도에 헬리콥터 이 · 착륙장을 설치하는 등 지금까지 센카쿠열도에 대한 실효적 점유를 해 오고 있는 중이다.

1992년 2월 중국은 '영해 및 접속수역법(接續水域法)'을 제정하면서 조어대열도를 중국 영토에 포함시켰다. 이에 일본 정부는 주일 중국 대사를 일본 외무성으로 불러 "센카쿠열도는 역사적으로나 국제법의 선점이론상으로나 일본 고유의 영토이며, 1971년 6월 17일 「오키나와 반환협정」에 의해 1972년 5월 15일 센카쿠열도도 류구열도의 일부로서 일본에 귀속되었으므로, 센카쿠열도는 중 · 일간에 영유권 분쟁의 대상이 전혀 될 수 없는 것이다"라고 일본 정부의 공식 입장을 밝힌바 있다. 1996년 7월에 일본청년사는 北小島에도 등대를 설치한 후 등록 신청을 제출하였으며, 1996년 9월 일본 자민당은 센카쿠열도 및 독도의 영유권 확보와 야스쿠니신사(靖國神社) 참배를 총선 공약에 포함시킨바 있다.

1996년 9월 리펑(李鵬) 중국 총리가 47주년 건국기념 경축사에서 일본내 소수 우익 및 군국주의자들을 강경하게 비난하자, 10월 일본 정부는 조어도 등대의 등록 승인에 대한 보류 방침을 발표하였다. 10월 중국 외교부 대변인도 조어대열도 영유권 문제에 대한 미국의 개입 및 「미 · 일 안보조약」의 적용에 대한 반대의사를 분명하게 표명하였다.

1996년 후반기 이후, 중 · 일 양국 정부의 노력으로 영유권 주장의 대립으로 인한 격화된 논쟁은 잠시 진정되는 듯 하였으나, 다시 1997년 4월 27일 오키나와현 의원 한 사람이 기자를 대동하고 이 섬에 상륙을 시도하였다. 그리고 이어서 동년 5월 6일에는 일본 중의원 니시무라(西村愼悟)가 역시 기자를 대동하고 조어대에 상륙하여 일장기(日章旗: 히노마루)를 게양하는 사건이 벌어졌다. 이 사건은 중국측의 격렬한 반발을 촉발시켰다. 중국 외무성 대변인은 이를 "중국의 주권에 대한 중대한 침해"로 규정하고, 일본에 대해 이와 유사한 사건이 재발되지 않도록 하는 '구체적인 조치'를 강구할 것을 요구하였다. 또 중국 외무부 차관은 북경 주재 일본 대사를 불러서, 중국측의 강력한 분노를 전달하였다. 대만의 외무성도 이와 비슷한 유감 표시를 일본에 대해서 표명하였다.

일본의 하시모토(橋本龍太郎) 수상은 일본 입법위원들의 조어대 상륙사건에 대하여 불쾌감을 나타내고 이러한 행동은 부적절한 것이라고 비판하였으며, 금후 조어대에 대한 이러한 상륙 시도를 일체 금지시켰다. 동 5월 6일 사건 당일, 세이로꾸(本多) 일본 관방장관은 이들 상륙사건에 대하여 유감의 뜻을 전하고, "일본과 중국 간의 긴밀한 유대는 아시아 태평양지역은 물론, 전세계의 평화와 번영을 위하여 매우 중요한 요소이므로 양국간의 우의와 유대는 결코 훼손되지 말고 잘 유지되어야 한다"고 강조하였다. 그러나 이러한 일본의 유감 표시에 대하여 중국 외무성은, "유감의 표시만으로는 충분치 않다"고 하고, 이러한 상륙사건은 앞으로 양국간의 관계에 심각한 영향을 줄 것이라고 강조하였다. 그러나 니시무라 의원은 자신의 시도를 정당한 것이라고 강조하면서, 일본의 영토에 대한 중국측의 테러가 임박하였으므로 이러한 의도를 사전에 저지하기 위한 것이었다고 변명하였다.

일본 입법부 의원의 조어대 상륙 시도에 항의하여 홍콩 및 대만으로부터 과격파 청년단원 140여명이 조어대 상륙을 시도하는 대규모의 해상시위를 할 것이라는 정보에 접한 일본은 5월 9일, 이 일에 대하여 일본 해상자위대를 파견하지 않을 것임을 미리 발표하고 그 대신 일본 해상보안청 순시선 일단을 이 현장에 보낼 것임을 밝혔다. 동 5월 18일 일본 해상보안청 순시선 17척이 조어대 근해에 파견되었으며, 이들은 조어대에 대한 상륙 시도를 저지하기 위하여 이 섬 전면에 거대한 그물 울타리를 설치하였다.

1997년 5월 25일, 26척의 단정(短艇)에 분승(分乘)한 약 200여 명의 대만 출신 시위자들이 조어대 근해에 몰려왔으며, 홍콩에서도 10여 척의 선박이 이에 가세하였다. 이에 대항하여 일본 해상보안청 순시선은 약 60척으로 증강되어 이들을 저지하였다. 중국측 시위 선박과 일본 해상보안청 선박간의 충돌은 거의 육탄전의 양상을 보였으며 일본 해상보안청 측은 최루탄을 사용하였다. 이 충돌에서 중국 청년 한 사람은 물에 뛰어들어 수영으로 조어도에 상륙하려고 하였으나 일본측에 의해 체포되었다.

동 6월 11일 3명의 일본 우익 분자가 일본 해상보안청 순시선의 만류에도 불구하고 다시 조어대에 잠시 상륙하여, 1996년 이들이 세워둔 등대의 고장부위를 손질하였다. 이 사건에 대한 중국측의 엄중한 항의가 뒤따른 것은 물론이다.

1997년 5월에 있었던 과격하고 심각한 충돌 이후에도 양측 과격분자들에 의한 상륙시도와 시위는 간헐적으로 계속되어 왔다. 특히 1997년 9월에는 전년도 시위에서 익사한 홍콩 출신 중국 청년 데이비드 챤(David Chan)의 1주기를 기하여 중국측의 시위가 잇달았으며(7월 1일, 9월 6일, 9월 18일자 등), 일본 중의원 니시무라도 조어대에 대한 재상륙 시도를 하였으나 일본 해상보안청의 저지로 무위로 끝났다.

1997년 9월, 중국과 일본간에 동중국해에서의 어업협력 협의가 극적으로 타결됨을 계기로, 현재까지는 양국 정부에 의한 영유권 주장의 자제와 충돌 격화방지의 노력이 대체로 주효하고 있다.

2003년 10월 9일 중국 · 홍콩 · 대만의 시민운동가 10명이 조어대열도에 상륙하기 위해 복건성 하문(厦門)에서 출발하여 조어도 1km 전방 해상까지 항해를 시도했으나, 일본 해안경비대 소속 선박 8척에 의해 상륙이 저지당한 사건이 발생되기도 하였다.[3]

조어대열도를 둘러싼 양국간 분쟁 과정에서 나타난 주요 사건을 시대 순으로 요약하면 대체로 다음과 같다.

본 열도는 1895년 중국이 청일전쟁에서 패배한 후 대만과 팽호도(澎湖島, Pescadores Islands)를 일본에게 할양함으로써 조어대는 자연스럽게 오키나와에 귀속되었다. 이런 상태가 특별한 변화 없이 지속되다

3) 조선일보, 2003. 10. 24.

가, 제2차 세계대전이 끝난 후, 1945년 일본 주재 미국 군정청이 조어대를 제외하고 일본이 그간 점령해 왔던 영토 모두를 중국에 반환하였다. 그러나 1971년 중국과 대만은 각각 조어대에 대한 영유권을 주장하게 되었으나, 이듬해인 1972년 미국이 오키나와를 일본에 반환함으로써 조어대는 자연스럽게 다시 일본에 귀속되게 되었다.

그러나 1978년 10월, 중국 어선단이 조어대 수역 내에서 조업을 단행함으로써 영유권 분쟁이 발생했고, 이에 대응하여 일본의 극우단체인 일본청년사가 이곳에 등대를 설치함에 따라 분쟁의 정도가 더욱 심해졌다. 1989년에는 일본의 우익단체가 이 등대를 보수한 후 정식으로 항로 표지 허가를 정부에 요청했으나, 중국과 대만의 반발로 허가가 보류되기도 하였다. 다음 해 10월, 대만은 등대의 철거를 요구하면서 해상에서 시위를 전개했으며, 이와 관련하여 중국도 공동으로 대응할 것을 표명하였다. 중국은 1992년 2월 전국인민대표회의에서 조어대를 자국의 영해에 포함한다는 내용의 새로운 영해법을 통과시키게 되었다.

이런 상황 속에서 1995년 8월에는 일본 자위대가 조어대 상공에 출현한 중국 공군기를 요격하는 사태가 발생하기도 하였다. 그러나 중국은 1996년 2월 조어대 인근 해역에서 해저 유전을 시추하는 시도를 감행하였다. 같은 해 7월 일본의 일본청년사가 조어대의 북소도에 다시 등대를 설치하자, 중국은 일본에 대해 등대의 철거를 요청하였다. 대만은 곧 이어 자국 어업협회의 주도로 대규모 항의 어선단을 조어대에 파견하기도 했으나, 일본청년사는 이미 설치한 등대를 정식 항로 표지로 허가해 줄 것을 자국 정부에 신청하는 등, 관련국들 사이에 영토에 대한 유리한 조건을 선점하려는 경쟁 양상이 점차 강화되는 모습을 보였다.

이에 중국은 급기야 같은 해 8월 말, 일본에 대해 조어대의 영유권을 포기할 것을 요구하기에 이르렀다. 이에 따라, 중국은 10월 12~13

일에 걸쳐 해양조사선인 '설룡'(雪龍, 1만 4천 톤급)과 '해양13호'(海洋13號, 2천 톤급)를 이 수역에 대한 탐사 목적이라는 명분을 내세워 파견했고, 일본 경비정은 이를 강제로 퇴거 조치하는 등 그 경쟁 양상은 더욱 민감한 상태가 되었다.

2001년 4월 6일, 일본 문부과학상 마치무라(町村信孝)는 새역사교과서 검정 합격을 발표하는 기자회견에서, "센카쿠열도는 일본의 영토이지 중국의 영토가 아니다"라고 아사히신문 기자에게 답변한 바 있다.[4)]

참고로 조어대열도의 주권에 관한 일본 외무성의 공식적인 입장은 다음과 같다.

> "1885년 이래 계속하여, 일본 정부는 오키나와현의 여러 기관들을 통해 여러 가지 방식으로 센카쿠열도에 관한 조사를 수행해 왔다. 이 조사들을 통해 동 열도에는 그동안 사람들이 거주한 적이 없으며, 또한 중국의 관할하에 있었던 어떤 흔적도 발견되지 않았음이 확인되었다. 이에 근거하여, 일본 정부는 1895년 1월 14일자 각의결정에서, 이 열도를 일본의 영토에 공식적으로 통합시키기 위한 표지를 설립하기로 결정하였다. 그 이후 지금까지, 센카쿠열도는 일본 영토인 류구열도의 한 일부로서 지속적으로 유지되어 왔다. 따라서 이 열도는 대만의 일부도 아닐 뿐만 아니라, 또한 1895년 5월 발효된 「시모노세키조약」(下關條約) 제2조에 따라 중국의 청이 일본에 양도한 팽호도의 일부도 아니다. 따라서 센카쿠열도는 「샌프란시스코 강화조약」 제2조에 의해 일본이 포기한 영토에 포함되지 않는다. 이 열도는 동 조약 제3조에 따라 류구열도의 일부로서 미국의 시정권하에 놓여져 왔다. 또한 1971년 6월 17일에 조인된 「류구열도 및 오히가쉬제도(Daito Islands)에 관한 미 · 일간의 합의」에 따라 일본에 반환된 행정권에 속하는 지역이다. 이런 사실들로 볼 때, 센카쿠열도의 지위는 일본 영토의

4) 産經新聞, 2001.4.5.

일부가 되고 있음을 분명히 보여주고 있는 것이다. 「샌프란시스코 강화조약」 제3조에 따라 미국의 관할권에 속해 있던 이 열도의 지위에 대해 중국이 아무런 반대 입장도 표명하지 않았다는 사실이, 중국이 이 열도를 대만의 일부라고 고려하지 않았음을 가리키고 있는 것이다. 센카쿠열도에 대한 중국 및 대만의 문제 제기는, 1970년대 후반 동중국해의 대륙붕에서 석유자원의 개발 문제가 표면으로 떠오르기까지는 일어나지 않았다. 더구나, 중국 정부가 '역사적 · 지리적 또는 지질학적' 증거로서 제시하였던 어떤 요점들도, 국제법에 비추어 볼 때 센카쿠열도에 관한 중국측 주장들을 지지하는 타당한 근거들을 제공하지 못하고 있다."[5]

제 3 절 조어대열도에 대한 선점이론과 비판

중국에 원초적으로 부속되어 있던 조어대열도를 1895년에 불법적으로 선점하여 점령해 오던 일본 정부는, 제2차 세계대전 후에 패전으로 인해 부득이 미국에 이양하였다. 그 후 미국은 일본이 자국의 서남군도(西南群島)의 일부라고 주장하는 대로 류구열도(琉球列島)에 조어대열도를 포함시켜 오키나와 반환시 일본에 그대로 반환하였기 때문에, 중 · 일간 영토분쟁이 야기되어 오늘에 이르고 있는 것이다.

조어대열도는 지리 · 지질구조 · 역사 등 어떤 조건하에서도 중국의 영토임이 분명하다. 국제법상의 인근성(contiguity)의 원칙을 무시하고 1894년의 청일전쟁 때 이 섬을 도취한 일본제국이 국제법상의 선점이론을 적용하여 조어대열도를 무주지역으로 간주하여 1895년(명치 28년) 1월 21일에는 이를 각의에서 통과시키고, 계속하여 1896년 4월 1

5) 일본 외무성 자료 http://www.mofa.go.jp/region/asia-paci/senkaku/senkaku.html (2005.12.15) 전문 번역.

일에는 조어대열도를 오키나와현에 편입 · 병합시켰었다. 이와 같이 일본이 중국령 조어대열도에 대하여 탐욕적 약취행위를 전개한 것은 군국주의 일본이 '정한론'(征韓論)과 '대동아공영권'(大東亞共榮圈)을 구현시킬 제국 침략사를 구상하게 된 바로 그 효시가 되었던 것이다.

최근 일본에서 발표된 센카쿠열도연구회(尖閣列島硏究會)의 주장을 살펴보면, "중 · 일간 분쟁의 대상인 센카쿠열도는 본래 무주지역이었으므로, 1895년 1월 14일 일본이 각의 결의를, 그리고 1896년 4월 1일 칙령 제13호에 입각하여 은밀히 4월의 「시모노세키조약」을 통해 센카쿠열도의 선점 및 강제할양이라는 순서에 따라 오키나와현의 관할하에 두고 관리하였다. 이와 같은 일본의 센카쿠열도 선점에 대하여 청국을 비롯하여 세계 어느 나라도 전혀 항의나 이의를 신청한 국가는 없었다"고 국제법상 선점이론을 합리화시켜 센카쿠열도에 대한 일본의 권원을 주장하는 근거로 삼아 이용하려는 의도가 있었음을 알 수 있다.

그러나 일본의 주장대로 조어대열도가 비록 중국에 의해 주의 깊게 통치는 되지 못했다 하더라도, 선점의 요건에 해당될 만한 무주지역은 아니었고 중국 고유의 영토였다. 더욱이 명치(明治) 정부의 각의 결정이 비밀리에 진행되어 공표되지도 않았고, 영토 편입의 칙령 자체도 공시된 일이 없었기 때문에 중국은 이의를 제기할 수 없었던 것이 사실이다.

사실상 조어대열도는 중국인이 최초로 발견하였으며, 15세기 명조(明朝) 당시에 출간된 『순풍상송』(順風相送)이라는 책 속에도 조어대열도가 활자화되어 나오는데, 19세기 초까지 많은 기록들이 조어대열도에 관해 기술되었다. 특히 명조 때 이미 중국의 해양 방위구역 내에 조어대열도가 포함되었고, 1893년 자희태후(慈禧太后: 西太后) 당시의 청조 때도 조어대열도를 비롯한 수천 개의 작은 섬들을 통치하지는 못하였지만 그들에 대한 확인만은 게을리하지 않았다. 그럼에도 일본이 조어대열도를 1884년에 처음으로 발견하자, 일방적으로 이 도서를 무주지역으로 간주하고 10년 동안 강점을 착실히 준비한 끝에 1895년 「시모노세키조약」에서 일본령으로 강탈 · 할양한 것은 군국주의 일본의 명백한 죄악인 것이다.

이처럼 조어대열도는 무주지역이 아닌 복건성에서 류구로 통하는 해양 방위구역 내 항로상에 위치한 황금어장 · 약초채취도 · 항로의 지표였었다. 이와 같은 경제적 · 군사전략적 가치 때문에 중국의 순검사 · 사신 · 어부 · 채약사(採藥師)들이 15세기 이래 조어대열도를 계속적으로 실효성 있게 관리한 기록이 있다.

반면 일본은 1879년 4월에 무력으로 류구의 이른바 폐번치현(廢藩置縣)을 실현시켜 명치 정부 직할의 오키나와현을 세웠고, 1884년 나하(那覇)에 거주하던 어부 고가(古賀辰四郎)가 조어대열도를 처음 발견하자 1885년 내무경의 내명에 따라 중국령 조어대열도에 대한 현지조사를 실시하였다. 현지조사를 마친 보고서에서 "일본은 동 도서는 무인도일 뿐만 아니라 청국의 지배가 미치고 있는 흔적이 전혀 없다"고 기술되어, 동 보고서는 후에 일본이 선점을 합법화하기 위해 조작한 문서로 이용되게 되었다.

당시 고가 어부가 조어대열도의 조차원(借地願)을 오키나와 현청(縣廳)에 제출하였으나 일본은 동 도서의 소속이 청 · 일간에 불명한 상태라서 허가하지 못하고 있다가, 1895년 청일전쟁의 승리를 기회로 조어대열도를 할취(割取)하여 오키나와현에 합병시켰다. 비록 일본이 중국령 조어대열도를 할취하고 명칭을 일본 명칭인 '센카쿠열도'라고 개명하였으나, 다음에 열거하는 세계지도 등에는 일본의 점유와 관계없이 중국 명칭을 영어 · 불어 · 독일어로 번역하여 표기하고 있다. 즉 1790년 영국 런던에서 간행된 중국 지도 *The Empire of China with Its Principal Divisions*를 비롯하여, 1922년 영국 런던에서 간행된 *The Times Survey Atlas of the World*, 특히 1936년 일본 동경에서 간행된

「일본 · 만주국연감지도」(日本滿洲國年鑑地圖), 그리고 제2차 세계대전 이후인 1950년 독일 베를린/슈투트가르트에서 간행된 *Columbus Weltatlas* 등에서, 釣魚臺(Hoa-pin-su, Hoa-yu-su, Hoa-pin-sin), 赤尾嶼(Tshe-oey-su, Raleigh Rk), 黃尾嶼(Tai-a-usu, Ti-a-usu)로 기록하고 있음을 볼 때, 조어대열도는 분명히 무주(無主)지역이 아닌 중국 영토임이 확실한 것을 알 수 있는 것이다.

이상의 제반 자료를 통해서 볼 때, 분명히 조어대열도는 일본이 청일전쟁에서 승리한 결과 대만과 더불어 청국으로부터 전리품으로 할취한 청국 영토이고, 청 · 일간 소속이 불명확한 무주지역은 절대로 아니었음을 알 수 있다.

그러므로 조어대열도는 독도와 마찬가지로 「카이로선언」에서 이른바 '폭력 및 강욕에 의하여 약취된 기타의 모든 지역'에 해당된다. 「카이로선언」은 「포츠담선언」에 흡수되었고 일본은 연합국에게 무조건 「포츠담선언」을 수락하고 항복하였기 때문에, 일본은 불법강점하고 있는 조어대열도로부터 구축되어야 하고, 조어대열도는 중국에 하루속히 반환되어야 함이 중 · 일간 영토분쟁을 가장 현명하게 해결하는 방안이라고 생각한다.

조어대열도 영유권 주장의 문제의 핵심은 조어대열도가 일본이 국제법상 선점한 땅인가 혹은 청일전쟁에서 중국으로부터 탈취한 땅인가 하는 것이다. 청일전쟁에서 중국으로부터 탈취한 땅이라면 이것은 일본이 「포츠담선언」을 조건없이 받아들이면서 무조건 항복한 순간에 중국으로 반환되었어야 하며, 지금 일본이 이 땅의 영유권을 주장하는 것은 「포츠담선언」을 위반하고 일본 제국주의의 부활과 재기를 시도하는 것이라 할 수 있다.[6)]

일본은 조어대[센카쿠]열도에 대한 일본의 영유권이 확실하게 선점

6) 井上清, 『尖閣列島-釣魚諸島の史的解明』(東京: 現代評論社, 1972), p.10.

한 땅에 대해 실효성이 있으며, 이러한 사실은 국제법과 역사적으로 입증된 것으로서, 중 · 일 양국간에 영토분쟁은 존재하지 않는다고 주장하고 있다.

조어대열도의 영유권에 대해 일본이 최초로 공적인 영유를 주장한 것은, 1970년 8월 31일 미국 정부의 감독하에 있던 류구 정부 입법원이 행한 「센카쿠열도의 영토 방위에 관한 요청 결의」이다. 이 결의가 조어대열도를 일본령 도서라고 하는 근거는 "원래 센카쿠열도가 야에야마(八重山) 제도의 이시가키(石垣)시 우등야성(宇登野城)의 행정구역에 속하고 있으며, 전쟁 이전에 여기에 소재했던 고가(古賀) 상점이 벌목사업 및 어업을 경영하고 있던 섬으로서, 이 도서의 영토권에 관해서는 의문의 여지가 없다"는 것이었다.[7] 이 입법원의 결의를 받은 류구 정부는 같은 해 6월 10일 "센카쿠열도의 영유권 및 대륙붕 자원의 개발권에 관한 주장"을 발표하였고, 나아가 6월 17일 '센카쿠열도의 영토권에 관하여'라는 성명을 발표하였다.

1885년 이래 3차에 걸친 조사 결과 조어대열도가 무인도임을 확인하였고, 이를 바탕으로 1895년 1월 14일 각의의 결정으로 표주(標柱)를 세우기로 하였다. 이와 같은 각의 결정에 입각하여 1896년(明治 29년) 4월 1일 칙령 제13호를 오키나와현에 시행하는 기회를 이용하여 동 열도에 대한 국내법상 편입조치를 취하였다. 일본은 이처럼 각의 결정을 통해 조어대열도가 일본 영토에 편입되었다고 주장하고 있다. 즉 무주지 선점에 의한 취득이었다고 주장하는 것이다. 즉, 무주지 선점에 의해 취득된 지역이기에 1895년 청일전쟁 후 「시모노세키조약」에는 조어대열도가 포함되어 있지 않았고 이미 오키나와현에 편입되어 있었다는 것이 일본의 주장이다.

조어대열도는 1951년 「샌프란시스코 강화조약」에 따라 일본이 포기

7) 위의 책, p.18.

한 영토에 포함되지 않았으며, 영토회복협정에 의거하여 당연히 일본에게 회복된 지역이라는 것이다. 중국과 대만의 조어대열도에 대한 영유권 주장은 이 지역 근해에 석유 매장 가능성이 있다는 발표가 있은 후인 1970년경부터 시작되었고, 미국 관할 기간을 포함하여 1970년 이전에는 중국과 대만이 일체의 영유권 주장을 하지 않았다는 데 문제의 복잡성이 있는 것이다. 그 결과 조어대열도가 중국의 영토였음을 증명할 수 있는 역사적 자료는 충분하나 국제법상 선점 시효에 문제가 있을 수도 있다고 본다.

현재 일본 정부는 최근 우익 민간단체가 자신들이 실질적으로 소유한 장소인 조어대열도에서 저지른 일련의 행위를 저지할 권한이 없다고 하면서, 중국과 대만에 대해서는 조어대열도에 대한 일본의 실효적 점유를 확실히 주장하고 있다.

조어대열도의 정치지리적 가치와 안보전략적 중요성, 특히 해양주권 시대에 있어서 일본 해군의 1,000해리 확보와 석유 매장량 확보의 필요성 때문에, 역사적 권원으로나 지리적 조건으로나 중국의 고유 영토가 확실한 조어대열도를 중국이 가까운 시일 안에 쉽게 반환받기 위한 수단으로, 단지 새로운 중국의 영해법 채택과 적용만으로는 양국간에 많은 문제점이 야기될 수 있을 것으로 예상된다.

제 4 절 영유권 주장에 대한 평가

조어대열도의 영유권을 주장하고 있는 관련국들의 주장 근거는 대체로 다음과 같이 요약할 수 있다.[8] 먼저, 중국측은 시기적으로 중국

8) 자주국방 네트워크, "조어대군도의 영유권 분쟁과 우리나라," 국방 · 해양정책 칼럼(http://powercorea.com/zboard/zboard.php?id, 2005.12.20).

인들이 일본보다 일찍 지리적 발견과 점유 및 개발을 시작했다는 점과, 1895년 「시모노세키조약」 제2조의 "대만에 인접하거나 부속된 도서" 규정을 이용한 일본의 강점 행위를 근거로 제시하고 있다. 또한 「카이로선언」 및 「포츠담선언」에 의거, "일본이 중국으로부터 빼앗은 모든 영토" 또는 "탐욕과 폭력의 수단으로 빼앗은 모든 다른 지역"에 조어대열도가 당연히 포함된다는 주장을 하고 있다. 여기에 1952년 중 · 일간의 「대만 강화조약」에 따라, 1941년 이전에 일본의 강압에 의하여 체결된 모든 조약들이 본질적으로 무효인 것으로 합의되었으므로, 「시모노세키조약」도 무효가 되어 일본의 조어대열도 영유권이 법률적 근거를 상실하는 것으로 주장하고 있다.

이에 대해, 일본은 조어대열도의 존재가 14세기 후반에 중국인에 의해 먼저 알려지기는 했지만, 1884년 일본인 고가(古賀)에 의한 개발이 있기 전까지 중국은 영유(領有)의 의사로써 이 섬을 점유 · 경영한 실적이 없다는 점에서 중국 영토라고 인정할 근거가 전혀 없다는 것이다. 1895년 일본 각의의 영토 편입 결정이 이루어진 이래, 일본이 이 열도에 대하여 '계속적이고 평화로운 영토적 점유'를 유지해 왔다는 것이다.[9)]

일본이 조어대열도에 대하여 무주지역에 대한 선점이론을 적용하여 이들을 일본 영토로 편입한 조치는 독도 사례와 많은 유사점이 있음을 발견할 수 있다. 일본은 영토편입의 근거를 무주지역이라는 데에 두었고, 편입 당시의 시대적 배경을 청일전쟁의 승리라는 일본측에 매우 유리한 시기와 조건하에서 편입을 단행하였던 것이다.

또한 명치 정부에 제출한 허가신청에서도 유사점이 발견되는데,

9) 이에 대한 일본측의 근거는 대개 다음과 같다. ① 1895년의 영토 편입조치, ② 1895년 이래 일본 정부에 의한 각종 조치(실지 측량, 지표의 설치, 개발 허가, 기상관측소의 설치, ③ 1952년 「샌프란시스코 강화조약」 제3조에 의거한 미국의 신탁통치, ④ 1972년 「오키나와 반환조약」에 의거한 조어대열도의 일본 반환 등이다.

1904년 9월 26일 시마네현(島根縣)에 거주하여 해구를 포획하던 나가이(中井養三郎)가 제출한 「독도 영토편입 및 대하원」(Liancourt島 領土編入及貸下願)과 1884년 이래 조어대열도 주위의 황금어장에서 해산물을 채획하던 나하(那覇) 사람인 고가(古賀辰四郎)가 제출한 「조어대열도 차지원」(釣魚臺列嶼 借地願)은, 모두 무주지역에서 한 개인이 일시 어업에 종사한 사실만 가지고 "국제법상 실효적 점유의 사실이 있는 것으로 인정한다"는 법해석의 비약과 오류를 범하고 있는 좋은 실례인 것이다.

일본은 독도와 조어대열도를 일본령으로 편입함에 있어 한국이나 중국이 전혀 이의나 항의를 신청하지 않고 묵인하였다고 주장함에 대해서도 유사점이 있다. 한국과 중국이, 공시되지도 않은 채 은밀히 이루어진 「시네마현 고시」나 「오키나와 현령(沖繩縣令)」과 같은 일본 지방자치단체의 고시를 어떻게 알고 항의할 수 있었으며, 이미 「한일의정서」와 「제2차 한일협약」으로 외교권을 상실한 한국이나, 청일전쟁에서 패전국으로 전락한 중국 모두 비록 군국주의 일본에 대해 감히 항의하였다고 하더라도, 그 실효성을 전혀 기대할 수 없었을 것이라고 확실하게 말할 수 있는 것이다.

일본이 도취한 독도나 조어대열도는, 명백히 「카이로선언」에 규정된 바와 같이 군국주의를 전개하여 나아가는 과정의 일환으로서 '폭력 및 강욕에 의해서 약취된 기타의 모든 지역'에 해당되는 것이다. 그러므로 "시저(Caesar)의 것은 시저에게로 돌아가야 한다"는 당연한 진리처럼, 독도는 전후 한국으로 당연히 반환되었으나, 중국의 조어대열도는 아직도 반환이 되지 않아 지금까지 중국에 의한 실지회복에 따른 영토주권의 확립이 이루어지지 못하고 있어 시간의 흐름이 장기화될수록 그 문제의 심각성은 더욱 커질 전망이다.

더욱이 중 · 일간에 계쟁중인 조어대열도의 반환 문제는 영유권을 둘러싼 단순한 법률적 분쟁만이 아니고, 주변 해역에 부존 가능성이 높은 해저광물자원과 유전개발 · 황금어장 · 해로의 확보 및 보장 등과 같은 정치적 · 경제적 · 안보적 복합요인을 내포하고 있는 것이 매우 중요한 특징이라고 본다.

그러므로 중국은, 과거 일본제국이 선점이론의 부당한 적용을 통하여 영토를 불법 도취한 사실을 국제사법재판소에 사법적 조치로써 제소를 취해야 할 것이며, 국제법상 시효상실에 해당되지 않는 범위 내에서 주기적 또는 간헐적으로 조어대열도에 대한 중국의 영토주권에 관한 정당성을 자신의 신영해법을 적용하여 일본에 주장할 필요가 있는 것이다.

그러나 중 · 일 양국간 영토분쟁의 원만한 해결방법은, 가해자인 일본이 자국의 안보라는 단기적인 국가이익을 생각하기보다는 장기적인 역사의 안목에 따라 국제평화와 동아시아 지역의 안전보장에 대한 올바른 책무를 인식하고, 중국과 충분할 정도의 상호간 합의와 협력을 통해 평화적 · 정치적인 해결에 동참할 때 가능하리라고 기대한다. 또한 조어대열도 반환 문제의 조속한 해결을 위해서는, 피해자인 중국이 종전과는 달리 변화된 의식과 행동으로써 가해자인 일본에 대하여 보다 적극적으로 주도권을 잡고 중 · 일간의 영토분쟁 협상회담에 임할 것을 결론으로 제안하는 바이다.

제 5 절 조어대 분쟁의 의의 및 전망

조어대열도를 둘러싼 영도분쟁은 많은 불확실성과 매우 논쟁적이고 밝혀지지 않은 사실들을 내포하고 있다. 현 단계에서, 일본이 이 문제의 해결을 위한 어떤 회담이나 독립적인 제3자에 의한 해결에도 호소할 조짐은 전혀 없을 것으로 보인다.

영토분쟁과 관련된 국제법의 일반원칙들은, 영토를 둘러싼 경쟁적인 권원 주장들이 존재하는 경우, 그 결과는 해당 지역과 관련해서 취해져 온 활동들의 강도나 성격에 의존할 수 있음을 보여주고 있다. 게다가 다른 국가의 주장에 대한 국가의 묵인 또는 승인도 매우 중요하게 고려될 것으로 본다.

중국이 그 동안 조어대열도에 대한 주권국이 되기 위한 적절한 의도를 보여 왔다고 간주되므로, 영토 권원을 수립할 수 있을 것으로 예상할 수도 있다. 그러나 이 문제를 둘러싸고 주권적 지위를 경쟁해 왔다는 중국의 기록이 없는 상태에서, 일본은 1960년대 후반과 1970년대 초기까지 자신의 권익를 유지해 왔다. 그러나 일본이 이 도서들을 병합하기 위해 선택했던 특이한 방식과 시기 선택으로 인해, 일본의 주장에 대한 중국의 즉각적인 대응이 부족했던 것에 관해서는 여러 의문이 제기될 수도 있다. 국제법은 분명 만일 특정 국가가 영토 권원을 보유한 것처럼 행동하는 데 실패하거나 주권도 보장하지 못할 경우에는 자국의 권원을 상실할 수도 있다는 사실을 명백하게 보여주고 있다.

결국, 영토분쟁은 관련된 모든 변수들을 포괄적으로 고려함으로써 결정되어야만 할 것이다. 이를 위해서는, 영토에 관해 보다 강력한 주장을 입증하는 국가에게 영토 권원이 부여될 것이라는 원칙이 적용될 수도 있다. 이런 원칙이 아무리 단순하다 할지라도, 영토 및 영토분쟁과 관련된 역사, 국가의 실행, 그리고 현존하는 국제법과의 일관성을 보이는 적절한 방식으로 이런 요인들을 측정하는 데에는 많은 어려움이 수반되지 않을 수 없다.[10]

조어대열도를 둘러싼 도서분쟁의 확대로 인해 중 · 일 관계가 경색될 경우, 이는 한국을 포함한 동북아에 전략적 · 경제적 · 지역적 파급효과를 초래하게 될 것이다. 동 도서는 동북아의 국제 해상교통로 상

10) Steven Wei Su, "The Territorial Dispute over the Daiyoyu/Senkaku Islands: An Update," *Ocean Development & International Law*, 36(2005), p.55.

에 위치하고 있을 뿐만 아니라, 역내 기타 도서분쟁에도 영향을 주게 될 가능성이 높다. 한편, 1994년 11월 정식 발효된 「유엔 해양법협약」에 따라 무인도에 대한 점유라도 자국의 영해 및 해양자원의 범위가 확대될 수 있기 때문에, 분쟁 당사국들은 일방적으로 자국의 입장에 유리한 조치를 취하게 될 가능성이 있고, 이로 인해 조어대열도를 포함한 역내 영유권 분쟁이 또 다른 국면에 직면할 수 있다고 본다.

중국과 일본이 양국관계에 있어 역내 안정 및 경제협력에 최우선 순위를 두고 있기 때문에 동 문제로 인한 양측의 무력충돌 가능성은 낮은 편이다. 특히 중국의 경우, 일본의 영유권 강화조치에 대한 민간 시위가 중국 정부를 겨냥한 정치적 시위로 확산되는 것을 방지하기 위해, 홍콩이나 대만에 비해 낮은 수준의 대일 항의나 시위만을 허용하고 있다. 홍콩이나 대만의 경우도 대체적으로 시민단체, 혹은 정당 주도의 시위가 이루어지고 있으며, 정부 차원의 대응은 외교적 항의가 주류를 이루고 있다. 미국은 남사군도 및 서사군도의 분쟁에서와 마찬가지로 어느 일국의 영유권도 지지하지 않는다는 공식입장을 취하고 있고, 분쟁 당사국들에게 동 분쟁의 평화적 해결과 자유항행의 보장 원칙을 준수하도록 요청하고 있다.

중국과 일본이 조어대에 대한 영유권을 주장함으로써 상호 대립하고 있고, 이에 따르는 간헐적인 분쟁이 계속되는 상황이 쉽사리 해결되기는 어려울 것이다. 기본적으로 중국은 영토적 권원에 대한 역사적 증거가 일본에 비하여 우세하다고 믿고 있고, 조어대 근해에 풍부한 석유자원이 매장된 사실이 확인되고 있으며, 게다가 남중국해(南中國海) 도서 영유권 분쟁에 대한 영향 등을 고려하여, 조어대에 대한 영유권 주장에 추호의 양보도 있을 수 없다고 생각하고 있다. 따라서 중국은 조어대 근해의 자원 탐사활동을 실질적으로 추진하면서 이 부근 해역에 대한 정치적 · 군사적 영향력 확보에 주력할 것이다.

일본은 조어대열도에 대한 현실적인 영유 및 지배의 현상을 유지하기 위하여 분쟁상태의 확대나 심화를 적극적으로 회피하는 정책을 지속적으로 유지할 것이다. 1997년 9월, 중국과 일본 간에 타결된 어업협력을 위한 '잠정수역 합의' 도 이런 맥락에서 이해될 수 있다. 일본은 분쟁이 표면화됨을 피할 수 있는 범위 내에서 민간 차원의 조어대 개발을 독려할 것으로 예상된다.

중국은 기본적으로 국제사법적 절차를 신뢰하지 않고 있으며, 일본이 이를 주도한다 하더라도 이 조어대열도 문제가 제3자인 국제사법기관에 제소될 가능성은 전혀 없다고 본다.

탈냉전 이후 급속히 확산되고 있는 지역간 통합화 현상과 초고속 통신망의 발달로 인해, 세계는 지금 국경 없는 공동체(borderless community)의 실현이 멀지 않았다고 주장하지만 국가간의 영토분쟁은 쉽사리 사라지지 않고 있다. 한국과 일본 간의 독도 문제, 러시아와 일본 간 북방4도 문제, 한국과 중국 간 대륙붕 개발 문제, 또한 통일한국 시대에 도래할 백두산 경계 문제와 간도지역 문제 등은, 중 · 일간 조어대 분쟁 사태로 미루어 볼 때 향후 동아시아 지역에 첨예한 영토분쟁을 야기시킬 개연성이 있다.

따라서 역사적 사실이나 국제법상으로도 엄연한 우리의 영토인 독도를 일본은 끊임없이 자국의 영토라고 주장하고 있으며, 심지어 최근 일본 자민당이 정강정책에 독도 영유권을 명문화시켜 놓는 망발을 저지르고 있는 시점에서, 조어대열도를 둘러싼 중 · 일간의 영토분쟁은 결코 남의 일이 아님을 인식하고 현명히 대처할 능력을 길러야 할 것이다.

특히 90년대 중반 이후 조어대열도 사태에서, 한국은 중국과는 달리 일본이 얼마나 치밀한 준비와 상황에 부합된 행동을 하고 있는지를 파악할 수 있는 좋은 기회를 가졌다고 본다. 일본이 유사시에 중국과 국가적인 직접 충돌을 회피하기 위하여 센카쿠열도를 사유지로 둔갑시키는 교묘한 전략을 구사하고 있다는 점을 고려해야 할 것이다.

조어대열도의 영유권 분쟁은 한국에게도 민감한 의미를 제시하고 있다고 할 수 있다. 이는 특히 1990년대 후반 중 · 일 공동어로구역인 조어대열도 일대에서 조업중이던 한국 어선들이 일본에 의해 나포당하는 사건으로 인해 그 의미가 현실적으로 노출되게 되었다. 즉 한국 해양수산부는 한 · 일 조업공동위를 통해 일본측에 정확한 EEZ 경계선의 제시, 부당한 나포행위의 중단, 한국 어선에 대한 안전조업권 보장, 피랍 어선에 대한 무혐의 처리 등을 요구하는 한편, 관련 입장과 보호 대책 등을 발표한 바 있었다. 이에 따라 한 · 일 어업협정이 타결되었으나, 이의 문제점에 관한 평가가 현재까지 계속되고 있다.

중 · 일간의 조어대열도에 대한 대응방식과 영유권 획득 전략은 한 · 일간의 독도 문제에 대해서도 시사하는 바가 크다고 할 수 있다. 한 · 일이 추진 중인 대륙붕 공동개발 구역에 대한 중국의 과도한 영유권 주장과 관련해서도, 사전 차단 또는 억제하기 위한 통합된 전략을 수립할 필요가 있다.

또한 조어대열도에 대한 일본의 영유권 확보 전략과 독도에 대한 한국의 영유권 확보 논리는 유사한 구조를 갖고 있다고 볼 수 있다. 조어대열도 문제는 비단 중 · 일 · 대만이 관련되어 있다고 해서 우리와 절대 무관한 사례가 아니다. 우선 직접적으로는 이 지역에서의 한국 어업권과도 관련이 있다. 따라서 한국의 주권 영역인 대륙붕에 대해서조차 영유권을 제기하려는 중국의 주장을 억지하기 위한 해결 방안뿐만 아니라, 한국의 주요 통상로이기도 한 남중국해 전역에 대한 영유관할권을 주장하는 중국의 주장을 무력화시키기 위한 구체적이고도 다각적인 개별 협상 및 국제협력 방안에 대해서 철저히 고민해야 할 것이다.

〈조어대열도 영토문제 연대기〉

1895	중국, 청일전쟁 패배 후 대만 · 팽호도 일본 할양(조어대는 자연히 오키나와에 귀속됨)
1945	주일 미 군정청, 조어대를 제외한 일본의 점령영토를 모두 중국에 반환함
1952	미국, 오키나와와 조어대열도를 「샌프란시스코 강화조약」에 부속시킴
1968	유엔, 열도 부근 해저에 탄화수소 매장 가능성 발표
1970	미국과 일본, 「오키나와 반환협정」 서명(조어대열도는 오키나와의 부속도서로 인정됨)
1971	중국 · 대만, 각각 조어대의 영유권 주장 미국 대학생 5천 명 이상이 반일 시위 벌임
1971.6	미 · 일 「오키나와 반환협정」 서명
1972.5	미국, 오키나와 일본 반환(조어대는 자연히 일본에 귀속됨) 일본 정부, 중국의 영유권 주장에 일본의 주권 주장
1978	일본과 중국, 공식 외교관계 수립(동 문제의 잠시 보류 합의)
1978.10	중국 어선단의 조어대 수역 내 조업으로 영유권 분쟁 발생. 일본 일본청년사, 등대 설치(외교적 항의 및 민간단체 시위 발생)
1979	일본, 헬리콥터 착륙장 설치 시도(중국의 반발로 포기)
1982.12	「유엔 해양법」 채택
1988	일본 극우단체인 日本青年社가 등대 설치
1989	일본 우익단체, 등대 보수 후 정식으로 항로표지 허가를 정부에 요청(중국 · 대만의 반발로 허가 보류)
1989.9	일본, 조어대열도 부근에서 활동 중인 대만 선박 축출
1990	일본, 대만인 국기 게양 시도를 무력 저지
1990.9	일본 정부, 일본 우익집단의 등대 설치 승인
1990.10	대만, 등대 철거 요구하며 해상 시위(중국도 공동 대응 표명함)
1992.2.25	중국, 전국인민대표회의에서 조어대를 영해에 포함한 새로운 영

	해법 통과
1994.11	「유엔 해양법」 정식 발효
1995.5	중국, 해양조사선의 자원탐사 실시
1995.6	중국 공군기 2대 해역 접근(일본 자위대 F-15 2대 발진)
1995.8	일본 자위대, 조어대 상공에 출현한 중국 공군기 요격
1996.2	중국, 조어대 인근 해역에 해저유전 시추
1996.7.15	일본청년사의 북소도에 등대 설치
1996.7.17	중국, 일본에 등대 철거를 요청
1996.7.22	대만, 어업협회의 주도로 대규모 항의 어선단을 조어대에 파견
1996.7.26	일본청년사, 설치한 등대를 정식 항로 표지로 허가해 줄 것을 정부에 신청
1996.8.31	중국, 일본에 조어대 영유권 포기를 요구함
1996.9.26	홍콩 David Chan, 다른 반대자들과 함께 수영으로 접근 시도
1996.10.7	중국과 대만 반대자들이 양국 국기를 게양(일본이 후에 철거함)
1996.10.12-13	중국, 해양조사선 '설용'(雪龍)과 '해양(海洋) 13호'를 탐사 목적으로 파견(일본 경비정이 이를 강제 퇴거 조치함)
1996.11	미국, 어느 분쟁당사국의 입장도 지지하지 않는다는 성명 발표
1997.11	「중 · 일 신어업협정」(영유권 문제는 보류함)
1998.6	홍콩, 시민단체의 시위 선박(100톤) 시위 중 침몰
1999	중국, 해양조사선 해군함정 조어도 주변의 빈번한 출몰(일본측 반발)
1999.7	일본 도쿄신문 보도(내용: 자위대가 1998년 11월 태평양 이오섬에서 독도와 센카쿠열도와 관련해, '적이 점령한 섬' 탈환을 위한 3군 합동 상륙훈련을 비밀리 실시했다)
1999.8	일본 중의원 의원, 조어도 시찰 예정(주일 중국대사, 일본 외무성 항의 방문)
2000.2	중 · 일, 미발효 상태의 「신어업협정」 합의(2002년 6월부터 정식 발효 예정)

2000.5 일본 우익민족주의자, 조어도에 상륙하여 일본의 영유권 주장

2000.9 중국 연구선, 조어대열도 연구 활동 실시(일본 순양함이 접근해 나가줄 것을 요구, 연구선의 본국 구조 요청으로 중국 군함 2척 지원, 일본 순양함의 선수 회항)

2001.4 일본, 중학교 공민교과서에 조어대열도가 일본 영토라는 사진 게재

2002.3 중 · 일, 2001년 말 일본 순시선에 침몰한 괴선박의 인양 문제를 둘러싼 신경전

2002.9 대만 총통(리덩후이), 오키나와의 일본 반환 30주년 대담에서 센카쿠열도가 일본 영토라고 주장(중국의 영유권 주장은 증거도 없고, 국제법적 근거도 불명확하다고 발언)

2002.4 일본 정부, 개인 소유자들로부터 조어대 및 기타 도서 임대

2003.1 일본 정부, 조어대열도 일부 섬에 임차권 설정(중국 정부는 일본 외무성에 엄중 항의하고, 대만 정부는 전쟁 불사를 표명)

2003.8 대만 · 일본, 조어대열도 북부 해역 공동어로 · 자원 개발 추진 발표(중국은 이 합의가 무효라며 강력 반발)

2003.10 중 · 홍콩 '중국땅 찾기' 운동가의 조어도 상륙시도(일본 순시선의 제지로 중국으로 회항)

2004.1 중국 민간단체 '댜오위다오 수호연합회', 조어도에 상륙 기도(일본측과 충돌)

2004.3.24 중국의 반대 운동가 7명, 3일간 체류 계획으로 입도했다가 일본에 의해 불법 입도로 체포됨(일본 정부의 대중 항의, 중국은 석방 요구, 일본은 사전 허가 없는 일체의 상륙 금지 발표)

2004.4 일본 중의원 안전보장위원회, 센카쿠열도가 일본의 영토임을 확인하는 결의 채택(중국 외교부, 조어대열도가 중국 고유 영토이며 일본의 어떤 조치도 불법이며 무효라고 선언)

2004.4 중 · 일 외무장관 회담(북경), 센카쿠열도 문제 논의(타결 실패)

2004.12 중국, 조어대열도 풍경을 담은 엽서를 최초로 발행

2005.1	일본, 조어대열도 인근에서 석유 · 가스 탐사 움직임(중 · 일 양국간 긴장 고조)
2005.2	일본, 조어대에 설치된 사유 등대의 소유권 취득 계획(일본 해상자위대의 관리 예정됨). 중국, "불법 · 무효" 강력 반발.
2005.3	일본, 조어대 주변 도서에 병력 주둔 검토.
2005.4	일본, 조어대 지역 가스 시추권을 자국 민간기업에 배분
2005.5	중국 민간단체 회원들, 조어도에 상륙 일본, 조어도 부근 충지도에 헬기장 건설 추진
2005.6	대만, 자국 어선이 일본 순시정의 공격을 받은 후 프리깃함 파견(아무런 사고 없이 대만 귀환함)
2005.12.31	일본 육상자위대, 센카쿠열도에서 2006년 1월 미 해병대와 낙도방어 합동훈련 실시 예정 발표(목적: 중국군에 의한 침공 사태 대비 훈련)

제 8 장

남중국해 다자관계: 남사군도(南沙群島) 영유권 경쟁

제 1 절 서론

냉전 이후 세계는 새로운 질서의 형태를 모색하는 전환기적 성격을 내포하고 있어 상당 부분 과도기적 혼란상을 표출시킬 것이다. 협력과 통합이 진전되는 한편 새로운 갈등과 분열도 끊임없이 나타나고 있으며, 구시대에 이미 발발했던 갈등상도 해결되지 않은 채 지금도 계속 진행형이다.

갈등과 분열을 보이는 현상 가운데 하나가 해양과 섬을 둘러싼 주권 획득과 국가이익의 경쟁관계이다. 현재 이런 모습들은 우리 한국에게도 이미 나타나 있으며, 우리 주위에도 여전히 도사리고 있다. 해양에서의 주권 확보가 자국의 이익으로 연계되고, 다시 특정 국가 내의 정치사회적 안보와도 결부된다는 측면을 고려할 때, 해양의 중요성은 더욱 커진다.

현대적 의미에서의 안보는 특정의 영역에서만 고립적으로 존재하는 개념이 아니다. 오히려 잠재적 또는 현재적 위협이 될 수 있는 쟁점들 간의 복합적인 상호관계 속에서 그 위상을 더욱 높여가고 있다. 즉 형태상으로는 전체적 수준에서의 안정과 균형을 강조하는 '포괄적 안보' 로, 그리고 내용상으로는 본질적인 인간의 삶을 고양시킨다는 '인간적 안보' 가 여기에 추가된 지 오래다. 해양의 안전보장도 이런 측면에서 이해해야 하는 것이 앞으로의 추세일 것이다.

본 장에서 다루고자 하는 남중국해에 위치하고 있는 남사군도는 주변의 다수 국가들이 영유권을 주장하고 있는 영토분쟁의 특수한 사례로서, 동아시아 국제관계의 본질적인 특성 가운데 중요한 일부를 형성하고 있는 주제에 해당한다. 남사군도의 영유권 분쟁은 단일 섬이 아닌 군도로 이루어진 지역의 분쟁으로서, 영유권 분쟁에 개입하고 있는 당사국이 다수이면서, 지역적 분포로는 동북아 및 동남아 국가들의 개입, 국력의 분포로는 강대국 및 약소국들과의 힘의 역학관계, 영유권 주장의 범위로는 전면적 영유와 부분적 영유가 중층적으로 복합되어 있는 특성을 보이고 있다.

남사군도 영토분쟁에 있어 가장 직접적으로 행동을 취하고 있는 국가행위자는 중국이며, 다음으로는 필리핀과 베트남이고, 그 다음이 대만, 그리고 그 정도에 있어 상대적으로 가장 소극적인 국가가 말레이시아 · 인도네시아 · 브루나이이다. 중국은 안보리 상임이사국의 지위를 갖고 있는 강대국으로서, 남사군도의 영유와 관련하여 가장 적극적인 입장을 고수하고 있다. 중국을 제외한 나머지 국가들은 중위국 내지 약소국임에도 불구하고, 때로는 중국에 대하여, 때로는 그들 상호간에 간헐적인 소규모의 갈등적 접촉 국면들을 보여 왔다.

세계적 수준에서 미국의 일극주의가 뚜렷한 상황 속에서, 현재 동아시아 지역 내에서는 냉전 이후 각 국가들이 군사적 능력을 확장해 가고 있는 것이 일반적 추세이다. 이런 추세 속에서 이 지역의 여러 영토문제들이 냉전적 속성을 유지하거나 아니면 더욱 강화하고 있는 모습을 보이고 있다. 이러한 분쟁에 있어서는 군사력 특히 대양 해군력을 기초로 한 정치적 협상을 배제할 수 없다. 왜냐하면 해양법 발효와 냉전 종식 이후 힘의 공백으로 동북아 역내 국가간 갈등의 소지가 더욱 커질 수 있기 때문이다.

이런 측면세서 본 연구는 동아시아 지역에서 다수 국가들이 관련되고 있는 남사군도의 쟁점을 살펴봄으로써, 동북아의 유사 분쟁들과 비교가 가능해지고, 더 나아가서는 동남아시아의 국제관계에까지 확대되는 시각을 제공할 수 있는 쟁점이 될 수 있다. 또한 동남아시아의 대표적인 제도인 아세안 회원국들과의 권역 내 관계와 주변 타국(예: 중국)과의 확대된 관계를 관찰할 수 있는 기대도 가질 수 있다. 즉 영토분쟁이 지닌 전통적인 중요성에 더하여, 오히려 이 쟁점을 통해 보다 새롭고 의미 있는 국제관계의 관찰점을 생성시킬 수도 있다. 여기에 종래의 국제법적인 정태적 분석과 국제정치 · 사회적 분석에 이르기까지 분석 도구와 영역이 확대되는 중요한 이론적 기반을 마련할 수도 있을 것이다.

따라서 본장에서는 남사군도의 지리적 특성과 다차원적인 가치를 개관한 후, 특히 해양 또는 도서와 관련된 영토분쟁에 대한 군사적 · 외교적 · 사법적 해결방식을 중심으로 한 접근방법을 검토하고 있다. 이에 따라 남사군도를 둘러싼 분쟁의 역사적 전개과정과 관련 국가들의 실제적 행동들을 이런 프리즘에서 고찰함으로써, 그 속에 내재된 논리 및 의도 등을 분석하고자 한다. 이를 통하여 향후 남사군도의 문제 해결을 위한 대안들을 쟁점별로 제시함으로써, 하나의 의미 있는 지침을 기대할 수 있을 것으로 본다.

제 2 절 정치지리적 특성

남사군도는 지리적으로, 남중국해의 남단에 위치한 80만㎢의 해역으로서, 약 100여 개의 소도 · 사주 · 환초 · 암초로 구성되어 있는 군도이다. 주변 관련국들과의 거리를 보면, 중국 대륙에서는 1,500 km, 베트남에서는 400km, 필리핀의 팔라완(Palawan)에서는 120km, 말레이시아의 보르네오섬으로부터는 100km 지점에 위치해 있다.[1] 남사군도의 해면 위에 돌출해 있는 모든 도서의 총 면적은 2.1㎢에 불과한 것으로 알려져 있다. 남사군도는 북위 4~12도 사이의 망망대해 청정 해역에 펼쳐져 있는 4개 군도 중 가장 남쪽에 위치하고 있으면서, 중국 · 베트남 · 말레이시아 · 필리핀 · 인도네시아 · 브루나이 · 대만 등

1) 박광섭, "탈냉전시대 동아시아의 다자간 영유권 분쟁: 남사군도의 사례," 『아시아연구 7』(2004), p.79.

〈그림 8-1〉 남사군도의 지리적 위치

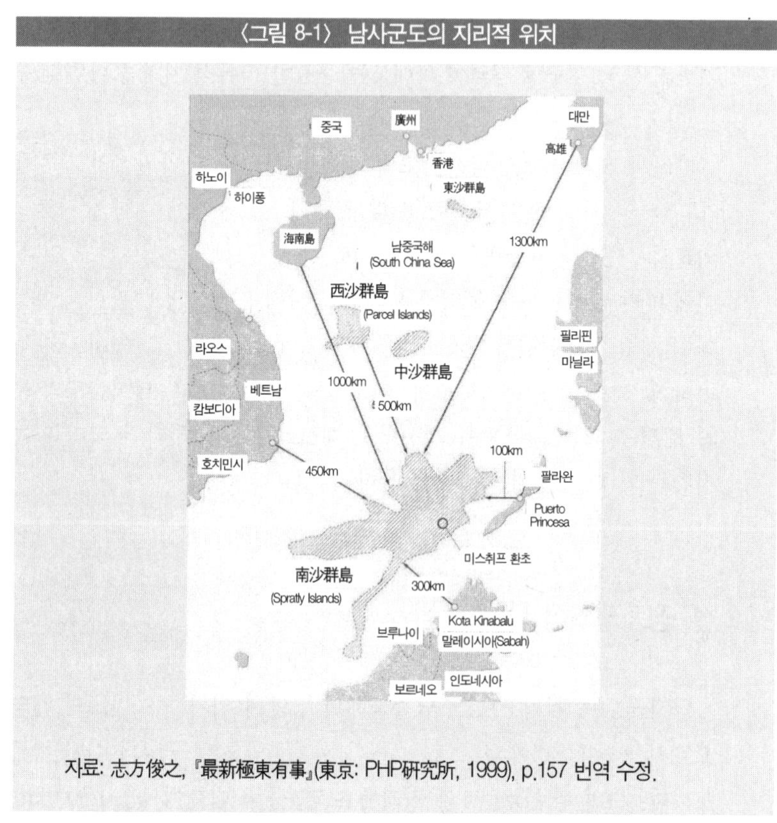

자료: 志方俊之, 『最新極東有事』(東京: PHP硏究所, 1999), p.157 번역 수정.

주변 여러 나라의 한가운데에 위치하는 지리적 특성 때문에 영유권 분쟁이 가장 치열한 곳이다.

1946년부터 1947년 사이에 대만(당시 자유중국) 정부의 주관으로 실시한 지리적 조사에 의하면, 남중국해에는 127개의 무인도, 산호환초(珊瑚環礁: coral reef), 사주(砂洲: bank), 저지대(低地帶: shoal) 및 암초(暗礁: reef, cay) 등이 있었다. 이들은 대체로 4개의 외양 산호군도(珊瑚群島)로 구분될 수 있다. 즉 ① 동사군도(Pratas Reef: 東砂群島: Tungsha), ② 중사군도(Macclesfield Bank: 中砂群島: Chungsha), ③ 서사군도(Paracel Islands: 西砂群島: Xisha) 및 ④ 남사군도(Spratly Islands: 南砂群島: Nansha)들이다.

동사군도는 한 개의 산호환초와 한 개의 섬으로 구성되어 있다. 중사군도는 24개의 저지대, 3개의 암초 그리고 2개의 사주로 구성된다. 즉 중사군도는 전체가 수면 이하의 지형이다. 서사군도는 15개의 섬, 5개의 산호환초, 5개의 사주, 4개의 모래톱(sands) 및 암초로 구성된다. 우디섬(Woody Island; Ying-hsing Dao)은 남중국해 산호군도의 섬들 중에서는 가장 큰 섬인데, 길이는 1,950m, 폭은 1,350m이며 서사군도의 북동쪽에 위치하고 있다. 남사군도는 4개의 외양 산호군도 중에서 가장 규모가 큰 것이다. 이는 26개의 산호암초, 21개의 저지대, 10개의 사주, 5개의 섬, 그리고 3개의 암초로 구성된다. 이 남사군도 중에서 가장 큰 섬은 현재 대만이 점령하고 있는 태평도(Itu Abu Island; 太平島: Tai Ping Dao)로서 면적 0.5㎢, 길이 1,270m, 폭 350m, 해발 고도 최고 3.8m에 불과하다. 이 섬은 제2차대전 기간 중 일본 해군이 사용한 바 있다. 두 번째로 큰 섬은 Spratly(또는 Stormy) Island인데 길이 500m, 폭 300m 정도이다. 최남단에 위치한 도서는 증모암초(曾母暗礁: James Shoal)이다. 남사군도는 차지하고 있는 해역이 방대함에도 불구하고, 해면 위에 돌출해 있는 모든 도서의 총 면적이 약 2.1㎢에 불과한 것으로 추정되고 있다.[2)]

19세기 영국의 고래잡이 어선의 선장의 이름을 따서 명명된 남사군도는, 국제해도를 보면 'The Spratly Islands' 로 표기되어 있다.[3)] 이 지역의 영유권 분쟁은 일반적으로 '남사군도 분쟁' 으로 불린다. 남사군도는 군도 전체에 대한 영유권을 주장하는 분쟁당사국들이 각자 명명

2) 김영구, "중국 주변해역에서의 영유권 분쟁의 배경 및 현황," 이춘근 편, 『동아시아의 해양분쟁과 해군력 증강현황』(한국해양전략연구소, 1998), pp.73-75.

3) 박광섭 · 이요한, 『아세안과 동남아 국가연구』(대경, 2002), p.119; 박광섭(2004), 앞의 책, p.79.

한 다양한 명칭들이 존재한다. 중국인들은 '난샤'(南沙)로 통칭하며, 베트남인들은 '트루옹 사'(Truong Sa)군도로, 필리핀인들은 '칼라얀'(Kalayaan)군도로 부르고 있다.

제 3 절 남사군도의 중요성

남사군도의 중요성은 그 지리적 · 경제적 · 군사적 차원에서의 가치에서 발견될 수 있다.[4]

첫째, 남사군도의 일차적 중요성은 그 지리적 위치에 있다. 남사군도는 중국 · 베트남 · 말레이시아 · 필리핀 · 인도네시아 · 브루나이 · 대만 등 주변 다수 국가가 해양으로서 접하고 있는 유역의 중심에 자리잡고 있다는 점에서, 일차적으로 다른 여러 측면에서의 가치들이 바로 이런 근거에서 연유한다고 볼 수 있다.

둘째, 남사군도의 중요성은 이 유역의 자원이 지닌 경제적 성격에서 비롯된다. 이 유역에는 풍부한 어족자원은 물론, 석유 및 가스 등 양질의 천연자원이 매장되어 있다. 실제로 동아시아의 경제발전을 주도하고 있는 남중국해 주변국들이 현재 에너지 자원의 확보에 부심하고 있는 것을 감안하면, 충분히 짐작할 수 있는 현상이다. 더구나 전세계적으로도 에너지 자원의 가격 상승과 수급 문제를 고려할 경우, 그 가치는 더욱 크다고 볼 수 있다.

먼저 수산자원의 경우는 주변국들의 다수 어민들의 일차적 생계와 연결되어 있어, 관련국 정부들은 이들의 요구를 무시할 수 없는 상황이다. 다음으로 광물자원의 경우, 석유 · 가스는 물론 구리 · 망간 · 주석 · 알루미늄이 남사군도의 해저에 매장되어 있음이 밝혀졌다.[5] 인접

4) 박광섭, 앞의 글, pp.81-83.

국들이 배타적 경제수역(EEZ)과 관련하여 각기 자기식의 논리를 내세워 영유권의 주장 근거로 삼으면서 경쟁하는 것도 모두 이 때문이다.

셋째, 남사군도의 전략적 중요성 또한 매우 크다. 이는 남사군도가 위치한 남중국해가 지닌 해상 교통로(SLOCs)의 요충지라는 점에서 경제적 · 군사적인 중요성과 직접적으로 관련된다. 이 해역은 바시(Bashi)해협[6]과 말라카(Malacca)해협, 홍콩과 싱가포르를 연결하는 해상 루트로 통하고 있으며, 인도양과 태평양 간의 해상교통 및 군사전략상의 수송을 포함해 전세계 해상수송의 25%를 차지하고 있다.[7] 또한 동북아와 동남아를 연결하는 해상교통의 요충지로서, 일본 및 극동아시아 수입 석유의 70% 이상이 이 해로를 통과하고 있다. 중국 석유 수입의 80%가 통과하는 해상 수입로는 인도양의 미군 기지인 디에고 가르시아, 인도 해군의 제해(制海) 권역, 해적 출몰이 잦은 동남아의 말라카해협, 그리고 양안(兩岸) 갈등의 현장인 대만해협으로 연결되고 있다.[8]

한국의 입장에서도, 남중국해 분쟁의 당사국은 아니지만 이 분쟁이 국익과 더불어 중국 및 아세안과의 국제관계와도 연결되어 있기 때문에, 이 분쟁의 해결 방향은 한국에게도 관심사가 되고 있다. 한국의 경우 전체 원유 수입의 3분의 2 정도를 중동산에 의존하고 있는 가운데, 중동산 원유를 실어오는 해상 수송로(호르무즈해협~말라카해협~바시

5) 석유와 천연가스 매장량의 경우 300억톤 또는 10억 내지 177억톤 등 아직 일치된 통계는 제시되고 있지 않으나, 대략 세계 네 번째 규모로 추정되고 있다. 한국일보, 2004.4.5.

6) 루손해협 북부의 넓이 150km인 해협으로서, 동쪽의 태평양과 서쪽의 남중국해를 연결하고 있다.

7) Michael G. Gallagher, "China's Illusory Threat to the South China Sea," *International Security*, 19-1(1994), p.171.

8) 말라카해협은 길이 800km, 최소 폭 2.4km로, 연간 운행 선박 수 5만여 척, 그리고 세계 원유 수송량의 50%가 통과하는 국제적인 해협이다. 동북아의 주요 국가들(한 · 중 · 일)의 원유 수요량의 약 90%가 통과하고 있다고 한다.

해협)가 남중국해를 통과하고 있다. 이곳은 전세계 테러의 60%가 집중되고 있어, 우리 군도 민간수송선을 보호하기 위한 호송 선단의 구성을 추진하고 있다. 국방부는 2004년 10월 3일 국회 국방위에 제출한 국정감사 보고 자료를 통해, 단기적으로는 현재 전력화돼 있는 한국형 구축함(KDX-I/II) 2척, 해상작전헬기(LYNX) 2대, 특수작전용 고무보트(RIB) 2대로 구성된 호송단대 편성을 추진하고, 장기적으로는 이지스함(KDX-III) 1척, 구축함(KDX-II) 2척, 대형상륙함(LPX) 1척, 군사지원함(AOE) 1척 등으로 구성된 '기동전단'을 2010년까지 2개, 2020년까지 3개를 편성하는 전력 강화 계획을 추진키로 했다.[9]

제 4 절 영토분쟁의 전개 과정

남사군도에 속한 도서들은 각기 중국어 · 베트남어 · 말레이시아어 · 영어 등 4개 언어로 된 명칭을 갖고 있으며, 이것만 보아도 분쟁의 한 단면을 극명하게 보여주고 있다. 남사군도에 대해 중국 · 대만 · 베트남은 전체 영유권을, 말레이시아 · 인도네시아 · 필리핀 · 브루나이 등은 부분 영유권을 주장하고 있으며, 이들 가운데 브루나이를 제외한 모든 국가들이 군도의 섬과 암초 등에 군대를 주둔시키고 있다.

역사적으로 영유권 분쟁을 살펴보면 다음과 같다. 남사군도의 영유권 문제는 1970년대 이전에는 제기되지 않았으나, 이 지역에 석유와 천연가스의 부존 가능성이 제기되면서 분쟁이 시작되었다. 남사군도가 국제적인 관심을 끌게 된 것은, 지난 1966년 발족한 아시아 연안지역 광물합동탐사조정위원회가 아시아극동경제위원회(ECAFE, 현재의 ESCAP) 후원으로 남사군도에서 2년여의 탐사활동 결과 이곳을 석유와

9) 조선일보, 2004년 10월 5일.

천연가스 등 지하자원의 보고임을 확인했기 때문이다.

중동전쟁 이후 1970년대 들어 전세계로 확산된 석유파동으로 인해 석유에 대한 수요가 절실했던 당시 사정을 감안할 때, 남사군도에서의 엄청난 석유 발견은 중국 · 베트남 등 남중국해 연안 국가들의 영유권 분쟁에 직접적인 계기를 제공하는 결과를 가져왔다. 특히, 중국이 1974년 1월 남베트남(Republic of Vietnam) 관할하에 있던 서사군도의 일부 섬을 점령하여 서사군도의 전 지역에 대한 실질적 점유를 시작하였는데, 이로 인한 여파로 남사군도에서 무력적인 충돌이 발생하면서 분쟁이 시작되었다.

이런 상황은 그 후 1982년 「해양법에 관한 국제연합조약」이 채택되어 200해리의 배타적 경제수역을 주장하게 되면서 더욱 그 중요성이 부각되었다. 또 1989년에는 중국 지질광산부가 동 군도의 석유 추정 매장량을 177억 톤이라고 발표한 바 있다. 이는 쿠웨이트의 석유 매장량보다 47억 톤 많은 규모이며, 세계 제4위의 매장량에 해당된다. 이 밖에 남사군도에는 천연가스, 구리, 알루미늄, 주석 같은 자원과 어족이 풍부하다고 알려져 있다.

이후 중국은 남사군도로 적극 진출하여, 1988년 3월 14일 남사군도 적과초(赤瓜礁, Johnson Reef)에서 중국과 베트남 간의 무력충돌이 발생하면서 본격적으로 분쟁이 발생했다. 이 사건 이후 어선 조업 및 석유 시추활동을 둘러싸고 두 나라 사이의 외교 공방이 지속되고 있다. 같은 해 5월에는 베트남 국방장관이 남사군도를 방문하였고, 양국간에 해 · 공군 훈련을 실시하기도 하였다. 이에 대해 중국 외교부는 남사군도에서의 베트남 철수 및 긴장조성의 중단을 요구한 바 있었다. 이렇듯 남사군도 분쟁은 처음에는 중국과 베트남 등 개별 국가 사이의 영토분쟁으로 진행되었다.

1990년 6월 인도네시아에서는 동 군도의 분쟁의 평화적 해결을 위한 남사군도 회의가 개최된 적도 있었으나, 특별한 성과는 없었다. 그러나 1992년 중국이 남사군도 전체를 자국의 영토로 귀속시키는 영해법을 제정하면서 국제법적인 논쟁이 시작되었다. 1992년 2월 중국은 남중국해 및 조어도(센카쿠/조어대)를 포함하는 영해법을 공포하였다. 6월 베트남은 미국의 크레스톤사(Crestone Energy Corporation)와 분쟁지역내 석유시추를 계약하였다. 베트남이 영유권을 주장하고 있는 뱅가드 사주(Vanguard Bank)에 대하여 미국의 크레스톤사에 석유 탐사권을 부여하고, 이 회사의 시추활동이 제약을 받을 경우 해군의 지원을 약속함으로써 외교 분쟁이 격화되었던 것이다.[10] 8월에 중국은 남사군도의 2개 도서를 추가로 점령하였다. 중국의 일방적인 영유권 주장으로 인해, 아세안 각국에서는 중국의 패권주의에 우려를 표명하여 아세안의 결속을 강화시켜 주는 계기가 되었다.

1994년 4월 베트남은 중국과 크레스톤사의 탐사지역 좌측의 '청룡'(Blue Dragon)이라고 불리는 지역에 미국 모빌사(Mobil Company)를 축으로 한 일본의 MJC 원유 컨소시엄사를 끌어들였다.[11] 1994년 6월 필리핀은 미국의 발코에너지사(Valco Energy Company)에게 렉토(Recto Bank)에 대한 석유 시추권을 부여하였다.[12] 또한 베트남이 1995년 아세안 회원국으로 정식 가입하고, 아세안이 이 지역 분쟁의 중재자로 남중국해 문제에 개입하면서, 남사군도 문제가 국제정치상의 공식 의제로 떠오르게 되었다.

또한 1995년 2월 필리핀은 미스취프(Mischief Reef)에서 중국의 구조물을 발견하였고, 이 해 10월에는 관련 6개국이 회동하여 공동사업을 추진하기로 합의하였다. 1997년 4월 필리핀은 스카버러(Scarborough Shoal)에서 중국령 표지를 제거하였다. 중국은 필리핀령으로 되었던 로아이타섬(Loaita Island)과 란키엠 암초(Lankiam Cay)를 점령하였다.

10) *International Herald Tribune*, June 19, 1992.

11) *Asian Wall Street Journal*, July 20, 1994.

12) *Far Eastern Economic Reviews*, June 30, 1994.

중국은 또한 같은 해 10월 미국의 대서양 리치필드사(Atlantic Richfield Corporation)에 해남성과 베트남 사이 해역에서의 석유 및 천연가스 탐사권을 허가함으로써 베트남의 반발을 야기하였다.[13]

1998년 1월 10일에 베트남군은 텐난트(Tennant Reef) 인근에서 필리핀 어선에 사격을 가하여 1명을 부상케 하였고, 1월 17일 필리핀군은 스카버러 인근에서 중국 어부 22명을 체포하였다. 4월 필리핀군은 말레이시아 어민들이 남사군도 입구에 위치한 인베스티게이터(Investigator Shoal)에 설치한 대피시설을 철거하였다. 7월 중국은 미스취프의 구조물이 필리핀 어부들의 피난처로 이용될 수 있음을 제의하면서도, 미스취프를 포함한 모든 남사군도의 영유권을 주장하였다. 필리핀은 중국의 제의를 거부하고 중국과 베트남의 어선들이 자국령(Northeast Cay)에 정박하고 있음을 비난하였다. 8월 5일에 필리핀 해군과 미국의 순양함(Mobile Bay)이 남중국해 스카버러에서 연합 사격훈련을 실시하였다. 9월 8일에 중국은 베트남의 일부 산호초 점령을 비난하고 철수를 요구하였으나, 베트남은 구조물은 어업용이며 산호초는 베트남의 대륙붕에 위치하고 있다고 주장하였다. 이에 대해 중국은 이 산호초에 대륙붕 원칙이 적용되지 않으며, 역사적으로 자국의 소유라고 주장하였다.

1999년 1월 필리핀군 당국은 중국의 미스취프 어선 대피소의 확장을 새로운 유전 탐사를 은닉하려는 기도로 간주하면서, 필리핀은 중국이 미스취프에 정보 수집기지로 보이는 군사시설을 완성하였다고 언급하였다. 중국은 3척 내외의 전투함을 미스취프 인근에 주둔시키고 있었다. 2월 미국은 긴장 완화를 위해 남사군도 6개 분쟁 당사국 회의를 요청했으나, 중국과 말레이시아는 미국의 제안을 거부하였고, 필리핀도 미국의 개입이 분쟁을 핵 분규로 전환시킬 수 있다고 우려하였

13) *Straits Times*, November 24, 1997.

다. 중국이 미스취프에 새로운 구조물 설치를 개시하자, 필리핀은 국제회의에서 "매우 긴급한 안보 현안"으로 문제 제기할 것임을 언급하였으나, 중국은 미스취프 지역에 항구적인 프리깃(Frigate)함 기지를 갖고 있다는 점에 대해 부인하였다. 3월 15일 베트남이 맥세이세이(Magsaysay Reef)에 구조물을 건설하는 것이 포착되었다.

같은 해 3월 29일에 필리핀은 영유권 분쟁을 해결할 국제재판소의 창설을 제의하였다. 하지만 중국은 약속을 어기고 미스취프 암초에 2개의 구조물을 추가로 건설하면서(전체 6개), 역으로 필리핀의 패그-아사(Pag-asa) 섬의 비행장 보수 계획에 대해 비난성명을 발표하였다. 필리핀은 자국 안보에 위해를 가할 비수로 간주되는 중국의 미스취프 구조물에 대한 공동 사용 협정을 희망하여, 필리핀과 중국 간에 협상이 개시되었다. 4월 중국은 남사군도 분쟁에 대한 자제를 약속했으나, 미스취프 암초와 몇몇 섬에 추가적인 구조물 설치를 반대하는 필리핀의 요구를 거부하였다. 이에 대해 필리핀은 중국의 항의에도 불구하고 미스취프 주변에 대한 해·공군 초계활동을 유지하였다.

중국은 영유권 문제의 국제재판소 회부와 필리핀의 행동규범(code of conduct) 제정의 추진에 반대하면서, 필리핀의 긴장 조성을 비난하였다. 4월 26일 필리핀은 여타 관련국들이 영유권에 관한 의견 일치에 도달할 수 있도록 강제하기 위해 남사군도 분쟁의 국제화를 희망했지만, 중국은 동 분쟁의 유엔해양법재판소 회부 기도에 대해 반대를 분명히 하였다. 미국은 중국이 지역적 패권 확보를 위해 향후 5년 동안 해군력을 증대하게 될 것임을 경고했고, 필리핀은 남사군도 인근에서의 중국의 군사활동 증대 기도는 지역적으로 중대한 반발을 초래할 것이라고 주장하였다. 5월 10일 필리핀은 지역 안정과 남사군도 협상 노력의 일환으로 대만 총통 이등휘의 필리핀 방문을 거절하는 성의를 보였다. 5월 24일 미국의 견제로 중국은 남사군도 수역에서 항해의 자유 보장과 무력 불사용을 약속했으나, 행동규범의 제정에는 반대하였다.

1999년 5월 필리핀 상원은 미국과의 외국군 방문협정(Visiting Forces Agreement)을 비준하면서, 필리핀 정부는 이 협정이 남사군도 방위에 미군이 개입하도록 하는 것은 아닐지라도 방위전략상 중요 사안임을 천명하였다. 7월 필리핀 인근 해역에서 중국 어선 2척이 필리핀 군함과 충돌하여 침몰하는 사건이 발생하였다. 10월 13일에는 베트남군은 텐난트의 베트남 구조물을 촬영하는 필리핀 정찰기(OV-10)에 사격을 가하였다. 10월 24일에 미국과 필리핀은 방위협력관계의 강화를 모색하면서 차년도 연합 군사훈련 계획을 발표하였다. 필리핀은 노후화된 헬기 60대(UH-1H)와 수송기(C-130) 수대의 교체, 전투기 및 전투함 구매를 위한 미국의 원조를 희망하였다. 필리핀은 미국과의 방위협정을 통해 남사군도의 안전 확보를 희망하고 있으나, 미국은 분쟁 당사국간 해결을 이유로 남사군도 개입을 거부하는 모습을 보였다. 10월 28일에 남사군도 해상에서 말레이시아의 전투기 2대가 필리핀 정찰기 2대와 조우했으나 충돌은 없었다. 말레이시아 경전투기(Hawk-200) 2대가 인베스티게이터의 말레이시아 구조물을 촬영하는 필리핀 정찰기 2대를 축출하였다.

2000년 1월 12일 대만은 중국을 포함한 다수 국가의 영유권 주장이 존재하는 남중국해 기지에 단거리 대공미사일을 배치하였고, 1월 18일 중국 해군이 사상 최초로 해안에서 500km 떨어진 해역에서 미사일 함정을 동원한 해상훈련을 실시하였다. 1월 23일 중국과 필리핀 간의 분쟁수역인 스카버러 상공에서 중국 항공기의 활동이 목격되었고, 1월 27일 필리핀 해군은 중국과의 분쟁수역에서 중국 어선의 조업 방지를 위한 초계활동을 강화하였다. 3월 30일 중국 인민일보 보도에 따르면, 중국 어선이 베트남 무장선박에 피격되어 1명이 사망하고 12명이 피랍되는 일이 벌어졌다.

4월 28일 중국 정부는 일본 도쿄에서 인도, 한국, 말레이시아, 일본 간에 열린 「아시아 해역에서의 해적방지회의」에서 의결된 '행동 결의

안' 에 동참하기를 거부하였다. 7월 11일 말레이시아를 방문한 중국 해군 관계자는 남중국해의 안정을 위해서는 중국 해군의 역할이 매우 중요함을 언급하였다. 11월 2일 아세안과 중국은 남중국해 분쟁 방지를 위한 「남중국해 당사국 행동선언문」에 합의함으로써 분쟁의 평화적 해결을 위한 진전을 보았다. 이 합의는 정치 · 외교적인 돌파구의 성격을 지니며, 행동선언문 초안은 아세안 회원국과 중국이 남중국해에서 당사국간에 긴장을 고조시키거나 상황을 복잡하게 하는 행위를 스스로 자제할 것을 규정하고 있다. 브루나이 · 말레이시아 · 필리핀 · 베트남 등 남사군도를 놓고 갈등을 빚어온 주요 4개국은 이미 10월 11일에, 캄보디아 · 인도네시아 · 라오스 · 미얀마 · 싱가포르 · 태국 등 나머지 6개국은 10월 31일에 각각 이 초안에 합의했고, 중국은 11월 1일 이에 합의했다. 이 행동선언문은 아세안 정상회담이 개막되는 11월 4일 정식 발표되었으며, 남사군도 등을 둘러싼 브루나이 · 말레이시아 · 필리핀 · 대만 · 베트남 · 중국 등 분쟁당사국들의 우려가 포함된 까닭에 초안에는 구체적인 분쟁지역이 명시되어 있지 않았다. 그러나 12월 27일 중국 외교부가 서사군도와 남사군도는 엄연히 중국의 영토임을 확인한다고 발표하자, 베트남 외무부도 29일 이 섬들의 주권은 역사적으로나 현실적으로 베트남의 영토가 분명하다고 주장하고 나섰다.

2001년 2월 2일 베트남과 필리핀은 남사군도의 영유권을 협의하기 위한 모임을 갖기로 합의했다. 베트남을 방문한 레예스(Angelo Reyes) 필리핀 군참모총장은 베트남 군관계자들과 만나 남사군도의 영유권문제를 평화적이면서 외교적으로 해결하기로 의견을 모았다고 밝혔다. 2월 10일 츠하오톈(遲浩田) 중국 국방부장이 베트남을 공식 방문하고 있는 미묘한 시기에, 베트남은 중국 등과 영유권 분쟁이 있는 남사군도 문제는 일체의 양보도 있을 수 없다고 주장하고 자국의 영유권을 재확인했다. 베트남의 고위관리 · 군사령관 · 국경수비대원들은 전날

레카피유 당주석이 5일 예정으로 베트남을 공식방문 중인 츠하오톈 중국 국방부장을 접견하는 자리에서 남사군도의 방위문제를 토의했다. 3월 18일 필리핀 해군은 필리핀과 중국이 영유권 분쟁을 빚고 있는 남중국해에서 불법조업을 하던 중국 어선 10척을 지난 주 추방하였다고 밝혔다. 필리핀 해군은 이날 성명에서 "남중국해 스카버러 사주에서 중국 어선들이 조업 중이라는 필리핀 어민들의 신고를 받고 출동해 이들을 모두 스카버러 사주 밖으로 내보냈다"고 발표했다.

2002년 8월에는 군도 내 한 섬에 주둔하고 있는 베트남 군 부대가 선회 비행을 하던 필리핀군 정찰기에 경고사격을 가하는 사건이 발생하기도 했다. 그 후 11월에는 아세안과 중국이 분쟁방지협정에 서명하기도 하였으나, 이는 선언적 의미 이상의 성격은 아니었다고 판단할 수 있다.

2004년 3월 23일 대만이 자국이 점령하고 있는 한 섬에 철새 탐조시설이라는 건물을 지었다. 이에 3월 25일 베트남은 자국이 지배하는 섬에 민간인 관광객을 보내겠다고 발표하였다. 9월 1일부터 3일까지 중국을 방문한 필리핀의 아로요(Gloria Arroyo)는 양국간의 분쟁지역으로 남아있는 남중국해의 남사군도 지역의 석유자원을 공동탐사하는 데 합의하였다. 필리핀 외교부는 "이번 협상은 과학적 탐사에 국한된 것이며 이 지역의 영유권 변경에 대해서는 어떤 합의도 없었다"면서 "1987년 개정된 필리핀 헌법은 자연자원의 발굴과 이용은 국가의 통제를 요구하고 있기 때문에, '탐사'는 공동으로 할 수 있지만 '개발'은 공동으로 할 수 없다"고 강조하였다.

그러나 북경대학 장시젠 교수는 "이번 협상은 남사군도의 천연자원 탐사를 위한 중대한 진전"이라면서, "중국과 필리핀뿐만 아니라 이 지역을 둘러싼 다른 나라에게도 중요한 의미가 있다"고 강조했다. 이 협상을 중국이 중요하게 간주하는 데는 두 가지 이유가 있다. 첫째는 남사군도를 둘러싼 분쟁에서 중국을 제외한 동남아시아 국가들이 다자간 협상을 주장한 반면 중국은 양자간 협상을 선호해 왔다는 점이다. 다른 하나는, 비록 영유권에 대한 합의는 아니었을지라도 이번 협상을 통해 양자간 타협의 계기가 될 수도 있다는 점이다.[14]

제 5 절 영유권 주장 논리

중국은 역사적 이유를 들어 남중국해 대부분에 대한 영유권을 주장하고 있다. 중국은 이미 전한(前漢) 때 남사군도를 발견했다면서, 후한(後漢)시대(25~220년)의 사료를 근거로 남사군도에 대해 영유권을 주장하고 있다. 중국이 영유권을 주장하면서 제시하는 후한시대의 지리서에는 "창해(蒼海, 남중국해의 당시 이름)에는 섬과 자석이 많다"라고 기록되어 있어, 배가 자주 암초에 걸려 꼼짝 못하는 상황을 묘사하고 있다. 송대(宋代)에는 석당(石塘), 장사(長沙) 등의 지명으로 인식했다고 주장한다. 중국은 당 · 명의 항해기록과 19세기 외국 출판물에 명시되어 있는 중국인의 활동기록에 이르기까지 갖가지 증거물을 제시하면서 영유권을 주장하고 있다. 1868년 영국에서 발간된 『중국해 안내』라는 책도 중국이 제시한 증거물의 하나이다. 이 책에는 "매년 하이난따오(海南島)의 작은 배들이 이 섬에 음식과 일용품을 가지고 와서 해산물과 바꾸어 간다. 매년 12월과 1월 배들이 해남도로 떠났다가 남서 몬순이 시작되면 다시 돌아온다"라고 적혀 있어 중국의 영토임을 증명할 수 있는 명백한 증빙자료라는 것이다. 1947년 중국은 9개의 불명확한 점선이 표시된 지도를 발행했고, 이 점선 안의 모든 섬에 대한 영유권을 주장했다. 또 대만을 지배하고 있던 일본이 제2차 세계대전에 패하면서, 1951년 「샌프란시스코 강화조약」 제2조(f)에 의거 일

14) 내일신문, 2004년 9월 8일.

본은 남사군도와 서사군도에 대한 일체의 지배권을 상실하게 되었는데, 이 지배권은 「카이로선언」과 「포츠담선언」에 의거 '당연히 중국(대만)에 환원' 되었다고 주장한다.

대만은 중국의 주장과 거의 차이가 없으며 1개 섬을 점령하고 있다. 대만은 자신을 전체 중국의 정통적 대표국가로 주장하고 있다. 대만의 전신인 국민당의 중화민국 정부는 1947년 남중국해 전체 영역에 대한 영유권을 주장하는 경계범위를 명시한 지도를 발간하였다. 대만 정부는 1993년 3월 10일자로 「남중국해에 대한 정책 지침」이란 것을 발표하였는데, 여기서 대만 정부는 남사군도, 서사군도, 중사군도 및 동사군도에 대한 주권을 주장하였다.[15]

남사군도에서 중국을 가장 경계하는 나라는 베트남이다.[16] 베트남이 내전 막바지 전투에 휘말려 있었던 1974년, 중국군은 베트남이 수년간 연고권을 주장하면서 부분적으로 점령하기도 했던 서사군도를 차지하였다. 베트남은 현재 25개의 섬을 점령하고 있다. 베트남은 역사적 증거 및 대륙붕 원칙에 입각하여 남사군도 전체가 자국의 칸호아(Khanh Hoa)성 근해지역이라고 주장한다. 베트남은 중국과 마찬가지로 고고학적 증거들을 제시하여 영유권을 주장하고 있다.[17] 베트남은 17세기 남사군도에 대한 베트남의 영유권이 공식적으로 인정되고, 공

15) 김영구, 앞의 글, p.93.

16) 베트남은 중국과 육상국경문제 · 통킹만 문제 · 남사군도 문제 등의 영토관련 대립을 이루고 있다. 중국과 베트남은 1,150km의 육상 국경선을 접하고 있다. 1999년 12월 육상국경에 관한 협정이 체결되고, 2000년 12월 베트남 국가주석 쩐 득 르엉(Tran Duc Luong)의 중국 방문시 통킹만에서의 국경선 획정에 관한 협정이 체결되었다. 그러나 그 내용은 아직 공개되지 않고 있고, 베트남측에 불리하게 결정되었을 것으로 추측된다. 2001년 4월 개최된 제9차 당대회에서 당 총비서 레 카 피에우(Le Kha Phieu)가 업무상 과실로 실각하였는데, 그 이유 가운데 하나가 바로 육상 및 통킹만 국경 협상시 중국측에 지나치게 양보한 것이었다고 전해진다. 양승윤 외, 『동남아-중국관계론』(한국외국어대학교 출판부, 2003), pp.179-180.

17) 응웬(Nguyen)왕조 때부터 서사군도의 천연자원을 이용하기 위한 상사(商社)를 설립하였다고 주장한다. 위의 책, p.181.

식 지도에 표기된 사례도 제시하고 있다. 1884년 프랑스는 베트남의 식민 통치국으로서 서사군도와 남사군도를 베트남의 영토로 주장한 바 있다. 또한 프랑스가 베트남을 식민 통치하면서 1933년부터 1939년 사이 남사군도 가운데 9개 섬에 대해서 실질적인 지배와 점유를 유지하고, 1933년 공식기록에서 이들 섬의 영유권을 명시한 것을 근거로 베트남은 남사군도의 영유권을 주장하고 있다. 그 밖에도 베트남은 여러 국제회의(세계기상기구 회의, 1951년 샌프란시스코 강화회의 등)에서 이들 군도에 대한 베트남의 영유권을 주장하여 공식적인 인정을 받았다고 주장하고 있다.[18] 베트남은 현재 1974년 중국에 빼앗긴 서사군도에 대한 영유권도 주장하고 있다.

필리핀은 위치상의 근접성과 함께 1947년 필리핀인에 의해 탐사가 이루어진 사실에 입각하여 남사군도에 대한 영유권 주장하고 있다. 필리핀이 '발견에 의한 선점' 이론을 영유권의 권원으로 주장하는데, 이는 클로마(Tomas Cloma)가 1947년 일부 남사군도 도서를 개발한 사실에 그 근거를 두고 있다. 클로마는 1956년 자신이 개발한 도서들을 '카라얀(Kalayaan) 자유지역' 으로 명명하고 이것을 '보호지역' 으로 선언하였다. 그는 자신을 이 보호지역의 최고관리 이사회의 의장직에 자천하였다. 1974년에 그는 카라얀을 필리핀 정부에 양도하였다. 1971년과 1978년에 마르코스(Ferdinand Marcos) 필리핀 대통령은 카라얀 도서군이 필리핀의 영역에 귀속됨을 선언하였다. 1971년 필리핀은 카라얀이라고 부르는 8개 섬에 대한 영유권을 주장하면서, 이 섬들은 남사군도의 일부가 아니며, 어느 나라에도 소속된 적이 없고, 영유권이 주장된 적도 없다고 밝혔다.

1972년 필리핀은 이 섬들을 팔라완주로 편입시켰다.[19] 필리핀은

18) 김영구, 앞의 글, p.84.

19) http://www.hangyo.com/main/special/article.asp?s_idx=3&idx=(2005.11.25).

1976년 초부터 남사군도 북단의 미스취프에서 석유탐사를 개시하였고, 1978년 6월 대통령령으로 팔라완섬 서쪽의 10개 섬에 대한 영유권을 주장하였다. 1979년 2월에는 파라셀군도(Paracel, 서사군도) 57개 도서에 대해 '필리핀의 주권에 속한다' 고 대통령령으로 선언하였다. 필리핀은 남사군도가 자국에 인접해 있다는 점과 이로 인해 이들 섬이 필리핀의 안전과 경제적 발전에 사활적인 중요성을 갖는다는 점을 주장한다. 특히 제2차 세계대전 이후 이들 섬들은 실질적으로 방치되어 있었으며, 최근에 이들 섬의 일부를 필리핀이 점유하여 영유를 주장할 수 있는 것은 '발견' 과 '시효취득' 의 이론으로 그 권원의 근거를 두고 있다. 필리핀은 무주물의 선점이 설사 성립되지 않더라도 시효취득 이론에 의해서 주권적 영유권이 이미 성립되었다고 주장한다.[20] 필리핀은 현재까지 남사군도 중 8개 섬을 사실상 점유하고 있다. 동 해역에 대해 중국과 베트남 역시 영유권을 주장하고 있으나, 이 지역에서의 무력충돌은 발생하지 않았다.

말레이시아의 영유권 주장의 근거는 '대륙붕 연장이론' 과 '무주물 선점' 이다. 말레이시아는 자국의 대륙붕 지역에 속한다고 생각되는 5개 섬을 점령하고 있다. 말레이시아는 본토에서 운반한 흙으로 1개 환초를 매립하고 이곳에 호텔을 지었다. 말레이시아는 1979년 12월 자국의 대륙붕지도를 발간하면서 그 대륙붕의 범위를 명시하고 그 대륙붕 위의 모든 섬과 12개의 환초들에 대한 영유권도 주장하였다.[21] 1983년 8월 스왈로(Swallow)에 군대를 배치한 것을 시작으로 1986년에는 달라스 환초(Dallas Reef)와 마리블리스 환초(Mariveles Reef) 등을 점유하였고, 1999년에는 인베스티게이터와 에리카 환초(Erica Reef)에 해상구조물을 설치하였다. 말레이시아가 영유권을 주장하고 있는 도

20) 김영구, 앞의 책, p.89.

21) Lee G. Cordner, "The Spratly islands Dispute and the Law of the Sea," *Ocean Development and International Law*, 67(1994), p.25.

서 중 두 개는 현재 베트남이 점령하고 있다.

인도네시아는 남사군도에 대한 영유권 주장이 없다. 그러나 중국과 대만이 주장하는 해양 경계선이 인도네시아 나투나(Natuna) 가스전이 포함되는 배타적 경제수역과 대륙붕에까지 연장되고 있어 논쟁의 여지가 있다.

브루나이는 분쟁 당사국 가운데 유일하게 어떤 섬에 대한 영유권도 주장하지 않았지만, 대륙붕과 배타적 경제수역(EEZ)을 선포하면서 자국에 인접한 도서에 대해 영유권을 주장하였다. 브루나이는 1982년 200해리 어업수역을 선포하였고, 1984년 EEZ를 선포하였다. 브루나이의 확장된 대륙붕의 범위 속에 라이플먼 간척지(Rifleman Bank)가 포함되며, 루이자 환초(Louisa Reef)에 대한 권리 주장을 모색하고 있다.

제 6 절 분쟁의 해결 방식

일반적으로 남중국해 분쟁의 국제적 성격은 첫째, 분쟁 당사자들이 역사적 사료, 국제법 등을 근거로 각기 자신의 소유를 주장하면서 일방적 조치를 취하고 있다. 둘째, 분쟁당사자들의 영유권 확보에 대한 집념은 이 해역이 갖고 있는 경제적 · 전략적 가치와 직결되어 있으며, 이러한 가치는 역외 강대국들에게도 중요한 관심사가 되고 있다. 셋째, 남중국해 분쟁에는 최소 6개국 이상이 직접적인 이해관계 당사자로서 개입되어 있을 뿐만 아니라, 각자 이 해역의 도서영유권과 EEZ를 중첩적으로 주장하고 있어서 분쟁의 복잡성을 더욱 강화하고 있다.

1. 군사력의 확충과 공동개발

영유권 주장에 있어서 역사 또는 유물 발굴보다 훨씬 효과적인 것은 군사력이다. 항공모함 구축계획 등 중국이 추진하는 원양 해군전략은 남사군도에서 영유권을 확보하기 위한 군비증강으로 분석되고 있다. 대만을 비롯해 말레이시아, 베트남, 인도네시아도 경쟁적으로 공군력 증강에 박차를 가하고 있다. 중국은 남중국해와 동중국해의 분쟁도서를 모두 중국령으로 표기하고, 영해를 침범하는 외국 군함에 대해 중국 함정과 항공기가 추적할 수 있는 권한까지 명기했다. 중국이 이들 해역에 대해 관심을 표명하기 시작한 것은 1970년대 초이다. 1974년 중국과 베트남 사이에 무력 충돌이 서사군도에서 일어났으며, 중국이 이틀 동안의 무력 공격으로 이 해역에서 베트남 해군을 몰아낸 바 있다.

중국 해군은 1990년대 이후 전략 중점을 종전의 '연안방어' 에서 '원거리 전력 투사 능력 확대' 로 전환하고, 함정의 대형화 · 신형화 및 잠수함의 전력 증강에 매진하여 역내 잠수함 최강국의 지위를 점하고 있다. 또한 중국은 항공모함의 확보를 위해서도 노력하고 있다. 중국은 따렌(大蓮) 조선창[22]에서 현재 9천톤급 대형 상륙함을 제작중이며, 이는 미래의 항공모함 제조를 위한 전 단계의 기술축적 시험단계인 것으로 추정되고 있다.[23] 상해의 우시(無錫) 선박연구센터가 설계한 항공모함 설계도를 이용, 상해의 강남조선소에서 30억 위안(약 3억 6천만 달러)를 투입하여 2005년 8월 2일부터 중국 최초의 항공모항 제작에 착수할 예정이며, 2008년 작전 배치를 목표로 추진중이다.[24]

중국의 해양 전략을 살펴보면, 2004년 7월 20일 신화사 통신의 자매지인 국제선구도보(國際先驅導報)가 중국 군사전문가의 말을 인용해서 보도한 재해권 장악에 관한 내용을 보면 알 수 있다. 이 보도에 따르

22) 대련조선창은 이미 오래 전부터 러시아제 항공모함에 대한 연구를 해왔으며, 이러한 대형 상륙함 제작은 향후 지속될 것으로 보인다.

23) 대만 青年日報, 2005년 8월 27일.

24) 대만 青年日報, 2005년 6월 29일.

면, 중국 인민해방군 해군은 앞으로 10년 이내에 연해 경제권을 보호하기 위하여 해안선에서 500km 이내의 제해권을 장악해야 한다는 것이다. 이국강(李國强) 중국 국경역사 및 지리연구중심 부주임은 "해군은 대양해군을 육성하고 영해 순시를 강화해야 하며 유사시 무력행사를 해야 한다"고 강조한다. 중국 해군은 제1단계 전략으로 서해와 동중국해 그리고 남중국해가 포함된 열도의 보호를 위해 500km에서 600km의 해역 제해권의 장악에 나설 것으로 예측하고 있다. 그리고 제2단계로 2020년까지 장악 해역을 2,500km까지 확대하고 2050년에는 전세계 해양을 목표로 삼을 것으로 예측된다.[25)]

다른 영유권 주장국들의 군사력 투사력은 극히 제한되어 있다. 브루나이를 제외한 모든 국가들은 제각기 이 군도에 초계소를 설치해 놓고 있다. 대만은 이투 아바(Itu Aba) 섬에 기지와 활주로를 갖고 있다. 대만은 1947년 이 군도의 가장 큰 섬인 이투 아바섬(면적 0.4㎢)을 점령했었다. 그러나 1950년 일단 포기하였다가, 1958년 재점령한 대만은 남사군도와 서사군도에 대한 영유권 주장을 강화하기 위해 이 지역의 해상초계강화를 목표로 한 5개년계획을 수립·발표했다. 오백웅 대만 내정부장은 "장차 민간의 전세 비행기가 남사군도에 관광객을 수송할 가능성에 대비해 이들 군도에 대한 보급선 왕래를 증가시키고 이 지역을 관광지로 개발할 방침"이라며, 최악의 경우 함정을 파견하겠다는 방침을 세워놓고 있다.

필리핀은 수비 환초(Subi Reef)의 북쪽에 활주로를 보유하고 있다. 베트남은 7척의 노후한 프리깃함과 50척의 미사일 및 어뢰 발사함을 보유하여, 약간의 군사력 투사력을 갖고 있으나 사정거리가 제한되어 있다. 5개의 미그 21 전투기 비행중대도 마찬가지다. 반면 말레이시아는 가장 현대화된 무기를 보유하고 있다. 말레이시아는 러시아제 미그

25) 김한식, 『동남아시아』(한국학술정보, 2004), pp.56-57.

29기와 미국의 FA 18D기를 도입하고 그 중 일부는 말레이시아 북부 사바(Sabah) 기지에 배치된 것으로 보인다. 필리핀의 해 · 공군력은 영유권 주장국들 중 가장 취약한 편이다. 중국이 미스취프 환초에 시설물을 가설한 것에 대해 마닐라측의 대응은 5대의 낡은 F5 전투기와 몇 척의 초계정을 파견한 데 불과했다.

이러한 군사력의 확장 추세 속에서도 남사군도 분쟁 당사국들은 꾸준히 경제적인 실리를 모색해 오고 있다. 경제적인 활동은 주로 양자간에 있어서 공동개발이라는 형태로 나타나고 있다. 중국은 공동개발이라는 명분을 내세우면서 가능한 한 양자협상의 형태로 분쟁 관련 국가들과 개별 접촉을 시도하고 있다. 중국은 1999년 2월 태국과 개별적인 2국간의 관계 틀 속에서 군사 교류 협력을 통한 대화 메커니즘을 확립한다는 내용의 '21세기를 향한 행동계획' 을 조인했다. 중국은 태국과 같은 형태의 대화 메커니즘을 베트남 · 말레이시아에 대해서도 진행시키고 있고, 인도네시아와 싱가포르도 중국과의 대화 메커니즘에 관심을 갖고 있다.

남사군도 분쟁에 있어 독자개발이 가져다 줄 엄청난 경제적 이권에도 불구하고, 중국은 독자개발보다 공동개발로 방향을 잡고 있다. 지난 해 중국은 필리핀과 다툼이 있는 남사군도 해역에서 석유와 천연가스를 공동으로 측량해 공동으로 개발한다는 협정에 서명했다. 또 중국 · 필리핀 · 베트남 3국의 국영 석유회사 대표가 필리핀 마닐라에 모여 '남중국해 3국 연합 해양지진 공작협의' 에 서명했다. 중국의 후진타오 주석은 인도네시아 · 필리핀 · 보르네오 등 동남아 세 나라를 순방하면서, "남중국해 분쟁의 평화적 해결"을 거듭 강조하며 "이 바다를 '우의의 바다', '협력의 바다' 로 만들자" 고 주장했다. 여기엔 좀더 큰 차원의 경제적 계산이 깔려 있다는 게 전문가들의 평가다. 중국은 2010년까지 아세안 10개국과 자유무역지대 창설을 추진하고 있다.

그러나 중국이 무조건 '협력' 을 외치는 것은 아니며 몇 가지 원칙을 갖고 있다고 지적된다. 첫째는 단계적 추진이다. 먼저 협력이 가능한 분야부터 협력한다는 것이다. 둘째는 다원적 협력이다. 국제협력기구를 적극 끌어들여 연구·조사 등 협력이 쉬운 분야부터 시작해 공동개발의 조건을 만들어낸다는 것이다. 셋째는 남보다 먼저 투자해 공동개발의 주도권을 장악한다는 것이다. 중국의 이런 '공동개발 전략'이 대만의 이른바 '남진정책'과 관련이 있다고 지적한다. 대만은 동남아 화교 경제권과의 적극적인 협력을 꾀하고 있는데, 이를 차단하려면 인근 국가들과의 '공동개발'을 선택할 수밖에 없다는 것이다.

후진타오-원자바오(溫家寶) 지도부가 강조하는 새로운 '선린외교'는 러시아·인도·아세안 등 많은 주변국들과의 관계를 호전시켰다. '경제 발전'이라는 각국의 시급한 과제가 관계를 개선시킨 주된 매개체로 평가된다. 그러나 남사군도 해역은 많은 나라의 이해관계가 얽혀 있고, 중-인 국경분쟁은 아직도 두 나라간 이견이 커 낙관만 하기는 어렵다. 특히 일본과 분쟁을 빚고 있는 동중국해의 댜오위섬(일본명 센카쿠열도)은 대규모 석유 및 천연가스 부존지인데, 두 나라간의 역사적 앙금이 커 통제 불가능한 분쟁이 빚어질 소지도 있다.[26)]

우다웨이(武大偉) 중국 외교부 부부장과 우둥 베트남 외무부 차관을 각각 단장으로 한 양국 대표단은 2004년 12월 27~28일 양일간 베이징(北京)에서 제11차 국경선 회담을 열고, 남중국해 공동 개발에 대한 외교 협상 시작과 함께 해상 협력 프로젝트를 지속적으로 추진키로 의견을 같이했다.

중국과 동남아시아 일부 국가들 사이에서 영유권 분쟁이 계속되는 가운데, 중국 석유회사가 남사군도의 석유 및 가스의 공동 채굴권을 획득했다고 신화통신이 2005년 8월 27일 보도했다. 영유권 분쟁의 당사국들인 필리핀과 베트남의 석유회사와 공동 채굴계약을 체결한 중

26) http://www.hani.com/section-007100003/2005/07/(2005.11.25).

국 회사는 중국해양석유총공사(CNOOC)가 65%의 지분을 보유한 중국 유전서비스사(COS) 등이다. 이에 앞서 CNOOC는 지난 3월 필리핀 국영 석유사와 베트남 석유가스사(페트로베트남)와 3년 동안 14만 3,000㎢에 달하는 해역에 대한 지질조사를 벌이기로 합의했다. 이와 관련, CNOOC 관계자는 이번 계약이 지난 2002년 중국과 아세안이 체결한 「당사자 행위에 대한 선언」을 3국이 공동 실천했다는 측면에서 중요한 의미가 있다고 평가했다. 이들 국가 이외에도 브루나이 · 말레이시아 · 대만도 남사군도에 대한 영유권을 주장하고 있다. 이와 함께 CNOOC는 중국 남부 광둥(廣東)성에 170억 위안(元) 규모의 정유공장을 설립하기로 하고, 호주 엔지니어링사와 협상에 착수했다고 베이징뉴스가 보도했다. CNOOC가 석유 탐사가 아닌 정제업에 진출하는 것은 이번이 처음으로, 이는 남사군도의 유전탐사와 함께 증가하는 중국의 에너지 수요를 충당하기 위한 조치로 보인다.

2. 외교적 노력

남사군도 문제의 해결을 위한 당사국들의 외교적 노력은 다자간 협상과 양자간 협상으로 나타나고 있다. 중국은 다자간 협상을 회피하고 양자협상을 주로 하면서 아세안국가들의 공동대처를 막으려는 모습을 보여주고 있다.[27] 중국은 경제 분야에서는 다자주의 접근에 적극적이지만, 정치나 군사 분야에서는 다자주의에 대하여 제한적이거나 유보적인 태도를 취하고 있다.[28] 중국과 아세안은 양측의 최대 관심사가

27) 중국과 아세안 국가들간의 영토분쟁에 있어서, 전통적으로 중국의 위협을 받아 왔던 베트남이 아세안이라는 집단적 틀을 사용하여 중국에 대한 강경한 입장을 취하고 있다는 사실은, 지역안보협력의 유용성을 보여준 하나의 사례라고 할 수 있다. *Far Eastern Economic Review*, April 3, 1997, pp.14-16.

28) 김한식, 앞의 책, p.149.

되고 있는 남중국해 문제뿐만 아니라 정치 · 안보적 상호관심사를 논의하기 위한 다양한 제도적 틀을 활용하여 왔다.

아세안지역포럼(ARF)의 설립은 남사군도 문제를 평화적으로 해결하려는 아세안 회원국들의 노력의 결과이다. 아세안 주도의 ARF 설립을 통하여 아 · 태지역 국가들간의 신뢰구축과 예방외교를 증진시킴으로써 궁극적으로 안보이슈를 평화적으로 해결하고자 하였다.[29] ARF의 과정은 단순히 연 1회 개최되는 각료회의에 한정되어 있는 것이 아니라 다양한 연계망을 갖고 있으며, 그 기능적 연계구조들이 상호작용하면서 ARF의 활동에 직접적 또는 간접적으로 기여하고 있는데, 그것은 크게 제1트랙과 제2트랙으로 나누어진다. 제1트랙은 공식적인 정부간 대화채널로서 ARF 각료회의, ARF 고위관료회의 및 회기간 회의 등으로 구성되어 있다. 각료회의의 주된 역할은 회원국의 행위를 지배하는 규범을 정의하는 동시에, ARF 연계망의 전반적 방향 제시, 그리고 각료회의에 필요한 회의 전반의 준비 및 문서작성 등의 업무를 맡고 있다. 회기간 회의와 회기간 지원그룹회의는 고위관료회의 사이에 개최되는데, 신뢰구축, 수색 및 구조, 평화유지 등에 관한 의제를 중심으로 하여 참여자들의 의견을 집약하여 고위관료회의나 각료 회의에 보고 또는 제안한다. 제2트랙은 정부 레벨의 공식회의가 갖는 결함과 민감성을 보완하기 위해서 마련된 민간의 포럼으로서, 여기에는 아 · 태안보협력이사회(CSCAP) 및 아세안-ISIS(국제전략문제연구소)와 같은 비정부간기구 그리고 아 · 태지역의 두뇌집단들이 있다.[30]

29) http://www.dfat.gov.au/arf 참조(2005.11.12).

30) ARF가 갖는 가장 큰 의의는 무엇보다도 아 · 태지역 최초의 공식적 다자안보대화체로서 "동남아시아를 위한 평화, 안정 및 협력의 새로운 장을 열었다"는 것에 있다고 하겠다. ARF가 창설됨으로써 비로소 그 동안 유보해 둔 이 지역의 많은 논쟁적인 문제들을 다루기 위한 대화의 계기가 마련된 것이다. 물론 문제들에 대한 해결책이 제시되기까지는 많은 시간이 소요될 것이지만, 논의과정이 시작되었다는 데 가장 중요한 의의가 있다. 또한 이 포럼이 갖는 기능적 의의는 예방외교의 수단이 된다는 데

1990년 인도네시아의 주도로 '남중국해 잠재적 갈등처리에 관한 워크숍' (Workshop on the Managing Potential Conflicts in the South China Sea)이 개최되었다. 이 워크숍의 목적은 분쟁을 직접적으로 해결하자는 것이 아니라, 이 지역에 있어서 신뢰구축을 발전시키고 평화적 해결을 촉진시키기 위하여 남중국해 연안국가들 사이에 협력의 관행을 축적해 나가는 데 있다. 여기에는 인도네시아를 비롯하여 영유권을 주장하는 중국 · 베트남 · 필리핀 · 말레이시아 · 브루나이 · 대만 등 7개국과 태국 등 4개 관련국들에서 정부나 군의 관료 · 학자 · 여론형성자 · 과학자들이 개인 자격으로 참가하고 있다. 남중국해 분쟁에 있어서 가장 중요한 행위자인 중국은 대만과 함께 1991년 2차 회의에서부터 참여하고 있는데, 중국이 이 워크숍에 참여한 것은 대화의 과정이 비공식적일 뿐만 아니라 여기에 참여하고 있는 국가들이 동남아 약소국가들로 제한되어 있기 때문에, 분쟁의 국제화에 대하여 크게 우려할 필요가 없었기 때문이라고 할 수 있다.[31]

이로써 1992년에는 「남중국해에 대한 아세안 선언」(ASEAN Declaration on the South China Sea)[32]의 원칙들에 대한 합의를 끌어내었고, 이것이 오늘날 남중국해 연안 국가들의 행동준칙이 되고 있다는

있다. 즉 참여자의 건설적 개입이 이해와 신뢰, 커뮤니케이션과 안정을 촉진시킴으로써 지역안보에 기여하게 되며, 참여자들에게 협의의 습관을 길러줄 뿐만 아니라 이를 통하여 양자간 접촉과 대화의 기회를 제공해준다는 것이다. 한편 ARF 출범이 갖는 가장 큰 실질적 성과는 동남아지역 최대 불안정 요인이 될 수 있는 중국을 안보대화의 광장으로 끌어 들여 협력적 행동패턴을 갖도록 유도하였다는 것이다.

31) 변창구, 『아세안과 동남아국제정치』(대왕사, 1999), p.197.

32) 1992년 ASEAN-AMM에서 채택된 선언(일명 마닐라선언)은 아세안의 남중국해 분쟁에 대한 기본입장을 공식적으로 표명한 것인데, 선언의 기본정신은 분쟁당사국들의 자제(self restraint)에 있었다. 즉 이 선언에서 회원국들은 모든 분쟁의 평화적 해결, 추가적인 영토취득의 삼가 및 공동개발의 원칙 등에 합의하였던 것이다. 중국도 후에 이 선언의 정신에 동의하고 참여를 약속함으로써 그 의의를 증대시켰었다. 물론 이 선언은 법적 기반을 갖고 있기 않기 때문에 구속력이 약하지만 분쟁당사자들의 행위에 중요한 척도가 될 수 있다.

점에서 매우 의미 있는 회동이었다고 하겠다. 또한 제3차 회의(1992.6)에서의 합의에 따라 1993년부터는 '기술적 워킹그룹'(technical working group)이 설립되어 보다 적극적인 다자간 협력이 모색되었는데, 이들 워킹그룹은 해양과학 조사, 자원 평가 및 개발 방법, 해양 환경보호, 법률적 문제, 항해 안전 등의 분야에서 지속적인 활동을 전개해 왔다.[33] 1994년 10월 인도네시아의 부키팅기(Bukittinggi)에서 개최된 제5차 '남중국해 갈등처리에 관한 워크숍'에서는 처음으로 이 지역의 '다양한 신뢰구축 조치들'이 주요 의제로 다루어졌다. 이 회의에서 처음으로 논의된 신뢰구축 조치에 관한 의제는 ① 기존 군사적 주둔의 비확산, ② 군사적 주둔의 투명성, ③ 스프라틀리군도에 대한 계획된 방문, ④ 항해의 자유, ⑤ 과학적 탐사의 자유, ⑥ 과학적 조사 목적의 메커니즘 실행 등 6개 분야에 관한 것이었다.[34]

동남아시아 지역에 존재하고 있었던 중국위협론은 많이 약화되었지만, 중국은 미국 · 유럽과의 인권 논쟁 등에 관해서는 아세안과 공동보조를 취하는 반면에, 한편으로 남사군도 문제에서 착실하게 자신의 실리를 취해가고 있다. 필리핀을 중심으로 한 남중국해 행동 규범안이 1999년 7월 제6회 ARF에 제출되었지만, 실제 의장성명에는 행동규범 작성에 노력한다는 문구만 포함되었다.[35]

아 · 태 지역의 다자안보협력대화체로 민간차원에서 아 · 태지역의 안보문제와 ARF의 발전을 지원하고 있는 '아 · 태안보협력이사회'(CSCAP)가 있다.[36] 1993년 6월 발족한 CSCAP는 역내 다자안보 협력대화를 통해 국가간 신뢰를 증진하고 정부차원의 안보협력을 지원 · 강화하기 위한 민간 차원의 안보대화체로서, 남중국해 문제를 직접적으

33) 이들 워킹그룹의 활동은 http://faculty.law.ubc.ca/scs/ 참조(2005.11.12).
34) 변창구, 앞의 책, p.199.
35) 매일신문, 1999년 7월 20일.
36) http://www.cscap.org 참조(2005.11.13).

로 다루는 것은 아니다. 하지만 이 협의회의 중심 조직인 4개 분야의 워킹그룹, 즉 해양안보협력, 포괄적 안보, 신뢰구축조치 및 북태평양 안보대화의 활동은 남중국해에서 분쟁당사국간의 신뢰구축 과정에 기여하고 있다. 중국은 1996년 12월까지는 CSCAP에 참여하지 않고 있었던 관계로 워킹그룹의 활동 결과로 나온 제안들을 ARF에서 논의하는 것에 대해 반대했으나, CSCAP에 참여하면서 1997년부터는 태도 변화를 보였다. 1997년 6월 7일 CSCAP에 참여한 중국대표는 "남사군도 분쟁의 해결을 위하여 중국은 무력을 사용하지 않을 것"임을 확인하였다.[37]

2002년 8월 중국은 '아시아 기본 안보구상'이라는 것을 발표하면서 동남아와 안보협력을 강조한 바 있다. 그리고 11월에 아세안과 중국은 남중국해 분쟁 방지에 합의함으로써 분쟁의 평화적 해결을 위한 진전을 보았다. 아세안 10개 회원국과 중국은 11월 4-5일 프놈펜에서 개최되는 아세안 정상회담에 앞서 1일 남중국해에서의 긴장 고조를 방지하기 위한 「남중국해 당사국 행동선언」(Declaration on the Conduct of Parties in South China Sea) 초안에 합의했다. 이번 합의는 정치·외교적인 '돌파구' 성격을 지니며, 행동선언문 초안은 아세안 회원국과 중국이 남중국해에서 당사국간에 긴장을 고조시키거나 상황을 복잡하게 하는 것을 스스로 자제할 것을 규정하고 있다. 하지만 이 선언은 법적 구속력이 있는 조약 또는 협정이 아니라, 관련국들의 남중국해 문제에 관한 '행동의 원칙 내지 표준'을 제시한 정치적 선언의 성격을 가진다. 브루나이·말레이시아·필리핀·베트남 등 남사군도 문제로 갈등을 빚어온 주요 4개국은 이미 10월 11일에 캄보디아·인도네시아·라오스·미얀마·싱가포르·태국 등 나머지 6개국은 같은 달 31일에 각각 이 초안에 합의했고, 중국도 이에 합의했다. 이 행동선언문

37) *Straits Times*, June 7, 1997.

은 아세안 정상회담이 개막되는 11월 4일에 정식 발표되었으며, 남사군도 등을 둘러싼 분쟁 당사국들의 우려가 포함된 까닭에 초안에는 구체적인 분쟁지역이 명시되어 있지 않았다. 「남중국해 당사국 행동선언」은 전문 및 본문 10개 항으로 구성되어 있으며, 주요 내용은 다음과 같다.[38]

① 영유권 분쟁의 평화적 해결 재확인
행동선언은 남중국해 문제 해결과 관련하여 과거 채택되었던 문서들과 같이, 관련 당사국들간의 우호적 협의 · 협상과 무력사용 및 위협을 배제한 영유권 분쟁의 평화적 해결을 재확인하고 있다. 분쟁의 평화적 해결을 위해 동원될 원칙으로서 행동선언은 유엔 헌장, 유엔 해양법협약, 동남아 우호 및 협력조약, 평화공존 5원칙 등의 규정을 제시하고 있다. 행동선언은 남중국해 분쟁의 궁극적 해결을 위해서는 국제법 특히 「1982년 유엔 해양법협약」의 준수를 강조하고 있으며, 분쟁해역인 남중국해 지역에서의 항해자유 및 영공통과 자유의 보장을 지적하고 있다.

② 남중국해 문제와 일반 국가관계와의 분리
행동선언은 관련 국가간의 남중국해 영유권 분쟁이 역내의 다른 일반적 국가관계에 부정적 영향을 미치지 않도록, 남중국해 문제와 일반 국가관계를 철저히 분리(segregation)할 것을 규정하고 있다. 행동선언은 특히 관련 국가들로 하여금 영유권 분쟁을 더욱 복잡화 · 격화시키거나 역내 평화와 안정에 영향을 미칠 수 있는 무인도 · 암초 등에 대한 주민 상주화와 시설물 설치 등과 같은 행위를 스스로 자제할 것을 강조하고 있다. 역내 안정은 물론 분쟁 관련 국가간의 관계에 영향 미칠 수 있는 부정적 행동의 자제를 강조하는 이 같은 원칙은, 과거의 남중국해 문제해결과 관련된 문서에서는 찾아볼 수 없는 새로운 내용으로서 분쟁의 확대 방지와 궁극적인 분쟁해결에 실질적으로 도움이 될 수 있는 중요한 원칙으로 평가되고

38) 이서항, 『동아시아 해양영토 분쟁의 최근 동향: 남중국해 문제를 중심으로』(외교안보연구원, 2003), pp.5-7.

있다.

③ 군사적 신뢰구축의 병행

남중국해에서의 해양영토를 둘러싼 관련국간의 분쟁이 때때로 무력충돌로까지 이어졌음에 비추어, 행동선언은 이러한 무력충돌을 방지하고 궁극적인 평화적 해결의 기반을 쌓을 수 있도록 초보적인 군사적 신뢰구축 조치(예: 남중국해 내에서 이루어지는 영유권 주장 국가간의 합동 또는 공동 군사훈련의 자발적인 통보와 군 인사간의 대화유지 및 교류)를 포함하고 있다.

④ 새로운 해양협력의 추구

행동선언은 남중국해 문제가 포괄적 및 안정적으로 해결될 때까지 관련 국가들이 해양의 여러 분야에서 적극적으로 상호협력할 것을 제시하고 있다. 예를 들면, 해양환경 보호, 해양과학 조사, 항해 안전 · 재난 탐색 및 구조, 해양을 통한 마약 밀매 및 해적행위 방지 등의 분야에서 관련 국가간의 협력이 강조되고 있다. 행동선언은 이와 함께 분쟁해역에서의 어로행위와 관련, 다른 나라에 의해 체포 · 구금된 어부에 대한 인도적 대우를 강조하는 등 당사국간 추가 협력이 가능한 분야를 제시하고 있다.

2003년 6월에 중국은 「동남아 우호협력조약」(TAC)에 가입하는 등 아세안과 우호관계에 노력을 경주하고, 10월에 「중 · 아세안 전략적 동반자관계에 관한 공동선언」을 채택하였다. 이 선언은 1980년대 후반 및 1990년대 중반에 걸쳐 남중국해 영유권 문제를 둘러싸고 일어났던 무력 충돌 및 긴장의 완화를 위한 일련의 군사적 신뢰구축 조치를 포함하고 있다.[39]

중국이 동아시아 지역협력을 중시하고 친(親)아세안 정책을 추진하고 있는 이유는, 아세안+3 협력구도에 미국이 배제되어 있기 때문이

39) 2004년 11월 30일 라오스 비엔티엔에서 개최된 한국과 아세안 10개국 정상회담에서 「한 · 아세안 포괄적 협력동반자 관계에 관한 공동선언」을 채택하였다.

다. 중국은 미국이 배제된 아세안+3 협력체제가 이 지역에서 미국 중심의 반중(反中) 동맹체 형성에 제동을 걸 수 있는 유용한 지역협력구도라고 인식하고 있다. 또한 아시아의 전통적 패권세력인 중국은 자신을 동아시아 지역주의의 중심축으로 간주하고 있는 동시에, 아세안+3 협력체제를 중장기적으로 자신의 역내 영향력을 극대화시킬 수 있는 이상적인 지역협력구도로 인식하고 있다. 중국은 동아시아 지역통합의 빠른 진전을 통하여 이 지역에 대한 미국의 영향력을 최소화하려는 노력을 경주해 왔으며, 특히 동남아 국가들에 대해 정치 · 경제 · 외교 · 안보 분야에서 양자 및 다자 차원의 다각적인 접근을 통하여, 중국-미국 또는 중국-일본간 전략적 경쟁과정에서 아세안을 최소한 중립화시키고 나아가 친중화(親中化)하려는 목표를 갖고 있다. 중국은 아세안 대화상대국 중 가장 먼저 동남아 국가들이 요구해 온 TAC에 가입했고, 아세안과 자유무역지대(FTA) 결성에 합의했으며, 동남아비핵지대화(SEANWFZ) 조약에 서명할 의사를 표명하는 등 아세안 국가들과의 관계강화를 적극적으로 도모해 왔다. 또한 중국은 아세안+3 협력과정에서 아세안의 '주도적 역할'을 공개적으로 지지하고 있으며, 아세안의 후원세력임을 자처하고 있다.

그러나 이런 일련의 과정은 남중국해 문제 해결을 위한 최종 세부 행동강령을 포함하고 있는 것이 아니라, 다음 단계의 과제 특히 지역적 행동규약의 초석이 될 수 있는 원칙을 강조하고 있음에 따라 이 원칙에 의거하여 대화 및 협상을 이끌어 나가자는 의도로 보인다.

중국은 아세안과 2004년 11월 전격적으로 「중 · 아세안 자유무역협정」(CAFTA: China-ASEAN Free Trade Agreement)에 조인하고, 2005년 7월 1일부터 상품부문의 자유무역협정(FTA)을 공식적으로 발효시켰다. 중국과 아세안 국가들은 7월1일부터 총 7,445개 품목에 대한 관세 인하 또는 폐지 작업에 들어갔다. 이들 양측은 2010년까지 무관세의 자유무역지대를 만들어 시장을 완전히 통합한다는 목표를 설정하였다.

양측은 첫 단계로 기존의 관세율을 재점검하고 각국의 세관업무에 대한 조정을 거친 후, 7월 20일부터 40퍼센트의 해당 품목에 대해서 일차로 무관세 또는 5퍼센트 미만의 관세율을 적용하기로 합의하였다. 다음 단계로 2007년 1월부터 관세 폐지 또는 감면 대상을 60퍼센트로 확대하고, 마지막 단계로 2010년까지 7,445개 전 대상 품목에 대한 관세를 완전히 폐지할 예정이다. 관세 폐지 또는 인하 대상으로 설정된 품목은 농림수산물과 광산물에서부터 첨단 IT 제품에 이르기까지 중국과 아세안 10개국 교역물량의 90퍼센트 이상을 차지하고 있어서, CAFTA는 명실상부한 통합시장의 효과를 거둘 것으로 기대되고 있다. 중국과 아세안 양측은 10개 아세안 회원국 중 싱가포르 · 말레이시아 · 태국 · 인도네시아 · 필리핀 · 브루나이 등 아세안에 초기부터 참여한 6개국은 예정대로 2010년까지 무관세 교역을 실현하고, 베트남 · 라오스 · 미얀마 · 캄보디아 등 후발 참여 4개국은 5년의 유예기간을 추가로 부여해서 2015년까지 중국–동남아 간에 완전 무관세 통합시장을 완성한다는 야심찬 계획을 갖고 있다.[40]

3. 사법적 평가와 실효적 점유

남사군도 분쟁에 대한 사법적인 판단에 대한 요청에 대하여 중국은 거부의 의사를 분명히 밝히고 있다. 따라서 중국의 방침이 변하지 않는 한 남사군도의 영유권 분쟁이 사법적 판단에 맡겨질 일은 없을 것으로 보인다. 하지만 분쟁 당사국들은 분명하게 사법적 판단의 근거가 될 수 있는 실효적 점유를 위한 각종 조치들을 분명 취하고 있다. 남사군도 영유권에 대한 전부 혹은 일부를 주장하는 당사국들의 주장에

40) 양승윤, "CAFTA의 출범과 중국-아세안 협력관계 전망," 한국외국어대학교 외국학종합연구센터, 『국제지역정보』, 9-10. http://segero.hufs.ac.kr/ scripts/article_view.asp? (2005.11.15).

담긴 법적 논리들을 평가하여 보면 다음과 같다.[41]

중국이 남중국해 도서와 그 인근해역에 대해서 주장하고 있는 영유적 권원의 근거로 제시하고 있는 모든 역사적 증거들은, 지속적이고 실효적인 점유나 국가의 행정적 · 영유적 지배권의 행사로 인정하기에는 너무 불완전하고 간헐적이다. 남사군도의 도서나 암초들에 대한 지리적 발견 및 점유와 관리의 기록들은 베트남과 비교할 경우 훨씬 더 오래되고 다양하게 존재한다는 것은 인정받을 수 있다. 하지만 영유권의 권원을 인정할 수 있을 만큼 결정적인 것은 아니다. 대만의 영유 주장은 중국과 상호 지원 및 보완관계에 있다.

베트남의 영유권 주장의 법적 논리는 중국의 경우와 흡사하여 주로 역사적 권원을 근거로 하고 있다. 일부 역사적 기록이 존재함을 인정할 수는 있으나, 실효적 점유나 국가영유의 의사가 확정적으로 영역권을 성립시킬 수 있을 정도로 지속적으로 행사된 것은 중국의 경우보다도 더욱 인정하기 어렵다. 다만 중요한 점은 베트남이 현재 현실적으로 가장 많은 섬을 점유하고 있다는 것이다.

필리핀의 영유권 주장의 논거는 '발견에 의한 선점'과 '시효취득'의 이론이다. 그러나 중국과 베트남이 강력하게 주장하고 있는 것처럼, 필리핀이 이른바 '발견'하였을 때에 남사군도의 섬과 암초들이 과연 무주물이었는가가 법적으로 문제가 된다. 그리고 클로마가 카라얀의 제 섬들을 선점하였다고 주장하지만, 실제로 개발을 위하여 클로마가 이들 섬을 점유한 것은 단지 몇 개월에 불과한 일시적인 것이었다. 더구나 그는 당시 사인(私人)의 자격으로 개발활동을 한 것에 불과하므로 이것을 국가가 영유의 의사를 갖고 점유한 것과는 분명 다르다. 필리핀은 선점이나 시효취득론과 병행하여 카라얀 지역이 필리핀 대륙붕의 연장선상에 있다고 주장한다. 그러나 실제로 팔라완 해구

41) 김영구, 앞의 글, pp.95-97.

(Palawan Trough)가 필리핀 대륙붕과 남사군도를 단절시키고 있기 때문에 이러한 주장도 성립되기는 어렵다.

말레이시아와 브루나이는 선점이나 시효취득과 같은 본격적인 영유권원의 근거를 명시적으로 주장하는 것은 아니다. 하지만 대체로 필리핀과 유사한 점이 많아서 그러한 주장이 내포되어 있는 것으로 볼 수 있다. 가장 현저한 점은 이들은 지리적 인접성에 근거한 일종의 '대륙붕 연장이론'을 주장한다는 것이다. 그러나 대륙붕이 그 상층육지에 대한 영유의 근거를 제공할 수 없다는 것은 해양법의 이론상 명백하다.

분쟁당사국의 영유권 주장들을 종합하여 보면, 영유권 주장들 모두가 결정적으로 영유권의 근거로서 사법적 판단의 근거가 되지 못함을 알 수가 있다. 따라서 분쟁당사국의 영토로서 인정받을 수 있도록 당사국들은 각종 조치와 행동들을 보여주고 있다. 남사군도를 둘러싼 관련 당사국간 영유권 분쟁이 예전의 적나라한 함포외교에서 민간 관광, 과학 활동 등 은근히 영유권을 굳히는 교묘한 방식으로 변모하고 있다. 이러한 분쟁당사국들의 행동에 대해 AP통신은 "총탄이 사라지고 유람선과 탐조시설 및 어민대피시설이 영유권 주장의 새 수단으로 등장했다"며, "위험 수위를 실질적으로 높이지 않고 우위를 점하기 위한 외교적 책략"이라고 보도했다.[42] 분쟁당사국들이 자신들이 점유하고 있는 섬에 대하여 설치하고 있는 구조물들을 살펴보면 다음과 같다.

중국은 영서초(永署礁: Fiery Cross Shoal)에 인공섬, 부두, 해양관측소(해발 0.6m), 해발 2m인 모래섬 게븐(Gaven Reef)에 시멘트 철골구조의 2층 건물, 저조(低潮)시에만 보이는 암초인 미스취프에 목조 건물과 위성통신장비를 설치하였다. 그리고 역시 저조시에만 보이는 암초군인 수비 환초에는 3층 건물, 부두시설 그리고 헬리콥터 이·착륙장을 설치하였다.

42) http://news.hankooki.com/lpage/world/200404/(2005.11.25).

베트남은 넓이는 1.6ha, 최고 해발 2m의 동서 두 개의 섬인 암보이나(Amboyna Cay)에 등대를 설치하였다. 말레이시아가 영유권을 제기한 이 섬은 경작이 가능하고 군요새화되어 있다. 길이 18해리, 최고 해발 4.5m인 바르크 카나다(Barque Canada Reef)에 군사시설을 구축하였고, 사우스웨스트(Southwest Cay)에는 활주로가 설치되었고, 면적 13ha, 최고 해발 2.5m인 스프래틀리(Spratly Island)에는 어항과 활주로가 있다. 최고 해발 0.6m인 런던 웨스트(London West Reef)에는 등대를 건립하였다.

필리핀은 해발 2.5m인 난샨(Nanshan Island)에 활주로를 건립하였고, 해발 3.4m인 티투(Thitu Island)에는 소형 활주로와 부두시설을 설치하고 주2회 정기 항공편과 100여 명의 어부와 기상요원들을 상주시킨 것으로 알려졌다.

말레이시아는 해발 1m 암초인 루이사(Louisa Reef)에 등대를 설치했으며, 넓이 6.2ha, 해발 3m인 스왈로(Swallow Reef)에는 어항·활주로와 해저잠수용 가옥을 설치한 것으로 알려진다. 이러한 섬들과 더불어 아다지에(Ardasier Reef), 마리벨레스(Mariveles Reef), 달라스(Dallas Reef)에는 소규모의 군대를 주둔시키고 있다.[43)]

무력에 의한 강제적 해결방식으로서, 중국은 1974년 서사군도를 점령한 이후 1988년 베트남과 무력충돌 사건을 일으켰다. 1995년에는 필리핀이 영유권을 주장하는 미스취프를 무력으로 점령하고 구조물을

43) 중국은 말레이시아가 취한 일련의 섬들에 대한 실효적 지배조치에 대해 외교경로를 통한 상징적인 항의만을 했을 뿐 별다른 후속조치를 취하지 않음으로써, 오히려 이를 용인하는 듯한 태도를 보이고 있다. 이는 두 나라가 남중국해에서의 특정 도서에 대한 영유권 문제로 직접적인 갈등을 빚은 전례가 없는 데다가, 말레이시아가 영유권을 주장하는 12개 환초들의 경우 중국 본토로부터 남쪽으로 가장 멀리 떨어져 있어 전략적인 가치가 떨어지기 때문에, 중국으로서도 불필요한 긴장을 야기시키면서까지 강력하게 영유권을 주장할 필요를 못 느끼고 있기 때문이다. 더욱이 말레이시아는 남중국해 문제에 관한 한 아세안 회원국 가운데 유일하게 중국이 주장하는 방식의 문제해결을 공개적으로 지지하고 있다. 양승윤 외, 앞의 책, p.217.

설치하였다. 또 1997년에 필리핀이 점유하고 있던 로아이타와 란키엠을 점령하는 강제적 해결방식을 보여줬다. 중국이 이러한 강제적 해결방식을 사용하였음에도 불구하고, 안전보장이사회의 상임이사국인 중국의 이익에 반하는 어떠한 결정도 안보리에서는 결의할 수 없는 것이 국제정치의 현실이다. 이는 일본의 안보리 상임이사국 진출 문제와 관련하여 우리가 주목할 대목임이 틀림없다. 하지만 국내적 현대화와 동남아 국가들과의 국제적인 친선을 강화하려는 중국이 당분간은 무력적인 방식의 해결은 추구하지 않을 것으로 보인다.

이렇듯 유엔 안보리의 상임이사국이며 남사군도 분쟁에 있어 최강국인 중국은 과거 무력적인 충돌을 서슴지 않았지만, 현재는 공동개발을 이용한 양자주의적 접근을 선호하고 있다. 반면에 약소국들인 나머지 국가들은 아세안이라는 다자주의적 틀 속에서 공동전선을 구축함으로써 중국에 대응하는 모습을 보이고 있다. 분쟁 당사국들은 자국의 영유권 주장을 강화하기 위한 실제적 조치와 평화적 해결방안을 동시에 추진하고 있다. 중국과 베트남이 남사군도 문제로 첨예하게 대립하자, 아세안에서는 분쟁의 평화적 해결을 위해 남사군도 공동 개발안을 제시했다. 남사군도는 현실적으로 어느 한 국가가 독점하기 어렵다. 그리고 중국은 아세안과의 협력을 강화하고 있다. 남사군도 문제에 있어서 중국은 양자주의적 접근을 통한 공동 개발을 목표로 상호 이해의 폭을 넓혀가고 있다. 남사군도 분쟁은 영토 그 자체보다는 해양자원의 개발과 이용이 주목적이기 때문에, 해양자원의 공동개발이라는 이해관계가 일치하면 평화적으로 해결할 여지가 마련될 수도 있을 것이다. 남사군도 분쟁의 이해 당사국들은 미국 · 일본 · 한국을 포함하여 일부 유럽 국가들까지 끌어들여 국제문제화시키면서 자원의 다국적 공동개발을 모색하고 있다.

사법적 해결 방식으로 필리핀은 여타 관련국들이 영유권에 관한 의견일치에 도달할 수 있도록 강제하기 위해서 남사군도 분쟁의 국제화를 희망하였지만, 중국은 영유권 문제의 국제재판소 회부와 필리핀의 행동규범 제정의 추진에 반대하였다. ICJ에의 제소는 분쟁당사국인 중국과의 합의 없이는 불가능한 것이다. 국제재판에 회부된다 할지라도 분쟁 당사국의 영유권 주장 근거들이 결정적인 사법적 권원으로 인정받기에는 미흡한 실정이다. 하지만 남사군도의 분쟁당사국은 영유권을 주장하는 지역에 있어 실효성의 확보라고 볼 수 있는 각종 조치들을 취하고 있으며, 이는 사법적 해결에 있어 자국에 유리한 증거들을 확보하기 위한 노력으로 볼 수 있다.

〈남사군도 영토문제 연대기〉

1974.1	중국, 베트남령 서사군도 점령 후 영토 귀속 발표
1980.11	중국 공군의 굉-6(H-6) 폭격기 남사군도 정찰
1983.5	중국 해양탐사선 남사군도 최남단 증모암사(James Shoal) 탐사
1984	중국과학원 남해해양조사국, 남사군도의 종합적 조사 실시
1987.5	중국과학원과 국무원 해양국, 남사군도에서 관측소 설치 가능성 조사
1987.10	중국, 동해함대 함정 청도에서 남사군도 최남단 증모암사까지 항해
1987.11	중국공산당 중앙군사위원회와 국무원, 영서초(Fiery Cross Shoal)에 관측소 설치 결정
1988	중국, 남사군도 11개 도서 및 암초에 대한 '실질적 조사' 실시
1988.3.14	중국 · 베트남, 적과초(Johnson Reef)에서 무력충돌 발생
1988.5	베트남 국방장관, 남사군도 방문 및 해 · 공군 훈련 실시
1988.5	중국 외교부, 남사군도에서의 베트남 철수와 긴장조성 중단 요구
1989.3	중국 해군, 남사군도 최전방본부 설치
1990.6	인도네시아, 분쟁의 평화적 해결을 위한 남사군도 회의 개최
1992.2	중국, 남중국해와 조어도(센카쿠/조어대)를 포함하는 영해법 공포

1992.6	베트남, 미국의 크레스톤社와 분쟁지역 내 석유 시추 계약
1992.8	중국, 남사군도의 2개 도서 추가 점령
1995.2	필리핀, 팡가니방 산호초(Mischief Reef)에 중국의 구조물 발견
1995.10	6개국 공동사업 추진 합의
1997.4	필리핀, 스카버러초(Scarborough Shoal)에서 중국령 표지 제거
1998.1.10	베트남군, Tennant Reef 인근에서 필리핀 어선에 사격, 1명 부상
1998.1.17	필리핀군, Scarborough Shoal 인근에서 중국 어부 22명 체포
1998.4.27	필리핀군, 말레이시아 어민들이 남사군도 입구의 Investigator Shoal에 설치한 대피시설 철거. 베트남 정치국 위원 1명이 남사군도 시찰 목적으로 10일간 파견
1998.7.30	중국은 미스취프를 포함한 모든 남사군도의 영유권을 주장 중국, 미스취프의 구조물이 필리핀 어부들의 피난처 이용 가능성 제의 필리핀, 중국 제의를 거부하고 중국 · 베트남 어선들이 자국령(Northeast Cay)에 정박하고 있음을 비난
1998.8.5	미국 순양함(Mobile Bay)과 필리핀 해군의 남중국해 Scarborough Shoal에서 연합 실사격 훈련 실시(필리핀 대통령 에스트라다는 이 훈련이 중국을 자극하는 의미가 아니라고 언급했고, 중국은 그 의미를 경시함)
1998.9.8	중국, 베트남의 일부 산호초 점령을 비난하고 철수를 요구
1999.1.4	필리핀 군 당국, 중국의 미스취프 '어선 대피소' 확장이 새로운 유전탐사를 은닉하려는 기도로 간주. 미국 하원의원(Dana Rorabacher), 클린턴 정부가 중국의 필리핀 영토 점유를 간과하고 있다고 경고.
1999.1.18	관련국, 남사군도를 잠재적 분쟁(dormant conflict) 지역으로 인식 필리핀, 중국이 미스취프에 정보수집 기지로 의심되는 군사시설을 완성하였다고 언급(중국은 3척 내외의 전투함을 미스취프 인근에 주둔시킴)

필리핀, 중국이 남사군도 긴장 증대 행위를 자제하라는 미국의 요구를 환영(중국은 남사군도 분쟁 개입을 경고함, 에스트라다 필리핀 대통령은 남중국해에서 영토 분쟁을 해결하는 데 미국이 역할을 해야 한다고 주장)

1999.2.1 미국, 남사군도 6개 분쟁당사국 회의 제의(중국 · 말레이시아 거부)

필리핀, 미국의 개입이 분쟁을 핵 분규로 전환할 것임을 경고

중국, 미스취프에 새로운 구조물 설치를 개시

필리핀, 국제회의에서 "매우 긴급한 안보 현안"으로 문제 제기할 것임을 언급

중국, 미스취프 지역에 항구적인 프리깃함 기지를 갖고 있음을 부인

1999.3.15 베트남, Magsaysay 암초에서의 구조물 건설 사실이 포착됨

필리핀, 중국의 미스취프 구조물에 대한 공동사용 협정 희망

필리핀 · 중국간 협상 개시

중국, 유엔 중재와 필리핀의 미스취프 구조물 해체요구 거부

1999.3.29 필리핀 대통령(에스트라다), 영유권분쟁 관련 국제재판소 창설 제의

중국, 약속 어기고 미스취프 암초에 2개 구조물 추가 건설(전체 6개)

중국, 필리핀의 Pag-asa(Thitu)섬 비행장 보수계획 비난

1999.4.12 중국, 남사군도 분쟁에 대한 자제 약속(그러나 미스취프 암초와 일부 도서에 추가적인 구조물 설치를 반대하는 필리핀의 요구는 거부)

필리핀, 중국의 항의에도 불구하고 미스취프 주변의 해 · 공군 초계활동 유지

중국, 영유권문제의 국제재판소 회부와 필리핀의 행동규범 제정 추진에 반대

1999.4.26 필리핀, 남사군도 분쟁의 국제화 희망(여타 관련국들이 영유권

에 관한 의견 일치에 도달할 수 있도록 강제할 목적)
중국, 유엔해양법재판소 회부 기도에 대해 반대
미국, 지역패권 확보를 위한 중국의 향후 5년간 해군력 증대 계획 경고
필리핀, 남사군도 주변의 중국 군사활동 증대 기도가 지역적으로 중대한 반발을 초래할 것임을 경고

1999.5.10 필리핀, 지역안정과 남사군도 협상노력의 일환으로 대만 총통 이등휘의 필리핀 방문을 거절. 중국은 대만 최대의 공군기지 모형을 만들고 공습훈련 실시

1999.5.24 중국, 미국의 견제로 남사군도 수역에서 항해자유 보장과 무력 불사용을 약속('행동규범 제정' 에는 반대)

1999.5.27 필리핀 상원, 미국과의 외국군 방문협정 비준(3,000명 규모의 반대 시위)
필리핀 정부, 동 협정이 남사군도 방위에 있어 미군 개입이 아닐지라도 방위전략상 중요 사안임을 천명

1999.7.20 중국 어선 2척이 필리핀 군함과 충돌하여 침몰

1999.10.13 베트남군, 베트남 구조물을 촬영하는 필리핀 정찰기에 사격

1999.10.24 미국 · 필리핀, 2000년 연합군사훈련계획 발표
필리핀, 헬기 60대(UH-1H)와 수송기(C-130) 수대의 교체, 전투기 · 전투함 구매를 위한 미국의 원조 희망(미국, 분쟁 당사국간 해결을 이유로 남사군도 개입을 거부)

1999.10.28 말레이시아 전투기 2대와 필리핀 정찰기 2대 조우(충돌 없었음)

1999.12.31 필리핀 해군, 고속초계정 구매문제와 2010년까지 디젤잠수함 구매 계획 언급.

2000.1.23 Scarborough Shoal 상공에서 중국 항공기 활동 목격(동 수역에서의 소규모 중국 기지 건설이 진행되고 있는 것으로 추정)

2000.1.12 대만 · 중국을 포함한 다수 국가가 남중국해 기지에 단거리 대공미사일 배치

2000.1.18 중국 해군, 해안 500km 해역에서 미사일 함정을 동원한 해상훈련 실시

2000.1.27 필리핀 해군, 남사군도에서 중국 어선의 조업 방지를 위한 초계활동을 강화

2000.3.30 중국 어선, 베트남 무장선박에 피격. 1명 사망, 12명 피랍(인민일보)

2000.4.3 미 국방장관(코언), 중국 우위를 견제하기 위한 주변국들의 집단적 결속 촉구

2000.4.28 중국 정부, '아시아 해역에서의 해적방지 회의' (도쿄, 인도 · 한국 · 말레이시아 · 일본 참석)에서 의결된 '행동 결의안' 에의 동참 거부

2000.7.11 중국 해군 관계자, 말레이시아 방문하여 남중국해의 안정과 관련 중국 해군의 역할이 매우 중요함을 언급

2001.1 베트남 · 필리핀, 남사군도 영유권을 협의하기 위한 모임에 합의

2001.6. 중국, 수 주간 남사군도에 군함 12척 파견(필리핀 해군과 군사적 대치상태 지속)

2001.11 중국 · 필리핀 정상, 남사군도 영유권 관련 회담

2002.11.2 아세안 · 중국, 남중국해 분쟁 방지 위한 「남중국해 당사국 행동 선언문」에 합의

2004.3.23 대만, 자국이 점령중인 섬에 철새 탐조시설 설치

2004.4. 베트남 · 중국 · 대만, 남사군도 영유권 다툼 긴장 고조

2004.9.6 필리핀 대통령(아로요), 재선 성공 후 방중(남사군도 석유자원 공동탐사 합의)

2004.10 중국 · 베트남, 국경분쟁 타결 가속화에 합의

2004.11 중국 · 베트남, 남중국해 해저자원 문제로 성명전

2004.12 중국 · 베트남, 남사군도 외교협상을 시작한다는 데 합의

2005.11 중국 · 베트남, 통킹만 천연가스 매장지역의 공동탐사 합의

■ 참고문헌

[제1장] 동아시아의 지역연구와 국제관계

강태훈. 『일본 외교정책의 이해』. 오름, 2000.

경남대 극동문제연구소. 『동아시아 신질서의 모색』. 서울프레스, 1996.

김경일. 『지역연구의 역사와 이론』. 문화과학사, 1998.

김명섭. "미국: 대외적 팽창과 대내적 균열." 『역사비평』. 54. 2001 봄.

김병국. "지역주의." 김병국. 『국가 · 지역 · 국제체계』. 나남출판, 1995.

김성주 외. 『동남아의 정치변동』. 21세기한국연구재단, 1994.

김영명. 『동아시아의 정치체제』. 한림대 아시아문화연구소, 1998.

박광섭 외. 『아세안과 동남아 국가연구』. 대경, 2002.

박사명. "세계화와 동남아: 도전과 응전." 『한국정치학회보』. 34-4. 2000.

박의정 · 이현훈. "동아시아의 지역주의 경향과 한국의 선택." 『국제지역연구』. 제7권 제1호. 2003.

박인휘. "동북아 국제관계와 한국의 국가이익: 미 · 중 · 일 세력관계를 중심으로." 『국가전략』. 11-3. 세종연구소, 2005.

배긍찬. "동아시아 정체성 창출 방안 연구." 외교안보연구원 정책연구시리즈, 2001-3. 2002.1.
변창구. 『아세안과 동남아 국제정치』. 대왕사, 1999.
서경교. 『동아시아의 정치변동』. 인간사랑, 2001.
서울대 국제지역원. 『아시아 · 태평양』. 서울대출판부, 1995년 이후 각년도.
소치형. 『중국 외교정책론』. 골드, 2004.
송은희. "ASEAN 지역주의: 소지역주의의 쟁점과 과제." 『세계지역연구논총』. 14. 2000.
외교안보연구원. 『2006년 국제정세전망』. 2005.12.28.
유네스코한국위원회. 『세계연구 I: 아시아 · 아프리카』. 오름, 2000.
유장희. 『APEC과 신국제질서』. 나남출판, 1995.
유철종. 『독도 영유권론』. 문우당, 1967.
유철종. "독도 문제와 정한론의 정치사적 고찰." 『사회과학연구』. 5. 전북대, 1978.
유철종. "한 · 일 및 일 · 소 영토분쟁에 관한 연구 I." 『사회과학연구』. 14. 전북대, 1987.
유철종. "한 · 일 및 일 · 소 영토분쟁에 관한 연구 II." 『현대사상연구』. 2. 전북대, 1988.
유철종. "한 · 일 및 일 · 소 영토분쟁에 관한연구 III." 『사회과학연구』. 15. 전북대, 1988.
유철종. "한 · 일 및 일 · 소 영토분쟁에 관한 연구: 독도 및 북방4도 문제를 중심으로." 제3차 조선학 국제학술토론회 발표논문. 일본 오사까, 1990.
유철종. "한 · 일 및 중 · 일 영토분쟁에 관한 연구: 독도 및 釣魚臺列嶼 문제를 중심으로." 제4차 조선학 국제학술토론회 발표논문. 북경, 1992.
유철종. "두만강유역개발과 그 정책적 의의." 『공산권연구』. 3. 전북대, 1993.
유철종. "동북아 해양 질서와 독도 영유권 분쟁." 『동북아』. 3. 동북아 문화연구원, 1996 봄-여름호.
유철종. "해양 주권 시대의의 동해 관리." 『WIN』. 2-5. 중앙일보사,

1996.5.

유철종. "일본의 독도 영유권 주장에 대한 대응 논리." 『정책연구』. 127. 국제문제조사연구소, 1997 가을호.

유현석. "경제적 지역주의의 국제정치적 접근: 이론적 검토와 APEC에의 적용." 『국제정치논총』. 42-3. 2002.

이상섭 · 권태환 편. 『한국의 지역연구』. 서울대 출판부, 1998.

이중희. "지역연구의 대상과 방법." 『국제지역연구』. 5-3. 2001.

이철호. "지역의 재등장과 새로운 아시아: 동아시아 지역화 논의와 새로운 국제공간으로서의 지역에 대한 성찰." 『국제정치논총』. 41-4. 2001.

전재성. "탈냉전 이후 미국의 동맹전략의 변화와 전망." 한국국제정치학회 하계학술회의 발표논문. 2004.

정문길 외 편. 『동아시아, 문제와 시각』. 문학과지성사, 1995.

정문길 외 편. 『발견으로서의 동아시아』. 문학과지성사, 2000.

조영남. "중국 '제4세대' 지도부의 등장과 정책 변화: 현황과 전망." 『미래전략연구원 논단』. 2004.10.7.

최재선. 『지역경제론』. 법문사, 1995.

최종기. 『러시아 외교정책』. 서울대출판부, 2005.

Ball, Desmond. "Arms and Affluence: Military Acquisitions in the Asia-Pacific Region." *International Security*. 18-3. Winter 1993-94.

Beeson, Mark. "Sovereignty under siege: globalisation and the state in South Asia." *Third World Quarterly*. 23-3. 2003.

Borthwic, Mark. *Pacific Century: The Emergence of Modern Pacific Asia*. Boulder: Westview Press, 1992.

Campbell, Kurt M. "The Cusp of Strategic Change in Asia." *Orbis*. Summer 2001.

Dittmer, Lowell. "East Asia in the 'New Era' in World Politics." *World Politics*. 5. Oct. 2002.

Fawcett, Louise & Andrew Hurrell(eds.). *Regionalism in World Politics*.

Oxford University Press, 1995.

Gregory, Derek & Rex Walford(eds.). *Horizons in Human Geography*. London: Macmillan, 1989.

Hamashita, Takeshi. "Regional Dynamism and the Maritime Identity of Asia: Political Space and Cultural Boundaries in Modern East Asia." *Building an East Asian Community: Conditions and Prospects*. Asiatic Research Center, Korea University, Annual International Conference. Dec. 17, 2001.

Jayasuriya, Kanishka. "Introduction: governing the Asia Pacific: beyond the 'new regionalism'." *Third World Quarterly*. 24-2. 2003.

Katzenstein, Peter J. "Area and Regional Studies and the United States." *PS: Political Science & Politics*. XXXIV-4. December 2001.

Kim, Dalchoong. *Marine Policy, Maritime Security and Ocean Diplomacy in the Asia-Pacific*. Seoul: Institute of East and West Studies. Yonsei University, 1995.

Kim, Key-Hiuk. *The Last Phase of the East Asian World Order*. Berkeley: Univ. of California Press, 1980.

Lilley, James. *China Hands: Nine Decades of Adventure, Espionage and Diplomacy in Asia*. New York: Public Affairs, 2004.

Nye, Joseph S., Jr. *Wall Street Journal*. 29 December 2005.

Pye, Lucian W. "Asia Studies and the Discipline." *PS: Political Science & Politics*. XXXIV-4. December 2001.

Rozman, Gilbert. "China's Quest for Great Power Identity." *Orbis*. 43-3. Summer 1999.

Strassoldo, Raimondo. "Globalism and localism: Theoretical reflections and some evidence." in Zdravko Milnar(ed.). *Globalization and Territorial Identities*. Aldershot: Avebury, 1992.

Thompson, Drew. "China's Soft Power in Africa: From the 'Beijing Consensus' to Health Diplomacy." *China Brief*. V-21. October. 2005.

Walker, Bob. *Inside/Outside: International Relations as Political Theory.* Cambridge: Cambridge University Press, 1993.

[제2장] 영토분쟁의 이론과 실제

고대민족문화연구소. 『영토문제 연구』 전체 시리즈.

김대순. 『國際法論』. 삼영사, 2005.

김정건. 『국제법』. 박영사, 1990.

김정건 외. 『국제법 주요 판례집』. 연세대학교 출판부, 2004.

배진수. "동북아시아 지역에서의 해양영토 분쟁의 배경 및 현황." 李春根 편. 『동아시아의 해양분쟁과 해군력증강현황』. 韓國海洋戰略研究所, 1998.

백충현. "영토분쟁의 해결방법과 증거." 『법학』. 23-4. 서울대 법학연구소, 1982.

신각수. "국경분쟁의 국제법적 해결에 관한 연구." 서울대 대학원 박사학위논문, 1991.

양준희 역. 조지프 나이. 『국제분쟁의 이해: 이론과 역사』. 한울아카데미, 2000.

오기평. 『현대국제기구정치론: 국제정치의 과업체계』. 법문사, 1990.

유병화. 『동북아 지역과 해양법』. 진성사, 1991.

이근수 · 성채기. 『세계분쟁의 양상과 전망』. 국방연구원, 1994.

이유정. "영토분쟁에 관한 최근 판례분석." 이석우 엮음. 『독도분쟁의 국제법적 이해』. 학영사, 2004.

이혁섭. "군사력과 국가안보." 육군사관학교. 『국가안보론』. 박영사, 2001.

장신 편. 『국제법판례 요약집』. 전남대학교 출판부, 2004.

정은령. "동북아 영토분쟁, 21세기의 축제." 『관훈저널』. 2005 봄호.

최종화. 『현대 국제해양법』. 두남, 2004.

한국국방연구원. "세계분쟁자료." http://www.kida.re.kr/

Blake, Gerald H.(ed.). *Maritime Boundaries*. London: Routledge, 1994.

Coser, Lewis A. *The Function of Social Conflict*. New York: The Free Press, 1956.

Day, Alan J. *Border and Territorial Disputes*. Harlow: Longman, 1982.

Degenhardt, Henry W. *Maritime Affairs: A World Handbook*. Detroit: Gale Research Co., 1985.

Diehl, Paul F. "Territorial Disputes." in Lester Kurtz(ed.). *Encyclopedia of Violence, Peace and Conflict*. Vol.3. San Diego: Academic Press, 1999.

Dougherty, James E. & Robert L. Pfaltzgraff. *Contending Theories of International Relations*. New York: Harper & Row, 1990.

Gilbert, Martin. *Imperial Russian History Atlas*. London: Routledge & Kegan Paul, 1978.

Goertz, Gary & Paul F. Diehl. "A Territorial History of the International System." *International Interaction*. 15-1. 1988.

Goertz, Gary & Paul F. Diehl. *Territorial Changes and International Conflict*. New York: Routledge, 1992.

Jackson, Robert H. & Mark W. Zacher. "The Territorial Covenant: International Society and the Stabilization of Boundaries." Institute of International Relations, Working Pater No.15. The University of British Columbia, July 1997.

Jung, Young Hyun. "Maritime Security and Role of East Asian Navy in the 21st Century." Proceedings of the 6th International Sea Power Symposium. Nonsan: Republic of Korea Navy, 1999.

Kamiya, Fuji. "The Northern Territories: 130 Years of Japan Talks with Czarist's Russia and the the Soviet Union." in Donald S. Zagoria(ed.). *Soviet Policy in East Asia*. New Haven: Yale Univ. Press, 1982.

Kocs, Stephen A. "Territorial Disputes and Interstate War, 1945-1987." *The Journal of Politics*. 57-1. 1995.

Macmillan, John & Andrew Lindlater(eds.). *Boundaries in Question: New Directions in International Relations*. London: Pinter, 1995.

Park, Choon-Ho. *International Maritime Boundaries: Central Pacific/East Asia*. Dordrecht, The Netherlands: Martinus Nijhoff Publishers, 1993.

Prescott, J.R.V. *Boundaries and Frontiers*. Vroom Helm, 1978.

Prescott, J.R.V. *The Maritime Political Boundaries of the World*. London: Methuen & C. Ltd., 1985.

Rosenau, James N. "Pre-theories and Theories of Foreign Policy." in R. Barry Farrell(ed.). *Approach to Comparative and International Politics*. Evanston: Northwestern University Press, 1966.

Smith, Robert W. "Island Dispute and the Law of the Sea: An Examination of Sovereignty and Delimitation Disputes." in Kim Young-Koo(ed.). *Maritime Boundary Issues and Islands Disputes in the East Asian Region*. Proceedings of the 1st Annual Conference. August 4, 1997, Korea Maritime University.

Wang, James C.F. *Handbook on Ocean Politics and Law*. New York: Greenwood Press, 1992.

국방부 군사편찬연구소, http://www.imhc.mil.kr

[제3장] 한 · 일 관계: 독도(獨島) 영유권 확보

국방군사연구소. "독도에 대한 역사적 고찰." 국방군사연구소, 1996.3.

국방대학원. 『獨島 領有權에 關한 考察』. 국방대학원, 1996.

김명기. "독도에 관한 일본의 선점주장과 통고의무." 『고시계』. 318. 1983.8.

김명기. 『독도와 국제법』. 화학사, 1987.

김명기. 『독도연구』. 법률출판사, 1997.

김명기. "한 · 일 배타적 경제수역 설정과 독도영유권." 『자유공론』. 제348

호. 1996.3.
김민규. "독도 영유권의 법적 성질에 관한 재조명." 『동아법학』. 3. 동아대 법학연구소, 1986.
김병렬. 『독도냐 다께시마냐』. 다다미디어, 1996.
김영주. "독도의 명칭과 지리." 金明基 編著. 『독도연구』. 법률출판사, 1997.
김원식. 『일본의 주장을 反證한 독도 논문집: 독도문제의 실상』. 일심사, 1967.
김원식. 『獨島論文集』. 남향문화사, 1975.
김학준. 『독도는 우리땅』. 한줄기, 1996.
김학준. "독도를 한국의 영토로 원상복구시킨 연합국의 결정과정." 독도학회. 『독도영유의 역사와 국제관계』. 제3회 학술심포지엄. 1997.
김화홍. 『역사적 실증으로 본 독도는 한국땅』. 시온문화사, 1996.
나홍주. 『일본의 '독도' 영유권 주장과 국제법상 부당성』. 금광, 1996.
대한공론사. 『獨島』. 대한공론사, 1965.
독도연구보전협회. 『독도영유의 역사와 국제관계』. 독도연구보전협회, 1997.
박강래. 『獨島의 史法的인 硏究』. 일요신문사, 1965.
박관숙. 『독도의 법적 지위에 관한 연구』. 연세대학교 대학원 박사학위논문, 1968.
배선희. "독도와 선점이론." 金明基. 『독도연구』. 법률출판사, 1997.
배진수. "세계의 도서영유권 분쟁사례와 독도." 『국제정치논총』. 38-2. 1998.
송병기. 『울릉도와 독도: 그 역사적 접근』. 단국대출판부, 2000.
신동욱. "독도영유권고." 『국제법학회논총』. 11-1. 1966.5.
신용하. 『독도, 보배로운 한국영토』. 지식산업사, 1996.
신용하. 『독도의 민족영토사 연구』. 지식산업사, 1996.
신용하. 『독도영유권 자료의 탐구 1-4』. 독도연구보전협회, 2000.
신용하. "역사적 측면에서 본 독도문제." 독도문제 학술회의 논문집. 정신문화연구원, 1996.4.
양태진. "한국의 영토관리 정책에 관한 연구: 주변국과의 영토문제를 중심으로." 한국행정연구원 연구과제 96-12. 1996.12.
우용정. 『鬱島記』.
울릉군. 『開拓百年 鬱陵島』. 三信出版社, 1984.
이근택. "安龍福의 영토수호활동." 독도학회. 『독도영유의 역사와 국제관계』. 독도학회 제3회 학술심포지엄. 1997.5.
이중범. "독도에 대한 '島根縣告示 제40호'의 문제점." 『국제법협회논총』. 2. 1986.8.
이한기. 『한국의 영토』. 서울대학교 출판부, 1996.
이형래. "독도의 영유권 문제의 발단." 金明基. 『독도연구』. 법률출판사, 1997.
임덕순. "독도의 정치지리학적 고찰: 그의 소속과 기능에 대하여." 『부산교육대학 논문집』. 8-1. 1972.
임영정. "日本의 獨島 호칭의 변화와 그 성격." 竹堂李炫熙教授華甲紀念韓國史學論叢刊行委員會. 『韓國史學論叢』. 東方圖書株式會社, 1997.
정신문화연구원 역사연구실 편. 『獨島研究』. 한국정신문화연구원, 1996.
정인섭. "日本의 獨島 領有權 주장의 논리구조: 國際法측면을 중심으로." 독도학회. 『독도영유의 역사와 국제관계』. 독도학회 제3회 학술심포지엄 발표자료. 1997.5.
정해왕. 『우리 땅 독도 이야기』. 글나루, 1996.
한 산. 『독도야 간밤에 잘 잤느냐』. 장백, 1996.
한일관계사연구회. 『독도와 대마도』. 지성의 샘, 1996.
한충록. "독도영유권에 대한 국제법적 고찰." 『통일문제연구』. 81-1. 조선대, 1981.2.
황상기. 『獨島 領有權 解說』. 노동학생사, 1965.

皆川洸. "竹島紛争と國際判例." 前原光雄教授還曆記念. 『國際法學の諸問題』. 1963.

工藤美知尋.『日ソ中立條約の硏究』. 東京: 南窓社, 1985.

旗手勳. "日本資本主義と北海道開拓."『日本歷史』. 近代3. 東京: 岩波書店, 1965.

旗田巍.『日本と朝鮮』. 東京: 勁草書房, 1966.

內藤正中.『島根縣の百年』. 東京: 山川出版社, 1982.

內藤智秀(共著).『ロシアの東方政策』. 東京: 目黑書房, 1942.

大森金五郎.『日本現代史』. 東京: 富山房, 1934.

大畑篤四郎.『日本外交政策の史的展開』. 東京: 成文堂, 1983.

大平善梧.『現代國際關係論』. 東京: 有信堂, 1977.

東亞調査會(編).『焦點下の北方問題』. 東京: 日日新聞社, 1942.

北方領土問題對策協會.『島よ』. 東京: 北方領土問題對策協會, 1975.

石井菊次郎.『外交秘錄』. 東京: 岩波書店, 1931.

神谷不二 外. "北方領土交涉 'アメかムチか' の對ソ戰略."『文藝春秋』. 1991.2.

岩田孝三.『國境の地理學』. 東京: 日本工業新聞社, 1982.

英修道.『外交史論集』. 東京: 慶應義熟大學法學硏究所, 1976.

五味俊樹 外(編).『日本外交と對外紛爭』. 東京: れんが書房新社, 1984.

伊藤憲一.『北方領土問題의 法理와 政治』. 韓國共産圈硏究協議會, 1986.

日本歷史大辭典編纂委員會.『日本史年表』. 東京: 河出書房新社, 1973.

『日本外交文書』. 제3권. 문서번호87호, 1938.

田中薰(監修).『世界地圖帳』. 東京: 平凡社, 1963.

田村幸策(譯).『日・露領土問題』. 東京: 鹿島平和硏究所, 1967.

井上 淸.『尖閣列島-釣魚諸島の史的解明』. 東京: 現代評論社, 1972.

池井優.『增補 日本外交史槪說』. 東京: 慶應通信, 1982.

眞柄昭宏. "北方領土問題を考える(上)."『新自由クラブ』. 1986.3.

川上建三.『竹島の歷史地理學的考察』. 東京: 古今書院, 1966.

平岡雅英.『日露交涉史話』. 東京: 原書房, 1982.

太壽堂鼎. "竹島紛爭."『國際法外交雜誌』. 64卷 4・5號. 1966.3.

萱原信雄.『20世紀國際政治史: 東アジアと世界の交錯』. 東京: 而立書房,

1982.
黑羽茂.『日ソ抗争の軌跡』. 東京: 南窓社, 1983.

Chiu, Hungdah. "Island Dispute in the Far East." *Encyclopedia of Public International Law*. Amsterdam: North-Holland, 1983.
Launius, Michael A. "A Perspective of Korea's Position on Island Disputes in the Pacific: the Tokdo/Takeshima Issue." Prepared for Delivery at the XVIIth World Congress, IPSA, Seoul, Korea, August 17-21, 1997.
Lee, Byung Joe. "Legal Status of Dokdo."『국제법학회논총』. 8-2. 1963.9.
Lee, Chong-sik. *Japan and Korea: The Political Dimension*. Stanford: Hoover Institution Press, 1985.

[제4장] 한 · 중 관계: 간도(間島) 실지 회복

강석화. "조선 후기 함경도의 지역발전과 북방영토 의식." 서울대 대학원 박사학위논문. 1996.
국정감사 統一外交통상위원회 회의록. 2004.10.22.
국토통일원.『백두산 및 간도지역의 영유권 문제』. 국토통일원, 1969.
국회도서관.『간도영유권 발췌문서』. 국회도서관, 1975.
김득황.『백두산과 북방강계』. 思社硏, 1987.
김명기. "청일 間島協約의 無效."『사상계』. 1985.9.
김명기. "국제법상 백두산정계비의 법적 성질."『고시계』. 1986.5.
김명기. "한 · 중 수교와 간도문제의 당사자."『국제문제』. 1993.6.
김찬규. "간도의 영유권." 김정건 박사 화갑기념논문집『변화하는 세계와 국제법』. 1993.
노계현. "간도 영유권에 관한 우리의 자세."『외교』. 3. 1992.3.
노영돈. "백두산 지역에 있어서 북한과 중국의 국경조약과 국제법."『국제법학회논총』. 35-2. 1990.

동덕모. 『조선조의 국제관계』. 박영사, 1990.

방동인. 『한국의 국경획정 연구』. 일조각, 1997.

백충현. "백두산 '천지 양분설' 의 국제법적 평가." 『북한』. 1984.8.

신각수. "國境分爭의 국제법적 解決에 관한 연구." 서울대학교 박사학위 논문. 1991.

신기석. 『間島領有權에 관한 연구』. 탐구당, 1979.

양태진. "백두산 천지를 위요한 한 · 중 국경선." 『한국학보』. 22. 1981.

양태진. "17세기 이후 한국 · 중국의 국경분쟁." 『북한』. 1984.8.

양태진. 『한국 國境史 연구』. 법경출판사, 1992.

양태진. "한국의 영토관리 정책에 관한 연구: 주변국과의 영토문제를 중심으로." 한국행정연구원 연구과제 96-12. 1996.12.

외교안보연구원 역. 『간도의 영유권 문제: 중국의 입장』. 외교안보연구원, 1991.

외교안보연구원 역. 『간도에 관한 역사지리자료』. 외교안보연구원, 1991.

유광열. 『간도소사』. 여강출판사, 1986.

유정갑. 『북방영토론』. 법경출판사, 1991.

육낙현 편. 『간도 영유권 관계 자료집』. 백산문화, 1993.

이선근. "백두산과 간도 문제." 『역사학보』. 17-18. 1960.

이일걸. "간도협약에 관한 국제법적 고찰." 『국제법학회논총』. 37-2. 1992.

이한기. 『한국의 領土』. 서울대학교 출판부, 1969.

임채정 외. 『간도에서 대마도까지』. 동아일보사, 2005(2004.4.2부터 10.8까지 시작된 동아일보의 연재물 '우리 땅 우리 혼, 영토분쟁 현장을 가다' 를 묶은 자료임).

朝鮮總督府警務局. 『間島問題の經過と移住鮮人』. 京城: 谷岡商店, 1931.

篠田治策. 『間島問題の回顧』. 京城: 谷岡商店, 1930.

"Communique," (July 26, 1945) in *Foreign Relations of the United States: The Conference of Berlin(Potsdam)*. Washington, DC: USGPO, 1960.

"The Final Text of Communique," (Nov. 27, 1943) in *Foreign Relations of the United States: The Conference at Cairo and Teheran*. Washington, DC: USGPO, 1961.

경향신문. "政府 '間島는 한국땅' 문서공개 미적." 2005.8.23.

한국일보. "간도와 동북공정: 간도 문제와 중국의 논리." 韓中고대史 전쟁 특집. 13. 2004.4.20.

http://www.gando.or.kr(2006.1.20)

http://www.dokdocenter.org/main.php(2006.1.20)

[제5장] 한 · 러 관계: 녹둔도(鹿屯島) 불법 편입

노영돈. "한 · 중 간도 영유권 문제의 고찰." 『군사』. 56. 국방부 군사편찬연구소, 2005.8.

신각수. "국경분쟁의 국제법적 해결에 관한 연구." 서울대학교 박사학위논문. 1991.

申 瀏. 『北征日記 影印本』. 한국정신문화연구원, 1979.

심헌용. "러시아의 극동진출 전략과 국경을 둘러싼 조 · 러 양국의 대응: 녹둔도를 중심으로." 『군사』. 56. 국방부 군사편찬연구소, 2005.8.

양태진. 『우리나라 영토 이야기』. 대륙연구소 출판부, 1994.

양태진. 『근세한국경역논고』. 경인문화사, 1999.

양태진. "연해주 지역의 한인 이민과 녹둔도의 영속문제." 1994.

양태진. "두만강 하구의 녹둔도 관할과 영속문제." 『한국의 영토관리정책에 관한 연구—주변국과의 영토문제를 중심으로』. 한국행정연구원, 1996.

양태진. "북경조약과 녹둔도 영속문제에 관한 고찰." 『한국사연구』. 한국사연구회 학술토론회집. 96. 1996.

양태진. "한국의 영토관리 정책에 관한 연구: 주변국과의 영토문제를 중심

으로." 한국행정연구원 연구과제 96-12. 1996.12.
연합뉴스. "古지도로 살펴보는 한국의 옛 영토." 2005.4.29.
연합뉴스. "잃어버린 땅, 두만강 녹둔도." 2004.7.15.
유영박. "대청관계에서 본 녹둔도 귀속문제." 『영토문제연구』. 1983.
이선근. 『국난국복사』. 휘문출판사, 1978.
이한기. 『한국의 영토』. 푸른세상, 2002.
임덕순. 『정치지리학원론』. 법문사, 1989.
임채정 외. 『간도에서 대마도까지』. 동아일보사, 2005(2004.4월부터 시작된 동아일보의 연재물 '우리 땅 우리 혼, 영토분쟁 현장을 가다'를 묶은 자료임).
최창동. 『법학자가 본 통일문제 1』. 서울대학교 출판부, 1969.

植田捷雄. 『東洋外交史(上)』. 東京: 東京大學出版會, 1969.
坂野正高. 『近代政治外交史』. 東京: 東京大學出版會, 1973.
Ravenstain, E.G. *The Russian on the Amur*. London: Trubner, 1861.

경향신문. "두만강 하구의 러시아령 녹둔도는 한국땅." 1972.2.4.
뉴스메이커. "17세기 연해주는 조선땅이었다." 2005.4.29.
뉴스메이커. "중국 고지도에도 '간도는 조선땅'." 2005.7.7.
동아일보. "잊혀진 섬 녹둔도." [우리땅 우리魂 영토분쟁 현장을 가다]. 2004.6.10.
동아일보. "전문가 결산좌담." [우리땅 우리魂 영토분쟁 현장을 가다]. 2004.10.8.
문화일보. "녹둔도의 중요성/러 접경-中 지척의 '군사 요충'." 2002.7.22.
서울신문. "最古 '조선왕국전도': 佛 당빌 작품 경매 관심." 2004.9.10.
세계일보. "국인 거주흔적 발견." 2002.7.23.
한겨레신문. "북·러 국경확정 추가의정서 조인." 2004.2.11.

[제6장] 일 · 러 관계: 북방4도(北方四島) 반환 요구

강광식. "일 · 소 영토분쟁의 배경." 『통일정책』. 3-1. 1977.

국제문제조사연구소. 『1987年度 東北亞安保環境』. 국제문제조사연구소, 1986.

사르키조프, 콘스탄틴. "포스트 옐친의 북방영토 문제: 러 · 일관계, 반성의 시기인가." 『국제문제』. 31-3. 2000.

엄영식(역). 막스 비로프. 『蘇聯의 極東政策』. 法文社, 1960.

연현식. "20세기 러 · 일 관계의 재조명." 한국슬라브학회 편. 『20세기 러시아 100년: 그 변화와 평가』. 2000.

염동필. "일 · 소 영토분쟁 지역의 소련군." 『입법조사월보』. 154. 1986.9-10.

유철종. "일본 영해 확장 정책에 따른 영토분쟁 문제 고찰." 『논문집』. 21. 전북대, 1978.

유철종. "북방영토에 관한 일 · 소 영유권 분쟁." 『남천 김명회박사 회갑기념논문집』. 대왕사, 1983.

유철종. "한 · 일 및 일 · 소 영토분쟁에 관한 연구 I." 『사회과학연구』. 14. 전북대, 1987.

유철종. "한 · 일 및 일 · 소 영토분쟁에 관한 연구 II." 『현대사상연구』. 2. 전북대, 1988.

유철종. "한 · 일 및 일 · 소 영토분쟁에 관한연구 III." 『사회과학연구』. 15. 전북대, 1988.

유철종. "한 · 일 및 일 · 소 영토분쟁에 관한 연구: 독도 및 북방4도 문제를 중심으로." 제3차 조선학 국제학술토론회 발표논문. 일본: 오사까, 1990.

伊藤憲一. "북방영토 문제의 법리와 정치." 김달중 편. 『소련의 아세아정책과 한반도』. 법문사, 1987.

이승철 외. 『21세기 동북아 국제관계와 한국』. 나남출판, 2004.

장재복. "북방영토 분쟁과 일 · 소 관계." 『공산권연구』. 85. 1986.3.

최경락. “일본과 러시아간의 북방 4개 도서분쟁.”『국제연구』. 28-10. 1997.

최태강. “21세기를 앞둔 러 · 일관계: 영토문제를 중심으로.”『국제정치논총』. 39-2. 1999.

쿠나제, 게오르기. “북방영토 문제 해결방안.”『극동문제』. 2001.

하이머, 조지 A. “풀리지 않는 일 · 소 영토분쟁.”『공산권연구』. 44. 1982.10.

한영구. “일 · 소 관계와 북방영토 문제.”『외교』. 제2호. 1987.5.

合同通信社 調査部(編).『얄타 秘密協定』. 합동통신사, 1956.

홍완석. “쿠릴 4도 분쟁 영속화 요인 고찰.”『한국정치학회보』. 36-2. 2002.

工藤美知尋.『日ソ中立條約の研究』. 東京: 南窓社, 1985.

宮崎英隆. “領土問題をめぐる日ソ紛爭.” 五味俊樹 外.『日本外交と對外紛爭』. 東京: れ人が書房新社, 1984.

木村汎(編).『北方領土 を考える』. 札幌: 北海道新聞社, 1982.

北方領土問題對策協會.『島よ』. 東京: 北方領土問題對策協會, 1975.

ピースボート北方四島取材班.『北方四島: ガイドブック』. 東京: 第三書館, 1993.

石井菊次郎.『外交秘錄』. 東京: 岩波書店, 1931.

信夫淸三郎.『日本外交史(II): 1853-1972)』. 東京: 每日新聞社, 1974.

永野信利.『日本外交ハンドブック』. 東京: サイマル出版會, 1981.

日本外務省 戰後外交史研究會.『日本外交30年』. 東京: 世界の動き社, 1982.

田村幸策. “北方領土の條約上の地位.”『日 · 露領土問題』. 東京: 鹿島平和研究所, 1967.

田村幸策(譯).『日 露領土問題』. 東京: 鹿島平和研究所, 1967.

重光晶.『北方領土とソ連外交』. 東京: 時事通信社, 1984.

眞柄昭宏. “北方領土問題を考える(上).”『新自由クラブ』. 1986.3.

平岡雅英.『日露交涉史話』. 東京: 原書房, 1982.

和田春樹.『北方領土問題を考える』. 東京: 岩波新書, 1990, 1996.

和田春樹.『北方領土問題: 歷史と未來』. 東京: 朝日新聞社, 1999.

黑羽茂.『日ソ抗爭の軌跡』. 東京: 南窓社, 1983.

Dallin, David J. *Soviet Russia and the Far East*. New Haven: Yale University Press, 1953.

Fossato, Floriana. "Kuril Islands Dispute with Japan Nears Resolution." *RFE/RL NewsLine*. Nov. 16, 1998.

Gilbert, Martin. *Imperial Russian History Atlas*. London: Routledge & Kegan Paul, 1978.

Kamiya, Fuji. "The Northern Territories: 130 Years of Japan Talks with Czarist' Russia and the Soviet Union." in Donald S. Zagoria(ed.). *Soviet Policy in East Asia*. New Haven: Yale University Press, 1982.

Kim, Key-Hiuk. *The Last Phase of the East Asian World Order*. Berkeley: Univ. of California Press, 1980.

Lincoln, Bruce W. *Documents in World History, 1945-1967*. San Francisco: Chandler Publishing Co., 1968.

MacFarlane, S. Neil. "The Soviet conception of Regional Security." *World Politics*. XXXVII-3. April 1985.

Pond, Elizabeth. *From the Yaroslavsky Station: Russia Perceived*. New York: Universe Book, 1981.

Schlesinger, Arthur M., Jr. & Russell Buhite(eds.). "The Dynamics of World Power: A Documentary History of United States Foreign Policy 1945-1973." *The Far East*. Vol.IV. New York: McGraw-Hill, 1973.

Stephan, John J. *The Kurile Islands: Russo-Japanese Frontiers in the Pacific*. Hoover Institution Press of Stanford Univ., 1985.

Sugiyama, Shigero. *Northern Territories of Japan*. Tokyo: Association on Northern Territories Problem, 1972.

Sugiyama, Shigero. "Post War Japan & High Seas Fishery." *Japanese*

Annual of International Affairs. 1. 1961.

Thomhill, John. "Obuchi to Raise Islands Dispute with Yeltsin." *Financial Times*. Nov. 11, 1998.

讀賣新聞. 1983. 2.22, 4.6, 7.29.

北海道新聞. 1980.8.15.

世界週報. 1982.7.27.

New York Times. January 11, 1978.

[제7장] 일 · 중 관계: 조어대열도(釣魚臺列島) 영토분쟁

유철종. "한 · 일 및 중 · 일 영토분쟁에 관한 연구: 독도 및 釣魚臺列嶼 문제를 중심으로." 제4차 조선학 국제학술토론회 발표논문. 북경, 1992.

丘宏達. "釣魚臺列島問題研究."『政大法學評論』. 六. 臺灣國立政治大學, 1972.

宮城榮昌.『沖繩の歴史』. 東京: 日本放送出版協會, 1992.

徐恭生(著). 西里喜行 · 上里賢一(譯).『中國 · 琉球交流史』. 那覇: Okinawa Bunko, 1991.

五味俊樹 外(編).『日本外交と對外紛爭』. 東京: れ人か書房新社, 1984.

外間守善.『沖繩の歴史と文化』. 東京: 中公新書, 1996.

井上清.『尖閣列島-釣魚諸島の史的解明』. 東京: 現代評論社, 1972.

沖繩國際大學公開講座委員會.『琉球王國の時代』. 那沖: ボーダーインク, 1996.

中野好夫 · 新崎盛暉.『沖繩戰後史』. 東京: 岩波新書, 1996.

Su, Steven Wei. "The Territorial Dispute over the Daiyoyu/Senkaku Islands: An Update." *Ocean Development & International Law*. 36.

2005.

Suganuma, Unryu. *Sovereign rights and Territorial Space in Sino-Japanese Relations: Irredentism and the Diaoyu/Senkaku Islands*. University of Hawaii Press, 2001.

Watson, F. *The Frontiers of China*. Chatto & Windus, 1966.

Yoshida, Katsutsugu. "The Issue of 'Senkaku Islands' and Regional Exchange." *East Asian Review*. 1. The Asian Research Institute, March 1997.

産經新聞. 2001.4.5.

영국 더럼대학 영토문제 사이트: http://www-ibru.dur.ac.uk/index.html

일본 외무성 자료 http://www.mofa.go.jp/region/asia-paci/senkaku. 2005. 12.15.

자주국방 네트워크. "조어대군도의 영유권 분쟁과 우리나라." 국방 · 해양 정책칼럼, http://powercorea.com/zboard/zboard.php?id, 2005.12.20.

조어대열도 자료 집합: http://www.geocities.com/CapitolHill/6887/diaoyu3.htm; http://www.answers.com/topic/senkaku-islands; http://www.globalsecurity.org/military/world/war/senkaku-links.htm

[제8장] 남중국해 다자관계: 남사군도(南沙群島) 영유권 경쟁

김경민. "남사군도와 중 · 일 분쟁 가능성." 『한양대 사회과학논집』. 14. 1995.

김국진. "동남아시아의 남사군도 영유권 분쟁." 『국제문제』. 28-10. 국제문제연구소, 1997.

김석수. "ASEAN의 발전과 국제관계 변화." 김석수 외. 『동아시아 지역질서와 국제관계』. 오름, 2002.

김영구. "중국 주변 해역에서의 영유권 분쟁의 배경 및 현황." 이춘근 편.

『동아시아의 해양분쟁과 해군력증강현황』. 한국해양전략연구소, 1998.

김영구. 『현대해양법론』. 도서출판 아시아社, 1988.

김영구. 『한국과 바다의 국제법』. 효성출판사, 1999.

김정건. 『국제법』. 박영사, 1990.

김종두. 『동아시아 해양분쟁』. 문영사, 1997.

김한식. 『동남아시아』. 한국학술정보, 2004.

도재진. "동중국해 및 남중국해 도서영유권 분쟁실태 분석." 『공군평론』. 110. 2002.

박광섭. "탈냉전시대 동아시아의 다자간 영유권 분쟁: 남사군도의 사례." 『아시아연구』. 7. 2004.

박광섭 · 이요한. 『아세안과 동남아 국가연구』. 대경, 2002.

배진수. "동북아시아 지역에서의 해양영토 분쟁의 배경 및 현황." 이춘근 편. 『동아시아의 해양분쟁과 해군력증강현황』. 한국해양전략연구소, 1998.

변창구. "남중국해 분쟁과 아세안의 다자주의적 접근: 유용성과 한계." 『국제정치논총』. 37-3. 1998.

양승윤 외. 『동남아-중국관계론』. 한국외국어대학교 출판부, 2003.

이서항. 『동아시아 해양영토 분쟁의 최근 동향: 남중국해 문제를 중심으로』. 외교안보연구원, 2003.

이요한. "남중국해 분쟁과 중국 · ASEAN의 대응." 『국제지역연구』. 2-3. 1998.

이유진. "영토분쟁에 관한 최근 판례분석." 이석우 편. 『독도분쟁의 국제법적 이해』. 학영사, 2004.

이정태. 『남사군도 영토분쟁과 중국의 대응』. 금오공대 선주문화연구소, 2002.

이혁섭. "군사력과 국가안보." 육군사관학교. 『국가안보론』. 박영사, 2001.

전황수. "중국과 ASEAN의 스프레트리군도(남사군도) 분쟁." 『국제정치논총』. 39-1. 1999.

정수산. "중국의 남사군도 정책."『국제문제분석』. 11. 1995.
한국일본문제연구학회.『한일연구』. 한일수교 40주년 특집호. 제16집. 2004.
유병화.『동북아 지역과 해양법』. 진성사, 1991.

Chao, K.T. "East China Sea: Boundary Problems Relating to the Tiao-yu-tai Islands." *Chinese Yearbook of International Law and Affairs*. 14. 1969.
Cheng, Tao. "The Sino-Japanese Dispute over the Tiao-yu-tai(Senkaku) Islands and the Law of Territorial Acquisition." *The Virginia Journal of International Law*. 14. 1974.
Cordner, Lee G. "The Spratly islands Dispute and the Law of the Sea." *Ocean Development and International Law*. 25. 1994.
Gallagher, Michael G. "China's Illusory Threat to the South China Sea." *International Security*. 19-1. 1994.
Gao, Zhiguo. "Boundary Delimitation of the Continental Shelf in the East China Sea: With the Special Reference to the Tiao-yo-tai(Senkaku) Islands Disputes." Ocean Policy and Resource Seminar, University of Washington School of Law, Seattle, 1987.
Gao, Zhiguo. "The South China Sea: From the Conflicts to Cooperation?" *Ocean Development and International Law*. 25. 1994.
Kim, Dalchoong et al. *Marine Policy, Maritime Security and Ocean Diplomacy in the Asia-Pacific*. Seoul: Institute of East and West Studies, Yonsei Univ., 2000.
Li, Victor H. "China and Offshore Oil: the Tiao-yu-tai Dispute." *Stanford Journal of International Studies*. 152. 1975.
Park, Choon-Ho. "Legal Status of the Parcel and Spratly Islands." *Ocean Development and International Law*. 3-1. 1975.
Parpan, Lara. "Manila Beefs Up Spratly Forces But Confrontation

Unlikely." Agence France Presse, Feb. 15, 1995.

Prakash, Shri. "Global, Political, Strategic Implications of the Spratly Islands Dispute." Paper prepared for presentation in session RC 18.2 at the XVIIth World Congress of the International Political Science Association, August 17-21, 1997, Seoul, Korea.

Valencia, Mark J. et al. *Sharing the Resources of the South China Sea.* Univ. of Hawaii Press, 1997.

매일신문. 1999.7.20.

臺灣 青年日報. 2005.6.29.

Asian Wall Street Journal. July 20, 1994.

Far Eastern Economic Reviews. June 30, 1994.

Far Eastern Economic Review. April 3, 1997.

International Herald Tribune. June 19, 1992.

Straits Times. November 24, 1997.

Straits Times. June 7, 1997.

http://faculty.law.ubc.ca/scs. 2005.11.14.

http://www.aseansec.org. 2005.10.7.

http://www.cscap.org. 2005.12.15.

http://www.dfat.gov.au/arf. 2005.8.22.

http://www.hani.com/section-007100003/2005/07/. 2005.11.25.

http://www.hangyo.com/main/special/article.asp?s_idx=3&idx=. 2005.11.25.

■ 색인

[ㄱ]

[ㄷ]

[ㄹ]

[ㅇ]

[ㅈ]

[ㅎ]

저자약력

연세대학교 정법대학 정치외교학과
전북대학교 대학원 정치학과(정치학석사)
전남대학교 대학원 정치학과(정치학박사)
전북대학교 학생부처장, 행정대학원장,
사회과학연구소장, 지방자치연구소장,
정치외교학과장, 대학원 주임교수
한국정치외교사학회 회장
한국정치학회 부회장
한국국제정치학회 부회장
민주평화통일자문회의 상임위원
현재) 전북대학교 정치외교학과 명예교수

〈주요 논저〉
『사회민주주의』(공저)
『국제정치와 외교정책』(공저)
『독도 영유권론』
『한 · 일 및 일 · 소 영토분쟁 연구』
"해양 주권시대의 동해 관리"
"재외국민의 법적 지위 문제"
"두만강 유역 개발과 정책적 의의"
"한국전쟁과 공산국가의 역할"
"한반도 비핵화와 문제점"
"유엔의 평화 · 안보전략과 정책 변화"
기타 국제관계 일반, 동아시아, 영토문제 관련 논문 다수

동아시아 국제관계와 영토분쟁

2006년 2월 20일 초판발행
2007년 10월 5일 초판2쇄발행

저 자 유 철 종
발행인 조 병 철
발행처 삼 우 사
서울특별시 용산구 청파동3가 82-1
전화 718-8553(대) Fax 718-8554
등록 1994. 9. 23. 제17-189호

정가 22,000원 ISBN 89-91083-12-9